August Reissmann

Allgemeine Geschichte der Musik

III. Band

August Reissmann

Allgemeine Geschichte der Musik
III. Band

ISBN/EAN: 9783743660090

Hergestellt in Europa, USA, Kanada, Australien, Japan

Cover: Foto ©Thomas Meinert / pixelio.de

Weitere Bücher finden Sie auf **www.hansebooks.com**

ALLGEMEINE

GESCHICHTE DER MUSIK

VON

AUGUST REISSMANN

MIT ZAHLREICHEN IN DEN TEXT GEDRUCKTEN NOTENBEISPIELEN UND ZEICHNUNGEN
SOWIE 59 VOLLSTÄNDIGEN TONSTÜCKEN

III. BAND

LEIPZIG
FUES'S VERLAG (L. W. REISLAND)
1864

Inhalt des dritten Bandes.

Viertes Buch.

VIERTES BUCH.

Die Individualität gewinnt Antheil an der Weiterentwickelung der Tonkunst.

Wie hochbedeutsam uns auch die Bestrebungen einzelner Meister des bisher betrachteten Zeitraums der neuen Richtung erschienen, ein wahrhaft neues und vollendetes Kunstwerk vermochte keiner zu schaffen. Wie die Meister des ältern Kirchenstyls hatten auch sie vollauf zu thun, neues Material herbeizuschaffen, es zu sichten und zu ordnen, um es so für das neue Kunstwerk verwendbar zu machen und ihm alle die Bedingungen aufzunöthigen, durch welche es erst bildsam und ausdrucksfähig wurde.

Wir sahen sie wiederum wie jene ältesten Meister an eine mehr aus dem Stegreif geübte volksmässige Kunst anknüpfen. Aus dem Volksliede erwuchsen die Formen des Kunstliedes und des Chorals; unter dem Einflusse des Tanzes trieben die Anfänge einer neuen Kunst — der Instrumentalmusik — empor, und aus der gesammten dadurch umgestalteten Musikpraxis gewinnt die Tonkunst schon eine eigenthümliche Bedeutung als dramatische Musik.

Aber selbst jene einfache Form des Liedes vermochten die Meister nur in den einfachsten Grundzügen darzustellen. Auf allen übrigen Gebieten des Instrumentalen wie des Vocalen kamen sie wenig über die ersten Anfänge hinaus, weil sie noch zu sehr mit dem Massengeiste der alten Anschauung verwachsen waren. Sie strebten vorherrschend mehr nach einem Compromiss mit der alten Anschauungsweise, und so vermochten sie wol einige ältere Formen zur Vollendung zu führen, nicht aber die neuen zu finden, in denen auch der individuelle Geist seine klingende Entäusserung findet. Hier kommen sie nirgends über einen, in wenig klaren Umrissen dargestellten, meist todten Formalismus hinaus.

Diesen zu beleben, jene Umrisse zu festen Conturen auszubilden, das vermochte nur die starke, erregte und bewegte Innerlichkeit, wie sie sich allmälich in den Künstlern der nächsten Periode schaffend erzeigt; die starke Innerlichkeit, die unter der bewegenden und zwingenden Herrschaft eines Ideals, als der Gesammtsumme der Ideen, welche die leitenden des ganzen Lebens sind, mit Meisterhand das gesammte Material beherrscht, es erweitert und vermehrt, und so zum Träger jener Ideen macht. In diesem gewaltigen Ringen treibt die Zeit herauf, welche die höchsten Kunstwerke instrumental wie vocal erzeugt, und zu deren Betrachtung wir uns jetzt wenden.

Erstes Kapitel.

Die dramatische Musik in ihrer Vollendung.

Als eine Eigenthümlichkeit der gesammten historischen Entwickelung der Tonkunst, so weit wir dieselbe bisher verfolgten, erscheint es, dass der Gang derselben zu verschiedenen Zeiten auch von verschiedenen Völkern bestimmt wird, dass ein Volk das andere gewissermaassen hierin ablöst. Konnten wir auch für die antike Welt die Richtigkeit dieses Satzes nicht historisch nachweisen, so sahen wir doch, dass schon die Indier bei ihrer Musikübung zu bedeutenderen Erfolgen gelangten, als die Chinesen; dass dann die Musik bei den Aegyptern sich wiederum bedeutsamer darstellt, und dass endlich bei den Juden und noch weiterhin bei den Griechen die Entwickelung der Tonkunst in der vorchristlichen Zeit die höchste Höhe erreicht. Wie aber auch unter dem Einfluss des Christenthums der Gang der Entwickelung der Tonkunst ein ganz ähnlicher ist, haben wir historisch nachweisen können, und wir fanden, dass selbst einzelne Formen von einzelnen Völkern ausschliesslich und mit besonderer Vorliebe gepflegt wurden. Mit der höheren Ausbildung der dramatischen Formen beginnt dies Verhältniss sich wesentlich umzugestalten. Sie erfolgt namentlich bei drei Völkern ziemlich gleichzeitig — bei den Franzosen, Italienern und den Deutschen — nach verschiedener Richtung, in mehr nationalem Sinne. Hiermit aber hört eigentlich auch die Betheiligung jener beiden Völker, der Italiener und

Franzosen, an der weitern Entwickelung der Tonkunst auf, nur die Deutschen führen sie mit Eifer und grossen Erfolgen weiter.

Ein Florentiner von Geburt sollte der französischen Oper ihre nationale Richtung verleihen.

Lully (**Giov. Baptista**) war 1633 zu Florenz geboren, kam aber schon in seinem zwölften Jahre nach Frankreich als Küchenjunge in die königliche Hofküche. Nachdem man auf sein bedeutendes musikalisches Talent aufmerksam geworden war, erhielt er von einem Meister Unterricht im Violinspiel, wurde dann unter die *vingt-quatre Violons* des Königs aufgenommen, und erhielt hier bald eine Bedeutung, dass er zum Dirigenten der sogenannten *les petits Violons* ernannt wurde. In dieser Stellung nun trieb ihn sein Ehrgeiz zu dem grössten Eifer. Er wollte mit seiner Capelle jene ältere berühmte übertreffen, und schrieb für sie Symfonien, Trios und Alles, wodurch sie glänzen konnte. Bald hatte er die Aufmerksamkeit so auf sich zu ziehen gewusst, dass er die Composition eines der Ballets, die am Hofe zu Paris ausgeführt wurden, und an deren Ausführung sich sogar der König mit betheiligte, übernehmen durfte.

Es waren dies in jener Zeit nicht wie bei uns nur aus Tänzen und mimisch-plastischen Gruppen bestehende Darstellungen, sondern sie waren mit Dichtung, Musik und Gesang verbunden, und wurden vornehmlich in den höchsten Kreisen der Gesellschaft gepflegt. Man darf sie recht wol als die Ausläufer der Tourniere ansehen. Sie waren eine ritterliche Passion, wie jene nach dem Bedürfniss der Zeit umgestaltet. Aus diesen Tournieren waren zunächst die Carousseln (Scheinturnen und wirkliche Spiele) hervorgegangen, die dann mit abentheuerlichen phantastischen Aufzügen verbunden wurden.* Indem man diesen dann eine bestimmte Handlung zu Grunde legte, entstanden die sogenannten Inventionen und Masqueraden, aus denen sich, wol namentlich in Frankreich zuerst, die Ballets entwickelten, in welchen mit dem Tanz Dialog, Einzelgesänge und Chöre sich vereinigten. Schon 1581 wurde zur Hochzeit des Herzogs von Joyeuse mit Mademoiselle de Vaudemont ein Ballet von Baltazarini: *Ballet comique de la rayne, rempli de diverses devises, mascarades, chansons de musique et autres gentillesses*, mit Musik von Beaulieu und Salomon, Musikern des königlichen Orchesters, aufgeführt. Dies scheint der Anfang der sogenannten *Ballets héroïques* und *historiques*, wie sie dann Lully ausbildete, zu sein. 1658 schrieb er die Musik zu dem Ballet *Alcidione*, Gedicht von Bensserade; 1663 „*Six Ballets des Arts*, 1664 die Musik zu *La Princesse d'Élide*, und 1665 *L'amour Médecin*, beide von Molière gedichtet, und 1668 die Musik zu *L'Églogue de Versailles*, von Quinault. Jene Thätigkeit, mit welcher er Gründer der französischen Oper wurde, beginnt aber erst 1672, in welchem Jahre der Abbé Perrin sein Privilegium, auf Grund dessen er 1671 eine stehende Oper in Paris errichtet hatte, an ihn abtreten musste. Er eröffnete das Theater mit *Les fêtes de l'Amour et de Bacchus,* dem er mit des Dichters Quinault's Beistande die beliebtesten Stücke seiner Balleten eingereiht hatte. Der Erfolg war ein günstiger und schon 1673, folgte als erste *Tragédie lyrique* des französischen Theaters die Oper *Kadmus, Tragédie en cinq actes*, zu der ihm Quinault den Text geliefert hatte. Mittlerweile war Molière gestorben; seine Truppe hatte sich in Folge dessen aufgelöst, und so erhielt Lully das Theater im Palais Royal, und zugleich wurde den übrigen Theatern in Paris durch königliche Ordonnanz verboten, mehr als zwei Stimmen und sechs Violinen bei ihren Aufführungen anzuwenden. Das neue Theater wurde 1673 mit der Oper *Alceste, Tragédie en cinq actes*, von Quinault und Lully, eröffnet. Zur nächsten Oper Lully's: *Theseus*, welche 1675 aufgeführt wurde, schrieb ihm gleichfalls Quinault den Text, und in demselben Jahre noch gieng ein Divertissement: *Carnaval*, über die Bühne; 1676 folgte *Atys, Tragédie en cinq actes*, und 1677 *Isis, Tragédie en cinq actes.* Den geringern Erfolg dieser Opern wollte man der Dichtung beimessen, und so verband sich Lully für seine nächsten beiden Opern mit Thomas Corneille. Dieser schrieb ihm die Texte: *Psiché*, welche 1678, *Bellophoron*, welche 1679 zur Aufführung gelangten. Allein im folgenden Jahre finden wir ihn wieder mit Quinault vereinigt, dessen *Proserpine*, mit Musik von Lully, 1680 über die Bühne gieng. 1681 folgte dann *Le Triomphe de l'amour. Ballet en vingt entrées; 1682 Persée, Tragédie;* 1683 *Phaëton;* 1684 *Amadis, Tragédie;* 1685 *Le Temple de la Paix, Ballet en six entrées*, und *Roland, Tragédie;* 1686 *Armide, Tragédie,* sämmtlich von Quinault gedichtet, und endlich 1687, *Acis et Galathée. Pastorale héroïque en trois actes. Paroles de M. Campistron.* An der Vollendung seiner letzten, gleichfalls von Campistron gedichteten Oper: *Achille et Polixène,* verhinderte ihn sein am 22. März 1687 erfolgter Tod; sie wurde von seinem Schüler Colasse vollendet.

Wenn wir uns nun einer speciellern Betrachtung dieser Opern zuwenden, so dürfen wir nicht die mancherlei Umstände, unter welchen sie entstanden, unberücksichtigt lassen.

Wir sahen die ganze Gattung aus Spielen herauftreiben, die nur zur Ergötzlichkeit einer genusssüchtigen Klasse von Menschen bestimmt waren. An Ludwig XIV. Hofe war die Oper nur dazu da, um durch ein aussergewöhnliches Schauspiel irgend eine Festlichkeit zu schmücken, durch allerlei Künste zu ergötzen. Die antiken Stoffe wurden dem Gelüste der Zeit und speciell des Hofes gemäss umgeschmolzen. Die alte Fabel diente eben nur dazu, dem leichtsinnigen und genusssüchtigen, vom Hofe knechtisch vergötterten Ludwig XIV. die dicksten Schmeicheleien vorzusagen, und hinter der glänzenden Maske der alten Götter, den Heroen des Alterthums und den Helden der romantischen Zeit die Neigungen, selbst die Persönlichkeiten der Damen und Herren am Hofe darzustellen. Und diese ganze Richtung wurde selbst zu jener Zeit schon mit einem gewissen Raffinement verfolgt. Der Poet schlug mehrere Stoffe vor, aus denen dann der König wählte. Darauf entwarf der Dichter den Plan, der dann der Censur Lully's unterworfen wurde, welcher nach seinem Gutdünken änderte und die Decorationen und Tänze bestimmte. Dann erst begann der Poet die Ausführung, und wenn diese dann noch der Academie zur Beurtheilung vorgelegen hatte, begann Lully seine Arbeit, während welcher er den Dichter indess häufig noch zu umfassenden Aenderungen nöthigte, und dass diese sich weit weniger auf den innern Gehalt, als auf die äussere Wirkung bezogen, muss wol als sicher angenommen werden. Wir dürfen nach alle dem von dem Text kaum mehr erwarten, als eine nothdürftige Grundlage für Musik und äusseres Schaugepränge; und dem entsprechend sind die Instrumentalsätze, die Tänze und Märsche, die Ouvertüre und Ritornelle der Opern Lully's bedeutender, als die Vocalsätze, einige Chöre ausgenommen.

Seine Recitative sind bei weitem nicht so klangvoll und characteristisch, durch bedeutsame Intervallenschritte einzelne Worte oder Gedanken hervorhebend, als die seiner Vorgänger und Zeitgenossen in Italien und Deutschland. Ja, ein Recitativ in jenem Sinne scheint bei ihm überhaupt nicht vorhanden zu sein. Er zeichnet seine mehr recitierend gehaltenen Solosätze in verschiedenen Tactarten auf und wechselt oft Tact um Tact mit dem geraden und ungeraden Tact:

Aus: **Phaëton**, *Scène III.*

sen-ce?
Je vous ai-me, The - one, et ce soupçon m'of-
Que ma veuë aujourd'huy vo' cau-se d'embar - ras. Avou-
fen-se.
ëz qu'en ces lieux vous ne me cherchiez pas?
Je cherchais la Reyne, ma
mè-re, Ce soin pourrait-il vo dé-

Dieser rhythmische Wechsel zieht sich auch nicht selten bis in die Arie hinein. Sie bietet sonst noch weniger characteristische Momente dar, als das Recitativ. Die Texte der Arien sind eben meist nur witzig zugespitzte Sentenzen aus der Lebensphilosophie jener Zeit, Liebes- und Lebensregeln, die weder eine breitere musikalische Darlegung verlangten, noch Raum und Gelegenheit boten für Einführung jener ergreifenden Gefühlsaccente, die wir doch schon bei den frühesten Italienern finden. Die Arien Lully's sind so vorwiegend in dem knappen Chansonsstyl gehalten, dass die meisten von ihnen ohne weiteres zu Gassenhauern wurden, und tragen so unterschied- und characterlose Physiognomien, dass die fromme Guion in dem Kerker zu Vincennes mehrere ihrer mystischen Lieder nach den Melodien Lully'scher Opernarien dichten konnte.

Auf zwei Sätze aus der *Alceste* macht schon Reichardt im Kunstmagazin aufmerksam, und es dürften sich in der That nur noch wenige aus den übrigen Opern Lully's auffinden lassen, welche diesen auch nur annähernd an Kraft des Ausdrucks gleichen. Den Zwiegesang lassen wir hier folgen, und die Arie *Sans Alceste* geben wir zur Vergleichung mit der Gluck'schen *No crudel* in der Notenbeilage (Nr. 1):

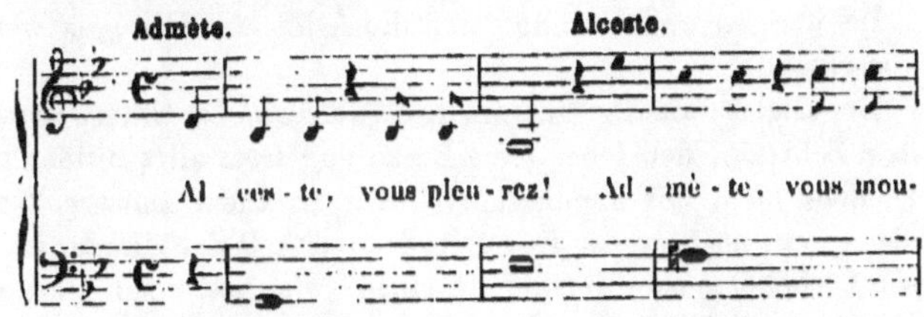

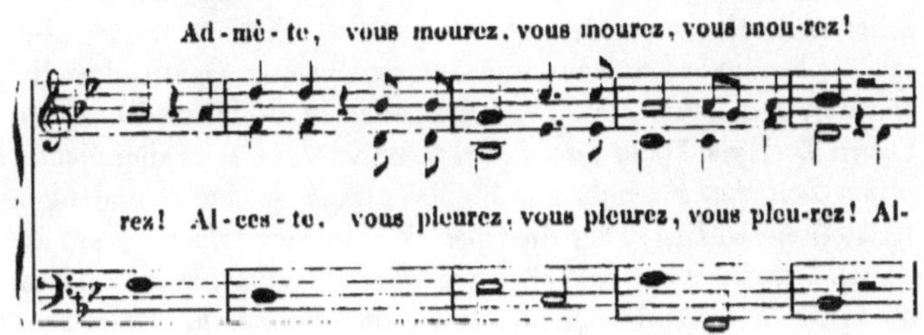

Im übrigen unterscheiden sich die Arien und Dialogen wenig von einander.

Der Dialog zwischen Charon, dem Fährmann der Unterwelt, und dem Schatten, den jener ohne Bezahlung trotz alles Bittens und Flehens nicht mit hinüberfährt, wird in kaum anderer Weise abgespielt, als etwa das Duett des letzten Acts der *Alceste*, indem die Liebenden zum letzten Abschiede die Nothwendigkeit der Entsagung sich an's Herz legen.

Das Gleiche gilt von den Chören. Fast alle Völker des griechischen Alterthums werden uns vorgeführt, aber sie tragen alle, wie die Nymphen, Najaden und Amazonen seiner Opern, dasselbe Costüm, das seiner Zeit. Von dramatischer Wahrheit ist in den Opern Lully's kaum eine Spur, aber wie die Tragödiendichter seiner Zeit den Formalismus für das Drama in den Grundzügen feststellten, so Lully für die Oper. Wir werden erfahren, wie die italienische Oper gar bald alles ausschied, was der nationalen Lust an jener Gefühlsschwelgerei, die jede dramatische Entfaltung aufhebt und das dramatische Kunstwerk in einzelne Gefühlsausbrüche auflöst, nicht die gehörige Rechnung trug; wie sie die Arie, und zwar die möglichst reich ausgeführte, zur Hauptsache machte, nur spärlich zwei-, noch seltener mehrstimmige Solosätze einführt, wie sie den Chor auf das geringste Maass der Betheiligung beschränkt, und endlich mit dem Tanz in die Zwischenacte verweist. Lully cultiviert alle Formen und zugleich in der knappsten, dramatisch schlagfertigsten Gedrängtheit. Arien, Chöre und Ballette, ja selbst Anfänge von Ensemblesätzen greifen geschickt und wirksam zusammengefügt in einander, und damit überlieferte er jenen Meistern, welche nach dramatischer Wahrheit rangen, den vollständig fertigen technischen Apparat, den sie dann zu einem lebendigen Organismus beseelten. Lully führte seine Gesänge und seine Instrumentalsätze alle in der knappen Form des Tanzes aus, dem diese ganze Gattung des gesungenen Ballets entsprossen ist.

In diesem Streben erlangt auch das Instrumentale eine grössere Bedeutung innerhalb der Form. Die Ouvertüre für Streichinstrumente ist in der Regel aus zwei Sätzen, die in derselben Tonart, der erste homophon und gemessen, der andere figuriert und lebendiger gehalten, schon das Princip des Contrastes, aus dem das Orchesterstück herauftreibt, darstellen. Das Streichquartett bildet auch in Lully's Opern schon die Grundlage der Instrumentation, doch noch nicht als Begleitung des Recitativs und Einzelgesanges. Beide werden vorwiegend nur mit einem bezifferten Bass continuo versehen, also mit Begleitung eines Tasteninstruments ausgeführt. Dagegen werden die Arien in der Regel instrumental eingeleitet, durch einen mit der Arie eng verwandten Satz, und am Ende kommt dann derselbe verkürzt als Postludium zur Ausführung. Die Chöre sind dagegen immer begleitet mit Streichinstrumenten, und auch Hautbois und Bassons (Fagotten) alternieren mit ihnen. So wird die Arie des *Arcas* mit Chor (in *Le Triomphe de l'Amour*) durch folgenden Satz eingeleitet:

und in der darauf folgenden Arie mit Chor führen dann diese Instrumente mehrmals ein Zwischenspiel aus:

Auch die Trompeten finden in Lully's Opern schon eine häufige Verwendung, namentlich in der *Alceste*, und zwar nicht nur, wo ihre Anwendung, wie in *Thésée*, durch eine darauffolgende Arie des Mars:

Que rien ne trouble icy Vénus et les Amours — —

Que les Hautbois, que les Musettes, l'emportent, etc.,

motiviert ist, sondern auch an andern Stellen, wo ein grösserer Glanz entwickelt werden soll:

Trompettes.
Timbales.
7
Hautbois.
Basse continue.

Die Behandlung erfolgt hier schon von der damaligen üblichen Praxis abweichend. Die Trompete wurde bisher meist melodieführend benutzt; selbst in den Bicinien, Tricinien, Quatricinien u. s. w. hat jede einzelne Stimme ihre besondere, möglichst selbständige Melodie, und in dieser Weise des sogenannten Clarinblasens finden die Trompeten auch in der Kirchenmusik und der italienischen Oper ihre Anwendung. Die Weise des Feldstückblasens, die allerdings ihrem Character am besten entspricht, dürfte wol durchgreifend erst von Lully in der Oper eingeführt worden sein, und wir werden später sehen, wie gerade diese Character-eigenthümlichkeit des Instruments ausschliesslich für den Orchesterstyl verwendet wurde.

Lully's Opern beherrschten auch nach seinem Tode noch die französische Bühne länger als ein halbes Jahrhundert, sein Geist wirkte noch in mehreren seiner unmittelbaren Schüler weiter. Der bedeutendste unter ihnen ist wol unstreitig **Pascal Colasse**, 1639 in Paris geboren, studierte unter Lully die Musik und wurde unter Ludwig XIV. noch zum Cammer- und Capellmusikdirector ernannt. Von seinen Opern wurden *Thétis et Pélée* (1689), *Enée et Lavinie* (1690), *Astrée* (1691), *Ballet de Villeneuve St. George* (1692), *Jason* und *La naissance de Vénus* (1696), und *Canente* (1700) aufgeführt, er starb 1709.

Die beiden Söhne Lully's, Ludwig und Joh. Ludwig, waren beide gleichfalls im Geiste ihres Vaters für die Bühne thätig. 1688 gelangte *Zéphire et Flore*, von beiden gemeinschaftlich componiert, 1690 *Orphée*, von Ludwig Lully in Musik gesetzt, zur Aufführung. 1693 finden wir Ludwig Lully mit Marin Marais vereinigt als Componisten der Tragödie *Alcide ou le triomphe d'Hercule*, und 1695 mit Colasse zur Composition von *Le Ballet des Saisons*.

Mit **Marin Marais**, königlicher Cammermusicus und Gambist geboren 1650 zu Paris, kommen schon einige andere Elemente in die französische Oper. (Er starb 1718.) 1696 kam seine *Ariane et Bacchus*, und 1706 *Alcione* zur Aufführung. Die Recitative sind noch mit sclavischem Anschluss an Lully geschrieben, eben so die Chöre. Allein die Arien erheben sich zu grösserer melodischer Freiheit und sind zugleich characteristischer und daher dramatisch wahrer. Einige Beispiele aus *Alcione* mögen das bestätigen :

Air.

tez fai - tes en - ten-dre les ac-cords les plus
doux. les sons les plus touchans.
1mo
2do
Chan-tez chans. chans. Par les plus tendres
chans célébrez l'amour le plus tendre.

Eine andere Arie möge Notenbeilage 2 ihre Stelle finden. Auch dem Chor gegenüber, wie hier der Arie, weiss er das Orchester viel mannichfacher zu gestalten, und zwar immer im Sinne der Situation, wie in dem Chor: *La Mer est en fureur*, in welchem das Streichquartett eine malende Figuration ausführt, oder in dem vorangehenden: *Ciel, ô Ciel, quel affreux orage.*

In diesem Sinne wirkten ferner: Theobaldo de Gatti, wie Lully ein Florentiner von Geburt (*Coronis*, 1691), Heinrich Desmarets, 1662 zu Paris geboren (*Didon*, 1693, *Circé*, 1694, *Théagène* und *Les amours de Momus*, 1695, *Vénus et Adonis*, 1697, *Les fêtes galantes*, 1698), Marc. Antoine Charpentier, Capellmeister bei der heiligen Capelle zu Paris, 1643—1702 (*Médée*, 1693), Élisabeth Claude Jacquet de la Guerre, geb. 1669, gest. 1729, Gemahlin des Organisten Marin de la Guerre (*Céphale et Procris*, 1694), Gervais, Capellmeister (*Méduse*, 1697), La Coste, *Aricie*, 1697, *Bradamante*, 1707, *Créuse*, 1712, *Orion*, 1728, *Biblis*, 1732), Andreas Campra (*L'Europe galante*, 1697, *Le carnaval de Venise*, 1699, *Tancrède*, 1702, *Télemaque*, 1704, *Alcine*, 1705, *Hyppodamie*, 1708, *Les fêtes Vénitiennes*,

1710, *Idoménée*, 1712), Andreas Cardinal Destouches, Obercapellmeister des Königs und Generalinspector von der Oper (*Issé*, 1697, *Amadis de Grèce* und *Marthésie*, 1699, *Scylla* und *Omphale*, 1701, *Le carnaval et la folie*, 1704, *Callirhoé*, 1712, *Télémaque* oder *Calypso*, 1714, *Sémiramis*, 1718, *Les stratagèmes de l'amour*, 1726), Michel de la Barre (*Le Triomphe des Arts*, 1700, *La Vénitienne*, 1705), Bouvard (*Méduse*, 1702), Joh. Joseph Mouret, königlicher Cammermusicus, Capellmeister der Herzogin von Maine und Director des *Concert spirituel*, 1682—1738 (*Les fêtes de Thalie*, 1714, *Ariane et Thesée*, 1717, *Pirithoüs*, 1723, *Les Amours des Dieux*, 1727, *Le Ballet des Sens*, 1732), Michael Monteclair, von der königlichen Academie der Musik, 1666—1737 (*Les fêtes de l'été*, 1716, *Jephté*, 1732), Michael Richard de la Lande, Obercapellmeister des Königs, 1657—1726 (*Les éléments*, 1725), Rebel, Francour, Villeneuve u. A.

Diese Meister bildeten jenen französischen Styl weiter, der auch auf Seb. Bach, wie wir sehen werden, nicht ohne Einfluss blieb. Mit dem Jahre 1734 trat wiederum ein Umschwung ein. **Jean-Baptiste Rameau** fasste mit grosser Kraft und dem feinsten Verständniss alle die durch die Einzelbestrebungen der genannten Meister gewonnenen Neuerungen und Erweiterungen zu einem Kunstwerk zusammen, indem er wiederum auf jene knappen Formen von Lully zurückgieng.

Rameau ist 1683 zu Dijon in der Provinz Bourgogne, woselbst sein Vater Organist war, geboren. Auch Jean-Baptiste widmete sich zunächst dem Orgelspiel und wirkte längere Zeit in Paris in dem Jesuitencollegio und bei den *Pères de la Merci*, wie nachher an der Cathedrale zu Clermont als Organist. Allein später fühlte er sich mehr zur Vocalcomposition hingezogen; er gab deshalb seine Stellung auf, machte eine Reise nach Italien und gieng dann nach Paris zurück. Neben seinen bereits erwähnten Untersuchungen der Harmonie und der Begründung des neuern Musiksystems hatten ihn bisher ausschliesslich Compositionen für Gesang (*Premier livre de cantates françaises*, eine Cantate: *La bergère fidèle*, und Kirchenstücke) und für Clavier (*Pièces de Clavecin*, 1706, 1721, 1726) beschäftigt. Jetzt schrieb er, bereits fünfzig Jahre alt, die Oper *Hippolyte et Aricie*, welche ihm der Dichter Pellegrin überlassen hatte. Sie gieng mit grossem Erfolge 1734 in Scene, und der Meister gewann mit seinen Opern, deren er bis zum Jahre 1760 — 21 schrieb, für die französische Bühne eine ähnliche Bedeutung, wie vorher Lully. Sein *Zoroastre* (1749) wurde 1751 auch in Dresden gegeben, eine Ehre, die, wie

Gerber[1] meint, noch keinem französischen Componisten widerfahren war. Im Jahre 1764 wurde Rameau vom König in den Adelstand erhoben und auch der St. Michaelsorden sollte ihm verliehen werden, als ihn der Tod in demselben Jahre am 22. September abrief.

Das was Rameau's Oper ihre erhöhte Bedeutung giebt, und was sie auch zugleich zu einem Gegenstande der heftigsten Angriffe seiner Zeitgenossen machte, ist die reichere harmonische Grundlage, welche er ihr giebt, und durch die er ganz folgerichtig ihren innern Gehalt hob und ihre Ausdrucksfähigkeit gegen die Oper Lully's bedeutend vertiefte. Seine Vorgänger seit Lully waren von dem ursprünglichen knappen Formalismus dieses Meisters allmälich abgegangen, zum Theil in dem löblichen Streben, eine grössere Freiheit und zugleich eine grössere Wahrheit dramatischer Darstellung zu erreichen, und sie fanden beides in dem weitschweifigeren Mechanismus der italienischen Oper. Rameau geht wieder zurück auf die ursprüngliche Form der Oper, aber er trägt alle die Elemente musikalischer Darstellung, welche mittlerweile auf den andern Gebieten in den *Pièces de Clavecin*, mit ihren Agrements, in den Concerten für einzelne Instrumente und Stimmen, und in seinen eigenen Untersuchungen gewonnen waren, und die sich für dramatischen Ausdruck verwerthen liessen.

In den Recitativen schliesst er sich Lully's Recitatif Mesure an, aber *„non en Copiste servile, mais en prenant, comme lui, la belle et simple nature pour Modèle"*[2]. Hier namentlich zeigt Rameau sein tieferes Verständniss für harmonisch wirksame Declamation. Das nachstehende Recitativ aus *Les Indes galantes* giebt zugleich einen Blick in die feinsinnige Verwendung des Instrumentalen zur Characterisierung der Situation und Stimmung:

Ritournelle. Quatrième et nouvelle entrée.

1. Historisch-biographisches Lexicon, Th. II, Col. 228.
2. Préface de: „Les Indes galantes", Paris, 1735.

Violons.
Adorio.
Nos guerriers par mon ordre u-nis à nos vainqueurs Vont i-ci de la
Bassons
Trompettes et Hautbois.
paix cé - lébrer les dou - ceurs.
Timbales.
B. C.

Auch für die Arie hatte die französische Oper mehr und mehr die Form der italienischen adoptiert. Rameau führt sie meist wieder zurück auf die Nationalform des Rondeau, und indem er ihr zugleich die reichere Melismatik der italienischen Arie einwebt und sie mit seinen reichern harmonischen Mitteln ausstattet, wird sie schon eine wirkliche Macht dramatischer Darstellung, doch wendet er auch jene Form der ältern italienischen Arie an, aber immer möglichst concis und gedrängt[1].

Die Recitative sind nicht selten fein instrumentiert, wie folgendes Sätzchen aus: *Zoroastre.*

1. Notenbeilage, Nr. 3.

Eine vorwiegend polyphone Führung giebt seiner Instrumentation eine viel höhere künstlerische Bedeutung, und seinen Chören eine weit grössere Gewalt dramatischen Lebens, als bei Lully und seinen Nachfolgern. Die Rohrblasinstrumente ganz besonders werden den Violinen gegenüber meist ziemlich selbständig behandelt:

In einer andern Stelle:
Flûtes.
Violon I.
p
Violon II.
Basses.

Endlich möge noch ein Satz aus *Zoroastre* hier eine Stelle finden, in welchem Trompeten und Horne zu einem Tuttisatz zusammengestellt werden, wie er uns bisher noch nicht begegnete:

mont é - tin - cel - - - - - le!
feux ce mont é-tin - cel - - - - - le!
tr tr tr tr tr tr tr tr
tr tr tr tr tr tr tr tr

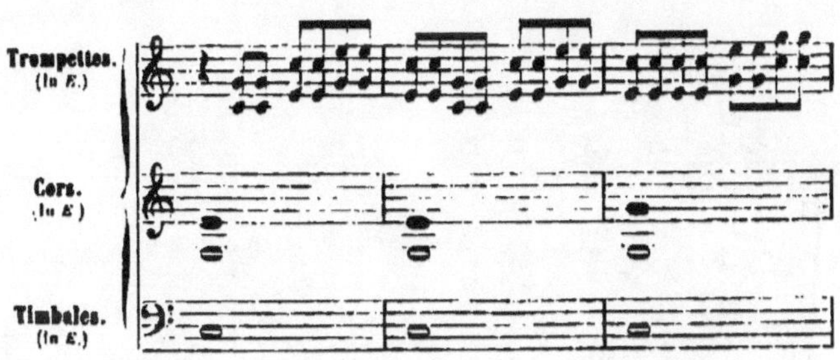
Trompettes.
(in E.)
Cors.
(in E)
Timbales.
(in E.)

Chœur.
Quels sons é-clatans et di-vers?
Quels sons é-clatans et di-vers?
Trompettes.
tr
Cors.
Timbales.
Violons.

Une flam - - me nou - vel - - - - -
Une flam - me nou - vel - - - - -
le s'allume et bril - - - - le dans les airs.
le, s'allume et bril - - - - - le dans les airs.

Trompettes.
Cors.
Timbales.
Violons.
Basses.

Ein nicht minder characteristischer Instrumentalsatz ist die Einleitung zur Arie: *Brillant soleil* (*Les Indes galantes*):

Von der eigenthümlichen Behandlung der Chöre und der Ensemblesätze mag das[1] mitgetheilte Quartett ein Beispiel sein, da sie in den meisten Fällen dem entspricht.

So dürfen wir in Rameau's Opern entschieden die ersten Versuche: den französischen Opernstyl Lully's mit dem italienischen zu verschmelzen, um so den dramatischen Styl überhaupt zu finden, erblicken. Wie gut er den italienischen Arienstyl kannte, beweist die Thatsache, dass er, wie in seiner Oper *Les Indes galantes*, eine Arie mit *Air italien* bezeichnet; seine Arien überhaupt, wie die Duetten und Chöre, beweisen es ausserdem hinlänglich. Indess gelangt er durch alle diese Bestrebungen nur zu einer feinern Detailmalerei. Es entgeht unserm Meister selten ein Zug, der musikalisch zu erörtern ist, aber er vermag noch nicht diese einzelnen Züge einheitlich zusammen zu fassen, so dass die Personen uns in bestimmten Characteren, die Handlung sich in abgeschlossenen Situationen auch musikalisch darstellt. In letzterer Beziehung hat er wenigstens decorativ ungleich mehr geleistet, wie Lully, was die mitgetheilten Beispiele hinlänglich darthun.

Diese letzte Bedingung sollte für die Bühne erst jener deutsche Meister erfüllen, der sich eben so der Vorzüge italienischer Cantabilität, wie französischer Declamation bewusst worden war, und der beider Vorzüge seiner tiefen Erkenntniss dramatischer Erfordernisse dienstbar machte, Christoph von Gluck. In der sorgfältigen Ausbildung der Sprachaccente zum Recitativ und der knappen Fassung der andern Vocal- und Instrumentalformen hatte die französische Oper die hauptsächlichsten Erfordernisse der komischen Oper gewonnen. Allerdings fehlt auch ihr noch eine Hauptbedingung: die scharfe Characteristik der einzelnen Personen, allein sie liess sich doch noch leichter auf andere Weise ersetzen. Die komische Oper bewegt sich auf dem Grunde jener erheiternden Lebensanschauung, welche die Welt der gemeinen Wirklichkeit mit ihrem unverwüstlichen Zauber des Witzes und der Ironie übergiesst, und sie dadurch aus der Niedrigkeit ihrer prosaischen Erscheinung erhebt. Sie fasst die Elemente aller Verhältnisse scharf ausgeprägt und unterschieden, und hält sie in ihrer Verkehrung fest. So bildet sie komische Charactere, die

---

1. Notenbeilage, Nr. 4.

entweder selbst die Kehrseite des Ideals sind, oder dieselbe an andern durch ihre Schalkheit blos legen. Scherz und Witz ersetzen den Mangel einer ununterbrochenen Consequenz innerhalb dieser Welt. Die Zusammenstellung und gegenseitige Einwirkung der verschiedenen Charactere führt nothwendig auf komische Situationen, die um so drastischer wirken, je weniger sie der Berechnung, welche sie herbeizuführen suchte, entsprechen. Wie nun gerade hier die Musik ihr eigenstes Gebiet betritt, wird uns bei der Betrachtung des Höchsten was in dieser Gattung geleistet wurde, bei der komischen Oper Mozart's klar werden. Bis zu individueller Characterzeichnung erhob sich auch die komische französische Oper eben so wenig, wie die französische grosse Oper. Sie treibt nur aus dem Grunde jener erheiternden Lebensanschauung in einer leichtern, gefälligern und anmuthigern Musik in leichtfertig scherzenden Rhythmen herauf. Witz und Laune sind ihre beweglichen Factoren, und so kommt natürlich das Wort zu fast noch grösserer Bedeutung, als in der serieusen Oper. Diese aber schon hatte, wie wir sahen, von Lully bis auf Rameau, die scharf accentuierteste Declamation erstrebt, es galt jetzt nur, sie leichter und anmuthiger zu gestalten, was unter Hinzutritt italienischer Melodik und jener leichtfertigen Rhythmik, zu der von Lully's Tanzrhythmik der grossen Oper auch nur ein Schritt war, wenig Schwierigkeiten machte. Die Agréments aber, welche in den Gesängen und Instrumentalstücken der grossen französischen Oper eine so bedeutende Rolle spielten, die Mordanten, Doppelschläge, Vorschläge, Triller u. s. w. sind für den Ausdruck des sprudelnden Humors und toller ausgelassener Laune viel wirksamer und geeigneter, als für die ernste tragische Stimmung der serieusen Oper. Als sich auch das französische Recitativ der komischen Wirkung hindernd erwies, denn auch die feinzugespitzteste musikalische Recitation hinderte den sprudelnden Witz des Dialogs, wurde auch dies hinausgeworfen und wich dem gesprochenen Dialog.

Der eigentliche Anstoss zu dieser neuen Phase der französischen Oper gieng wiederum und zwar ganz direct von Italienern aus; denn die Oper Jean-Jacques Rousseau's: *Devin du village*, fällt hier wol kaum in's Gewicht. Rousseau hatte in ihr eben nur das schwungvolle und grosse italienische Cantabile in's Französische übersetzt, für die gefühlvollen Pariser gehörig verschnitten.

Die französische Oper von Lully und Rameau verstand er so wenig, dass er die Möglichkeit einer französischen Musik überhaupt bestritt[1], erst Gluck scheint ihm das Verständniss für die französische Oper eröffnet zu haben. Durch die italienischen Sänger, welche 1752 nach Paris kamen und im Saal der grossen Oper komische Opern aufführten (daher *Les Buffons* genannt), wurde auch die französische Oper in diese neue Bahn gelenkt. *La serva padrona*, von Pergolese; *Il giocatore*, von Orlandini; *Il maestra di musica*, ein Pasticcio; *La finta Cameriera*, von Atella; *La donna superba*, ein Pasticcio; *La scaltra governatrice*, von Cocchi; *Il Cinese rimpartriato*, von Selleti; *La Zingara*, von Rinaldo da Capua; *Gli arti giani arrichiti*, von Latilla; *Il paratagio*, von Jomelli; *Bertoldo in corte*, von Ciampi, und *I viaggiatori*, von Leo, waren die komischen Opern, welche die Buffonisten innerhalb zweier Jahre gaben, und zwar unter ungeheurem Beifall, doch nicht des gesammten Paris. Die Anhänger der nationalen Musik traten entschieden feindlich gegen diese neue italienische Oper auf, die wiederum an hervorragenden Männern ihre eifrigsten Verfechter hatte. Nun begann jener Kampf zwischen den Vertretern dieser verschiedenen Richtungen, dessen Mittelpunct später Christoph von Gluck wurde. Die Hauptvertheidiger der Buffonisten waren von Grimm, Secretair des Grafen von Friesen, welcher 1749 nach Paris gekommen war und der seine Vorliebe für italienische Musik bereits von Deutschland mitgebracht hatte, und J. J. Rousseau, dem wir bereits in dem Versuch begegneten, die italienische Oper zu französieren.

Jener schrieb seine bekannte Spottschrift: *Le petit prophète de Bœhmischbroda* (1753), und dieser suchte in dem bereits erwähnten Briefe die Vorzüge der italienischen Musik mit schneidender Schärfe darzulegen, und deckte in *Lettre d'un Symphoniste de l'Académie Royale de Musique à ses camarades de l'orchestre* alle die Kniffe der Musiker auf, welche sie anwandten, um die Aufführung der italienischen Opern zu hintertreiben.

Nach dieser Seite waren die Buffonisten die Verfechter des Italienischen (*au coin de la Reine*, weil sie im Theater ihren Platz unter der Loge der Königin hatten) gegenüber den Antibuffonisten,

1. In seinen: „Lettres sur la musique française", 1753.

den Vertretern der nationalen Oper (*au coin du Roi*, weil sie ihren Platz unter der Loge des Königs hatten) im Vortheil. Die komische Oper der Italiener hatte in Signora Tonelli eine bedeutende Sängerin, und Signor Manelli war ein ebenso bedeutender Sänger, als vortrefflicher Komiker. Daneben bot das Orchester der französischen Oper, welchem der Director den Tact hörbar schlug, dem Orchester der Italiener gegenüber, das nur vom Clavier aus dirigiert wurde, manchen Angriffspunct dar. Allein die Anhänger der nationalen Oper, namentlich die dabei betheiligten Mitglieder derselben, vermochten es durchzusetzen, dass die italienischen Sänger 1754 Paris verlassen mussten. Unterstützt wurden die Antibuffonisten durch den Erfolg, welchen die französische Oper *Titon et Aurore* von Mondonville hatte. Allein das Interesse an italienischer Musik war lebendiger geworden, als je. Man versuchte italienische Opern durch Uebersetzungen und Ueberarbeitung nach Paris zu verpflanzen, forderte dadurch aber von neuem den Spott der Buffonisten heraus, bis sich eine neue Schule französischer Componisten bildete, welche in dem bereits angedeuteten Sinne der *Opera buffa* mit den Mitteln der national-französischen Oper eine wirklich nationale Bedeutung gab, die dann als *Opera comique* die begünstigte und glückliche Rivalin der grossen französischen Oper wurde. Begabte und bedeutende Dichter, wie Favart, Sedaine, Marmontel, wandten sich ihr zu, und **Egidio Romoaldo Duni**, ein geborner Neapolitaner, war der erste Componist, welcher in dieser Gattung in Paris Erfolge hatte.

Er ist 1709 in Matera geboren und bildete sich in Neapel unter Durante. Schon 1735 erhielt er den Auftrag, für Rom die Oper *Nerone* zu schreiben, und gewann mit ihr den Sieg über Pergolese, dessen *Olympiade* durchfiel. Später wurde er Capellmeister an der Nikolskirche in Neapel und kam 1743 auch nach Paris. Ein Auftrag, mehrere Opern für London zu schreiben, führte ihn dorthin, doch musste er es aus Gesundheitsrücksichten wieder verlassen. Während eines längern Aufenthalts in Parma begann er auch, nachdem er mehrere Opern mit italienischem Text componiert hatte, einen französischen in Musik zu setzen, und es gelang ihm dies so, dass er von Paris den Auftrag erhielt, *Le peintre amoureux* zu componieren, und sie fand bei ihrer Aufführung 1757 solchen Erfolg, dass er sich entschloss, in Paris zu bleiben. Von seinen Opern, deren er bis zu seinem Tode (1775), noch eine grosse Anzahl schrieb, haben einige auch in Deutschland Glück gemacht, wie jene genannte: „Der verliebte Maler“, ferner: *L'École de la jeunesse* („Die Jugendschule“), *La Fée Urgelle* („Die Fee Urgelle“), *Les Chasseurs et la Laitière* („Das Milchmädchen“).

Dies ganze Genre bot natürlich dem schaffenslustigen Dilettantismus ein weites Feld für erfolgreiche Arbeit. Die grosse Oper erforderte immer noch einen nicht geringen Grad contrapunctischer Fertigkeit, und wir finden alle bisher genannten Operncomponisten Frankreichs auch auf dem Gebiete der Kirchenmusik, in Motetten ja Oratorien thätig, und einige zeigen sich hier als ganz bedeutende Contrapunctisten. Derartige Studien erwiesen sich jetzt als unnöthig, und der unstreitig bedeutendste unter den französischen Componisten der komischen Oper, Grétry, warnt gradezu Musiker von Talent, viel zu lernen, weil sie damit ihrer Einbildungskraft, ihrer Phantasie schaden.

Der nächste, der sich Duni anschloss:

Pierre Alexandre Monsigny (auch **Moncigni**), 1729 geboren, hatte bereits in Paris eine Anstellung, die in keiner Beziehung zur Kunst stand, als ihn die Erfolge der italienischen Buffonisten derartig enthusiasmierten, dass er sich der komischen Oper zu widmen beschloss. Er nahm Unterricht und in fünf Monaten hatte er nicht nur seinen Cursus absolviert, sondern auch zugleich eine Oper componiert, welche mehrere Jahre später (1759) in Scene gieng, und zwar mit entschiedenem Beifall. Dadurch aufgemuntert, erschien er schon 1760 mit zwei neuen, und von nun an war er in diesem Genre fortgesetzt mit Erfolg thätig, bis zum Jahre 1777. Er starb zu Paris 1817. Von seinen Opern ist namentlich *Le Déserteur* auch in Deutschland bekannt geworden.

Der dritte, welcher mit Duni und Monsigny eine lange Zeit die komische Oper Frankreichs beherrschte:

François André Danican, genannt Philidor, genoss zwar eine musikalische Bildung: er war als Capellknabe unter der Leitung des Capellmeisters Campra für die Musik erzogen worden und schrieb früh schon Motetten, so dass er den guten Kirchencomponisten Frankreichs seiner Zeit beigezählt wurde. Allein für tiefere Studien hatte er wol wenig Drang und waren seine anderweitigen Verhältnisse wenig günstig. In Paris, wohin er, nachdem er die Schule verlassen hatte, gegangen war, musste er sich seinen Unterhalt als Musiklehrer und Notencopist erwerben, und er bildete sich zugleich zu einem der bedeutendsten Schachspieler aus. Als solcher machte er denn auch seit Ende des Jahres 1745 grosse Reisen durch Holland, England und Deutschland, und unterliess auch nicht, sich nebenbei mit dem Compositionsstyl der verschiedenen Länder vertraut zu machen. Nach seiner 1754 erfolgten Rückkehr widmete er sich wieder ganz der Musik und zwar zunächst dem ernstern Genre, ohne Erfolg. Erst als er sich (1759) der komischen Oper zuwandte, gewann er festen Boden in Frankreich, und wusste ihn auch dann noch zu behaupten, als Grétry jene andern beiden: Duni und Monsigny, bereits verdrängt hatte. Auch in Deutschland wurden mehrere seiner Opern, wie *Le jardinier de Sidon* („Der Gärtner von Sidon"), *Le jardinier supposé* („Der verkleidete Gärtner") u. m. a., mit Beifall gegeben.

Seit dem Jahre 1768 machte ihm der bedeutendste Vertreter dieser ganzen Richtung, **André Ernest Grétry**, das Supremat über die komische Oper streitig.

Zu Lüttich 1741 geboren, zeichnete er sich früh durch musikalisches Talent und eine schöne Stimme aus, und diese verschaffte ihm Aufnahme in das Lütticher Collegium in Rom, wo er seine Musikstudien mit solchem Eifer betrieb, dass er bereits in seinem siebzehnten Jahre ein Intermezzo componierte, welches 1760 unter dem Titel: *La Vendémiatrice* („Die Winzerin") zur Aufführung kam. Der günstige Erfolg verschaffte ihm Aufträge, für die Theater della Pace und Ditordinona zu componieren. Er lehnte sie indess ab und gieng nach Bologna, um unter Pater Martini den Contrapunct zu studieren. Von hier wandte er sich nach Genf und brachte dort „Isabelle und Gertraud" mit grossem Beifall zur Aufführung. In Paris lebte er seit 1766 Anfangs in grösster Zurückgezogenheit, bis ihn Marmontel bewog, seinen *Huron* zu componieren. 1768 brachte er diese Oper in Paris zur Aufführung, und der ausserordentliche Erfolg bestimmte ihn dann, seine ganze Thätigkeit der komischen Oper zu widmen. Bis zum Beginn der französischen Revolution (1789), welche auch auf die komische Oper umgestaltend wirkte, schrieb er zwanzig und einige Opern, die nicht nur in Frankreich seine Popularität immer fester begründeten, sondern auch in Italien, Schweden, England, Russland und vor allem in Deutschland seinen Ruf verbreiteten. *Le Huron* und *Lucile* (1768), *Silvain* (1769), *Le tableau parlant*, *Les deux Avares* (1770), *l'Amitié à l'épreuve* (1771), *Zémire et Azor* (1771), *l'Ami de la maison*, *La Rosière de Salency*, *Les Mariages des Samnites*, *La fausse Magie* und viele andere wurden fast sämmtlich für jene Länder, namentlich für Deutschland, übersetzt und mit Beifall aufgeführt. Grétry starb 1813.

Wie keiner seiner Vorgänger auf diesem Gebiete hatte sich Grétry die gesangreiche und characteristische Melodie angeeignet, nach seinem eigenen Geständniss von den Italienern, und indem er damit zugleich jene scharf accentuierte Declamation, die wir als wesentlichstes Erforderniss der komischen Oper erkannten, verbindet, gewinnt diese jene lebendige, pikante Ausdrucksweise, welche mitten aus der Situation hervortreibt, und mit welcher er allerdings seine gesammte Characteristik und die komische Wirkung fast ausschliesslich bestreitet. Die Harmonie ist ihm selten mehr als blosse Grundlage, einzelne Fälle ausgenommen, wo er durch Anwendung eines leichten künstlicheren Contrapuncts die komische und romantische Wirkung zu erhöhen strebt, wie in dem neuerdings wieder zu Ehren kommenden „Chor der Wache". Nicht minder dürftig ist das Instrumentale behandelt, und Grétry nimmt den Anschein, als ob dies mit Bewusstsein geschehen sei. Er warnt wiederholt in seinen *Mémoires* ou *Essais sur la musique* (Paris) vor dem Missbrauch der Instrumente, wie er ihn bei Gluck findet, doch waren ihm wol „die Trauben nur deshalb zu sauer, weil sie ihm zu hoch hiengen". Seiner Melodie wäre auch eine reichere Instrumentalbegleitung wenig förderlich geworden, und er würde damit nimmer die Erfolge erzielt haben, welche er erzielte; er würde sich schwerlich den Dank Rousseau's verdient haben, dem „durch diese Musik wieder das Herz für Empfindung geöffnet worden war", und ebenso wenig die Anerkennung Grimm's, der in der Musik Grétry's die vollständigste Verschmelzung der italienischen Melodie mit französischer Sprache fand. Wir kommen wiederholt auf die *Opera comique* zurück, wenn wir die gleichzeitigen Erscheinungen in Deutschland, zum Theil durch jene hervorgerufen, und die italienische *Opera buffa* näher betrachten. Ein klareres Bild wird sich uns indess erst später, bei Betrachtung der Blüte der komischen Oper, in Mozart entfalten.

Wesentlich anders als in Frankreich, hatte sich mittlerweile der Entwickelungsgang der Oper in Italien gestaltet. Hier waren jene beiden Grundelemente der französischen Oper: Tanz und Chor früh auf das geringste Maass beschränkt und endlich ganz herausgewiesen worden. Der Chor wurde höchstens zum Actschluss angewendet und der Tanz in die Zwischenacte verwiesen. Von da an bestand die italienische Oper nur noch aus Recitativen und Arien, mit gleichfalls ziemlich spärlicher Einführung von Duetten. Hiermit aber war der Entwickelungsgang der italienischen

Oper noch bestimmter vorgezeichnet, als der französischen. Indem sie nur die Formen für die individuelle Characteristik cultiviert, nicht auch die des gegenseitigen Einwirkens der handelnden Personen — die Ensemblesätze und die Formen des Chores, die seltener eingeführt sind, um die Handlung fördern zu helfen, als vielmehr sie dem Zuschauer näher zu legen, sie seinem Empfinden rascher und nachhaltiger zu vermitteln — verliert sie eigentlich nach und nach alles dramatische Interesse und alle dramatische Bedeutung; sie wurde zur Cantate, welche denn auch in Italien eine ungleich grössere Pflege fand, als in irgend einem andern Lande. Dass diesem ganzen Zuge die Gefahr nahe lag, auch die individuelle Characteristik der handelnden Person dem Sänger zu opfern, und die darstellende Person an Stelle der handelnden zu setzen, ist natürlich und bei der absichtslosen Lust der Italiener am Gesange noch weniger zu verwundern. Dass sich dieser Process nicht schon in den ersten Begründern der sogenannten neapolitanischen Schule, welche die Oper in diese Bahn leitete, vollzog, hat seinen Grund darin, dass diese noch zu bedeutende Contrapunctisten waren; dass für sie, die noch in der strengern Schule des alten Contrapuncts erzogen waren, das gesammte Tonmaterial noch andere Bedeutung hatte, als die der rein sinnlichen Klangwirkung. Wir finden sie nach zwei Seiten thätig: umbildend, indem sie die Starrheit des alten Contrapuncts zu beleben versuchen durch die Macht der absoluten Melodie, und neugestaltend auf dem Gebiete der dramatischen Melodik und Rhetorik. Und ihre Thätigkeit auf jenem Gebiete ist fast bedeutsamer geworden, als auf diesem. Von Alessandro Scarlatti bis auf Jomelli sind uns eine Reihe kirchlicher Tonwerke erhalten worden, die trotz allen Glanzes und vocalen und instrumentalen Reizes voll tiefer religiöser Weihe sind, während auf dramatischem Gebiete ihre Arbeiten, wie der Franzosen, nur als Vorstufen oder doch nur als höchste Blüte der nationalen, nicht der allgemein künstlerischen Entwickelung der Oper betrachtet werden können. Die Zeit, ohnstreitig der treffendste Critiker des Kunstwerks, hat ihre dramatischen Arbeiten so vollständig zu verdrängen gewusst, dass es nur mit unsäglicher Mühe noch gelingt, von der ungeheuer grossen Anzahl derselben die eine oder die andere vor völliger Vergessenheit zu retten, während die kirchlichen Werke eigentlich wol nie ganz vergessen waren und jetzt in reicher Anzahl hervorgesucht werden.

Alessandro Scarlatti, der eigentliche Begründer dieser Richtung, wurde zu Neapel um das Jahr 1650 geboren und hat seine Studien unter Carissimi in Rom gemacht. Dass er um das Jahr 1680 am churbairischen Hofe zu München als Componist thätig war und dort seine erste italienische Oper aufführte, ist sehr zweifelhaft. Allerdings wird in Cramer's Magazin von einem Abbate Scarlatti erzählt, der 1680 eine Oper in München aufführte. Allein ein Abbate Scarlatti war zu jener Zeit der französischen Gesandtschaft in München zugetheilt und veranstaltete und leitete dergleichen Aufführungen. Nun ist allerdings, die bis jetzt bekannte erste Oper Scarlatti's 1680 vollendet, um so weniger ist aber anzunehmen, dass er sie auch schon in diesem Jahre hätte in einer fremden Stadt zur Aufführung bringen können. Von hier soll er sich nach Wien und dann wieder nach Rom begeben haben. Seit Ende des Jahres 1703 war er als Capellmeister zu S. Maria Maggiore. Im März 1709 resignierte er, gieng nach Neapel und wirkte hier am Conservatorio di S. Onofrio. Er starb am 24. October 1725. Die Zahl seiner Werke ist ungeheuer gross. An Opern soll er 115 geschrieben haben. Burney erzählt von einem Kunstfreunde, der 400 Cantaten, ein- und zweistimmige, von ihm gesammelt hatte, und nach Gerbert's Lexikon componierte er die Messe hundert mal.

Man wird die Melodik Scarlatti's kaum begreifen, wenn man sie losgelöst von seinem Contrapunct betrachtet. In Scarlatti und seinen nächsten Schülern sind eben noch beide eng verbunden. Seine Melodik ist ungleich freier und characteristischer, als die seines Lehrmeisters Carissimi, aber sie treibt immer auch noch aus einer bedeutsamen harmonischen Grundlage hervor, und erst viel später liess die italienische Melodik die Harmonik auf ein dürftiges Maass zusammenschrumpfen.

Scarlatti's Kirchenstyl lehnt sich noch vielfach an den alten Kirchenhymnus an. So liegt ein solcher der, dem Papst Clemens XI. gewidmeten Messe zu Grunde:

und zwar so, dass er die Motivo für die einzelnen Sätze darbietet. Das *Benedictus* und die zwei *Agnus dei* sind strenge Canons in den künstlichsten Formen. Aber auch da, wo er das Motiv freier behandelt, geschieht es immer im Sinne einer gewaltigen Harmonik, wie gleich im Anfange:

i - son Ky - ri - e e - lei - - son, Ky-
ri- - - e e - le - i - son,
le- - - - - - i - son. Ky - ri-
Ky - ri - e e - le- - - i-
i - - son. Ky - rie e - -

ri - e e - le- - i- - son,
Ky - ri- - e-
e e - lei - son, Ky - ri-
son, Ky - ri - e e- - - le- - i - son,
le- - - - - - i- - son, Ky-

Im *Christe eleison* tritt das Thema dann zweistimmig auf:

Es ist dies nicht nur ein Anlehnen an die alte Weise kirchlicher Kunst, sondern vielmehr eine wirkliche Belebung derselben durch die neuen Mittel der Darstellung. Scarlatti nimmt in seinen kirchlichen Tonwerken für sein Land und sein Jahrhundert eine ähnliche Stellung ein wie Joh. Seb. Bach für seine Zeit und deutsche Kunst. Neben jenen Meistern, die in den Formen des alten Contrapuncts weiter arbeiteten, wie Francesco Bagatti (um 1600), Giacomo Filippo Biumi, Bernardo Strozzi, Antonio Brunelli, Orazio Benevoli (geb. 1602 in Rom, † 1672), Galeazzo Sabbatini, Giuseppe Bernabei (geb. um 1620, † 1690), Bernardo Pasquini (1637—1710) und viele Andere, waren eine Reihe von italienischen Meister seit dem Beginn der neuen Weise dramatischen Gesanges bemüht, diese auch dem Kirchengesange zu vermitteln. Aber es geschieht dies meist in der bequemsten Weise, indem sie selbst die alte Technik aufgeben und die neue kaum in einiger Umgestaltung herübernehmen, wie Giovanni Rovetta (um 1600), Marco Marazzoli, Pietro Andrea Ziani (geb. um 1610 in Venedig, † um 1670), Alessandro Stradella (geb. 1645 in Neapel, † 1678), die den Styl der Cammercantate einfach für die Motetten, Messen und andere Kirchengesänge adoptierten. Daneben wirkte endlich noch eine dritte Reihe, die, wie Massimilian Neri, Kirchliches und Weltliches dicht neben einander stellten. Alle diese Bestrebungen kamen in Scarlatti zu vollständigem Abschluss. Er erfasst die ganze alte grossartige Technik mit gewandter Hand und wirkt ihr alle die neuen Mittel der Darstellung ein. Schon zeigten sich bei ihm die Gesetze der modernen Tonarten wirksam, aber immer noch in den engern Schranken des alten Systems. Sein Contrapunct wird gleichmässig von alter Harmonik wie von neuer Melodik beherrscht, und so zeigt er uns das ganze alte, grossartige Gebäude noch einmal in dem wunderbaren Lichte der neuen Anschauung. Im Anschluss an den alten Hymnus erhält sein Tonsatz kirchliche Weihe, und hierin namentlich liegt der wesentlichste Unterschied zwischen ihm und seinen unmittelbaren Schülern, und der ganzen, durch sie vollständig ausgebildeten neapolitanischen Schule. Schon Leonardo Leo (geb. um 1694) — mit Scarlatti am Conservatorium S. Onofrio zu Neapel thätig — Francesco Durante, gleichfalls Capellmeister am Conservatorium zu Neapel — begannen bereits auf die Gewalt des alten Hymnus zu verzichten, und sie vernachlässigen nicht minder die Strenge der alten Formen. Ihre Thematik und ihr Contrapunct sind nur äusserlich noch die alten, stehen aber sonst vollständig unter der Herrschaft der neuen Melodik und des sinnlichen Wolklangs derselben. Mit dem alten kirchlichen Hymnus ist auch die alte religiöse Weihe verschwunden, und jenes andere Element der individuell andächtigen, fromminnigen Stimmung, welche jene Weihe im protestantischen Kirchengesange ersetzen sollte, haben die Italiener eben nie gefunden. Man hat die Schule, welche durch jene genannten Meister von S. Onofrio zu Neapel begründet wurde, die Schule des schönen Styls genannt, und nicht ganz mit Unrecht. Bei den Meistern, die unmittelbar aus ihr hervorgiengen: Nic. Porpora (geb. 1687 in Neapel, † 1767), Domenico Sarri (geb. 1688), Tomaso Carapella (um 1700),

Giovanni Battista Pergolese (1707—1739), Pasquale Caffaro (geb. um 1708), Nicolo Jomelli (1714—1774), ist der alte Kirchenhymnus fast vollständig verstummt, und wo er erscheint, wird er der neuen Anschauung gemäss umgewandelt. Noch bei Scarlatti sättigt er die reizvollen Süsse italienischer Melodik und Harmonik, und zügelt ihre sinnliche Gluth. Losgelöst von diesem nicht nur formellen, sondern auch ideellen Bande, brechen diese Mächte mit aller Gewalt los, und kirchliche Weihe geht allmälich verloren. Die genannten neapolitanischen Meister wussten dieselbe immer noch durch ein innigeres Anschliessen an die alte Technik zu erhalten; mehr noch als die Neu-Venetianer: Antonio Lotti (geb. um 1665, † 1740), Giov. Carlo Maria Clari (geb. 1669), Antonio Caldara (geb. 1678, † 1763), Emmanuel Astorga (geb. 1681), Benedotto Marcello (geb. 1686, † 1739) und Andere. Beiden Schulen ist die Wirkung, wie in ihren Werken für die Bühne, so auch für die Kirche, die Hauptsache; diese suchten dieselbe mehr durch die Macht der Harmonie, jene durch die Macht der Melodie zu erreichen. Jomelli's *Requiem* und Pergolese's *Stabat mater* wirkten durch Innigkeit, Süsse und Gluth ihrer Melodien, wo Lotti's *Crucifixus* und Marcello's *Psalmen* durch die reiche und klangvoll gewählte Harmonik uns imponieren. Hiermit ist aber auch die Entwickelung der italienischen Kirchenmusik geschlossen. Sie hatte an dem gregorianischen Cantus firmus sich entwickelt und musste ganz folgerichtig absterben, als ihr dieser verloren gieng, ohne dass er durch jenes neue Element ersetzt wurde, das wir bereits erwähnten, und das den Kirchengesang in Deutschland gerade zu dieser Zeit des Verfalls italienischer kirchlicher Musik, zu einer so herrlichen Entfaltung, mit der jene frühere italienische kaum zu vergleichen ist, gelangen liess. Wol wären noch einige Meister des achtzehnten Jahrhunderts zu nennen, die wie Giovanni Battista Padre Martini (geb. 1706, † 1784), durch Anweisungen wie durch eigene Wirksamkeit auf dem Gebiete der Kirchenmusik dem wachsenden Strome der Verwilderung Einhalt zu thun versuchten, doch vergeblich. Wie in der Oper wurde auch in der Kirchenmusik jener sinnlichen Gluth der italienischen Musik alles übrige geopfert; wie dort galt es auch hier, nur durch die Gewalt der Melodik zu wirken, zu reizen und zu ergötzen. Aus der langen Reihe der Kirchencomponisten Italiens, von Giov.

Battista Sammartini (geb. um 1700, † 1775) bis auf Rossini, der mit seinem *Stabat mater* die Grenzlinie des irgend Zulässigen schon überschritten hat, begegnen wir kaum einigen, die wie Luigi Cherubini (geb. 1760, † 1814), durch einen künstlichen Contrapunct, oder wie Nicolo Piccini (geb. 1728, † 1800), oder Antonio Maria Giuseppe Sacchini (geb. 1735, † 1786), durch eine gewählte Harmonik den Kirchenstyl über das Niveau des Theaterstyls erhoben. Bei den übrigen Italienern, die zugleich für die Bühne thätig waren, sank er noch unter diesen herab, weil ihm die virtuosen Mittel der theatralischen Darstellung nicht in demselben Umfange zu Gebote standen, wie jenem. So war das Verhältniss vollständig verkehrt worden: der Theaterstyl wurde einflussreich auf den Kirchengesang, während bei Scarlatti und seinen unmittelbaren Nachfolgern der kirchliche Contrapunct dem Theaterstyl reinigende Elemente zuführte.

Die Oper Scarlatti's besteht bereits nur aus Recitativen, Arien und Duetten, und zwar ist der Formalismus, über welchen die italienische Oper nicht hinauskam, bei ihm schon ganz bestimmt festgestellt. Dass er nicht der erste ist, der (in seiner Oper *Teodora*, 1693) das mit Instrumenten begleitete Recitativ einführt, ist erwiesen. Zweifelhaft ist noch die ihm zugeschriebene Einführung der sogenannten Cavata oder Cavatine — ein kleiner, arienmässiger Satz, welcher zeitweise das Recitativ unterbricht. Dass das Recitativ in solche arien- oder liedmässige Sätze übergeht, fanden wir schon bei Monteverde, ehe die Arie selbst noch ausgebildet wurde. Nachdem aber diese zu immer grösserer Erweiterung gelangte, war es nothwendig, auch jene kleineren Cantabile's fester in sich abzurunden, und weil in dieser formellen Festigung überhaupt Scarlatti's Hauptverdienst liegt, so mag er auch für die Ausbildung der Cavatine einflussreich gewesen sein. Das Recitativ hat überhaupt schon seine erschütternden, gewaltigen Accente verloren; es beginnt eigentlich bei Scarlatti schon in jenen Conversationston hinüber zu schreiten, der es gar bald als eine mehr hindernde Zuthat zum musikalischen Drama der vollständigsten Vernachlässigung entgegenführte. Sein unleugbar grösster Verdienst auf dem Gebiete der dramatischen Musik ist die Erweiterung der Arie und der Duetten, und hier namentlich erweist sich die tiefe contrapunctische Erkenntniss unsers Meisters wirksam. Wir finden bei ihm noch nicht jene schwungvolle, grosse Melodie der spätern Neapolitaner; seine Melodien bestehen vielmehr aus einzelnen kleinen Motiven; aber diese eben weiss er durch die harmonische Grundlage zu einem grossen und breiten Ganzen zusammen zu fassen, das sich mächtiger darstellt, als bei allen Vorgängern, und das zwar nicht so plötzlich zündend wirkt, wie bei den spätern Neapolitanern, aber ungleich nachhaltiger und künstlerischer. Viel treuer, als in seinen Recitativen, geht der Meister in seinen Arien dem Wortausdruck nach, den Text in lauter kleinere Phrasen zerlegend, die dann durch eine natürlich und einheitlich entwickelte harmonische Grundlage innerlich verbunden werden und sich meist in einem reichen Wechselspiel mit dem Instrumentalen darlegen:

Es erinnert diese Weise der Construction entschieden an den Motetten- und Madrigalenstyl; noch mehr aber die rhythmischen Rückungen, die von so grosser Wirkung sind und gar bald von den dramatischen Tondichtern allgemein angenommen wurden, in den mannichfachsten Umgestaltungen.

Beide Eigenthümlichkeiten der Arienform wurden natürlich für die komische Oper von fast noch grösserer Bedeutung, als für die ernste Oper. Jene feine Gliederung giebt der Arie eine ungemein characteristische Leichtigkeit, und auf der zeitweisen Unterbrechung und anscheinend regellosen Darstellung der ursprünglichen Rhythmik beruht ein grosser Theil der komischen Wirkung.

Zu grosser dramatischer Wirkung kommt endlich jene feine Gliederung in characteristischen Motiven in den Duetten. Der[1] mitgetheilte erste Satz einer Cantate für zwei Stimmen beweist hinlänglich, wie die zweite Stimme durch die rasche Wiederholung derselben Phrase diese nur noch eindringlicher macht, und indem sich alle rasch und geschickt in einander fügen, gelangt diese Form zu einer grossen Gewalt. Wir werden sehen, wie die canonischen Formen der Zweistimmigkeit von den deutschen Meistern zu andern Zwecken und in anderer Weise verwandt wurden. So war durch Scarlatti die Form der italienischen Oper ziemlich fest bestimmt, und seine Schule ist davon so wenig abgewichen, dass sich kaum individuelle Züge in ihren Arbeiten unterscheiden lassen dürften. Es dürfte schwer, ja vielleicht gar unmöglich sein, characteristische Unterschiede der Opern von Leo, Porpora, Sarri, Leonardo Vinci (1690, † 1732), Pergolesi, Perez (1611—1787) oder Jomelli anzugeben, als die grössere oder geringere Gewandtheit in der Verwendung jener durch Scarlatti angewandten und ausgebildeten Formen, und die sich immer selbständiger und glänzender entwickelnde Melodie, die alles übrige: Harmonie, Rhythmus und Instrumentation auf ein immer geringeres Maass reduciert. Scarlatti hatte die Oper national fest construiert, und die Componisten hatten nur nöthig, sich den ganzen Mechanismus anzueignen, und wollten sie des Erfolges sicher sein, so mussten sie dem eigentlich nationalen Zuge nach einer schwungvollen und sinnlich reizenden Melodie mit immer grösserem Eifer nachgehen. So weit ihnen dies gelang, durften sie auch alle übrigen Mächte dramatischer Darstellung vernachlässigen und erreichten dennoch grosse Erfolge. Jene edle Verachtung des Gesanges, welcher die ganze Form ihren eigentlichen Ursprung verdankt, wich einer, alles andere überwuchernden Gesangesvirtuosität, und so wurde jene neue Schule der Oper

1. Notenbeilage, Nr. 5.

zugleich eine Schule für den virtuosen Kunstgesang, mit dem wiederum auch einzelne Instrumente zu rivalisieren suchten. Und so giengen aus jenen Schulen eine ungleich grössere Zahl bedeutenderer Sänger hervor, als Componisten.

Die berühmten Castraten Senesino (1680 und 1740 noch am Leben), Bernacchi (1700 — noch 1755), Caffarelli, Majorano Gaetano (1703—1783), Farinelli (Carlo Broschi, 1700—1782), Angelo Maria Monticelli (1705, † 1764), Giovanni Manzuoli, und die Sängerinnen: Vittoria Tesi (1692—1775), Faustina Bordoni (Hasse, 1700—1774), Francisca Cuzzoni (Sandoni, 1700—1770), Regina Mignotti (1728—1807), die Schwestern Giacomezzi, die Pompeati u. A., waren nicht alle direct aus dem Conservatorium in Neapel hervorgegangen: zu Bologna hielten Franzesco Antonio Pistocchi (um 1660 geb.), zu Florenz Francesco Redi Singschulen, aus denen mehrere der genannten und eine Reihe bedeutender anderer Sänger und Sängerinnen hervorgiengen. Obgleich diese ganze Richtung der Entwickelung des Orchesterstyls sich wenig günstig erwies, so beförderte sie doch die virtuose Ausbildung einzelner Instrumente. Es ist bekannt, dass Farinelli mit einem Trompetenbläser einen Wettkampf bestand, und Arien mit einer concertierenden Oboe oder Flöte begegnen uns nicht selten in den Partituren auch der Italiener. Ausser den bereits erwähnten Corelli, Franz Geminiani (1680—1762), Ant. Vivaldi († 1743) und Gius. Tartini (1692—1770) werden noch Pietro Nardini (1722—1793), Gaet. Pugnani (1727—1803) und Anton Lolli (1733—1802) als bedeutende Geiger genannt.

Auch in Deutschland fand diese Richtung einseitige Nachahmer in Hasse, Graun, Naumann u. A., während sie andererseits wiederum in ungleich bedeutenderen Meistern anregend auf die Weiterentwickelung des deutschen musikalischen Drama's wirkte, und weil diese Bestrebungen nicht nur von grösserer Bedeutung geworden sind, sondern zugleich auch früher erfolgen, als jene Verpflanzung der italienischen Hof- und Prunkoper durch deutsche Componisten nach Deutschland, so betrachten wir sie zuerst, weil uns dann zugleich die Nichtigkeit jener ganzen Bestrebungen noch klarer wird.

Hier begegnen wir nun zunächst einem Meister, der, obgleich

kein Deutscher, doch entschieden nach seiner Wirksamkeit hierher gezählt werden muss:

Agostino Steffani. In Castelfranco, einem Grenzstädtchen, 1650 geboren, gehörte er als Sängerknabe der Capelle zu St. Markus in Venedig an. Hier erregte er die Aufmerksamkeit eines deutschen Grafen, der ihn mit nach München nahm und erziehen liess. Neben einer gründlichen wissenschaftlichen Bildung erhielt er hier auch Unterricht in der Musik von dem churfürstlichen Capellmeister Ercole Bernabei und bildete sich unter seiner Leitung zu einem tüchtigen Contrapunctisten, wovon zunächst seine *Psalmodia Vespertina*, achtstimmige Vesperpsalmen, Zeugniss giebt. Dabei verfolgte er seine theologische Laufbahn mit allem Eifer, wurde ordiniert und erhielt den Titel eines Abbé. Nachdem er bereits in seinem zwanzigsten Jahre in München Organist geworden war, übertrug man ihm später auch die Direction der churfürstlichen Kammermusik, und in dieser Stellung wol schrieb er seine *Sonate da camera* für zwei Violinen, Alt und Bass (1683), und wahrscheinlich auch *Duetti da camera*. 1685 erhielt er den Auftrag, die Oper *Servio Tullio* zur Vermählung des Churfürsten Maximilian Emanuel mit der Erzherzogin Maria Antonia von Oesterreich zu componieren — seine erste Oper, *Marco Aurelio*, hatte er bereits 1681 geschrieben. Jene Festoper gewann allgemeinen Beifall und lenkte namentlich die Aufmerksamkeit des mit anwesenden Herzogs Ernst August von Hannover auf unsern Meister, dass ihm dieser die Direction der Oper in Hannover übertrug. Noch in demselben Jahre gieng er in diese Stellung und wirkte in ihr, bis er sie an Haendel abtrat, obgleich er mittlerweile vom Papst zum Prälaten ernannt und mit dem Bisthum Spiga, im spanischen Westindien, belehnt worden war, weil er vom Herzog den Katholiken freie Religionsübung ausgewirkt hatte. Diesem hatte er sich auch in politischen Angelegenheiten mit Erfolg dienstbar gezeigt; so wird es allgemein seinen Bemühungen zugeschrieben, dass die Schwierigkeiten, welche sich der Ertheilung der neunten Churwürde an Hannover entgegenstellten, beseitigt wurden, und dass der Herzog 1692 mit der Churwürde belehnt und 1710 das Erzkämmereramt erhielt. Diese staatsmännische Bedeutung vermochte ihn zwar nicht der Kunst untreu zu machen, aber wahrscheinlich liess sich nach dem damaligen Geist der Zeit die Verbindung beider vor der Oeffentlichkeit nicht rechtfertigen, und hieraus nur ist erklärlich, dass aus jener Zeit nichts mehr unter seinem Namen in die Oeffentlichkeit gelangte, und dass namentlich die Arbeiten, welche er der von Pepusch (geb. 1661) in London 1724 gegründeten Academie, deren Präsident er geworden war, von Zeit zu Zeit übersandte, unter dem Namen seines Copisten, Gregorio Piva — einschickte. Er starb 1730, nachdem er noch vorher mit Haendel in Italien gewesen und dort alles durch seine Genialität und Frische des Geistes entzückt hatte.

Von seinen Opern: *La lotta d'Alcide con Acheloo* (1689), *La superbia d'Alessandra* (1690), *Orlando generoso* (1691), *Le rivali concordi* (1692), *Il trionfo del fato* (1695), wurden die meisten auch in deutscher Uebersetzung in Hamburg und Braunschweig aufgeführt, und sie übten auf die Entwickelung der deutschen Oper einen nicht geringen Einfluss. In ihnen begegnen wir wol zuerst der Verschmelzung des italienischen und französischen Opernstyls. Schon die äussere Anordnung giebt den Beweis, dass Stephani, der in der italienischen Schule gross gezogen war, auch dem französischen Styl sich hinneigte. Darauf deuten zunächst der Gebrauch des französischen *G*-Schlüssels für die erste Violine und die Bezeichnung *seul* und *tous* für Solo- und Tuttisätze in seiner Instrumentalbegleitung, vor allem aber die Beibehaltung des Ballets; wir begegnen in seinen Opern Sarabanden, Giquen und andern französischen Tänzen. Allein auch in den eigentlichen Gesangsformen erweist sich der französische Styl wirksam, wenn sie auch auf dem Grunde der italienischen Melodik und Contrapunctik sich erheben. In seinen Recitativen finden wir bereits jene Tonphrasen, die sich seitdem durch alle verschiedenen Wandlungen, welche das Recitativ erfuhr, erhalten haben:

Die Arien seiner frühern Opern sind mehr in italienischer Weise gehalten. Die meisten nur mit einem Bass continuo versehen, dann geht ihnen aber in der Regel eine Instrumentaleinleitung voraus, die am Schluss verkürzt wiederkehrt, wie wir es bereits bei Lully fanden. Wo aber Instrumente hinzutreten, geschieht dies meist in geschickten und sinnigen Imitationen. Wie bei Scarlatti ist auch bei ihm Anfangs noch die Arie in einzelne characteristische Motive zerlegt, die dann ebenfalls in die verschiedenen Instrumente vertheilt werden, wie in dem nachstehenden Sätzchen:

Häufig tritt auch ein Instrument, wie die Violine, oder treten zwei — Violine und Flöte — mit der Singstimme concertierend auf, meist in den feinern Formen der Imitation. In den Arien der spätern Opern macht sich dann der französische Einfluss mehr in den häufigern Formen des Rondeau geltend. Seine ganze contrapunctische Gewandtheit entfaltet aber der Meister in den Duetten. Seine Cammerduetten sind ungleich fester melodisch gefügt, als die Scarlatti's und seiner Vorgänger. Der melodische Grundgedanke ist kernhafter und mehr aus einem Gusse. Bieten sie auch nicht so interessante Detailmalerei, wie manche der frühern, so tritt dafür die ganze Stimmung ungleich wahrer und tiefer gefasst und mehr plastisch herausgebildet hervor, und sie namentlich sind es wol, die unsern deutschen Meister Haendel anregten, seine ganze geniale Kraft nach dieser Seite zu richten; die ihm Vorbilder wurden für die schwungvollen und einheitlichen Arien seiner Opern; an denen er jene Meisterschaft in Darstellung mächtiger Tonbilder sich erwarb, die ihn zum Schöpfer des eigentlichen Oratoriums machten, während jene andern Hamburger Meister auch von Steffani nichts weiter lernten, als dem Detail, ja dem einzelnen Wort und seiner Malerei noch emsiger nachzugehen, wie die erwähnten Italiener.

Hamburg war, wie wir bereits erfuhren, der Ort, an welchem nicht nur die bedeutendsten deutschen Meister der Oper ziemlich gleichzeitig wirkten, sondern an welchem auch die bedeutenderen Opern des Auslandes zur Aufführung gelangten. Wir erwähnten bereits jenes nach dieser Seite in Hamburg entscheidend wirkenden Meisters:

Johann Sigismund Kusser, der 1693 die Operndirection in Hamburg antrat und hier namentlich durch die Aufführung der Opern Lully's und Steffani's zunächst für die technische Ausbildung des Orchesters und der Sänger bedeutungsvoll wurde. Zwar hatte er sich bei seinem Aufenthalt in Paris so weit französiert, dass er sich Cousser schreibt, allein daneben hatte er auch zugleich eine grosse Vorliebe für italienischen Gesang, und diesem einen fruchtbaren Boden zu gewinnen, war sein Hauptstreben. Dieser seiner Thätigkeit gedenkt Mattheson wiederholt mit Bewunderung. „Der ehemalige Wolffenbüttelsche Capellmeister, sagt er von ihm[1], J. L. Cousser, besass in diesem Stück eine Gabe, die unverbesserlich war, und dergleichen mir nie wieder aufgestossen ist. Er

1. Der vollkommene Kapellmeister, pag. 480, 481.

war unermüdlich im Unterrichten, liess alle Leute, vom grössesten bis zum kleinsten, die unter seiner Aufsicht stunden, zu sich in's Haus kommen, sang und spielte ihnen eine jede Note vor, wie er sie gern herausgebracht wissen wollte, und solches alles bei einem jeden insbesondere mit solcher Gelindigkeit und Anmuth, dass ihn jedermann lieben und für treuen Unterricht höchst verbunden sein musste. Kam es aber von der Ausführung zum Treffen und zur öffentlichen Aufführung oder Probe, so zitterte und bebte fast alles vor ihm, nicht nur im Orchester, sondern auch auf dem Schauplatze: da wusste er manchem seinen Fehler mit solcher empfindlichen Art vorzurücken, dass diesem die Augen dabey oft übergiengen. Hiergegen besänftigte er sich auch sofort wieder und suchte mit Fleiss eine Gelegenheit, die beigebrachte Wunde durch eine annehmende Höflichkeit zu verbinden. Auf solche Weise führte er Sachen aus, die vor ihm niemand hatte angreifen dürfen. Er kann zum Muster dienen." Präciser fasst Mattheson Cousser's Bedeutung an einer andern Stelle zusammen: „Der unvergleichliche Director Sigismund Cousser führte eine bisher unbekannte Art zu singen ein, und liess sich äusserst angelegen seyn, in der praktischen Musik Alles zu verbessern und nach dem echten welschen Geschmacke einzurichten, deshalben ihm auch, und dass er der französischen Musik zugleich sehr zugethan gewesen, billig ein grosses Lob gebühret. In der Direction hat man seines Gleichen nie gesehen."

Weniger Bedeutung scheint er durch seine eigenen Opern, deren er während seiner Direction zu Hamburg vier zur Aufführung brachte, erlangt zu haben. Die in seinem einzigen gedruckten deutschen Werke: „Heliconische Maienlust"[1] enthaltenen Arien sind von geringem Werth. Später scheint er sich der Oper ganz abgewandt zu haben. Zwar gieng er nach seinem Rücktritt von der Hamburger Bühne (1697) noch zweimal nach Italien, um italienische Schreibart zu studieren, allein in England, wo er Anfangs in London von Concertieren und dem Unterrichte lebte, bis er 1710 eine Stelle an der Cathedrale in Dublin erhielt, woselbst er als königlich irländischer Capellmeister 1727 starb — beschäftigte er sich mehr mit der Theorie der Musik.

Erst mit **Reinhard Keiser** beginnt die eigentliche Bedeutung der Hamburger Bühne und, als ziemlich gleichbedeutend, die der deutschen Oper.

Keiser's Vater wird als ein guter Componist bezeichnet, welcher aber ein unstetes Leben führte, das ihn seinen Wohnort oft wechseln liess. Unser Reinhard ist angeblich in der Gegend zwischen Leipzig und Weissenfels im Jahre 1673 geboren, und es ist anzunehmen, dass er

1. Nürnberg, 1700.

schon in seiner Jugend in Weissenfels Gelegenheit hatte, die Oper kennen zu lernen, namentlich die Opern Joh. A. Krieger's, der bereits 1670 in Rom gewesen war und seit 1680 als Capellmeister in Weissenfels mehrere Opern componiert hatte. Seine eigentliche wissenschaftliche und wahrscheinlich auch musikalische Bildung gewann er in Leipzig auf der Thomasschule und der Universität. Als neunzehnjähriger Jüngling trat er bereits als Operncomponist auf. Ein von ihm componiertes Schäferspiel: *Ismene*, wurde 1692 in Wolffenbüttel mit grossem Erfolge aufgeführt. Eine zweite, wie jene in deutscher Sprache componierte: *Basilius*, brachte er dann 1694 auch in Hamburg zur Aufführung. Auch sie fand allgemeinsten Beifall, und von 1696 an widmete er seine ganze Thätigkeit fast ausschliesslich der Hamburger Bühne mit einem Eifer, dass wol kaum bis zum Jahre 1717 ein Jahr vergangen sein mag, in dem nicht mehrere neue Opern von ihm in Scene giengen. Gerber giebt in seinem Lexicon ihre Zahl auf 116 an. 1703 übernahm Keiser in Gemeinschaft mit dem Gelehrten Drüsike die Pachtung und Direction der Oper. Allein das luxuriöse Leben, das beide führten, führte schon 1707 den Bankerott der Unternehmung herbei. Drüsike musste flüchten und auch für Keiser scheint eine längere Abwesenheit nothwendig gewesen zu sein. Allein Keiser wusste schon in den nächsten Jahren durch sein unerschöpfliches Talent sich seine frühere Stellung wieder zu erwerben. In den Jahren 1709 und 1710 brachte er acht neue Opern auf die Bühne, und da er sich zugleich um dieselbe Zeit mit einer Tochter des angesehenen Rathsmusikanten und Pratrizier Oldenburg verheirathete, so vermochte er sich bald aus seiner misslichen Lage herauszuhelfen. Seine eigentliche Thätigkeit an der Hamburger Oper scheint mit dem Jahre 1717 zu enden. 1722 finden wir ihn in Copenhagen, woselbst seine Oper *Ulysses* zur Aufführung gelangte. Nach einigen Jahren kehrte er wieder nach Hamburg zurück und übernahm 1728 das Cantorat am Dom, womit das Canonicat verbunden war. Er starb 1739 am 12. Septbr.

Ueber die Eigenthümlichkeit der Keiser'schen Musik giebt uns zunächst der Vorbericht zur Sammlung der Arien aus seiner Oper: *Almira* und *Octavia*, welche unter dem Titel: „*Componimente musicali*, oder deutsche und italienische Arien, nebst unterschiedlichen Recitativen aus *Almira* und *Octavia*, wie solche gesetzt und aufgeführt worden durch Reinhard Keysern. Hamburg, 1706", erschien, einigen Aufschluss. Derselbe ist nicht von Keiser selbst, sondern durch den Verleger veranlasst und wahrscheinlich durch Feind, von dem das darauffolgende lange Lobgedicht herrührt, verfasst. In dem Vorbericht heisst es: „Die Mathematique oder die alleredelste Wissenschaft der Musique ist noch niemals bei der politen Welt in solcher Vollkommenheit gesehen worden, als zu dieser Zeit, welche an Erfahrung das geschickte Alterthum nicht allein so weit übertrifft, als die Politesse der rohen Barbarey vorzuziehen, sondern gar beschämen würde. Die Affecten des Zornes, des Mitleydens der Liebe sammt den Eigenschaften der Grossmuth, Gerechtigkeit, Unschuld und Verlassenschaft, stellet sie in ihrer natürlichen Blösse dar und macht durch ihre verborgene Krafft dazu alle Gemüther rege, ja sie zwinget fast die Hertzen heimlich zu einer Passion nach Willen, wie ein sonst unverbrennlicher Amiant durch ein künstlich geschliffener Spiegel Feuer fangen muss. Hierzu gehöret etwas mehr als Kunst, die man endlich mit der Zeit erlernen kann, denn diese verborgene Wirkung hat ihren Ursprung vom Himmel, weil solche Fähigkeit von dem Einfluss eines edlen Geistes allein herrührt, und durch keine Bemühung der Vernunft, aber wohl Erfahrung zu Wege gebracht werden, daher entspringet der Unterschied und Unähnlickeit unserer Seele, und der Vorzug vor andern, welcher mit dem Nachruhm nach dem Tode verknüpft ist, als die einzige Belohnung, die ein Tugendhaffter und polithomme für seine Wissenschaft zu hoffen, zumahl zu dieser Zeit, da die Welt von der äussersten Brutalité dergestalt überschwemmt, dass keinerley derselben in Estime ist, als welchen entweder die Geburt, oder das blinde Glück vermittelst eines schändlichen Wucherns und Schindens volle Beutel zugebracht — — — —.

Die protzigen Italiener und prahlerischen Frantzosen, die aus angebohrener Einbildung und Hochmuth nichts gut zu sein sich denken lassen, was nicht auff ihrem Mist gewachsen, finden allhie (in Keiser's Opern) Materie genug, woran sie ihre Zähne stumpf wetzen können, und wir lassen uns nimmermehr überreden, dass ihr Gerücht so gross würde geworden seyn, wenn nicht ihre Theatres und Orchestres mit lauter Virtuosen angehäufft wären, die die Ausdrückung der Compositionen zum gewünschten Effect zu bringen vermögen."

Diese Stellen des Vorberichts sind in mehrfacher Hinsicht von Bedeutung. Zunächst ist die sich regende Opposition gegen die Ausländer bemerkenswerth. Dass sie aus nationalem Stolz hervorgegangen sein sollte, ist in jener Zeit namentlich nicht anzunehmen. Sie ist vielmehr der ganz unmittelbare Ausdruck der Ueberzeugung von der ungleich grössern Bedeutung der Arbeiten des deutschen Meisters im Vergleich zu jenen, der Italiener und Franzosen, und als solcher ein ganz merkwürdiges Zeichen in einer Zeit, in welcher im gesammten übrigen Deutschland die Bühne ausschliesslich von den Italienern beherrscht wurde; sahen wir doch Keiser's unmittelbaren Vorgänger, Cousser, noch eifrig bemüht, italienische und französische Gesangsweise in Hamburg einzubürgern. Keiser scheint auch wirklich bis auf Mozart der einzige gewesen zu sein, der deutsche Opern deutsch in Musik zu setzen verstand. Diese besondere Weise Keiser's wird gleichfalls in obigem Vorbericht characterisiert. Einmal stellt er des Meisters Verhältniss zur eigentlichen Kunstmusik fest. Nicht durch Kunst, wol aber durch Erfahrung wird die verborgene Wirkung, die Gemüther zu erregen, zuwege gebracht. Und in der That ist die künstlerische Seite Keiser's nicht sehr ausgebildet, was wir namentlich an seinen Kirchencompositionen merken. Dort in der weltlichen Musik, namentlich in der Oper, wird ein gewisses contrapunctisches Ungeschick bei weitem weniger fühlbar, weil hier ganz andere Anforderungen an den Componisten gestellt werden und ihm hier eine Menge Mittel zu Gebote stehen, jene zu verdecken. Die geistliche Tondichtung dagegen erfordert eine ungleich grössere, eigentlich höchste Meisterschaft in allen Arten des Contrapuncts, und diese besass Keiser durchaus nicht, was freilich dem Vorredner ein Vorzug zu sein scheint; denn unter der „rohen Barbarey" versteht der Vorredner unstreitig die Kunst des Contrapuncts der Vorzeit gegenüber der Politesse (der galanten Schreibart) Keiser's und seiner ganzen Zeit. Endlich wird auch sein Verhältniss zu Italienern und Franzosen darin bestimmt, dass ihm eben alle Affecten der Seele darzustellen gelang.

Wir fanden bei den Franzosen eine mehr conventionelle und dabei ziemlich dürftige Art des Ausdrucks, der erst durch die Verschmelzung mit italienischer Gesangsweise ein bestimmteres Gepräge gewinnt. Die italienischen Meister aber, seit dem Beginne der neapolitanischen Schule, bei ihrer einseitig melodischen Richtung kannten gar bald nur jene beiden extremen Arten des Ausdrucks, die höchste Gluth der Leidenschaft und eine grosse sentimentale Innigkeit, während mit Keiser die deutsche Schule beginnt, die musikalischen Ausdrucksmittel für die ganze Gefühlsscala der Seele herauszubilden.

Schon die Cantaten Keiser's unterscheiden sich nach dieser Seite ausserordentlich vortheilhaft von allen derartigen Arbeiten der Italiener. Die in seiner „Gemüthsergötzung, bestehend in einigen Sing-Gedichten, mit einer Stimme und unterschiedlichen Instrumenten. Hamburg, gedruckt und verlegt bei Nicolaus Spieringk, 1698", veröffentlichten Cantaten sind durchaus einzeln characteristisch gefasst. Hören wir zunächst den Meister selbst, wie er über diese Form urtheilt:

„Hochgeehrter Leser!

Von diesen allhier durch den Druck der Welt mitgetheilten Sing-Gedichten oder wie sie auf Italienisch genannt werden, Cantaten, hat man zweyerlei zu erinnern für gut befunden, deren eines die Poesie, das andere die Musik derselben angehet. Belangend demnach das Erste, so ist nunmehro in Teutschland die Manier der Welschen in dergleichen Stücken schon so bekannt, dass es unnöthig eine Definition zu geben, was eine Cantate sei, ja es haben dieselben in Teutschland so sehr das Bürger-Recht gewonnen, dass sie die alten Bürger, nemlich die ehemaligen Teutschen Lieder, gar ausgetrieben haben. Es ist aber die Erfindung derselben von den Opern hergekommen. Denn weil man verspühret, dass die vermischte Sing-Art derselben, nemlich bald Recitativ, bald Arien, und diese bald lustig, bald traurig, bald aus diesem, bald aus jenem Thon, sehr angenehm war, allemahl aber ein Stück aus einer Opera zu machen, wegen Abwechselung der Personen nicht thulich, so hat man die alte Art der langen Lieder von vielen Gesätzen oder Strophen, in ein solches mit Recitativ und Arien vermischte Gedicht verwandelt. Der Einhalt aber eines solchen Gedichtes ist gar nicht neu, weil sowohl unter den alten Welschen als Teutschen Liedern gar viele vorhanden, die Erzählung-Weise den Einhalt vorbringen, und sehe man nur zum Exempel an die bekannte schöne Ode unsers Teutschen Opitzen: „Coridon, der ging betrübet", oder des vortrefflichen Simon Dachen seine niemahls genug gepriesene, und gantz unvergleichliche Ode: „Es fing ein Schäffer an zu klagen", so wird man zwo recht vollkommene Cantaten finden, daran kein anderer Unterschied, als dass sie Vers-Weise gesetzet, und durchaus nach einer Melodey müssen gesungen werden; da eine heutige Cantate die Abwechslung der Melodien, und des Ariosen- mit dem

Recitativ-Spiel hat, welches das eintzige ist, das wir in diesem Stück den Welschen zu danken haben. Denn den Einhalt derselben haben sie nicht erfunden; weil er eben dasselbe, was bey den Alten Idillium oder Ecloga genannt ward, in welchen mehrentheils von Schäffern und Schäffern-Sachen, bissweilen doch auch von Heroischen Materien gehandelt ward, wie solches beym Theocrito und Virgilio umständlich zu finden ist.

Was nun das andere Stück dieser Cantaten oder Sing-Gedichte betrifft, nemlich die Musik, so richtet sich dieselbe nach der Poesie, und hat man mit Fleiss in denen gegenwärtigen nicht so sehr den Kammer- als den Theatralischen Styl erwählet, wie die Kunstverständigen leicht verspühren werden, worin aber eigentlich der Unterschied von Kirchen-, Kammer- oder Opern-Styl bestehet, solches wäre hier zu weitläuffig auszuführen, weil dieser Vorbericht keine Unterweisung, sondern mehrentheils eine Entschuldigung an die Liebhaber dieser angenehmen Wissenschaft ist, welche also nicht übel deuten werden, dass sie allhier nicht Stücke aus allen Tönen finden, etc.

Die Cantaten sind:

Cantata prima: Der unvermuhtlich vergnügte Philenus;

Cantata secunda: Der vergnügte Amyntus;

Cantata tertia: Der glückliche Fischer, alle drei für Sopran mit Begleitung von 2 Violinen und Bass continuo;

Cantata quarta: Die verliebte Diana, für Sopran-, Streich- und Blasinstrumente;

Cantata quinta: Die geschilderte Hermione, für Contralto, 2 Violinen und Continuo; ebenso

Cantata sexta: Die biss an den Todt geliebte Iris; und endlich

Cantata ultima: Die rasende Eyfersucht, für Bass mit Begleitung von 2 Violinen und Continuo."

Schon die Wahl der Stimmen und der Begleitungsinstrumente beweist ein viel feineres Verständniss und ein tieferes Erfassen der musikalischen Characteristik. Die Nothwendigkeit einer solchen war den Italienern längst in ihrer gewohnheitsmässig gewordenen Praxis verloren gegangen. Ihre serieuse Oper hatte nur Castraten, Tenorstimmen und etwa noch die Altstimme aufgenommen; der Bass war in die *Opera buffa* verwiesen worden. Diese Stimmen nun behandeln sie allerdings mit grossem und tief eingehendem Verständniss ihrer eigensten Natur; aber die Neapolitaner schon giengen darüber nicht hinaus, und so gelangen sie zu jener Praxis, welche den ganzen dramatischen Verlauf in einige cantatenmässige Sätze auflöst, und diese endlich gar für ganz bestimmte Sänger und Sängerinnen, unbekümmert um dramatische Wahrheit, schreibt; es entwickelt sich jene Praxis, nach welcher den männlichen Discanten — den Castraten — männliche Hauptrollen gegeben werden; eine Praxis, die sich noch bis auf Mozart erstreckte, und der auch Keiser in seinen ersten Opern *Adonis* und *Tiberius* noch huldigt. Beide Titelrollen sind für Alt geschrieben. In den vorliegenden Cantaten ist die Wahl der Stimmen eine durchaus feinsinnige und angemessene. Es ist gewiss weder Laune und Willkür, noch Zufall, dass nur die ersten vier Cantaten für Sopran, die fünfte und sechste für Alt und die siebente für Bass geschrieben sind.

Jene ersten vier durchzieht eine gewisse Gluth der Sinnlichkeit, die selbst dem Tenor nicht eigen ist; fünf und sechs dagegen konnten kaum mit ihrer tiefern Innerlichkeit würdiger als vom Alt ausgeführt werden, und die rasende Eifersucht kaum anders, als vom Bass. Ganz in demselben Verhältniss ist die Instrumentation vortrefflich gewählt, am charactervollsten in der vierten. Hier treten zu den Geigen zeitweise noch Flöten, Fagotte oder Hoboen hinzu, oder sie ersetzen die Geigen. Die Arie: „Holder Zephyr, bring ihn her“, wird durch Violinen pizzicato begleitet.

Daneben begegnen wir einer durchweg fast noch feinern Declamation, als bei den Italienern und Franzosen, und dies allein schon giebt seinen Opern einen höhern dramatischen Werth, als jenen. In den Recitativen seiner Opern, namentlich in den sogenannten Secco- oder trocknen Recitativen, die nur mit einem Bass continuo begleitet sind, lässt es der fast durchweg äusserst prosaische und langweilige Text zu keinem irgendwie bedeutsamen Aufschwung kommen.

Die Librettodichter der Hamburger Bühne — Christian Heinrich Postel (geb. 1658 zu Freiberg, †1705 in Hamburg), Balthasar Feind, Hunold (Menantes), U. v. König, Bressand u. A. schlossen sich an jene ursprünglich deutsche Form an, welche auch die antiken Stoffe dem deutschen Bewusstsein zu vermitteln suchte, aber immer mehr in der saft- und kraftlosen Weise jener Zeit, und wo in jenen frühesten Spielen die lustige Person durch ihre naturwüchsige Derbheit ergötzt, wird sie jetzt durch ihre raffinierte Flegelei widerwärtig. Mehr aber, als alles dies, verhinderte der ausserordentlich weitschweifige, umständliche und langweilige Dialog jede rasche Entfaltung und jeden Aufschwung. Anstatt dass die Librettofabrikanten von den Italienern eine raschere Entwickelung hätten lernen sollen, zogen sie es vor, italienische Arien in ihre deutsche Opern aufzunehmen, und seit dem Jahre 1703 wird diese Mischoper aus deutschen und italienischen Sätzen zusammengesetzt, mit Eifer von den deutschen Dichtern gepflegt[1]. Die Recitative aber waren nicht selten so lang, dass sie nicht vollständig in Musik gesetzt werden konnten, sondern dass einzelne Stellen, die im Textbuch gewissenhaft durch Gänsefüsschen („) angedeutet sind, entweder gesprochen oder vielleicht ganz weggelassen wurden[2]. Die Recitative Keiser's erheben sich in seinen Opern nur selten über den uns bereits bekannten Mechanismus; doch lässt er keine Gelegenheit, eine bedeutsame Stelle des Textes durch eine aussergewöhnliche Harmonie oder einen besondern Melodieschritt auszuzeichnen, vorübergehen. In den begleiteten Recitativen namentlich wird, wie schon angegeben, der Ausdruck ganz bewusst gesteigert; leider bieten ihm hierzu seine Texte selten Gelegenheit. In der Arie schliesst er sich ganz entschieden an Steffani an, und dessen Einfluss ist ganz klar ersichtlich. Allein gerade in seinem Bestreben, dem deutschen Text, so weit dieser es nur irgend zulässt, treu nachzugehen, gewinnt die Arie bei ihm höhere dramatische Bedeutung. Dies gesungene Deutsch ist zwar weniger geschmeidig und klangvoll, als das Italienische, aber gerade darum weit kerniger und von grösserer dramatischer Wirkung — und Keiser weiss nicht selten aus diesem Character der Sprache ganz bedeutende Wirkung zu erzielen.

Wie er sich aller dieser Anforderungen an eine deutsche Oper bewusst ist, ersehen wir aus den eigenen Worten der Vorrede zu seinen *Divertimenti serenissimi*, *della Cantate*, *Duette et Arie diverse*, *senza Stromenti*, oder „Durchlauchtige Ergötzung über verschiedene Cantaten, Duetten und Arien, ohne Instrumente, von Reinhard Keisern, hoch-fürstlich Mecklenburgischen Capellmeistern. Hamburg, 1713.“ Hier heisst es

1. Vergl.: Dr Lindner (E. O.), „Die erste stehende deutsche Oper“, Berlin, 1853, pag. 53.
2. Lindner, a. a. O., pag. 58.

wörtlich: „So lange die Welt der Barbarey abgesagt, hat die edle Music bey hohen und niedern Standes-Personen ihre Gefälligkeit angetroffen. Die Heil. Schrifft sowol, als Profan-Geschichte, legen derselben eine überirdische Wirkung bey, und bezeugen, dass sie selbst, die bösen Geister zu vertreiben, mächtig sey, daran das Exempel Saul's das Bündigste. — — — Allhier, wo sich die Politesse täglich mehret, hat die Kunst der edlen Music kein so wildes barbarisches Urtheil zu hoffen, dass vielmehr gegenwärtige Pieces die Approbation vieler Durchl. und illustren Personen, denen selbe zur Durchl. Gemüths-Ergötzung unterthänigst gewidmet worden, erhalten, daher sie auch den Titel bekommen. Wollen sich die Lehrlinge in gegenwärtigen Blättern etwas umsehen, finden sie vielleicht eines und das andere, so ihrem Vortheil gemäss. Allein die Aria: Ihr schönen Augen etc. wird in den leichtesten Figuren auch denen Nasutulis, die sich auff dem Parnasso das Apollinat bereits erhalten zu haben einbilden, da ihre Capicité, jedoch sehr mediocre, wann ihnen kein Fremder die Stufen zeigt, ziemlich Licht geben. Ich verstehe solche, die die Hand an die Composition legen, aber nicht wissen, dass der Paragraphus mit der Cadence und ohne dieselbe niemahlen zu schliessen; die Distinctiones auch, als Punctum, Colon, Semicolon, Comma, Sigma Exclamandi und Interrogandi etc., ebensowohl ihre Stellen in der Music, als in der gewöhnlichen Oratorie haben. Daher die Anzahl derer nicht gar zu gross, die das wahre Ziel der Music erreicht, ich will sagen, die natürliche Ausdrückung einer jeden emphatischen Figur der Poëten, bey einem jeglichen Affect, worinnen das Meisterstück hauptsächlich bestehet. Zu solcher Ausdrückung des Affects aber ist nichts so sehr als eine Opera geschickt, als gleichsam der Zirckel, worinnen derselbe rouliren, und wann der Musicus einen Poëten antrifft, der ihm fast in jedem Auftritt neue Inventiones darzu an die Hand giebt, so kann man desselben Fähigkeiten daraus bald erkennen, wann die Schaubühne eröffnet, und die Geschicklichkeit des Acteurs sowoll des Poëtes als Musici Expressionen natürlich hervorzubringen weiss, wovon wir bissher, mit dem Applause des vernünftigen Auditorii, viel Exempel gesehen, da sich bald ein unschuldiges Opffer der Iphigenia, und darinnen die Väterliche Gelassenheit eines Agamemnonis, und Mütterliche Liebe einer Clitemnestra, bald in der Octavia das schüchterne Gewissen eines Nero; bald in der Lucretia die verstellte Thorheit eines Brutus, und eine um ihre Ehre eifernde Dame, bald in Masaniello die Raserey eines hitzigen tummen Empörers; mit der Zärtlichkeit einer getreuen Mariana, und im höchsten Grad ungetreuen Antonio; bald in Sueno die schulfüchsige Liebe eines Thales, bald in Desiderio die Caracteres eines grossmüthigen Printzen, Wüthrichs, unrechtmässig verstossenen, und daher eifernden Gemahlin, und Gegentheils; bald in Cato ein eigensinniger, strenger, aber dabey wohlmeinender Patriote; bald in Pompejus zween gleiche Ehrsüchtige um des Regiments-Ruder hefftig streitende Helden sammt der grössten Tendresse einer Procris und Cephalis oder Tancredo und Clorinde in der Person der Aemilia und Pompejus, danächst in allen schier die unterschiedenen Passionen der unschuldig Sterbenden oder Ermordeten, gezeigt, und zwar nicht mit leeren Erzählungen, nach Art der Alten, sondern nach der wahren Natur, mit immer neuen, dabei vorzukommenen Umständen. Hiervon wäre ein eigner Tractat zu schreiben, wenn solches der Raum so einer kurtzen Vorrede gewidmet, dies mir gestattete. Ich will aber dieses Dessein bis auf eine andere Gelegenheit ersparen; mich mit gegenwärtigen wenigen Blättern einer unpartheyischen Raison Allen und Jeden gebührlich empfehlend."

Erhebt sich auch die Auffassung der einzelnen Charactere, wie sie hier Keiser darlegt, eigentlich nicht über die conventionelle der Lully'schen Oper, so ist immerhin anzuerkennen, dass eine solche doch bei ihm vorhanden ist, was bei den italienischen Opern, etwa mit Ausnahme einiger wenigen, nicht mehr der Fall ist. Dass sich ein Meister jener Zeit in das griechische Alterthum zurückversetzen sollte, um aus ihm heraus seine Charactere zu gestalten, darf man eben in jener Zeit nicht verlangen wollen. Einer Zeit, die an politischer Zerfahrenheit und Characterlosigkeit ihres Gleichen sucht, und in der sich der weichlichste, sentimentalste Pietismus, mit dem frivolsten Lebensgenuss gleichmässig begünstigt, um die Herrschaft stritten, lag eine solche Vertiefung in eine ihm fremde, innerlich und äusserlich vollständig abgerundete Welt, ganz und gar fern. So erscheinen denn auch bei ihm, wie einst bei Lully die Helden und Figuren seiner Opern: *Adonis* (1697), *Janus* (1698), *Pomona* (1702), *Claudius* (1703), *Octavia* (1705), *Masagniello furioso* (1706), *Desiderius* (1709), *Orpheus Arsinoe* (1710), *Crœsus* (1710), *Diana* (1712), *Tomyris* (1717)

Trajanus (1717), *Ulysses* (1722), *Circé* (1734), ganz in Ausdruck und Manieren seiner Zeit. Ein einziges Beispiel wird genügen. In der Oper *Pomona* singt Vulcan:

freu . . . . et. Der
Recitatif.
viel vom Feu-er hält. Weg Frühling, weg, hüll' al-le Blumen
ein! Der Sommer muss mit seiner Hitze weichen. Was kann der Herbst als
feuchte Tage reichen? Der Winter muss al-lein gepriesen sein. Da
kann man bei ge-lin-der Koh-len-gluth Be-le-ben das er-
storb . . . . . ne Blut.

Dem entsprechend ist auch seine Arie eine andere, als die der Italiener. Wol finden wir häufig auch bei ihm die Dacapo-Arie — d. h. einen zweitheiligen Satz, der durch Wiederholung des ersten Satzes dreitheilig wird, allein die innere Construction ist bei den meisten abweichend, indem sie nicht, wie die italienische, von der Motette und den Formen des künstlichern Contrapuncts ausgeht, sondern von dem bis auf seine Zeit auch ausserhalb der Oper mit Fleiss angebauten Liede, das erst durch die Cantate verdrängt wurde. Eben die Sorgfalt auf eine, durch festern Anschluss an den Text erreichte erschöpfende Darstellung des Textes führt unsern Meister darauf, die Form des Liedes zur Grundlage seiner

1. Die Arie vollständig bei Lindner, „Die erste stehende deutsche Oper."

Arien zu machen, und diese dadurch zu erweitern, dass er entweder die liedmässigen Phrasen in mehr thematischer Verarbeitung ausweitet, oder sie einfach an einander reiht und harmonisch und rhythmisch in Beziehung setzt. Die harmonische Ausschmückung seiner Melodien ist meist sehr dürftig, dagegen weiss er rhythmisch ganz bedeutsame Wirkung zu erzielen, indem er jene rhythmischen Rückungen, die wir bei Scarlatti und Steffani hervorhoben, noch entschiedener ausbildet. Sie treten bei ihm oft mit grosser dramatischer Gewalt ein, indem sie mit der ursprünglichen Sprachmetrik in heftigen Widerstreit gerathen, und sie sind nur zu häufig die einzig dramatisch-musikalischen Mittel geworden, welche Graun und Hasse in ihren Opern anwendeten.

Freilich dürfen wir auch in diesem beschränktesten Sinne noch nicht an eine wirkliche Characterzeichnung denken. Etwa mit Ausnahme der komischen Personen in *Pomona* gegenüber den gesetzteren: die muntere Flora neben der ernsteren Pomona, des verliebten Jasion neben dem leichtfertigen Mercur, des lebenslustigen Bacchus neben dem so steifen Vulcan; oder der Personen seiner *La forza della Virtù* (1700), die seinem Naturell am meisten zusagten, wie die kokette Analgilda — sind alle übrigen auch nur in einzelnen Stimmungen erfasst, die er aber nicht zum gefesteten Character zusammen zu fassen verstand. Sie kommen eben einzeln an dem, vom Dichter gesponnenen Faden angereiht zur Erscheinung, ohne dass die eine auf die andere bezogen würde, um sie so alle zum Character zu vereinigen. Daher begegnen wir auch nur selten mehrstimmigen Gesangssolosätzen, die als solche gelten dürfen, wie das kleine Duett in *La forza della Virtù* und ein ähnliches in *Pomona*, in dem die Charactere unterschieden sind, während die meisten übrigen nur als mehrstimmige Gesänge gelten können.

Eigenthümlich ist des Meisters Verhältniss zur Kirchenmusik.

Zunächst ist es natürlich die oratorische Form, der er sich zuwandte. Schon 1706 schrieb er eine Passion: „Der blutige und sterbende Jesus", nach einem Texte von Hunold, und erregte damit das allgemeinste Erstaunen; weil man ihm einen solchen Erfolg in geistlicher Musik nicht zugetraut hatte, und nach Mattheson brachte er das „Leben und Leiden Christi" vielmal in Musik und führte es höchst erbaulich auf.

Aus einem in der stillen Woche Anno 1712 und 1713 musikalisch aufgeführten Oratorio, genannt: „Der für die Sünde der Welt gemarterte Jesus“, gab Keiser 1714 „Auserlesene Soliloquia“ heraus; 1715 „Selige Erhöhungsgedanken“ aus dem Oratorio: „Der zum Tode verurtheilte und gekreuzigte Jesus“, in verschiedenen Arien, Chören, Recitativen und Duetten, mit allen dazu gehörigen Instrumenten.

Ueber diese Soliloquia lässt sich Keiser gleichfalls in der Vorrede aus, und wir lassen die Stelle hier folgen, da sie gleichfalls characteristisch für ihn und seine gesammte Auffassungsweise sind.

„Mancher möchte meinen, diese Soliloquia wären ja eben solche Sachen, als Cantaten; dem diene hiermit zur freundlichen Nachricht, dass Cantaten keineswegs solche Piecen sind, darinn einer seinen Gedanken für sich selbst und allein, gleichsam heimlich, den Lauff lässt, sondern sie müssen allemahl in einer gewissen, wahren oder erdichteten Geschichts-Erzählung, Declaration, Klage-Antrag etc. bestehen. Denn so wenig, zum Exempel, was der Evangelist singet, ein Selbstgespräch oder ein Soliloquium heissen mag; auff eben so ungereimte Weise würde man aus einem Soliloquio eine Cantato machen, massen jenes als eine blosse Meditatio der Einsamkeit; diese aber als eine Narratio, allerdings Zuhörer und Gesellschaft supponiret.“

Hier nun, in diesen geistlichen Compositionen, macht sich vor allem Keiser's Hauptfehler, der Mangel an Vermögen, sich in eine Stimmung zu vertiefen, geltend; Keiser trifft den Ton jedes einzelnen Satzes in der Regel ganz meisterlich. Aber schon die ungenierte, wol mit den treffendsten, aber nicht immer sonderlich gewählten Mitteln erfolgende Darstellung schliesst jede weitere Vertiefung aus.

Für die Oper mag dieser Standpunct haltbar, und für die Wirkung auf die Massen vielleicht der einzig richtige sein. Allein für das Oratorium gilt er ganz gewiss nicht, und auch der Oper von Scarlatti und namentlich Steffani nimmt Keiser gegenüber einen entschieden höhern künstlerischen Standpunct ein. Keiner von beiden oder auch ein anderer der bisher Genannten schreibt so aus der Situation unmittelbar hervortreibende Melodien; aber keiner berücksichtigt auch so wenig die Anforderungen einer wirklich künstlerischen Darstellung. Steffani spricht es offen aus, dass mit jenem Wortausdruck noch wenig gethan ist, wenn die ganze Stimmung, aus welcher die Worte hervortreiben, nicht selbständige musikalische Darstellung erlangt, und wir versuchten, nachzuweisen, wie er dies in regem Streben in seinen eigenen Compositionen zu verwirklichen sucht. Bei Keiser ist hiervon kaum mehr eine Spur. Ihm ist der kürzeste und schlagendste Ausdruck der liebste, er sucht und findet keinen andern. Seine geistlichen Werke unterscheiden sich nur wenig von seinen weltlichen, und sind deshalb aber auch viel weniger bedeutend, als seine Cantaten, auf die wir noch zurückkommen. In den Recitativen ist er sich noch am meisten der erhöhten Bedeutsamkeit seiner neuen Aufgabe bewusst, und er sucht sie durch eine grössere Fülle der Harmonik und durch gewähltere und characteristische Intervalle zu lösen, wodurch indess namentlich bei den Recitativen des „Für die Sünde der Welt gemarterten und sterbenden Jesus" der Character der Passion meist vollständig aufgehoben wird:

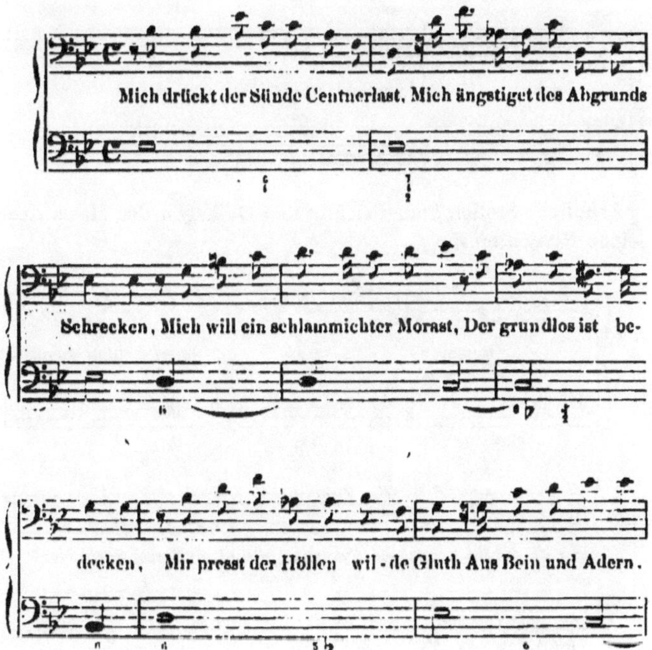

Aehnliche Stellen finden sich in den Gesängen der Maria derselben Passionsmusik:

Wie der Meister in den Arien eben nur die Gemüthsbewegung treffend anzudeuten versteht, ohne sie zu einer Seelenstimmung auszuweiten, möge eine Arie für zwei Soprane aus derselben Passion darthun, die wir im Anhange[1] mittheilen.

Die spätere Passion nach dem Evangelium Markus (vom Jahre 1729) ist ein bedeutsamer Fortschritt, aber immer mehr nur nach jener einseitig auf den Detailausdruck hinausgehenden Richtung. Doch sind die Recitative durchweg mehr im Sinne der Passion gehalten und dennoch weniger conventionell — meist characteristisch. Die Arien und Chöre treffen in ihren Motiven fast noch entschiedener den Grundton, aber sie kommen eben so wenig, wie früher, in einer einigermaassen ausgeführteren Erschöpfung zur Erscheinung, und sie stehen nach dieser Seite entschieden hinter jenen Arien der beiden Ahle's und Krieger's zurück:

Aria con Flauti e Violini.

1. Notenbeilage, Nr. 7.

Flauti.
Va - ter, sieh hier liegt dein Kind. hier liegt dein
Fine.
Tutti.
Kind! Va-ter, sieh hier liegt dein Kind! Darf der
Kelch nicht von mir ge - hen? Darf der Kelch nicht
von mir ge - hen? Doch dein Wil - le mag ge-

Fühlbarer wird dieser Mangel einer eigentlichen Kunstgestaltung noch in den Chören und auch in den Choralbearbeitungen, was uns an dem Meister klar werden wird, welcher die Passion in höchster Vollendung hinstellen sollte: Johann Seb. Bach.

In den Cantaten ist Keiser ungleich freier in der musikalischen Construction. Hier fühlt er sich nicht durch Anforderungen der dramatischen Lebendigkeit des Verlaufs der ganzen Handlung beengt. Einige Sätze aus der Cantate: „Die verliebte Diana“, in der breitern Form der italienischen Arien gehalten, sind in dem Anhange mitgetheilt.[1]

Dasselbe gilt von der „Kayserlichen Friedenspost“, Sing-Gedichten und Arien, welche zur Feier des Reichsfriedensschlusses bei Gelegenheit einer Festvorstellung aufgeführt wurden[2], wie der *Divertimenti serenessimi* (nach italienischem Text und der Gräfin Aurora Königsmark gewidmet), und zum Theil auch von einzelnen Gesängen der „Musikalischen Landlust“, bestehend „In verschiedenen Moralischen Cantaten aus der neuen Poesie von Menantes“.[3]

So wenig positiv Bedeutsames und der lebendigen Fortzeugung Würdiges und Fähiges demnach auch Keiser zu schaffen verstand, das Verdienst, die ganze Richtung der dramatischen Musik in eine neue Bahn geleitet zu haben, ist ihm unbestritten, und

1. Notenbeilage, Nr. 8.
2. Gedruckt zu Hamburg, 1715.
3. Hamburg, Anno 1714.

wir treffen bereits zwei Mitlebende, Mattheson und Telemann, in seinem Sinne thätig, wo möglich die ganze Richtung noch einseitiger fortführend, als er.

Mattheson, Joh., ist zu Hamburg 1681 geboren und erhielt neben einer sorgfältigen Erziehung auch Unterricht in der Musik, namentlich auch im Contrapunct. Allein seine schöne Stimme führte ihn bereits in seinem neunten Jahre auf das neu errichtete Theater, und bis in's 24. Jahr gehörte er demselben an, so dass es wol leicht erklärlich ist, wenn er während dieser Zeit weniger den contrapunctischen Studien, als vielmehr der Opernmusik sich zuwandte, welcher jene immer mehr als ein lästiges Beiwerk erschienen sind. Er componierte lieber selbst Opern und schon 1699 brachte er seine erste Oper: *Plejades* zur Aufführung. Ihr folgte im Jahre 1702 *Porsenna,* und erst nach der Bekanntschaft mit Haendel suchte er, wie er in seiner Selbstbiographie[1] erzählt, von diesem manche Kunstgriffe des Contrapuncts zu erlernen.

Weit weniger glücklich in der Erfindung geht er in seinen Compositionen dem Wortausdruck noch weit einseitiger nach, als Keiser. Winterfeld[2] macht schon darauf aufmerksam wie Mattheson gleich im Anfangschor seiner Passion, die er gleichfalls componierte:

das Ringen unter dem Druck lastender Bande darzustellen sucht.

1. Ehrenpforte, pag. 187.
2. Der evangelische Kirchengesang, Band III

Handgreiflicher wird die Malerei noch in folgenden Stellen:

In einer Stelle sucht er die Regenbogen, welche der Evangelist auf dem Rücken des gegeisselten Erlösers erblickt, wenigstens in der Partitur darzustellen, und er wird dadurch auf eine Geigenfigur geführt, die der Situation gewiss am allerwenigsten entspricht:

Dass diese letzte versuchte Malerei unkünstlerische und unnütze Spielerei ist, bedarf wol kaum der Erwähnung. Wie weit aber jene wirklich in Musik ausgeführte Malerei Berechtigung hat, werden wir am besten in der Betrachtung jenes Meisters erörtern, der in seinen wunderwirkenden Meisterwerken sie gleichfalls anwendet, Joh. Seb. Bach.

Ein so einseitig auf das Detail und zwar vorwiegend auf die Acusserlichkeiten desselben gerichtetes Streben, konnte höchstens anregend auf bedeutendere Talente wirken, wie es denn auch wirklich geschehen ist. Haendel und Bach mögen beide hier, wenn auch vielleicht nicht gerade von Keiser und Mattheson gelernt haben, aber doch angeregt worden sein. Zu irgend welcher positiven Bedeutung konnte Mattheson noch weniger gelangen als Keiser, weil er das ganze Kunstwerk in unvermittelt neben einander stehende Einzelnheiten auflöst. Mehr und grössere Bedeutung sollte Mattheson als Theoretiker, oder besser noch als Aesthetiker gewinnen. Ja wir dürfen ihn als solchen Michael Praetorius an die Seite setzen. Unermüdlich war er bemüht, der neuen Richtung neuen Boden zu gewinnen, ihr den gefährdeten Besitz desselben behaupten zu helfen. „Das neu eröffnete Orchester" (1713), „Das beschützte Orchester" (1717), „Die exemplarische Organistenprobe" (1719), „Der brauchbare Virtuos" (1720), „Das forschende Orchester" (1721), die *Critica musica*, der *Ephorus Göttingensis* (1727), „Der musikalische Patriot" (1728), „Die grosse Generalbassschule als zweite Auflage der Organistenprobe und die kleine Generalbassschule" (1735), „Der Kern melodischer Wissenschaft" (1737), „Der vollkommene Capellmeister" und eine Menge anderer ähnlicher Werke verfolgten mit aller Energie selbstbewusst den Zweck : alte Vorurtheile auszurotten und der neuen Musikanschauung, wie der aus ihr hervorgehenden neuen Musikpraxis Bahn zu machen. Am 17. April 1764 starb er in Hamburg im 83. Lebensjahre.

Ungleich bedeutender, als die Mattheson's, war die Begabung jenes andern genannten Mitlebenden und Mitstrebenden:

Telemann (Georg Philipp), und er vielleicht wäre schon berufen gewesen, alle neuen Elemente der deutschen Tonkunst zu einem einheitlichen Kunstwerk zusammen zu fassen, wenn er sich dieselben neben der alten Praxis durch ein energisches Studium und nicht nur oberflächlich durch eine beispiellose schaffende

Thätigkeit angeeignet hätte, wozu er freilich durch den ganzen Gang seines Lebens bestimmt wurde.

Aus seiner Selbstbiographie erfahren wir, dass er am 14. März 1681 zu Magdeburg geboren ist und dort, weil er studieren sollte, das Gymnasium besuchte. Seiner Mutter war der Hang zur Musik nichts weniger als erwünscht, und so sandte sie ihn nach Hildesheim, um ihn der Musik zu entziehen. Allein hier fand dieser gerade an dem Rector Calvör (der einige werthvolle Abhandlungen über hebräische Musik geschrieben) gleichfalls einen Musikfreund, und auch als er die Universität Leipzig bezog, fand sich bald Verleitung genug, dem wiederholten Verbote seiner Mutter entgegen der Musik fleissig sich zu widmen, und schon ein Jahr nach seinem Eintreffen in Leipzig (1701) finden wir ihn als Musikdirector und Organisten an der neuen Kirche daselbst. 1704 wurde er Capellmeister des Grafen von Promnitz zu Sorau; gieng 1708 als Concertmeister nach Eisenach und wurde später hier zum Capellmeister befördert. 1712 gieng er als Capellmeister nach Frankfurt a. M. und 1721 folgte er einem ehrenvollen Ruf als Cantor und Musikdirector nach Hamburg, wo er 1767 am 25. Juni auch starb.

Kaum dürfte es noch einen Meister geben, der so viel geschrieben hat, als er. Das Verzeichniss seiner Werke führt neben 40 Opern, für die Bühnen zu Bayreuth, Eisenach und Hamburg geschrieben, 12 vollständige Jahrgänge Kirchenmusiken, 44 Passionsmusiken, 32 Gelegenheitsmusiken, 33 sogenannte Hamburger Capitainsmusiken (von denen jede eine Sonate und ein Oratorium enthält), 12 Trauermusiken, 14 Hochzeitsmusiken, Oratorien und Serenaden, mehr denn 300 Ouvertüren und eine unzählbare Menge anderer Stücke für Gesang und die verschiedensten Instrumente auf.

Dass eine so grosse Thätigkeit und eine nur bruchstückweis angeeignete Bildung nicht sonderlich bedeutungsvoll für die Kunstentwickelung werden konnte, ist unzweifelhaft. Mehr noch wie seine Vorgänger ist er mit seiner reichen Arbeit auf Aeusserlichkeiten angewiesen, und wie geschmacklos er hierbei wird, mag ein einziges Beispiel aus einer seiner Passionen beweisen:

Wie wunderlich, ja in vielen Fällen sogar komisch, alle diese Bestrebungen auch immerhin erscheinen mögen, sie erlangten namentlich jener italienischen Richtung gegenüber, die neben den in Deutschland thätigen Italienern Buononcini, Clari, Ariosti, Caldara, Porsile, Conti und eine Menge andere, von zwei deutschen Meistern, Hasse und Graun, mit allem Fleiss auch in Deutschland geübt wurde, eine grosse Bedeutung.

Hasse (Jos. Adolph) ist am 25. März 1699 zu Bergedorf, einem kleinen Städtchen unweit Hamburg, woselbst sein Vater Organist war, geboren. Sein musikalisches Talent erregte die Aufmerksamkeit des königlich polnischen Hofpoeten J. U. König; dieser empfahl ihn an Keiser als Tenorist, und auf der Hamburger Bühne und an Keiser's Opern bildete er demnach zuerst sein Talent. 1722 gieng er als Hof- und Theatersänger nach Braunschweig und hier wurde auch seine erste Oper: *Antigonus*, 1723 zuerst aufgeführt. Die Oper gewann Beifall und so entschloss er sich, nach Italien zu gehen, um dort gründlichere Studien zu machen. 1724 reiste er dahin ab und studierte Anfangs unter Nic. Porpora, später unter dem jener Zeit noch lebenden, aber hochbetagten Alessandro Stradella, und bereits 1725 erhielt er von einem reichen Kaufmann den Auftrag, eine Serenade für zwei Stimmen zu componieren: er entledigte sich desselben mit so bedeutendem Erfolge, dass ihm die Oper für 1726: *Sesostrato* zu componieren übertragen wurde. Auch sie erwarb sich grossen Beifall, nicht minder seine zweite Oper: *Attalo Re di Bitinia*, und die vorzüglichsten Städte Italiens beiferten sich, ihn als Maestro an der Spitze des Theaters zu sehen. 1727 kam er so nach Venedig, und hier gewann er zugleich seine Frau, die jener Zeit schon hochberühmte Sängerin Faustina Bordoni. Eine dritte Oper: *Demetrio*, schrieb er gleichfalls noch zu Venedig. 1731 folgten beide einem Ruf nach Dresden an den glänzenden Hof des verschwenderischen, prunkliebenden Königs von Polen und Churfürsten von Sachsen — August. Hasse wurde zum Operncapellmeister ernannt und Faustina zur ersten Hof- und Opernsängerin. Die erste Oper, welche er hier zur Aufführung brachte, *Alessandro nelle Indie*, errang ungeheueren Beifall, namentlich, weil er es verstanden hatte, seiner Gemahlin Gelegenheit zu geben, ihre Gesangsvirtuosität im hellsten Glanz zu zeigen, und diese machte namentlich auf den leicht entzündbaren König einen nachhaltigern Eindruck, als dem Gatten lieb sein konnte. Hasse wurde jetzt wol absichtlich möglichst entfernt von Dresden gehalten, so dass er in der Zeit bis 1740 mehr in Rom, Neapel, Mailand und Venedig verweilte, als daheim. In diese Zeit fällt ferner auch seine Thätigkeit in London, als Capellmeister an dem, der Haendel'schen Oper entgegengesetzten Opernunternehmen (1733). Obgleich seine Oper *Artaserse* mit grossem Erfolge gegeben wurde, verliess er doch bald diese Stelle und mit ihr zugleich England. Erst nach 1740 gewann er wieder festern Boden in Dresden, bis er 1763 sammt seiner Gemahlin pensioniert wurde. Er gieng nach Wien und componierte dort bis 1766 für den Carneval und zu verschiedenen Hoffesten noch sechs Opern und eine Menge kleinere Musikstücke. Hier stand er wiederum einem andern jener Heroen, welche dem dramatischen Styl die höchste Bedeutung geben sollten, entgegen. Gluck hatte um diese Zeit seine Reform begonnen, und Hasse im Verein mit dem Dichter Metastasio bemühten sich, die bisherige Art der italienischen Oper zu vertheidigen.

Aus Gesundheitsrücksichten und mehr wol noch auf den Wunsch seiner Gemahlin, zog er später nach Venedig, und hier starb er am 23. December 1783.

Das Verzeichniss seiner Werke enthält 52 Opern, darunter nur eine deutsche, die übrigen alle italienisch, 11 Oratorien, mehrere Messen, 1 Requiem, 4 Tedeum und andere Kirchenstücke, und daneben Synfonien, Sonaten für das Clavier, Concerte, etc.

Hasse ist wol der reinste Vertreter jenes, bereits früher characterisierten italienischen Styls, der nur auf die Wirkung berechnet ist, nur rühren und aufregen soll. Bei jenen frühern Meistern hat die Coloratur, haben die Fiorituren und Passagen immer nur noch untergeordnete Bedeutung; vorwiegend bedeutsam ist noch die breite Cantilene, die sich über einer immer noch gewaltigern harmonischen Grundlage erhebt, und jenes Figurenwerk ist eben nur Schmuck und Hülfsmittel. Bei Hasse tritt die Coloratur, das Figurenwerk grösstentheils als einziger Factor der dramatischen Wirkung auf — die eigentliche Cantilene ist so kurzathmig als möglich, und der harmonische Apparat auf das bescheidenste Maas zurückgedrängt, oft ganze Arien hindurch nur aus Tonika, Dominant und Unterdominant bestehend; nur wenn der zweite Theil, wie gewöhnlich, „Minore" ist, wird die Ober- oder Untermediante hinzugezogen, und dies ist so stehend bei ihm, dass jeder mit diesen musikalischen Mitteln vertraute Notencopist, wenn ihm die Anfangsmotive der Cantilene und die Passagen nur leichthin skizziert übergeben wurden, mit Leichtigkeit Arien im echten Styl Hasse's schreiben konnte; ein Verfahren, das früher wie noch heute von Meistern dieses italienischen Styls angewandt wurde. Einen grössern Harmoniereichthum entwickelt Hasse höchstens in dem sogenannten Crescendo (auch Stretta genannt), das gleichfalls meist schablonenhaft in jeder Arie wiederkehrt — und immer ziemlich dieselbe harmonische Grundlage hat[1]. Dem entsprechend gestaltet sich auch die Instrumentation. Ihr Schwerpunct liegt im Streichquartett, und zwar so, dass, wo Oboen, Flöten oder Fagotten hinzutreten, sie eben meist nur das Quartett in Octaven nach oben oder unten verdoppeln. Die Blechinstrumente aber werden nur äusserst selten und ganz schüchtern ausfüllend verwendet, etwa mit Ausnahme der Hörner, welche hin und wieder mit einem winzigen Motiv heraustreten. Zu irgend welcher selbständigen Bedeutung gelangen weder diese noch jene Instrumente, und auch das Streichquartett könnte füglich durch jede andere Instrumentengattung ersetzt werden. So ist diese Hasse'sche Oper das ganz directe Gegenstück der Keiser'schen, und obgleich diese ungleich bedeutender und vor allem echt deutsch ist, vermochte sie sich doch nicht jener gegenüber zu halten, aus ganz natürlichen Gründen. Dem Zeitalter der Schminke und des Haarpuders musste die Hasse'sche Oper ungleich mehr zusagen, als die Keiser'sche mit ihrer, wenn auch noch so oberflächlichen Wahrheit des dramatischen Ausdrucks. Am deutlichsten spricht sich dies aus in der Opposition die Gluck in den Gegenden Deutschlands fand, in welchen Hasse und Graun die Bühne beherrschten. Es dürfte hier schon am Ort sein, auf eine Kritik, welche Gluck's „*Alceste*" in der Nicolai'schen „Allgemeinen deutschen Bibliothek"[2] erfuhr, aufmerksam zu machen, weil sie mehrfach auf Graun und Hasse hinweist und ziemlich bestimmt die Anforderungen darlegt, welche man jener Zeit an eine Oper stellte. Der Verfasser jener Kritik zeigt sich als einen, zwar einseitig in den Anschauungen seiner Zeit befangenen, aber immerhin wol unterrichteten Mann.

Er unterwirft zunächst die Einleitung Gluck's zur Partitur der *Alceste*, in welcher dieser Meister die leitenden Grundsätze seiner neuen Oper darlegt, einer scharfen Kritik, und wir begegnen manchem durchaus berechtigten Einwurf. Der Gluck'schen Ansicht, von dem untergeordneteren Verhältniss der Musik dem Text gegenüber, stellt er einen Ausspruch von Batteux[3] — eines Kunstrichters in den schönen Wissenschaften, wie ihn unser Kritiker nennt — entgegen und macht ihn zu dem seinigen: „Tritt die Musik auf, so hat sie das Recht, alle ihre Reizungen

1 Notenbeilage, Nr. 9.
2. Band XIV, 1, pag. 3 ff.; 1771.
3. Ramler's Uebersetzungen, 1. Aufl., pag. 233.

schimmern zu lassen. Das Theater gehört ihr zu. Die Poesie hat nur den zweiten und die Tanzkunst den dritten Rang. Die Verse sollen dem Gesang folgen und ihm nicht vorgehen. Die Worte, ob sie gleich vor der Musik verfertigt wurden, sind in diesem Falle nichts, als eine Verstärkung die man dem musikalischen Ausdruck giebt, um den Sinn desselben deutlicher und verständlicher zu machen. Nicht die schönsten Verse, sondern die rührendsten nehmen die Musik am besten an." Weiterhin spricht es dann die erwähnte Kritik klar aus: „Die Musik muss sich mit Ausdrückung alles dessen, was sie ausdrücken kann, beschäftigen, als wenn sie allein dem Zuhörer einen deutlichen Begriff von dem, was er zu fühlen hat, geben und diese Empfindungen in ihm zu erregen hätte." So einseitig diese Ansicht immerhin ist, sie bleibt bemerkenswerth weil sie die der Zeit ist, und weil man dies alles in Hasse's und Graun's Opern und Oratorien zu finden vermeinte, fanden diese den ungetheilten Beifall. Man hielt eben die sinnliche An- und Aufregung, welche ihnen diese Musik so bequem gewährte für den Ausdruck und die Erweckung schöner Gefühle, die man von ihr verlangte, und es ist ergötzlich und ärgerlich zugleich wie unser Referent weiterhin den Meister des dramatischen Ausdrucks, Gluck, zu Hasse und Graun in die Schule schickt, um diesen dort zu erlernen.

Gluck hatte in dem Vorbericht seiner Partitur unter anderm als leitendes Princip hingestellt „dass er nicht den Sänger in der grössten Hitze der Unterredung aufhalten will, um erst das Ende eines langweiligen Ritornells abzuwarten", und sein Kritiker bemerkt dazu: „Das Ritornell muss eben die Hitze in den Tönen zeigen, welche im Gespräche liegt, es muss sie fortsetzen, ja gar wo möglich noch verstärken. Ist das Ritornell in den Tönen wirklich langweilig, so ist es ein Fehler des von Einsicht in den wahren Ausdruck entblössten Componisten. — Wer hat aber endlich dem Componisten jemals die Freiheit benommen, da, wo sich kein Ritornell hinschickt, auch keines hinzusetzen?"

Gluck will ferner nicht „den Sänger mitten im Worte auf einem günstigen Selbstlaute aufhalten, er will ihn nicht mit der Leichtigkeit und Biegsamkeit seiner Stimme prahlen lassen", und hiergegen macht sein Kritiker den Einwand geltend, „dass, wenn die Stimme Rouladen auszuführen und das Ohr sie zu vertragen im Stande sei, es unrecht sei, sie zu verwerfen, überdies sind

Passagien das beste Mittel, unsern Arien die gehörige Ausführlichkeit und den gehörigen Umfang der Modulation und Tonführung des Componisten zu geben, den ein ausgeführtes Stück haben muss. Widrigenfalls würden die Arien so klein wie die Oden, oder mit unausstehlich vielen Wiederholungen der Worte überladen werden. Wollte man den Text einer Arie desto länger machen, wie in der vorhabenden Oper oft geschehen ist, so würde ein musikalischer Ausdruck den andern jagen und keiner seine rechtmässige Ausführlichkeit erhalten; und man würde am Ende einer solchen Arie aus der Verwirrung so verschiedener Gedanken nichts behalten haben, und nicht wissen, was man gehört hätte. Es würde eben das sein, als wenn man durch die schönste Bildergallerie mit trabenden Füssen durchgelaufen wäre. Es kommt freilich bei dem Gebrauch der Passagien hauptsächlich darauf an, dass der Componist die Passagien dem Vorwurf gemäss eingerichtet und sie nicht im Ueberfluss anbringet, widrigenfalls hat er nicht ausgedrückt, was er ausdrücken sollte; und der Fehler liegt an ihm, nicht an den Passagien."

Bei Gelegenheit der Aeusserung Gluck's, „dass er über den zweiten Theil der Arie nicht in möglichster Geschwindigkeit weggestolpert, um die Worte des ersten Theils wieder, wie gewöhnlich, richtig viermal zu wiederholen, und die Arie da zu endigen, wo ihr Sinn nicht aus ist, nur um dem Sänger Gelegenheit zu lassen, seine Grillen in mannichfaltiger Veränderung eines und des anderen Satzes auszukramen", fragt unser Kritiker ganz naiv: „Wo ist denn das Gesetz, dass alle Arien, wenn es der Inhalt nicht verstattet, *da Capo* müssen wiederholet werden?" und vertheidigt dann die Veränderungen, welche sich geschickte Sänger bei Wiederholung der Arie erlauben. „Das Vergnügen über die Erfindungskraft eines geschickten Sängers ist auch ein Vergnügen. Diese Wiederholungen können auch dem Componisten Gelegenheit zu neuen Einrichtungen geben, ohne dass er dabei der Musik die Flügel beschneidet. Aus Hassen's „*Piramo* und *Tisbe*" kann man sehen, wie es Herr R. Gluck hätte machen sollen, wenn er der Poesie hätte genug thun und auch der Musik hätte ihre Rechte lassen wollen."

Auch die schöne Einfalt (*bella semplicita*), die Gluck zu erhalten suchte, erregte den Widerspruch seines Kritikers. „Ist das auch eine solche, wenn man einer schönen Kunst die Hälfte ihrer wesentlichsten Zierden abreissen will? Würde das auch wol eine schöne Einfalt sein, wenn man „Das befreite Jerusalem“ eines Tasso oder „Das verlorene Paradies“ eines Milton, oder den „Messias“ eines Klopstock in eine Erzählung im Zeitungsstyl übersetzen und folglich das Poetische daraus weglassen wollte?“

Characteristischer noch, als diese mehr allgemeinen Gesichtspunkte unsers Kritikers, sind die Ausstellungen, die er an der Oper *Alceste* speciell macht. Dass die Ouverture abweichend von der Regel nur aus einem Satze besteht, hält er für keinen Fehler, aber sie erscheint ihm bizarr und — ein sehr bezeichnendes Moment für die ganze Auffassung der Oper im Allgemeinen — der erste Hauptabschnitt ist ihm zu lang. „Es währet 61 Tacte, ehe die erste Hauptcadenz in der Quinte kommt.“ (Bei Hasse und Graun ist das freilich anders, sie arbeiten fast nur mit Cadenzen.)

An den Arien findet er dagegen viel zu loben, nur gewähren sie ihm eben keine rechte Zeit, zu geniessen. „Kaum fängt man einen Satz recht zu geniessen an, so wird er schon durch einen andern abgelöst: so dass am Ende wenig oder kein Eindruck zurückbleibt.“ Auch verschiedene Chöre sind ihm von guter Wirkung; vor allem aber lobt er die Instrumentation und namentlich die Einführung einiger Blasinstrumente, die früher in der Oper nicht gebräuchlich waren, wie die drei Posaunen und ihre oft glückliche Vermischung mit Waldhörnern, Oboen, Flöten und dem Streichquartett, ferner den Gebrauch der englischen Hörner und der Schalümo. Dagegen erregen alle eigentlich dramatischen, so recht aus der Situation heraus erfundenen Stellen, wie in dem Chore: *Che annuncio funesto*, der hinter der Scene gesungene Chor von Bässen, welcher mit seinem durch mehrere Tacte wiederholten „*Fuggiamo*“ das murmelnd davoneilende Volk repräsentiert, wie jener in seiner Einfachheit erschütternde Chor der unterirdischen Geister; jener in Recitativversen gehaltene der Diener des Tempels und der Bürger von Phera und namentlich jene characteristische Arie der Alceste: *Chi mi parla!* seinen Grimm.

„Herr R. Gluck, heisst es dann weiter, hat endlich in dieser Oper den Grazien allzuwenig geopfert. Wie viel steife und trockene Melodien wird nicht einer, der mit Hassen, mit

Graunen nur einigermaassen bekannt ist, in dieser Oper finden. Wir verlangen gar nicht, dass Herr Gl. überall den süssen Herrn oder gar den Sybariten hätte vorstellen sollen. Aber an vielen Stellen hätte er auch in dieser Oper, ohne Schaden des Affects, vielleicht wenn er reifer hätte nachdenken wollen, fliessendere und gefälligere Melodien anbringen können. Das Ohr muss auch seine Genugthuung haben, sonst ist ja, wenn von Wirkungen der Musik die Rede ist, kein anderer Weg zum Herzen offen."

Präciser noch fasst eine andere Kritik der Gluck'schen Opernform[1] die ganze Anschauungsweise jener Zeit über die Oper in folgenden Worten zusammen: „Eine Melodie, die nichts als höchstens eine musikalische Declamation ist, sowie sie beinahe durch die ganze Oper „*Iphigenie*" des Herrn v. Gluck nichts anders ist, und aus diesem Grunde nicht einmal Melodie genannt zu werden verdient, nähert sich zu sehr der Sprache, glitscht zu eilig über die Empfindung hinweg und hält uns nur kurze Zeit auf einem festen Punkt der Empfindung still."

Wie ja auch die Anhänger Gluck's, so wollten seine Gegner das dramatische Kunstwerk vielmehr für den Zuhörer, als im Sinne des Drama's construieren. Sie sprechen überall von der Wirkung der Musik, nirgends von der dramatischen Entwickelung. Die Musik soll ihre Empfindung anregen und schöne Gefühle in ihnen erwecken. Sie wollen die Coloratur nicht vermissen, nicht, weil sie ihnen als dramatisches Darstellungsmittel gilt, sondern weil sie ihnen Vergnügen macht. Die breiteren Formen der Arie ziehen sie der knappen Liedform vor, nicht, weil sie ihnen Raum für eine vollständige Erschöpfung der, durch die Situation bedingten Stimmung gewähren, sondern weil sie ihnen Zeit lassen, die angeregten, angenehmen Empfindungen recht auszukosten. Nur hieraus wird erklärlich, dass selbst so unterrichtete Kunstkritiker wie die oben angezogenen, die italienische Oper der von Keiser und selbst der Gluck'schen Oper vorzogen. Die Idee eines wirklich musikalischen Drama's, welche sich in jener schon wirksam erzeigt und bei Gluck entschieden leitendes Princip wird, lag der ganzen Zeit so fern, dass wir selbst bei den Verehrern und enthusiastischen Herolden der neuen Opernform im Ganzen wenig

---

1. Forkel, „Musikalische Bibliothek", Gotha, 1778, Band I.

davon gewahren[1]. Auch seine französischen und deutschen Freunde und Vertheidiger sahen in der keuschen Zurückhaltung, mit welcher der Meister sich dem Text unterordnete, das Wesentlichste der neuen Reform, und nur einzelne erschütternde oder äusserlich hervortretende Momente des dramatischen Ausdrucks imponierten ihnen, und sie boten daher in ihrer Kritik den Gegnern eine Menge schwacher Seiten dar, welche diese meist geschickt zu benutzen wussten. Dass Gluck mit seiner Oper auf dem Boden der italienischen steht, dass er ihren Mechanismus

1. Wie schon die, meist antiken Stoffe, ähnlich wie einst in Frankreich den Anschauungen der Zeit gemäss behandelt wurden, möge eine Scene aus „Lucius Papirius", von Hasse componiert und in Berlin aufgeführt darthun. Lucius Papirius, 430 nach Erbauung Roms im Kriege wider die Samniter zum Dictator ernannt, ist veranlasst nach Rom zurück zu eilen und hat seinem Unterfeldherrn Quintus Fabius, dem Erwählten von Papiria, der Tochter des Papirius, die gemessensten Befehle ertheilt, jeden Zusammenstoss mit dem Feinde zu vermeiden. Trotzdem hat Fabius die Schlacht angenommen und obgleich er einen glänzenden Sieg errungen, hält Papirius nach seiner Rückkehr strenges Gericht über ihn:

Lucius Papirius. Qui la sella curule!	*L. P.* Hierher den Gerichtsstuhl!
Papiria. Padre e Signor!...	*Pap.* Vater und Herr!
L. P. Nel campo Papiria ancor?	*L. P.* Papiria, noch im Lager?
Pap. Se amore Se lagrime di figlia in cor di padre...	*Pap.* Wenn die Liebe, Wenn die Thränen einer Tochter in dem Herzen eines Vaters...
L. P. Ove il giudice siedo (Siede.) Il Padre non ascolta. Parti, e Quinto a me venga.	*L. P.* Wo der Richter sitzt, (Er setzt sich.) Da höret der Vater nicht. Gehe, und Quintus komme zu mir!
Pap. (Oh Dei!) Fabio mia vita!	*Pap.* O Gott, Fabius, mein Leben! —
L. P. Fabio a quanto sol chiedo Rispondi e nulla più.	*L. P.* Fabius, antworte nur das was ich dich frage, Antworte nur und nichts weiter.
Quintus Fabius. Null' altro il labbro Produrrà in sua difesa.	*Q. F.* Mein Mund wird nichts Anderes Zu seiner Rechtfertigung vorbringen.
L. P. Del Dittator sommo e l'impero?	*L. P.* Hat der Dictator die oberste Herrschaft?
Q. F. E sommo! Roma, Senato e Plebe Questa a lui diero alta possanza.	*Q. F.* Ja, er hat sie. Rom, der Senat und das Volk Haben sie ihm gegeben.
L. P. Al solo Mastro de Cavalieri Lecito sia dissubidirlo impune?	*L. P.* Sollte es dem General der Cavallerie allein erlaubt sein Ohne Strafe darwider sich zu vergehn?
Q. F. No! ma quando — — —	*Q. F.* Nein! wenn aber — — —
L. P. Sospendi ogni discolpa audace. In partir che t'imposi?	*L. P.* Verschiebe alle kühne Entschuldigung, Was habe ich dir bei meiner Abreise befohlen?
Q. F. Di non pugnar.	*Q. F.* Nicht zu schlagen.
L. P. Che festi?	*L. P.* Was hast du gethan?
Q. F. Provocato pugnai.	*Q. F.* Ich habe geschlagen, da man mich herausforderte, etc.

In der „Armide" singt Rinaldo, als er die Zauberinsel verlässt und Armide in Ohnmacht vor ihm liegt:

Pietà m'affrena	Die Erbarmung verhindert mich daran,
Cortesia mi ritien.	Und die Höflichkeit hält mich zurück.

nur zusammengerückt und zu einem lebendigen Organismus umgestaltet hatte, das war ihnen allen entgangen, und so wurden die Gegner nicht aus ihrer Stellung verdrängt, während der Nachweis jener Thatsache sie hätte vollständig entwaffnen müssen. Die Italiener behaupteten das Feld auch jenem grösseren Meister gegenüber, der endlich das musikalische Drama mit Menschen bevölkerte, in denen individuelles Leben pulsiert — Mozart.

Musikalisch weit bedeutsamer als die Oper Hasse's ist die von Graun.

Graun (Carl Heinrich), geb. 1701 zu Wahrenbrück in Sachsen, erregte schon auf der Kreuzschule zu Dresden, welche er 1713 bezog, die Aufmerksamkeit der Kunstfreunde durch seine schöne Sopranstimme, und sang bereits 1719 in den Opern von Lotti und Heinichen. Nachdem er 1720 die Schule verlassen hatte, trat er öfter in kirchlichen Tonwerken auf, und 1725 kam er als Tenorsänger nach Braunschweig. Die Arie seiner ersten Rolle hatte er sich selbst nach seinem Geschmack umgearbeitet, und er errang damit solchen Beifall, dass ihm die Composition einer Oper übertragen und er zum Vicecapellmeister ernannt wurde. 1735 gieng er nach Rheinsberg in die Capelle des Kronprinzen von Preussen — dem nachmaligen Könige Friedrich d. Gr. Hier schrieb er namentlich Cantaten für seine eigene Stimme, und ihre Zahl wird auf 50 angegeben; namentlich durch sie erwarb er sich die Gunst des Kronprinzen. Mit der Thronbesteigung Friedrichs 1740 wurden zugleich die Vorkehrungen zur Errichtung einer italienischen Oper in Berlin getroffen. Graun gieng noch in demselben Jahre nach Italien, um Sänger und Sängerinnen zu engagieren. Nach Ablauf eines Jahres kehrte er wieder zurück und widmete nun als Dirigent und Componist seine fast ausschliessliche Thätigkeit der italienischen Oper. Seine erste für Berlin gesetzte Oper ist „Rodelinde“ (1741/2), und bis zum Jahre 1756 führte er jedes Jahr meist mehrere seiner neuen Opern auf und erlangte damit, wie wir sahen, mit Hasse gemeinsam die Herrschaft nicht nur über die Bühnen, sondern über den gesammten Geschmack seiner Zeit. Von seinen zahlreichen Werken hat sich nur das Passionsoratorium: „Der Tod Jesu“ und die Musik zu Klopstock's Auferstehungslied: „Auferstehn, ja auferstehn wirst du mein Leib nach kurzer Ruh“, erhalten. Graun starb 1759 am 8. August.

Das Recitativ Graun's erhebt sich wenig über das der Hasse'schen Oper. Nur selten findet auch er Veranlassung, einzelne Worte oder Stellen der Rede durch Instrumentalbegleitung zu illustrieren. Im Allgemeinen eilt auch er so rasch als möglich in den bequemsten Intervallen den Arien zu. Das, was die Graun'sche Arie — und sie ist auch hier die Hauptsache — von der Hasse's auszeichnet, ist zunächst eine viel gefestigtere harmonische und melodische Grundlage. Wir merken ihnen nicht nur den Einfluss der Keiser'schen Cantaten, die Graun früh zu seiner Lieblingsmusik erkoren, sondern namentlich auch an, dass ihr Meister auf dem Gebiete des deutschen Liedes heimisch und thätig ist[1]. Daher begegnen wir einem wirklich in sich abgerundeten, zum Theil vollendeten Periodenbau, wie wir ihn eigentlich wol bei Hasse nicht finden dürften:

1. Vergl.: „Das deutsche Lied in seiner historischen Entwickelung", pag. 81

Wenn fernerhin auch im Allgemeinen die Arie sich ganz in derselben nur rein sinnlich anregenden Weise Hasse's hält, so finden wir doch auch nicht selten Stellen, in welchen Graun sich zu einer gewissen Gewalt dramatischen Ausdrucks erhebt, die jener nicht kannte, wie in folgender Stelle der *Armida:*

De - mo - ni ve - ni - te a me ve-
ni te a me.
Armide.
Da - gli a-bissi tre - men - di gran Mo-nar - ca dell' om-bre
at - ten - to as - col-tami. E se mai ti pia-

gò co' dar-di a-more, a dem-pi o Ré de i sotte-ra-nei
po-po-li il mio de-sir. A me da te dis-ve-li-si
se m'ame-rà fe-dele il mio Ri-nal-do ten priego al-to si-
gnori per Pro-ser-pi-na per le pu-pil-le sue vez-zose e
lu-ci-de di cui tan-to il tuo co-re ognor si accende.
D'al - lar - ma

Ein treffender Beleg bietet auch die[1] mitgetheilte Arie.

Auch rhythmisch weiss er oft in jener Weise Keiser's, die wir bereits besprachen, durch Verlegung des musikalischen Accents nach einer accentlosen Sylbe und den dadurch herbeigeführten Widerstreit dramatische Wirkung zu erzielen, während Hasse im Rhythmus fast noch dürftiger ist, als in der Harmonie und dem Periodenbau. So hat Graun entschieden innerhalb der italienischen Oper geleistet, was zu leisten war; ja mit jenen erwähnten

1. Notenbeilage, Nr. 10.

dramatisch wirksam heraustretenden Gefühlsmomenten geht er eigentlich schon über dieselbe hinaus. Diese waren ihr doch eigentlich fremd und sie leiten ganz folgerichtig zur Gluck'schen Oper hinüber. Mit diesem ernstern Streben und seinen reichern und gewaltigern Mitteln erlangt Graun aber auch, wenn auch nur für seine Zeit und ihre Ausläufer, auf dem Gebiete der religiösen Musik Bedeutung. Wir wissen, sein „Tod Jesu" erlangte eine Popularität, wie kaum ein anderes ähnliches Werk, und sie war für seine Zeit eine wolbegründete, während wir es ganz gerechtfertigt finden, dass sich der geistliche Eifer unserer Tage bis zu dem Verbote der Aufführung dieses Werkes in der Kirche veranlasst sah. Ein kirchliches Tonstück ist der „Tod Jesu" trotz mancherlei Vorzüge eben so wenig, wie die Opern Hasse's und Graun's dramatische Kunstwerke sind.

Die meisten Recitative und Chöre sind allerdings mit einer gewissen religiösen Weihe geschrieben, allein auch sie ragen doch nirgends, wie in der Passion von Joh. Seb. Bach an das welterschütternde Ereigniss, das sie verkünden und verherrlichen, heran. Auch sie bezeugen, dass Graun wol das Bewusstsein von der Tragik des Ereignisses, nicht aber von der welterlösenden Bedeutung des Opfertodes Jesu hatte. Alles übrige aber, die Duetten und Arien, von jener thränenreichen sentimentalen Arie: „Ihr weichgeschaffene Seelen", bis zu jener mit dem glänzendsten Theaterflitter ausgestatteten: „Singt dem göttlichen Propheten", sind alle so vollständig in dem damaligen italienischen Theaterstyl gehalten, dass eine Uebertragung auf irgend einen tragischen Opernstoff nur zu ihrem eigenen Vortheil unternommen werden könnte, und jenes berühmte: „Siehe, es hat überwunden der Löwe aus Juda", konnte nur in einer Zeit Berühmtheit erlangen, die Joh. Seb. Bach vollständig vergessen lernte.

Unter den Musikern seiner Zeit fand dies Werk auch vielseitigen Widerspruch, und mehrere Tonsetzer componierten es auf's neue, unter andern Telemann und der seiner Zeit als gewandter Dilettant bekannte Advocat Krause — allein die Graun'sche Composition kam eben den Anforderungen jener Zeit in zu liebenswürdiger Weise entgegen, und so behauptete sie das Feld durch ein ganzes Jahrhundert.

So beherrschte die italienische Oper das gesammte öffentliche Musikleben nicht nur auf der Bühne, sondern zum grossen Theil selbst in der Kirche, und wir werden eigentlich nur von jenem Leipziger Cantor zu berichten haben, dass er sich vollständig rein erhalten hat, und seine wunderwürdigen Werke eigentlich nur für sich und seinem Gott zu Ehren schrieb, als die Tonkunst mit lärmendem Prunk auf offenem Markt einer genusssüchtigen Menge entgegengeführt wurde.

Auch die Hamburger deutsche Oper war dem allgemein herrschenden Geschmack zum Opfer gefallen. Bereits von 1718 an wurde in Hamburg keine einzige irgendwie bemerkenswerthe neue Nationaloper gegeben. Zugleich nahm jene früher nur in vereinzelten Fällen hervortretende Unsitte überhand, bei den Arien den italienischen Text beizubehalten und nur die Recitative zu übersetzen. Es war dies eine ganz natürliche Consequenz der ganzen Richtung und des Geschmacks. Man wollte ja in jener Zeit durch die Musik nur angenehm angeregt sein, und hierzu war die italienische Sprache natürlich weit geeigneter, als die deutsche. Namentlich wurden die für London geschriebenen Opern Haendel's in dieser Weise in Hamburg gegeben. Auch jenes Verfahren, nach welchem endlich die verschiedenen Acte der Oper von verschiedenen Componisten in Musik gesetzt wurden, ist als eine ganz natürliche Consequenz zu betrachten. Zu dem Vergnügen, welches dem hörenden Publikum die Musik selbst bereitete, gesellte sich noch der besondere Reiz: Kritik üben und für seinen besondern Liebling gegen dessen Rivalen Partei ergreifen zu dürfen. Die italienische Oper hatte in ihrem ganzen Zuschnitt ein eigentlich dramatisches Interesse zu wenig berücksichtigt, um es nicht ganz natürlich zu finden, dass es bald allen übrigen geopfert wird. Zwar erheben sich gewichtige Stimmen gegen dies Verfahren, Mattheson sagt[1], als er auf die Oper *Muzio Scævola*, deren einzelne Acte von Buononcini, Mattei und Haendel herrührten: „Sollte dergleichen Aristocratie ferner bei den Opern einreissen, so dürfte vors erste schwerlich unter den Componisten ein Monarch entstehen, und viel weniger unter denen hiesigen Orts“, und an einer andern Stelle: „Wahr ist, dass in England sowol, als hier, seit einigen Jahren viele Dramata schändlich zerflickt, zerlappt und wie ein Harlequinskleid mit allerhandartigen Lumpen ausstaffirt worden sind. Aber die

1. In seiner „Musica critica“, 1722.

Verfasser sind nicht Schuld, sondern bisweilen der Unverstand eines Directors, welcher meint, was nur schön sei, müsse sich gleich aller Orten passen; bisweilen auch der Goût bei den Zuschauern, welchen man es öfters nicht bizarr genug machen kann."

Dass Telemann, seit 1721 auch für die Hamburger Bühne thätig, und später mit 300 Thaler Jahresgehalt als Operncomponist angestellt, nicht der von Mattheson ersehnte Monarch war, haben wir bereits erwähnt, und so trieb denn die Oper auf der einmal angeschlagenen Bahn weiter. Um das erstorbene Interesse des Publikums wieder rege zu machen, verband man sogar verschiedene Stücke zu einer Opera comique. Fastnacht 1724 wurden unter dem Titel: „Der Beschluss des Carnevals", drei verschiedene Stücke, ein französisches Spectakelstück: *L'Europe galante*, eine französische Comedie: *La fille Capitaine* (beide Stücke französisch), und das bekannte italienische Intermezzo: *Il Capitano*, in deutscher Uebersetzung gegeben[1]. Allein auch hiermit scheint man keinen grössern Erfolg erreicht zu haben, und so kam man endlich auf den an sich gewiss nicht unglücklichen Gedanken, die comische Oper zu nationalisieren, wie dies ja bereits in Italien in den Intermezzis geschehen war. Schon Keiser hatte 1710 den Anfang mit seinem comischen Singspiel: *Le bon vivant* oder „Die Leipziger Messe" gemacht, und Keiser war mit seiner reichen Begabung für eine in den knappsten Umrissen erfolgenden Characteristik der Situation und Stimmung ausnahmsweise befähigt, die deutsche comische Oper herauszubilden. Allein sie scheiterte wol hauptsächlich daran, dass, als man ihre Ausbildung ernstlicher betrieb, man sie localisierte. Im Jahre 1725 erschienen: „Der Hamburger Jahrmarkt" oder „Der glückliche Betrug", von dem Theaterdichter und Uebersetzer Praetorius verfasst und von Keiser in Musik gesetzt, und noch in demselben Jahre: „Die Hamburger Schlachtzeit" auf der Bühne. Die zweite Vorstellung der letztern wurde indess durch den hohen Rath verhindert, und so waren auch diese Versuche erfolglos verlaufen. Von jetzt erschienen eben fast nur italienische und französische und jene bereits erwähnten Mischopern auf der Bühne. Die 1735 aufgeführte *Circe* war ursprünglich halb französisch, halb holländisch abgefasst, und aus verschiedenen spanischen, französischen

1. Vergl. Lindner, a. a. O., pag. 117 ff.

und holländischen Schriftstellern zusammengetragen. Sie war von Praetorius übersetzt worden, und Keiser hatte nur die Recitative und die kleineren deutschen, meist comischen Arien gesetzt, während die sechsundzwanzig grösseren Arien aus den beliebtesten italienischen Opern von Leonardo Vinci, Gemiani, Giacomotti und Hasse entlehnt waren. Dabei wurden auch die äussern Verhältnisse des Hamburger Theaters immer schlechter. 1738 und 1739 bezog die Neuber mit ihrer Truppe das Haus und in den vierziger Jahren war auch die Hamburger deutsche Oper vollständig eingegangen.[1]

Im übrigen Deutschland begegnen wir nur vereinzelten Versuchen, die deutsche Oper einzuführen. Das deutsche Singspiel in jener ursprünglichern Form ist wol nie ganz ausgestorben gewesen. Seit der Mitte des siebzehnten Jahrhunderts wird es wiederum häufiger und namentlich von den Dichtern der zweiten schlesischen Dichterschule, nachdem die Lyrik wieder einige Pflege gefunden hatte, wurde auch das Liederspiel, z. B. durch Andreas Gryphius (1616—64), wiederum angebaut. Seitdem haben sich verschiedene Dichter dieser Gattung des Schauspiels zugewendet. Die Musik hierzu hat übrigens mit der eigentlichen Oper wenig gemein, weshalb alle diese Bestrebungen passender in eins der nächsten Capitel verwiesen werden.

Der erste grössere Versuch, eine deutsche Oper wiederum zu gründen, wurde wol in Mannheim unternommen.

Der Churfürst Carl Theodor (geb. 1724) war nicht nur ein Beförderer von Poesie und Musik, sondern in letzterer selbst geübt. Eifrig bemüht, an Stelle des französischen Theaters eine deutsche Bühne zu gründen, liess er ein neues Theater bauen und trat mit Lessing und Eckhof in Unterhandlung, wegen Uebernahme und Leitung desselben. Obwol dieselben sich zerschlugen, so trat das Unternehmen dennoch ins Leben. Der Churfürst hatte sich bestimmt entschlossen, von nun an kein ausländisches Spectakel mehr an seinem Hofe zu halten, sondern auf seinem Operntheater grosse deutsche Singspiele aus der vaterländischen Geschichte darstellen zu lassen[2]. Die Opernbühne wurde 1777 am 5. Januar mit „Günther von Schwarzburg", von Holzbauer componiert, eröffnet. Holzbauer (1711 in Wien geboren)

1. Vergl. Lindner, a. a. O.

2. Müller, „Abschied von der Bühne", pag. 212 ff.

war nach Fux *Gradus ad Parnassum* gebildet und hatte auch längere Zeit in Italien gelebt, ehe er 1750 als Capellmeister nach Stuttgart und 1752 nach Mannheim gieng. Mozart, der die Oper bei seiner Anwesenheit in Mannheim hörte, rühmte sie als sehr schön in einem Briefe vom 16. November 1777.[1]

Die Aufführung war auch eine ganz vortreffliche. Das Mannheimer Orchester war jener Zeit weltberühmt. Es hatte die Capelle der 1740 gegründeten Berliner, wie der Wiener italienischen Oper überflügelt. Johann Stamitz, ein bedeutender Violinspieler, nach welchem eine besondere Schule die Mannheimer genannt wurde, und sein Schüler, Christian Cannabich, hatten als Concertmeister das Orchester auf diese hohe Stufe der Bildung gebracht. Man schreibt ihnen namentlich die virtuose Ausbildung des *Crescendo* und *Decrescendo* zu. Daneben nun wirkten ausgezeichnete Sänger und Sängerinnen. Anton Raaff, der Tenorist von europäischem Rufe (1714 in Gelsdorf in Jülich geboren) war zwar nicht mehr in der Blüte der Jahre, allein er sang doch noch so vortrefflich, dass er 1772 nach Stuttgart berufen wurde, um in Jomelli's *Fetonte* zu singen und dabei alles hinriss.

Sängerinnen waren: Dorothea Wendling, als eine der kunstfertigsten Sängerinnen ihrer Zeit, die deutsche Melpomene genannt, und ihre Schwägerin Elisabeth Auguste, kaum minder bedeutend, und Franzisca Danzi.

Von nachhaltigerer Bedeutung schienen hier die Arbeiten Anton Schweitzer's (geb. 1737) werden zu wollen. Auch er hat, nachdem er in seiner Vaterstadt Coburg und dann in Bayreuth bei dem Capellmeister Kleinknecht seine Studien gemacht hatte, und nachdem er in Hildburghausen zum Musikdirector der dasigen Oper ernannt worden war, drei Jahre in Italien zu seiner Ausbildung verweilt. 1772 folgte er einem Rufe als Director des Theaterorchesters nach Weimar, und hier componierte er die von Wieland gedichtete Oper „*Alceste*“, welche auch in Mannheim solchen Beifall errang, dass Dichter und Componist mit der Schöpfung einer neuen beauftragt wurden. Diese zweite Oper „*Rosamunde*“ kam indess in Mannheim nicht zur Aufführung. Obwol dieselbe bereits vollständig vorbereitet

---

1. Jahn (O.), „Mozart“, Band II, pag. 82.

war, wurde sie doch durch den Tod des Herzogs von Baiern verhindert, und mit der darauf erfolgenden Uebersiedelung des Churfürsten sammt der Capelle nach München scheinen die Bestrebungen um Gründung einer deutschen Oper dort nicht weiter ernstlich fortgesetzt worden zu sein.

Fast noch unglücklicher verliefen die ähnlichen Versuche in Wien. Hier war schon unter Ferdinand III. die Musik sehr gepflegt worden. Die Oper beginnt eigentlich erst unter Leopold, der 1659 ein grosses Theater bauen liess, in welchem 1666 zur Feier seines Beilagers mit der Infantin Margaretha Theresia eine grosse italienische Spectakeloper: *Il Pomo doro*, von Antonio Cesti, aufgeführt wurde. Joseph I. und Carl VI. pflegten gleichfalls die Oper, aber namentlich seitdem Metastasio als Operndichter engagiert wurde, blühte die italienische Oper mächtig empor. Joseph II. hatte sich vorgenommen, an Stelle der kostspieligen italienischen Opern und französischen Ballets ein Nationalsingspiel treten zu lassen, und am 17. Februar 1778 wurden „Die Bergknappen" — von Wiedmann gedichtet, mit Musik von Umlauff, einem Bratschisten des Theaterorchesters — aufgeführt. Neben Uebersetzungen von Vaudevilles und Intermezzis, wie „Robert und Calliste", von Guglielmo, „Röschen und Colas", von Monsigny, „Lucile Silvain", „Der Hausfreund", von Grétry, „Anton und Antonette", von Gossec, kamen im Laufe des nächsten Jahres von deutschen Singspielen: „Die Apotheke", von Umlauff, „Die Kinder der Natur", von Aspelmeyer", „Frühling und Liebe", von Ulbrich, „Diesmal hat der Mann den Willen", von Ordonner, und es ist characteristisch für die eigenthümliche Stellung, welche das deutsche Singspiel einnahm, dass die Musik den unbedeutendsten Componisten überlassen wurde, während doch Wien zu jener Zeit keinen geringern, als Gluck — und zwar als kaiserlicher Hofcomponist — in seinen Mauern hatte, und neben ihm Salieri, der indess eine deutsche komische Oper: „Der Rauchfangkehrer", auf Befehl des Kaisers schrieb.

Dass dies Opernunternehmen sich nicht halten konnte, ist erklärlich, schon 1783 wurde es wieder aufgelöst. Zwar wurde die deutsche Oper abermals 1785 eröffnet, aber auch 1788 wieder geschlossen.

Auch die Opern Georg Benda's (1722 in Jungbunzlau

geboren), welche er für das 1775 neugegründete Hoftheater in Gotha schrieb: „Der Dorfjahrmarkt" (1776), „Walder" (1777), und „Romeo und Julia", vermochten ein dauerndes und durchgreifendes Interesse der italienischen Oper gegenüber nicht zu gewinnen.

Die Oper, welche der italienischen Oper gegenüber als siegreiche Rivalin auftreten wollte, musste den ganzen weitschweifigen Mechanismus derselben zusammenrücken und ihn zu einem lebendigen Organismus beseelen. Sie durfte nicht, wie jene Liederspiele, unter den Styl der italienischen Oper hinabsinken, sondern sie musste ihn vielmehr durch eine grössere Fülle der Mittel und eine gedrängtere Darstellung nur noch grossartiger gestalten, und das vermochte weder Benda, noch Schweitzer, noch Holzbauer. Obgleich sie in Italien gewesen, um die italienische Melodie zu studieren, hatten sie dadurch kaum mehr erreicht, als dass ihr schwerfälliger Contrapunct des Fux'schen *Gradus ad parnassum* etwas geschmeidiger und flüssiger geworden war. Jener grosse und brillante Arienstyl, durch welchen die italienische Oper, wie wir sahen, auch den unterrichteten Kritikern imponierte, ist in den genannten Opern nicht zu finden; er ist durch eine gewisse ehrenfeste, practisch verständige Formfertigkeit ersetzt.

Nur ein Meister, der sich jenen italienischen Styl selbst durch jahrelange, unausgesetzte Thätigkeit zu höchster Kunstfertigkeit angeeignet, vermochte ihn dann in der bereits angedeuteten Weise umzugestalten — und dieser Meister war:

Christoph Willibald von Gluck. Er ist am 2. Juli 1714 zu Weidenwang in der Oberpfalz geboren. Sein bedeutendes musikalisches Talent fand namentlich in Kommotau, einem Städtchen in der Nähe der fürstlich Lobkowitz'schen Herrschaft Eisenberg, woselbst sein Vater als Forstmeister lebte, die regste Aufmunterung und Pflege. In den Jahren 1726—32 besuchte er hier das Gymnasium und erhielt auch den ersten Unterricht im Clavier- und Orgelspiel. In dem dortigen Jesuitenseminar fand er ferner Gelegenheit, als Chorsänger und Instrumentalist sich praktisch weiter zu bilden, und so vermochte er sich in Prag, wohin er gieng, um zu studieren, durch Musiklectionen seinen Unterhalt zu verdienen, da Unterstützung von seinem Vater ihm nur spärlich zufloss. 1736 kam er nach Wien, der Stadt, in welcher seit dem Beginn dieses Jahrhunderts die italienische Oper gepflegt wurde, wie in keiner andern.

An der Spitze der Oper stand seit dem Jahre 1715 Johann Joseph Fux (geboren 1660 in Obersteyermark, gestorben 1741 am 14. Februar), jener Meister, der in seinem berühmten Werke *Gradus ad Parnassum sive Manuductio ad compositionem regularem*, welches 1725 in lateinischer Sprache, auf kaiserliche Kosten gedruckt erschien und in fast alle Sprachen der europäischen Culturvölker übersetzt wurde: 1742 in's Deutsche von Mitzler, 1761 in's Italienische von Caffro, 1773 in's Französische von Denis, und 1797 in's Englische von Preston — zuerst versuchte, die gewonnenen musikalischen Darstellungsmittel unter ein bestimmtes wissenschaftliches System zu bringen. Fux war wol der erste unter den Meistern des italienischen Styls, welche die Nothwendigkeit einer künstlichern Gestaltung desselben erkannten, und wenn seine zahlreichen Werke für die Bühne und die Kirche auch nicht die Umformung des italienischen Styls direct herbeiführten, so war doch seine Compositionsweise — wie Mattheson bezeichnend sagt: „ohne faule Stimmen" so durchaus neu auf diesem Gebiete, dass wir sie als Anfang der Reform bezeichnen müssen.

Unter ihm wirkten als Vicecapellmeister Antonio Caldara (starb 1750 im 78. Lebensjahre), der gleichfalls mit den Formen des höhern Contrapuncts vertraut, in seinen zahlreichen Werken für die Bühne und die Kirche sich den Bestrebungen von Fux für einen künstlerischen Ausbau des italienischen Styls anschloss — und die Componisten Carlo Badia, Giuseppe Porsile und Francesco und Ignazio Conti. Die Werke dieser Meister, wie die der beiden Buononcini — Marc Antonio (geb. um 1658) und Giovanni Battista (geb. um 1660), die Gluck hier in vortrefflicher Ausführung zu hören Gelegenheit hatte, lenkten bald seine ausschliessliche Thätigkeit der italienischen Oper zu, und so trieb es auch ihn nach Italien, um dort seine Studien zu vollenden. Im fürstlich Lobkowitz'schen Hause in Wien, in welchem er gastliche Aufnahme gefunden hatte, war der lombardische Fürst von Melzi aufmerksam auf ihn geworden; dieser nahm ihn mit nach Mailand, und dort wurde der als Tonsetzer und Organist berühmte Capellmeister Giovanni Battista Sammartini sein Lehrer. Nach einem vierjährigen Aufenthalt trat er mit seiner ersten Oper: *Artaserses*, von Metastasio gedichtet, hervor. Sie wurde 1741 in Mailand mit solchem Erfolg gegeben, dass bald zahlreiche Einladungen an ihn ergiengen. Bis zum Jahre 1745 schrieb er mehrere Opern für Mailand, Venedig und Cremona, und folgte dann einer Einladung nach London, um seine Oper *La Caduta de' Giganti*, 1746, dort aufzuführen, welche indess nur geringen Erfolg hatte. Ende desselben Jahres gewann er eine, indess nur vorübergehende Anstellung in der Dresdner Capelle und nahm dann seinen bleibenden Wohnsitz in Wien.

Gluck hatte sich während dieser ganzen Thätigkeit den Formalismus der italienischen Oper vollständig angeeignet. Der Schwerpunkt der Oper liegt in der Arie, und diese hat bei ihm ganz die stehende Form. Sie besteht aus zwei Theilen — der erste *major*, der zweite *minor* — seltener umgekehrt, wie in der Arie der Oper *„Artamene“ E maggiore d'ogn'altro dolore*, deren erster Theil die Adur-Tonart, der zweite die Amoll-Tonart festhält, während der erste Theil der Arie: *„Il su leggiadro viso“* die Fdur-Tonart und der zweite die Dmoll-Tonart zeigt. Natürlich wird, wie üblich, der erste Theil dann wiederholt.

Gluck fand in Wien die italienische Oper noch in vollem Flor, wenn auch von den ältern Meistern nur noch Porsile wirksam war und der jüngere Giuseppo Bonno und Lucantonio Predieri mühsam den alten Glanz der italienischen Oper aufrecht zu erhalten vermochten. Auch jetzt noch war Gluck in alter Weise thätig. Anfang des Jahres 1748 kam in Wien sein, von Metastasio gedichtetes dreiactiges lyrisches Drama: *La Semiramide riconnosciuta*, zum Geburtstage der Kaiserin Maria Theresia zur Aufführung, und die Musik unterschied sich nur etwa durch eine häufigere Verwendung der Holzblasinstrumente von der üblichen Weise. Dasselbe gilt von der Oper *„Telemacco“*, welche er für das Theater Argentina zu Rom schrieb, und der Oper *„La Clemenza di Tito“*, welche er 1751 in Neapel zur Aufführung brachte. Seine Opern: *„Il Trionfo di Camillo“* und *„Antigone“*, welche er 1754 wiederum in Rom zur Aufführung brachte, erwarben sich gleichfalls den ausserordentlichsten Beifall, und der heilige Vater ernannte ihn zum *Cavaliere dello Sperone d'oro*, und seit der Zeit nannte er sich Ritter von Gluck.

Seiner 1756 zum Geburtstage des Kaisers aufgeführten Oper *„Il Re Pastore“* erwähnen wir nur, weil die Ouvertüre, von der gewöhnlichen Weise abweichend, nur aus einem Allegrosatz besteht und sofort in die erste Arie einleitet, und weil sie, gleichfalls eine Neuerung, zum Streichquartett noch 2 Oboi, 2 Corni, 2 Trombe und Tympani hinzuzieht. Ferner erwähnen wir der *Airs nouveaux*, welche als Einlagen in französische Singspiele, die auf dem Wiener Operntheater gegeben wurden, von den Capellmeistern und Oberncomponisten geschrieben wurden, und deren Gluck (wahrscheinlich in seiner Eigenschaft als Capellmeister von 1754 bis 1764) gleichfalls mehrere schrieb.

Bei der Vermählungsfeierlichkeit des Erzherzogs Joseph, bei welcher er die Leitung des musikalischen Theils der Festlichkeiten übernommen hatte, trat er mit einer *Serenata „Tetide“* auf, die am Schluss des Festes am 10. October 1760 aufgeführt wurde, während am 8. bereits Hasse's *„Alcide in Bivio“* gegeben worden war. Das Jahr 1762 führte ihn wiederum nach Bologna, wo zur Einweihung des Theaters seine Oper *„Il Trionfo di Clelia“* gegeben wurde. Bereits zwei Jahre vorher hatte er mit dem k. k. Rath Raniero von Calsabigi aus Livorno den Plan zu einer neuen Oper besprochen. Zumeist war es die Einführung des Chores, welcher von **Metastasio** vollständig aus seinen Opern verbannt worden war. Es entstand zunächst die Oper „*Orfeo ed Euridice*“, welche in **Wien** am 5. October 1762 zum ersten Male aufgeführt wurde und einen sich fort und fort steigernden Beifall gewann. Sie steht im Allgemeinen der alten Oper noch ziemlich nahe, das neue Princip macht sich nur in Einführung der Chöre geltend; und das war immerhin ein ziemlich gewagter Schritt. **Calsabigi** hielt es für nothwendig, den Dichter **Metastasio** zu ersuchen, sich nicht vor der Aufführung gegen diese neue Gattung öffentlich auszusprechen. Wie wenig übrigens **Gluck** von der Nothwendigkeit seiner spätern Reform hier schon überzeugt war, beweisen die nächsten Werke, die er nach diesem ersten Versuche schrieb: *Ezio*, von **Metastasio**, welche 1763 mit Musik von **Gluck** zur Aufführung kam, und auch *La Rencontre imprévue* (1764), wie *Il Parnasso confuso* (1765), welche wieder ziemlich im alten Styl gehalten sind.

Erst mit seiner nächsten Oper „*Alceste*“, zu welcher ihm gleichfalls **Calsabigi** den Text geliefert hatte, und welche Ende des Jahres 1767 aufgeführt wurde, betrat er entschieden den neuen Weg, und wie bewusst er dies thut, beweist er durch die Dedication, welche er der im Jahre 1769 erschienenen und dem Grossherzog von Toscana gewidmeten Partitur voranstellte. Wir hatten bereits Gelegenheit, ihrer zu gedenken.

Noch entschiedener wie hieraus, geht aus der Vorrede zu der 1770 im Druck erschienenen und dem Herzog von Braganza gewidmeten Partitur der Oper „*Paride ed Elena*“ hervor, wie der Meister jetzt eine ganz andere Stellung seinen Stoffen gegenüber einnimmt, als es bisher bei ihm und allen andern italienischen Operncomponisten der Fall war.

Eine natürliche Folge dieser Bestrebungen war, dass **Gluck** auch den italienischen Text aufgab, weil sich ihm die italienische Sprache als nicht geeignet für Durchführung seiner Principien erwiess. Vornehmlich mochte ihn auch die Verwandtschaft seiner eignen Bestrebungen mit der französischen Oper leiten. Noch war die Oper **Lully's** oder **Rameau's** durch Vaudevilles der Dilettanten, die wir bereits besprachen, nicht verdrängt, und **Gluck** hatte allen Grund, auf eine starke Partei, welche eine Erweiterung der **Lully-Rameau'schen** Oper ersehnten, um der verflachenden Richtung jener Dilettanten entgegen zu arbeiten, zu rechnen. **Gluck** setzte sich deshalb mit dem Attaché der französischen Gesandtschaft in **Wien**, **Bailly du Rollet**, in Verbindung, und dieser arbeitete ihm **Racine's** „*Iphigénie en Aulide*“ zum Operntext um. **Gluck** setzte sie in Musik, und nach Besiegung der grossen Schwierigkeiten, wobei die Dauphine **Marie Antoinette**, eine Tochter des österreichischen Kaiserhauses — **Gluck's** ehemalige Schülerin, ihren Einfluss geltend machen musste, kam die Oper am 19. April 1774 zur Aufführung, und nun begannen auf's Neue jene Kämpfe zwischen den Parteien der nationalen und der italienischen Oper. Die Anhänger **Lully's** und **Rameau's** fanden in Gluck den würdigen Vollender der nationalen Oper — während die Anhänger der italienischen Oper seine erbittertsten Gegner wurden.

Nach der ersten Aufführung der *Iphigénie* arbeitete er seinen *Orfeo* um, und schon am 2. August konnte er in Paris in Scene gehen, und mit eben so grossem Erfolge. Gluck eilte nun wiederum zurück nach Wien, woselbst ihm natürlich seine Pariser Erfolge auch eine erhöhte Bedeutung gaben — und überliess seinen Freunden in Paris, seine Interessen zu vertreten, was diese denn auch redlich thaten. Namentlich waren es der Abbé François Arnaud und J. B. A. Suard, welche in Flugschriften und den Zeitschriften: *Journal étranger* und der *Gazette littéraire* Gluck's Principien und seine Musik gegen La Harpe, Marmontel und den Deutschen Grimm vertraten[1]. Die Oper *Alceste*, welche 1776 am 23. April in Paris aufgeführt wurde, ward von den Gegnern bei der ersten Vorstellung förmlich ausgezischt, doch gelang es der Rührigkeit seiner Freunde, auch ihr zu Erfolgen zu verhelfen.

Doch erschien der ungünstigere Erfolg der *Alceste* als ganz geeignet, die Unterhandlungen mit Piccini, dem in Neapel hochgeachteten Operncomponisten, wieder aufzunehmen, um ihn nach Paris zu rufen, damit er die italienische Oper wieder zur herrschenden mache. Laborde, Kammerjunker König Ludwig's XV., hatte schon früher mit ihm in derselben Angelegenheit unterhandelt, und dem Marquis Caracciolo gelang es jetzt, da man dem italienischen Meister eine vortheilhafte Stellung in Aussicht stellte, ihn zu bestimmen, nach Paris zu kommen. Ende December traf er in Paris ein, die Partei der Sacchini, Piccini und Truetta bereiteten ihm einen glänzenden Empfang, und sie war um so mehr guten Muthes, als Grétry, der beliebte Componist, Piccini laut als seinen Meister anerkannte.

Im September 1777 fand die erste Vorstellung der *Armida* statt, die indess in der Stellung der Parteien wenig änderte. Piccini war in der komischen Oper entschieden bedeutend und einer der bessern Vertreter der italienischen Richtung. Dass er aber nicht entfernt an die Grösse der neuen Oper Gluck's heranragte, erkannte er selbst, und mit Mühe nur konnte er bewogen werden, die Aufführung seiner *Iphigénie en Tauride*, welche 1781 am 21. Januar erfolgte, abzuwarten. Gluck's *Iphigénie* war bereits 1779 am 18. Mai mit solch glänzendem Erfolge gegeben worden, dass selbst Grimm, ein Parteigänger der italienischen Oper, ihn anerkennen musste.

Geringen Erfolg hatte *Écho et Narcisse*, welche fünf Monate nach der ersten Aufführung der *Iphigénie* in Scene gieng.

1. Eine ziemlich ausführliche und doch gedrängte Darstellung dieses Streites bei Anton Schmid: „Christoph Willibald, Ritter von Gluck", Leipzig, 1850, pag. 270 ff., welchem wir in dieser Lebensskizze alles Thatsächliche entnommen haben, und manches ausführlicher bei Otto Jahn: „Mozart".

Auch der sich zu grösserer dichterischen Freiheit erhebenden deutschen Sprache suchte **Gluck** ein grösseres Interesse abzugewinnen, namentlich seit er auf der ersten Rückreise von **Paris** mit **Klopstock**, dem damals hochgefeierten und von **Gluck** geliebten Dichter, zusammentraf. Wir wissen, dass sich **Gluck** mit der Composition der „Hermannsschlacht" beschäftigte und dass er die Oden des Dichters alle in Musik zu setzen beabsichtigte. Doch sind uns nur acht von den letzteren überliefert worden[1]. Die „Hermannsschlacht" ist wahrscheinlich dem Meister nicht bis zum Niederschreiben fertig geworden.

Gluck war seit 1750 mit der Tochter eines Grosshändlers und Wechslers, **Joseph Pergin**, in dessen Hause er früher als Gast freundlich aufgenommen war und das er hatte meiden müssen, weil sich der Vater einer Verbindung **Gluck's** mit der Tochter widersetzte, verheirathet. Im genannten Jahre war der Vater gestorben und **Gluck** eilte aus Italien nach **Wien**, um den Bund der Herzen auch äusserlich abzuschliessen. Er hinterliess der Wittwe bei seinem am 15. November 1787 erfolgten Tode ein bedeutendes Vermögen.

Gluck hatte die eine Hälfte seines Lebens, und zwar die für die Production erfolgreichste, ganz im Sinne und im Anschluss an die Anforderungen seiner Zeit gearbeitet; zwanzig Opern hatte er geschrieben, ehe er, ein gereifter Mann, seine Reform begann. Diese ist demnach nicht ein Werk jugendlichen Dranges nach Neuerung oder genialer Inspiration, sondern sie ist das Resultat einer vieljährigen Thätigkeit. Seine Principien sind nicht das Product einseitiger, abstracter Forschung, sondern der geistige Niederschlag eines Prozesses, der sich angeregt und Jahre lang unterhalten, in ihm selbst vollzieht; sie sind die Summe der Erfahrungen, die sich ihm selbst aufdrängten, und daher vermochte er sie in so vollendeter Weise und so erfolgreich zu gestalten. *Orpheus und Eurydice*, das erste Werk auf dieser neuen Bahn, erweist sich schon in seiner äussern Einrichtung als noch vorwiegend der ältern Richtung angehörig. *Orpheus* ist für eine Altstimme gesetzt, und da ausser *Eurydice* und *Amor* (beide natürlich Sopran) keine Person auftritt, so fehlen die Männerstimmen, wie meist in der italienischen Oper. Die wesentlichste Neuerung ist, wie bereits angeführt wurde, die Einführung des Chors, und er ist zugleich vom Meister mit grosser Vorliebe behandelt, wie

1. Vergl.: **Reissmann**, „Das deutsche Lied in seiner historischen Entwickelung", **Kassel**, 1861, pag. 134.

gleich der erste Chor des ersten Acts: *Ah' se in torno*, und der erste des zweiten Acts: *Chi mai dell' Erebo.* Andere sind wiederum von einer herzgewinnenden Lieblichkeit, wie *Venia regni* und *Torna a bella* im zweiten Act, und dabei doch in ihrer prägnanten Fassung von dramatischer Wirkung. Bedeutender sind ohnstreitig einzelne Recitative mit ihrer characteristischen Instrumentalbegleitung. Die Arien erinnern noch am meisten an die alte Oper, und die Motive einzelner sind mitten aus ihr heraus erfunden. Aber im Allgemeinen ist doch ihr Mechanismus zusammengerückt, und in der Regel wird der Gefühlsinhalt weiterhin bedeutsam vertieft, wie in der ersten Arie des zweiten Acts: *Deh placatevi con me*, die ganz im alten Styl beginnt und in der selbst das „*No*" der Furien anfangs ziemlich zahm erklingt. Allein gegen das Ende nimmt sie einen leidenschaftlichen Aufschwung und auch das „*No*" der Furien wird dann erschütternder. In derselben Weise werden andere Arien, wie die der Eurydice: *Che fiero momento*, oder die bekannte Arie des Orpheus: *Che faro senza Eurydice* gegen die Mitte hin harmonisch vertieft. Das Duett *Vieni appaga il tuo consorte* ist musikalisch ein ganz bedeutsames Musikstück, aber so breit nach dem alten Styl gehalten, dass es den Gluck'schen Principien wenig entspricht. Das vielleicht bedeutendste Tonstück wie es wol keine Oper bisher aufzuweisen hatte, ist unstreitig die Scene: *Che puro ciel!* mit ihrer tief bedeutsamen Instrumentalbegleitung. Wie vielen versuchten Malereien wir auch bei den frühern und gleichzeitigen Operncomponisten begegneten, eine ähnliche feine und glänzend ausgeführte Detailmalerei hatte wol noch keiner geliefert. Der Schlusschor dagegen war mit Recht ein Gegenstand des erbitterten Angriffs. Zwar lebt auch in ihm noch der Ton der alten Oper, aber entkleidet von dem Flitter und Flimmer italienisch verzierten Gesanges, wird er brutal und gewöhnlich, und so bezeichneten auch die Gegner Gluck's allgemein diesen Chor.

Entschiedener betritt der Meister mit „*Alceste*" die neue Bahn. Die Ouvertüre schon ist ein weit bedeutsameres Tonstück, als die bisherigen. An Stelle des leichten Tonspiels, das sich schablonenmässig bisher entspann, ist die ernste Arbeit eines denkenden Meisters getreten. Die nichtssagenden meist tändelnden Motive der alten Oper sind tief bedeutsam inhaltreichen Gedanken gewichen, und wenn jene früher eben nur leicht und lose verknüpft wurden, so begegnen wir hier schon einer gewissen strengen dialectischen Entwickelung, und diese erfolgt zugleich mehr orchestral. Die Wirkung durch den Contrast, welche die alte Schule ganz in ihrer weitschweifigen Weise dadurch zu erreichen sucht, dass sie verschiedene Sätze einander entgegenstellte, wird hier wieder conciser gefasst durch Entgegensetzen contrastierender Motive in einem einzigen Satze — und dadurch natürlich ungleich wirksamer. So wird die Ouvertüre allmälich das, was sie sein soll — ein Orchesterprolog. Ein bedeutsamer Fortschritt liegt ferner in den Chören. An Stelle der mehr arienmässigen Behandlung des Chors im *Orpheus* ist die entsprechendere des Chorliedes getreten, und indem die Chöre sich innerhalb dieser knappern Form mehr polyphon entwickeln, werden sie eine wirklich dramatische Macht. Wir erwähnten bereits, wie namentlich dies den Widerspruch der Freunde der italienischen Oper hervorrief. In den Arien dagegen, obgleich sie im Allgemeinen noch knapper gehalten sind, als die des *Orpheus*, vermochte er noch am wenigsten einen neuen Ton zu treffen, und sie boten daher den Feinden dieser Richtung den meisten Anlass zu Tadel. Gluck hat die breite behagliche Weise, mit welcher die italienische Oper eine Stimmung festhält, aufgegeben, ohne schon die neue, nur aus den gewaltigsten Gefühlsaccenten zusammengesetzte gefunden zu haben. Sie leiden daher an einer gewissen Dürftigkeit, und die Gegner konnten hier ihm nicht mit Unrecht vorwerfen, dass er für die Poesie nicht selten die Prosa der Darstellung gewählt habe. Wir rechnen hierzu gleich die erste Arie der *Alceste: Grands Dieux, du destin, qui m'accable*, die Arien des Oberpriesters oder Admets: *Bannis la crainte et les alarmes.*

Erst mit *Iphigénie en Aulide* ist die Reform als vollendet zu betrachten. Die Bedeutung derselben ist nur zu oft einseitig gefasst worden, indem man nur auf die Vortrefflichkeit der Declamation, auf die tiefe psychologische Wahrheit des Wortausdrucks hinwies. Durch sie wird allerdings die Verständlichkeit und Lebendigkeit des, die Handlung motivierenden Dialogs befördert; allein wir mussten diese ja schon bei Lully und in noch erhöhterem Grade bei Rameau anerkennen, und Gluck hat sie entschieden aus dem Studium jener Meister gewonnen. Allein damit ist doch eigentlich nur noch äusserst wenig gewonnen; der eigentliche Nerv der Handlung, die substanzielle Empfindung, wird davon doch nur wenig berührt. Die den dramatischen Verlauf bedingenden psychologischen Processe kommen doch erst in den vollständig ausgeprägten Musikformen zu sinnlich gegenwärtiger Erscheinung, und das ist Gluck's ungleich höhere Bedeutung, dass er die lyrische Empfindung auf ihre Pointen zusammengefasst im engsten Anschluss an das Wort, aber doch in selbständig sich abrundenden Tonformen zu zwingendem Ausdruck bringt, und diese Fähigkeit hatte er sich in seiner Thätigkeit für die italienische Oper angeeignet. Dort ist alles Form und Stimmung, und die Arie bot den vollständigsten Apparat für den Erguss der verschiedensten Stimmungen. Gluck rückte ihn zusammen; er entkleidet ihn von allem Unwesentlichen und beseelt ihn durch seine schärfern Wort- und Gefühlsaccente. Jene characteristischen Intervallenschritte, die wir namentlich bei den frühern Italienern in den Recitativen fanden, werden jetzt auch der Arie einverleibt, und diese gelangt so neben dramatischer Wahrheit zu einer Innigkeit der Empfindung, die ausschliesslich unser Interesse dem dramatischen Verlauf zuwendet, und welche die Oper bisher nicht kannte. Die Personen, die uns die Oper vorführt, gewinnen dadurch, dass die einzelnen Gefühlsausbrüche auf einander bezogen werden, Character und die Handlung wird dramatisch belebt.

Jede einzelne Nummer der *Iphigénie* kann als ein Beleg gelten.

Wie plastisch tritt schon in der ersten Arie Agamemnons: *Diana impitoyable!* dieser Character heraus, trotz des durch die wechselnde Stimmung bedingten häufigen Wechsels mit Recitativen. Indem der Meister auf die ursprünglichen Gedanken immer wieder zurückkehrt, werden alle diese verschiedenen Ausbrüche seines erregten Gefühls zusammengefasst.

In dem Gebete Calcha's: *D'une sainte terreur*, das im Gesange recitativische Freiheit zeigt, übernimmt die Orchesterbegleitung die formelle Abrundung und Ausbildung des ganzen Satzes. In einzelnen Nummern wird durch diese Weise der einheitlichen Zusammenfassung verschiedener Stimmungen schon eine Art Ensemblestyl erzeugt, wie ihn weder die italienische noch französische Oper kannten. Wir erinnern an den Chor: *Que d'attraits!* in dessen herzgewinnende Lieblichkeit die erschütternden Ausrufe des verzweifelten Vaters: *Ma fille! je frémis*, hineinklingen, und mit diesem zu ergreifender Gesammtwirkung sich einigen.

Aehnlich das Quartett mit Chor: *Jamais à tes autels*, in welchem zwar Chor und Soloquartett sich in derselben Stimmung zusammenfinden, aber von unserm Meister besonders behandelt, zu einem breiten Hymnus vereinigt werden. Von grosser dramatischer Bedeutung ist jenes Terzett: *C'est mon père Seigneur*, in welchem die kindlich sich ergebende Iphigenie und die im innersten empörte Clitemnestra wie der rachegelobende Achilles gleich wahr gezeichnet und dann alle mit ihren verschiedenen Empfindungen zu ergreifender Wirkung zusammengefasst werden.

Die ausserordentliche Wirkung des darauffolgenden Duetts zwischen Agamemnon und Achilles bei den ersten Aufführungen der Oper ist hinlänglich bekannt.

Nehmen wir hierzu noch die reichere Harmonik, mit welcher Gluck seine so schlagfertigen Formen ausstattet, und die unendlich verfeinerte Instrumentation, die er ihnen beigiebt, so werden wir seinem eigenen Ausspruch: „dass er beim Schaffen vor allem den Musiker zu vergessen suchte", eine andere Bedeutung geben müssen, als man ihm damals und wieder in jüngster Zeit beilegte, um eine neue Theorie darauf zu gründen. Gluck war eben ein Musiker in des Wortes engster Bedeutung. Seine Harmonik ist zwar nicht so tief und reich, wie die eines Händel, oder eines Seb. Bach, aber sie überragt doch alle frühern und gleichzeitigen Erscheinungen auf dem Gebiete der Oper ganz gewaltig, und seine Instrumentation ist ganz eigenthümlich und sie steht der unsrigen bei weitem näher, als die eines Händel oder Seb. Bach. Wir werden später sehen, wie der eigenthümliche Styl beider, dessen Schwerpunct immer im Vocalen liegt, auch einen mehr nach vocalen Gesichtspuncten gebildeten Orchesterstyl bedingt. Gluck's besondere Aufgabe führt ihn vielmehr darauf, jenen eigenthümlichen Styl Rameau's weiter zu bilden: nicht das Orchester an der Polyphonie des Gesanges Theil nehmen zu lassen, sondern durch eigenthümliche Zusammenstellungen verschiedener Instrumente neue Farben zu erzielen. Wir konnten bereits erwähnen, wie gerade nach dieser Richtung Gluck's Bestrebungen Anerkennung fanden. In der That dürfte auch vor ihm keiner solche Wirkung mit den Posaunen, wie gleich zu Anfange der Ouverture der *Alceste*, erzielt haben, und ihre Zusammenstellung mit Fagotten und Hornen, bei dem *Dieu puissant* des Oberpriesters, verräth eine viel feinere Erkenntniss des Klangcolorits, als seinen Zeitgenossen erschlossen war. Wie fein ist ferner die Verwendung der Clarinetten, Oboen und Horne in der *Armide*, in der dritten Scene des zweiten Acts, die auf jener Zauberinsel spielt. Die genannten Blasinstrumente legen ihre langgehaltenen Töne allmälich wie einen leichten luftigen Schleier zusammen, während das Streichquartett eine wollüstig spielende, wie süsse Düfte berückende Figuration ausführt. Nur den italienischen Musiker musste Gluck vergessen, den, der sich, unbekümmert um die dramatische Entwickelung, diese in einzelne Stimmungen zerlegt um jede dann in einem möglichst breiten und meist verwässerten Aufguss darzulegen. Er musste vergessen, dass man damals von dem Musiker die grösste Verschwendung aller der dramatisch wirksamen Mittel verlangte, und diese keusche Zurückhaltung Gluck's, die Unterordnung der Tonkunst unter Text und Situation, die im Ausdruck des Worts und der musikalischen Darstellung des ethischen Hintergrundes der ganzen Handlung höchste Aufgabe sucht, und die sich scheut, in Ritornellen, Zierrathen und Cadenzen die Handlung zu unterbrechen, machte Gluck zum Schöpfer der Oper seiner Zeit, der heroischen Oper. Wie das klassische Epos, welchem sie ihre Stoffe entnimmt, so versetzt uns die heroische Oper in die aus der Gemüthswelt der mythischen Zeit entwickelte Welt der Heroen. Diese nun ist nicht geradezu erträumt, sondern sie ist der wirklichen Welt nachgebildet, aber allen Zufälligkeiten der äussern Erscheinungsform entkleidet, und darum ungleich erhabener und gewaltiger, als jene. Es ist eine objective, ruhig sich ausbreitende Welt, und ihre Helden erscheinen als allgemeine Typen menschlicher Kraft, die Tonkunst hat hier nur allgemeine Typen zu zeichnen, die eine feinere Characteristik eben ihrer Allgemeinheit wegen ausschliessen. In diesen allgemeinen Umrissen aber ganz scharf heraustretend, hat sie Gluck hinzustellen verstanden wie kein anderer, weil er sich ihnen unterordnete und seine Individualität an diese Welt und ihre musikalische Darstellung gefangen gab. Eine solche Rückhaltung und Selbstverleugnung war jenem andern Meister, der wie Gluck die eine Hälfte seines Lebens der italienischen Oper gewidmet hatte, um dann nicht eine Reform, sondern vielmehr einen vollständigen Ausbau jener andern dramatischen Form des Oratoriums zu beginnen: **Georg Friedrich Hændel** nicht möglich.

Händel wurde am 23. Februar 1685 zu Halle a. d. S. geboren. Sein Vater, der es vom Barbier bis zum Amtschirurg des Amtes Giebichenstein, ja bis zum fürstlich sächsischen und churfürstlich brandenburgischen Leibarzt brachte, widersetzte sich der Ausbildung der früh sich äussernden musikalischen Talente seines Sohnes, und dieser musste die Uebung der geliebten Kunst sich erschleichen und ihr Nächte opfern, bis jenes bekannte Ereigniss eintrat, welches die Aufmerksamkeit des kunstliebenden Herzogs von Weissenfels auf den Knaben lenkte, der dann den Vater bestimmte, ihn auch in Musik unterrichten zu lassen. Georg wurde dem als tüchtigen Musiker seiner Zeit geachteten Organisten an der Marktkirche in Halle, Friedrich Wilhelm Zachau, übergeben und machte gar bald so bedeutende Fortschritte, dass er allenthalben Aufsehen erregte, namentlich auch in Berlin am Hofe des prachtliebenden Churfürsten Friedrich III. (als König von Preussen Friedrich I.), wohin der Vater mit ihm gereist war. Der Churfürst wünschte den vielversprechenden genialen Knaben an seinem Hofe zu erhalten, allein der Vater lehnte es ab und kehrte wieder mit ihm zurück nach Halle. Kurze Zeit darauf (1697) starb der Vater, und nun durfte unser Händel sich ungestörter seiner natürlichen Neigung hingeben.

Doch setzte er, nach Mattheson[1], seine „gar feine andere Studia" fort und bezog 1702 die Universität seiner Vaterstadt, und kurze Zeit darauf wurde ihm auch auf ein Jahr zur Probe die erledigte Stelle eines Organisten an der Schloss- und Domkirche übertragen.

Während dieser Zeit scheint er entschieden den Plan gefasst zu haben, sich ganz der Musik zu widmen, und nach Ablauf des Jahres (1703) gieng er nach Hamburg, um an der dortigen Bühne sich weiter zu bilden. Er trat als zweiter Geiger ein. Die nähere Bekanntschaft mit Mattheson führte ihn dann zeitweise als Leiter der Oper an's Clavier, und 1705 am 8. Januar wurde seine erste Oper in drei Acten: *Almira,* mit grossem Beifall aufgeführt — und ihr folgte am 25. Februar die Oper *Nero.*

Die Zerrüttung der Oper durch Keiser's schlechte Haushaltung veranlasste unsern Händel zurückzutreten, und von 1706 an gab er nur noch Lectionen. Als 1707 Sauerbrey die Pachtung des Theaters übernommen hatte, wandte sich dieser auch an Händel, und er schrieb ihm die Oper „Florinde und Daphne", welche in zwei Theilen im Januar und Februar zur Aufführung kam.

In die Zeit von 1705—1709 fällt wahrscheinlich auch die Entstehung von drei Oratorien: „Der ungerathene Sohn", „Die Erlösung des Volkes Gottes aus Aegypten" und eine Passionscantate. Wie alle Operncomponisten jener Zeit, drängte es auch ihn, nach Italien zu gehen, um dort sich mit der wahren Kunst des dramatischen Gesanges, die man dort noch

1. Critica musica, II, pag. 212.

immer ausschliesslich zu finden wähnte, noch vertrauter zu machen, und um grosse Erfolge, wie sie dort nur möglich waren, zu erreichen. Im Anfange des Jahres 1707 langte er in Italien an und erlebte dort in kurzer Zeit die glänzendsten Triumphe. In Florenz componierte er auf den Wunsch des Hofes die Oper *Rodrigo*, und sie wurde mit glänzendem Erfolge dort aufgeführt. In Venedig, wohin er Neujahr 1708 gieng, führte er sich durch sein Clavierspiel ein und setzte sich durch seine Oper *Agrippina*, welche er in drei Wochen schrieb und die an 27 Abenden hinter einander gegeben wurde, vollständig in die Gunst des Publikums.

Von bedeutenderem Einfluss wurde sein Aufenthalt in Rom. Die Ottobonische Academie, welche sich regelmässig Montag im Palast des Cardinals versammelte, beschäftigte sich vorzüglich mit Stegreifdichtung und musikalischen Aufführungen, welche unter der Leitung Correlli's standen. Händel's Werke, welche er während dieser Zeit componierte, fanden hier eine vollständige Aufführung, und er hatte hier namentlich Gelegenheit, die Instrumentation zu studieren. Die römischen Compositionen, wie sein Oratorium: *Resurrezione* oder: *Il Trionfo del Tempo e del Dissinganno*, zeichnen sich durch einen wirksameren Gebrauch der Geigeninstrumente namentlich vor seinen frühern Werken aus. *Acis, Galatea e Polifemo*, ein Schäferspiel, das er in der Zeit von 1708—9 schrieb, arbeitete er wahrscheinlich in Neapel und für bestimmte Sänger.[1]

Von Italien aus, das Händel 1710 verliess, wandte er sich nach Hannover, woselbst Abbo Steffani, mit welchem er in Italien schon innig befreundet worden war, wirkte; durch seine und des Grafen Kielmannsegge Vermittlung kam Händel an den Hof, und wie er Steffani, der mittlerweile in die diplomatische Laufbahn gerathen war, in seinem Capellmeisterposten ablöste, ist bereits von uns früher angegeben worden.

Vorher machte er jedoch noch seine erste Reise nach England und besuchte seine Mutter und seinen Lehrer Zachau in Halle.

Im Spätherbst des Jahres 1710 kam er in England an und der Adel bereitete ihm einen glänzenden Empfang. Seine Oper *Rinaldo* wurde 1711 am 24. Februar mit dem anhaltendsten Beifall aufgeführt. Da inzwischen sein Urlaub abgelaufen war, gieng er zurück nach Hannover und wirkte hier in seiner Stellung zwei Jahre. Da trieb es ihn wiederum nach England, und obgleich ihm der Urlaub nur unter der Bedingung ertheilt worden war, nicht zu lange auszubleiben, gieng er doch wieder zurück und hat überhaupt, einige Reisen abgerechnet, England nicht wieder verlassen. Mit *Il Pastor fido*, eine Pastoraloper, betrat er den neuen Boden, und zur Feier des Utrechter Friedens 1713 schrieb er das *Tedeum* und

1. Vergl.: Chrysander, „Georg Friedrich Händel", Leipzig, Band I, pag. 243 und 244, dem überhaupt alles Factische entnommen ist.

Jubilate, mit welchen er die gleichnamigen Werke Purcell's, die seit 20 Jahren alljährlich gegeben worden waren, verdrängte.

Der Tod der Königin Anna, welche ihm einen Jahrgehalt ausgesetzt hatte, brachte ihn in nicht geringe Verlegenheit, indem dadurch sein früherer Gebieter, der Churfürst von Hannover Georg Ludwig auf den englischen Thron gelangte. Indess er wusste den König zu versöhnen, und die sogenannte „Wassermusik" verdankt dieser Versöhnung ihre Entstehung. Bei Hofe soll er durch den berühmten Violinisten Geminiani wieder eingeführt worden sein, der erklärt hatte, seine Violinconcerte könne nur Händel begleiten. Bald darauf begleitete Händel den König nach Deutschland.

Nach seiner Rückkehr erhielt er die Einladung von James, Herzog von Chandos, welcher seine eigene Capelle hielt, bei ihm in Cannons zu wohnen, die Capelle zu dirigieren, Orgel zu spielen und zu componieren. Händel folgte dieser Aufforderung und componierte hier in den Jahren von 1717—1720 seine *Anthems*, deren Chrysander[1] zwölf aufzählt, das Oratorium *Esther* und das Schäferspiel *Acis und Galathea*. 1720 trat ein eigenthümlicher Wendepunct in seinem Leben ein.

In England war die Entwickelung des Theaters ziemlich dieselbe, wie in den übrigen Ländern. Im Volke lebten die Volksspiele fort und an dem Hofe wurde die französische oder italienische Oper zeitweise gepflegt.

Unter Carl II. war es namentlich auch die französische Oper, während später wiederum die italienische die Oberhand gewann, und wir haben eigentlich nur einen Meister zu nennen, der den Versuch machte, die italienische Oper Scarlatti's zu nationalisieren: Henry Purcell (1658 zu London geboren und am 21. November 1695 gestorben). Er neigte sich zunächst entschieden der italienischen Musik zu, was er in der Vorrede zu seiner ersten Sonatensammlung ausspricht, und meint, dass es Zeit wäre, sich von dem Balladenton der französischen Musik zu befreien, während er in der Dedication seiner Oper *Dioclesian* (1690) an den Herzog Carl von Sommersett der Verschmelzung beider Weisen das Wort redet, dass die italienische die beste Lehrmeisterin sei, während die französische dem Ganzen einen fröhlichen muntern Anstrich verleiht. Das Nationalisieren dieser beiden Style nun war rein formeller Art. Purcell rückte wie Gluck den weitschweifigen Apparat der italienischen Arie mehr zusammen, da der Engländer diese Weitschweifigkeit nicht liebt, und gelangt eben dadurch zu einer conzisern Form, aber den Ausdruck so zu vertiefen und gewaltiger zu machen wie Gluck, das versuchte er nicht, lag auch noch nicht in dem Bedürfniss seines Landes. Die Engländer machten nicht höhere Ansprüche an die Bühne, als die Italiener; sie wollten ebenso nur angeregt sein wie jene, aber in einer entschiedener ausgeprägten Form.

1. A. a. O., I, pag. 458 und 459.

Durch diese wurde das Ganze mehr zusammengerückt und übersichtlicher, und die einzelnen Nummern von Purcell's musikalischen Dramen und Scenen, deren er 39 schrieb, reihen sich daher naturgemässer und folgerichtiger aneinander, als bei den meisten italienischen und französischen. Namentlich die letztere scheint endlich seinem Einfluss haben weichen müssen. Seit 1690 etwa mussten die französischen Sänger den italienischen — den Castraten — das Feld gänzlich räumen, und weil diese nur in ihrer Sprache sangen, so hatte jetzt auch England eine Mischoper, wie wir sie schon bei der Hamburger Oper fanden. Der 1705 in London aufgeführten Oper *Arsinoe, Königin von Cypern*, welche Thomas Clayton aus verschiedenen italienischen Opern zusammengestellt hatte, folgte 1706 die Oper *Camilla*, von Silvio Stampiglia gedichtet und von Marc Antonio Bononcini componiert. Die schlechten Texte veranlassten den englischen Dichter Addison einen Operntext: *Rosamunde*, zu schreiben, den jener Clayton mit einer schlechten Musik versah, so dass die Oper nur drei Aufführungen erlebte (1707). Ihr folgte in Drury Lane wieder eine aus mehreren Arien berühmter Meister, wie Scarlatti und Bononcini, zusammengesetzte Oper: *Thomyris*, zu welcher Pepusch die Recitative gesetzt hatte. Eine bestimmtere Richtung schienen diese Bestrebungen erst zu nehmen, als (1704) Haymarket erbaut worden war, und die Königin dem Sir John Vanburgh und dem Dichter Congreve die Erlaubniss zur Aufführung von Dramen und Opern ertheilt hatte. Die italienische Operngesellschaft, die bald darauf einzog mit den berühmten Sängern Nicolini, Grimaldi und Valentini, brachte nun namentlich die italienischen Opern von Scarlatti, Marc Antonio Bononcini u. A. in Flor, und wir wissen, dass auch Händel bei seiner ersten Anwesenheit in England schon für diese Oper schrieb. Da verband sich der Adel zur Gründung einer Opernacademie und Händel wurde mit der Leitung derselben, im Verein mit den Italienern Bononcini und Attilio, betraut. Bereits 1719 reiste er nach Deutschland, um italienische Sänger zu engagieren, und am 20. April 1720 wurde die Academie mit *Numitore* von Giov. Porta eröffnet. Zwölf Opern hatte Händel für diese Academie geschrieben, und die meisten erregten einen ungeheuern Beifall und wurden auch in Deutschland gegeben, wie *Radamisto* (1720), welche in Hamburg 1722 gegeben wurde; *Ottone*, welche 1723 in London und 1725 in Braunschweig zur Aufführung kam, und deren einzelne Gesänge eine grosse Verbreitung fanden. Giulio Cesare (1724) zeichnete sich durch eine reichere Instrumentation aus, und so hatte eigentlich Händel ausser Bononcini, der ihm durch seine wolgebildete Cantilene und die einfacheren Formen zeitweise die Herrschaft streitig machte, keinen eigentlichen Rivalen: denn weder Attilio, Ariosti, Leonardo Vinci, noch Domenico Scarlatti, deren Werke gleichfalls aufgeführt wurden, vermochten andauernden Erfolg zu gewinnen.

Neun Jahre hatte Händel so der Academie vorgestanden, da wurde sie die Quelle grosser Sorgen für ihn. Schon früher war das Publikum Zeuge gewesen, welch bösartiger Geist die italienischen Sänger und Sängerinnen belebte. Francesca Cuzzoni, mit einer so wundervoll entwickelten Stimme, dass man sie allgemein die goldene Leier nannte, und die seit 1723 der Academie angehörte, hatte sich mit der schon erwähnten, seit 1726 engagierten Faustina Bordoni auf offner Scene geschlagen, so dass die Oper geschlossen werden musste und in dieser Saison nicht wieder eröffnet werden konnte. Sie wurde zwar am 30. September wieder eröffnet, allein ein Streit mit dem Castraten Senesino, der Händel veranlasste, diesen Sänger zu entlassen, bestimmte den Adel, eine neue Academie zu gründen. Händel versuchte erfolglos ihr gegenüber zu treten. Er gab Haymarket auf, wohin nun der Adel zog, während er auf Lincolns Innfield weiter spielte. Aber nachdem der Adel Farinelli, den berühmtesten Castraten engagierte, wurden Händel's Opernunternehmungen immer erfolgloser. Auch die Academie des Adels vermochte sich nur mit Mühe zu halten; das Interesse für die italienische Oper war allmälig erloschen und erhielt den letzten Stoss wol durch die sogenannten englischen Bettleropern- und Balladensingspiele, mit denen John Gay, indem er Oper, Farce und Balladensang vereinigte, den Anfang machte und in allen Kreisen grössern Anklang fand, als die grosse Oper[1]. Trotzdem gab Händel seine Opernunternehmungen nicht auf bis zum Jahr 1736, und eine Reihe von Opern, wie *Poro* (1731), *Ezio*, *Sosarme*, *Orlando* (1732), *Ariadne* (1734), *Ariodante* (1734), *Alcina* (mit vier Chören) und *Atalanta*, componierte er noch für sie. Da wurden seine Opernaufführungen (1736) in der Fastenzeit verboten, in Folge dessen er einen Schlaganfall erlitt, und nun überliess er die Oberleitung Heidegger, welcher die Reste der Oper sammelte. Händel schrieb für sie noch die Opern: „*Faramondo*" und „*Serse*" und ein *Pasticcio*, und auch in den Jahren 1738—40 schrieb er noch zwei Opern: *Imeneo* und *Deidamia*.

Es ist gewiss eine wunderbare Erscheinung, dass unser Meister durch die Macht der Umstände gezwungen werden musste, ein Gebiet zu verlassen, welches seinem Geiste kein Feld der Thätigkeit mehr bot, dass er sich erst dann jenem zuwandte, auf welchem seine geniale Kraft sich vollständig entfalten sollte!

Wir fanden ihn schon in Hamburg und in Italien mit Oratorien beschäftigt, in denen indess vorwiegend der alte Styl, zersetzt durch den neuern Cantatenstyl, herrscht. Seine ersten Oratorien aber, wie *Esther*, waren noch auf Darstellung berechnet (erst später führte sie Händel ohne Darstellung auf). In *Deborah* (1733) macht sich, wie in *Athalia*, die er

1. Ausführlicher bei Chrysander, a. a. O., II, pag. 190 ff.; und Lindner, „Zur Tonkunst", pag. 53.

für Oxford schrieb (1733), noch zu sehr das Bestreben, für gewisse Sänger zu schreiben, geltend, weshalb sie etwa mit Ausnahme der Chöre sich noch ganz innerhalb des alten Opernstyls bewegen.

Das „Alexanderfest“ (1735) steht schon auf der Grenzscheide der alten und neuen Wirksamkeit, und mit „Israel in Aegypten“ (1738) beginnt seine Meisterschaft, die in „Samson“ (1742), in „Judas Maccabäus“ (1746) und dem „Josua“ (1747) ihren Gipfelpunct erreicht.

In England waren Anfangs auch die Erfolge dieser neuen Richtung nicht bedeutend — erst in Irland fand sein „Messias“ enthusiastische Aufnahme, und nach London zurückgekehrt gewann er jetzt in kurzer Zeit den Beifall der gesammten Nation.

Händel lebte von jetzt ab, begünstigt vom Glück, bis er, wie sein grosser Zeitgenosse Bach, erblindete. 1751 vollendete er noch *Jephta* und starb, seinem innigsten Wunsche gemäss, am Charfreitag (1759).

Es bedarf wol kaum der Erwähnung, dass die Opern Händel's an Kunstwerth alles übertreffen, was die italienische Oper überhaupt zu leisten im Stande wär. Händel hatte sich nicht nur den ganzen dramatischen Apparat derselben zu vollständiger Herrschaft angeeignet, sondern war zugleich vollständig Herr über den künstlichern Contrapunct, wie dies schon seine Cammerduetten beweisen, deren er[1] in Hannover zweiundzwanzig schrieb, und die meist künstlicher sich gestalten, als die von Steffani, und diese Herrschaft auch über den alten Contrapunct giebt seinen Opern eine ungleich grössere Sicherheit in der ganzen Factur. Jener bereits mehrfach characterisierte Opernstyl kommt bei ihm entschieden zu höchster Ausgestaltung — aber dies war eben nur von zeitlicher Bedeutung. Die italienische Oper konnte nach dieser Seite zu keiner weitern Entwickelung gelangen — und um sie umzuformen, hätte Händel den Weg Gluck's einschlagen und sich, wie wir sahen, einer Reihe musikalischer Darstellungsmittel enthalten müssen. Einer solchen Rückhaltung wäre aber Händel nimmer fähig gewesen, und so trieb es ihn gerade nach der entgegengesetzten Seite. Wie Gluck den ganzen Apparat der italienischen Oper verengte, damit er sich der äussern Darstellung möglichst knapp anschliesst, so suchte ihn von nun an Händel zu erweitern und zugleich zu vertiefen, damit er die theatralische Darstellung überflüssig mache. Dem entsprechend führt uns Gluck in die abstracte

1. Nach Chrysander, Band I, pag. 360.

Welt der Heroen, während Händel in grossen und sich weit ausbreitenden Tonbildern die gewaltigen Ereignisse der heiligen Geschichte darstellt. Händel giebt nichts von den Mitteln der italienischen Oper auf; er erweitert sie vielmehr und erfüllt ihre breiten Formen, die er auch auf den Chor überträgt, mit seinem gewaltigen, von den Wunderthaten der alten Geschichte erfüllten Geist, wozu ihn sein gewaltiger Contrapunct vollständig befähigte. Frei von den Hebeln der äusseren Darstellung: Decoration, Action und Costüm, ist die Handlung nur geistig bewegt, sie entwickelt sich nur nach ihrem innern Verlauf, in psychologischen Processen, an deren lebendiger, unmittelbarer Darstellung die Tonkunst den lebhaftesten Antheil nimmt, und was sie hier vermag, das hat Händel in solchem Umfange, in solcher Meisterschaft zuerst gezeigt. Das Begriffliche der Sprache hat ihm nur so weit Bedeutung, als es nothwendig ist, die Empfindung an den Gegenstand zu binden, dann aber schafft er unabhängig von ihm nur im Anschauen und Anschluss an die Situation Tonbilder, die den ganzen dramatischen Verlauf nur auf sich selbst bezogen, zu unmittelbarer, erschöpfender Anschauung bringen, und die, weil sie nicht schnell an uns vorüberziehen, Raum gewähren, sich in sie zu vertiefen. Das aber ist die einzige Form, in welcher uns die alte heilige Geschichte vorgeführt werden kann. Alle Versuche, uns in Costümen und Decorationen durch die Zeiten der Herrlichkeit wie der Schmach des jüdischen Volkes zu führen, mussten an der Unmöglichkeit der Darstellung scheitern. Die imposanteste Theaterwirklichkeit muss eben der Grösse des Stoffes gegenüber zur Carricatur werden.

Die Grösse der Anschauung und die Sicherheit der Ausführung, die zu einer solchen Darstellung gehört, hat Händel entschieden durch seine langjährige Thätigkeit innerhalb der italienischen Oper sich angeeignet. Die nur im Grossen gestaltende Technik derselben musste gleichfalls hier zur Anwendung kommen, und sie namentlich befähigte ihn, verbunden mit seiner contrapunctischen Fertigkeit, die wunderbaren Chöre in solcher Allgewalt hinzustellen, wie sie seine Stoffe erforderten. Gleich das erste der neuen Richtung: „Israel in Aegypten", zeigt diese Meisterschaft im wunderbarsten Lichte. Der Schwerpunct des ganzen Werkes ruht im Chor. Neben zwanzig Chören und einigen verbindenden Recitativen zählt es im ersten Theil nur eine einzige

Arie, im zweiten Theil drei Duetten und drei Arien. Das Volk Gottes, von dessen Geschichte uns ein Theil vorgeführt werden soll, bildet den einzigen Träger derselben, und keine andere Person, selbst nicht Moses, in dem sich dieser Zeitraum jüdischer Geschichte personificieren liess, tritt selbsthandelnd oder auch nur selbstredend heraus. Auch Moses ist hier nur das willen- und thatenlose Werkzeug in der Hand Gottes, und der Auszug der Kinder Israel eine Reihe von Wundern, die uns nur in den grossartigsten Formen des Chors erzählt und nahe gelegt werden durfte. Daher ist die Mehrzahl der Chöre (13 von 20) in Form des Doppelchors gehalten. Der Meister hat hier so vollständig Besitz ergriffen von dem neuen Gebiet, dass man kaum noch den Operncomponisten erkennen würde, wenn ihn nicht die Arien und Duetten und die bei aller Massenhaftigkeit doch breite Ausführung der Chöre als solchen verriethen.

Namentlich die Duetten, wie: *The Lord is my Strength and my Song* (der Herr ist mein Heil und mein Lied), boten ihm Gelegenheit, den Glanz der italienischen Arie zu entfalten, selbstverständlich mit dem grösseren Harmoniereichthum und in echt künstlerisch ausgeführter polyphoner Schreibweise, wodurch jene Mittel der italienischen Musik das sinnlich Reizvolle der melismatisch reich ausgestatteten Melodie verlieren und zu dramatisch wirksamer Wahrheit und Eindringlichkeit geklärt werden. In den Chören aber entwickelt unser Meister bei aller Breite und Gewalt eine Feinheit der Detailmalerei, wie in keinem seiner andern Werke. Wie viel auch gegen die Tonmalerei schon geeifert worden ist, vollständig leugnen wird ihre Berechtigung niemand wollen. Namentlich für das Oratorium ist sie unbedingte Nothwendigkeit. Die Musik wird hier zu häufig in die Lage versetzt, die fehlende äussere Darstellung durch Tonmalerei zu ersetzen, und sie wird immer gerechtfertigt sein, wenn sie sich in den Schranken der Gesammtdarstellung hält und nicht roh materialistisch wird. Wir halten jene Malereien, wie in dem Wechselspiel der beiden, die Arie: *Their Land brought forth Frogs* begleitenden Violinen, das an das Hüpfen der Frösche, die bis in die Gemächer der Königin dringen erinnert; oder die Tonmalerei des Schwirrens der Fliegen und Mücken, das Herabfallen des Hagels und Feuers u. s. w. nicht für ganz besonders geniale Züge; allein es ist doch kaum anders möglich, als dass die Anschauung dieser äussern Erscheinung nothwendiger Weise auf die Phantasie des Tondichters wirkt; dass alle jene Ereignisse mit ihrer Aeusserlichkeit in die Phantasie hineinragen und die musikalische Erfindung zum Theil mindestens beherrschen. Bedeutender sind natürlich jene Tonstücke, in welchen von der reellen Wirklichkeit des zu referierenden Ereignisses nichts mit in die Darstellung übergegangen ist, sondern sich nur in der Stimmung, welche es hinterliess, darlegt, wie in dem Chor:

oder in dem Chor: *But as for his People*, das charncteristische:

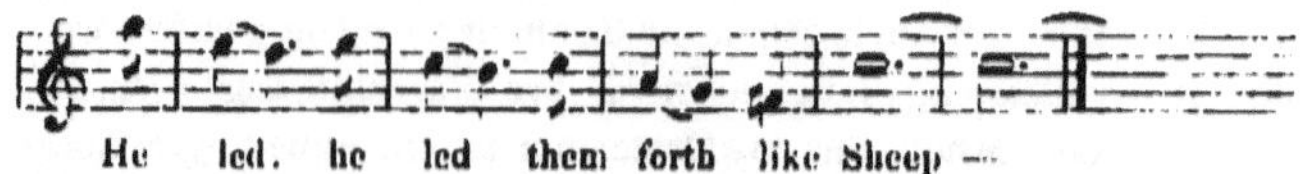

Diese Themen führen ohne Umschweif mitten hinein in Situation und Stimmung, und nur in diesem Sinne werden sie dann von unserm Meister verarbeitet. Die Aufgabe des Meisters verlangt nicht Tiefe, sondern Anschaulichkeit der Darstellung; die Themen werden deshalb nicht tiefsinnig dialectisch — sondern nur zu plastisch heraustretenden Tonbildern entwickelt.

Im „Samson", „Judas Maccabæus" und „Josua" nimmt der Kampf des israelitischen Volkes eine persönliche Gestalt an, und so treten denn die einzelnen Personen selbstredend und selbstthätig hervor. Aber sie erheben sich nur herauf auf dem Grunde des

Volksbewusstseins; daher behält der Chor auch jetzt seine grosse Bedeutung. Daneben finden aber auch die Soloformen weiteste und tiefgreifendste Anwendung. Am nächsten verwandt mit „Israel in Aegypten“ dürften „Judas Maccabæus“ und „Josua“ sein, in welchen den Solis gegenüber die Chöre namentlich grössere Bedeutung gewinnen. Der tiefe Schmerz um die abgeschiedenen Helden, der ungestüme Freiheitsdrang, und der Glaubensmuth, welche vorwiegend die ethische Grundlage des Ganzen bilden, kommen in den Chören zu viel ergreifenderer Wirkung, als in den Arien, wenn auch hier in einzelnen der alte Formalismus zu wahrhaft grossartiger dramatischer Beseelung gelangt.

Als das wol grösste Werk von wunderbar dramatischer Gewalt erscheint „Samson“. In keinem andern seiner Oratorien treten die verschiedenen Persönlichkeiten so individuell fest und sicher gezeichnet, gegenüber den nicht minder scharf characteristisch gefassten Chören, heraus, ohne die Gesammtwirkung nur einen Augenblick zu stören oder auch nur aufzuhalten. Wie fein psychologisch ist „Samson“ hingestellt: seinem Volk gegenüber in reumüthiger Zerknirschung — Dalilah und den Philistern gegenüber in seiner ganzen wieder erwachten Kraft; nicht minder die gleissnerische Dalilah, mit ihrer halb wahren, halb erlogenen Empfindung. Wenn Monoah oder Micah ihrem Schmerz Worte geben, wie tiefbedeutsam ist die Rückhaltung, die sie dem Unglücklichen gegenüber bewahren, um sein Elend nicht durch Vorwürfe zu vermehren. Die Arien gehören fast ohne Ausnahme zum Bedeutendsten, was Händel geschrieben. Selbst die, welche noch unter dem Druck des alten Formalismus leiden, sind doch durch ihre gewaltigen Gefühlsaccente zu zwingendem Ausdruck gesteigert. Duetten aber, wie das zwischen Dalilah und Samson und diesem und Hagafar, vermochte nur ein Meister zu schreiben, der des gesammten dramatischen Ausdrucks der Oper fähig ist. Als ein beachtenswerther Umstand sei noch bemerkt, dass die Ouvertüre der Originalpartitur ein Menuett enthält. Ein Oratorium von eigenthümlicher Bedeutung ist „Der Messias“. Weil wir indess unserm Meister in einer gleichen Aufgabe mit jenem andern grossen Meister: Joh. Seb. Bach, begegnen, so dürfte es zweckmässig sein, das Wirken desselben uns vorher zu vergegenwärtigen, und dann werden sich uns aus der Vergleichung beider die festesten Anhaltpuncte ergeben.

Johann Sebastian Bach stammt aus einer Familie, welche durch Jahrhunderte hindurch eine so grosse Menge von tüchtigen Musikern aufzuweisen hat, wie wol keine andere. Kaum ein Jahrhundert nach der Reformation waren eine grosse Menge Cantoreien Thüringens mit Bach's besetzt. Johann Sebastian wurde am 21. März 1685 zu Eisenach, wo sein Vater Hof- und Stadtmusikus war, geboren. Nach dem früh erfolgten Tode des Vaters nahm der noch nicht zehn Jahr alte Knabe seine Zuflucht zu seinem ältern Bruder Johann Christoph, Organist zu Ohrdruff. Dieser ertheilte ihm auch den ersten Unterricht in der Musik, doch in einer, seine Lernbegier wenig befriedigenden Weise, und es ist bekannt, dass er sich eine Sammlung Compositionen der jener Zeit berühmtesten Meister, welche ihm der Bruder nicht überlassen wollte, durch List zu verschaffen wusste und Nachts abschrieb.

Durch den Tod dieses Bruders wiederum verwaist, gieng er nach Lüneburg und fand hier seiner schönen Sopranstimme wegen sofort Aufnahme im Sängerchor der Michaelisschule. Mit dem Verlust seiner Sopranstimme durch die Mutation gieng er auch dieser Vergünstigung verlustig, und nun warf er sich mit allem Eifer auf das Studium des Clavier- und Orgelspiels. Mehrmals pilgerte er nach Hamburg und Celle zu Fuss, um dort den berühmten Organisten der Katharinenkirche, Johann Adam Reincken, und hier die Capelle des Herzogs Georg Wilhelm zu hören und so die französische Compositionsweise zu studieren.

Kaum achtzehn Jahr alt war er Hofmusikus in Weimar. 1704 sah er sich, als Organist an der neuerbauten Kirche in Arnstadt, im Besitz einer Orgel. Mit verdoppeltem Eifer studierte er jetzt die Werke der damals berühmtesten Organisten, und schon wenige Jahre nachher genoss er eines solchen Rufs, dass ihn die Reichsstadt Mühlhausen 1707 zum Nachfolger Johann Rudolf Ahle's berief.

Hier blieb er indess nicht lange. Schon im nächsten Jahre scheint er die Hof- und Kammerorganistenstelle in Weimar angenommen zu haben. Einem Rufe nach Halle folgte er nicht. Nach Zachau's Tode (1712) war ihm die Organistenstelle angeboten worden, und er schien um so mehr Lust zu haben, diese anzunehmen, als dort eine neue Orgel, zu welcher er die Disposition entworfen hatte, gebaut wurde. Er reiste auch nach Halle, und componierte auf Wunsch des Hauptpastors eine Cantate; allein obgleich ihm 1714 die Vocation nachgesandt wurde, nahm er dieselbe nicht an. In demselben Jahre wurde er zum herzoglichen Concertmeister ernannt, und 1717 nach seiner bekannten Affaire mit Jean Louis Marchand, des damals berühmtesten französischen Orgel- und Claviervirtuosen, in Dresden, wurde er nach Anhalt-Cöthen als Capellmeister berufen. Eine Stellung in Hamburg, um welche er sich 1722 bewarb, wurde ihm nicht zu Theil, dagegen übertrug man ihm nach Kuhnau's

Tode den erledigten Posten eines Musikdirectors und Cantors an der Thomaskirche in Leipzig 1723, und in dieser Wirksamkeit verblieb er bis an seinen am 30. Juli 1750 erfolgten Tod. Erwähnenswerth ist noch seine Zusammenkunft mit dem Preussenkönige Friedrich d. G. 1747 und seine Ernennung zum königlich polnischen und churfürstlich sächsischen Hofcompositeur. Jene nächtlichen Arbeiten seiner Jugend mochten seine ohnehin blöden Augen schon geschwächt haben, und unter der grossen Arbeitslast, die ihm Amt und künstlerischer Beruf auferlegten, nahm das Uebel so zu, dass er ganz erblindete, nachdem er sich zweimal schmerzhaften Operationen unterworfen hatte.

Treuer und ausdauernder hat wol niemand seines Lebens Zweck und Ziel verfolgt wie er. Neben der treuesten Erfüllung der Pflichten, welche ihm sein Amt auferlegte, war er der liebevollste, sorgsamste Hausvater. Aus zwei Ehen erwuchsen ihm 20 Kinder, denen er eine sorgfältige Erziehung angedeihen liess. Daneben arbeitete er fortwährend an Verbesserung der Instrumente, stach mehrere seiner Compositionen mit Hülfe seiner Söhne in Zink, und componierte eine so grosse Anzahl von Werken aller Art, dass wol nur noch wenige der jetzt Lebenden das Ende der von der Bachgesellschaft veranstalteten Sammlung seiner Werke erleben dürften, obgleich jene Gesellschaft jährlich einen, oft auch zwei Bände von etwa hundert Bogen veröffentlicht.

Von seinen Schülern erwähnen wir zunächst drei seiner Söhne: Wilhelm Friedemann (1710—1784), Philipp Emanuel (1714—1788), und Joh. Christoph Friedrich (1735—1795). Ausser ihnen haben sich von seinen Schülern Homilius (1714—1785), Organist in Dresden, Joh. Friedrich Agricola (1720—1774), preussischer Hofcomponist und später Capellmeister, Joh. Philipp Kirnberger (1721—1783), berühmter Theoretiker, Christoph Nichelmann (1717—1764), thätiger Componist, namentlich auch von Liedern, Joh. Christian Kittel (1732—1809), Joh. Ludwig Krebs (1713—1780) und Joh. Caspar Vogler (1698—1765), berühmte Orgelvirtuosen, geachtete Namen erworben. — Während Gluck und Händel alle für das dramatische Kunstwerk in der alten Oper vorhandenen Mittel jeder in seiner eignen Weise mit genialer Kraft zusammenfassten, um die Formen der heroischen Oper und des Oratoriums in höchster Vollendung herzustellen, sollte Joh. Seb. Bach die gesammte alte Musikpraxis, wie sie sich seit der Reformation gebildet hatte, abschliessend zusammenfassen in unvergänglichen Kunstwerken, und zugleich die Keime für eine ganz neue Kunst legen.

Wir bezeichneten als das Characteristische der Musikentwickelung der neuen Periode seit der Reformation, dass sie unter dem Einfluss des Volksgeistes erfolgt, und sahen, wie jene beiden Formen: das Volkslied und der aus ihm unmittelbar hervorgehende Choral, einen ganzen Zeitraum hindurch alle übrigen Formen durchdrangen und neugestalteten. Mit dem Beginn der Oper und ihrer eigenthümlichen Ausgestaltung in Italien und Frankreich, vornehmlich aber mit der wachsenden Selbständigkeit des Instrumentalen, treten jene beiden Factoren entschieden, wenn auch nicht ganz, zurück. Es galt jetzt, wie wir sahen, andere Elemente der Musik zu vermitteln um sie ihrer Vollendung entgegenreifen zu lassen.

Joh. Seb. Bach nun knüpft wieder an jenes ursprüngliche volksthümliche Element an. Scheint auch ein directer Einfluss des Volksliedes auf ihn nicht vorhanden zu sein, so ist er doch klar ersichtlich. Wie wäre er ohne den Einfluss des deutschen Liedes der erste und wunderbarste Lyriker geworden. Nicht nur in seiner Umgestaltung zum Choral, sondern in seiner ursprünglichen Gestalt als lebendiger Erguss des Volksempfindens, setzte es sich in seinem Gemüth und seiner Fantasie fest und trieb dort seine herrliche Kunst empor.

Die alten Volksweisen sind in seiner Familie nicht erstorben. Seine Biographen erzählen uns, dass die Bach's ihren Familientag jährlich abhielten und bei dieser Gelegenheit aus dem Stegreif Quodlibets improvisierten, die ausschliesslich aus Volksliedern zusammengesetzt waren. Wie sollte unser Bach, der alle fremden musikalischen Einflüsse so begierig aufnahm, sich den Einflüssen seiner heimathlichen Umgebungen entzogen haben? Und er ist in jenem Theile Deutschlands geboren, in welchem der Liederquell im Volke noch lange nicht versiegt war, und in jenem kleinen Strich Landes, in welchem alter Sang und alte Sitte sich noch am längsten erhalten haben, verlebte er den grössten Theil der für derartige Eindrücke so empfänglichen Jugendzeit. Heute noch aber lebt es in der Tradition fort, dass er, bereits in Amt und Würden, von Weimar und Arnstadt aus häufig Ausflüge nach der Ruhl machte, um sich an den Volksgesängen und Volkstänzen zu ergötzen; durch sie seine Fantasie befruchten zu lassen. Diese Einflüsse zeigen sich zunächst in seinen Suiten. Scheint nachstehende Gavotte nicht direct dem Volksmunde abgelauscht?

Nur selten tritt die alte Volksweise so entschieden heraus, als hier, aber sie ist in diesen Tonstücken nirgend zu verkennen. Sie stellt sich eben unserm Meister nicht mehr in ihrer ursprünglichen Gestalt dar, sondern zu Motiven aufgelöst, aus denen er nach ihrer Anleitung seine reizenden Tonstücke kunstvoll verwebt, und durch alle die künstlichen Verschlingungen klingt immer der bezaubernde Ton des Volksliedes hindurch. Darin liegt eben das Abschliessende seiner Thätigkeit, dass, wo er fremden Einflüssen sich hingiebt, er diese nicht unmittelbar zeugend in sich wirken lässt, dass er also weder das Volkslied ohne weiteres adoptiert, noch jene französische oder italienische Weise, oder die seiner Vorgänger, von denen er lernte, copiert, sondern dass er sie nur als befruchtende Momente seinem Geiste vermittelte, und dort sie umgestaltete und neu formte. Nur so war es möglich, dass er alle die verschiedenen Richtungen, nach welchen sich die neue Kunst entwickelt hatte, wiederum in einem bestimmten Punct concentrierte und so die ganze Entwickelung abschloss. Dazu gehörte allerdings aber auch eine Meisterschaft in Beherrschung der Form, welche keiner der vorangegangenen Meister besass. Während er fort und fort bemüht ist, den Zusammenhang mit dem Volksgemüth zu erhalten, eignet er sich zugleich die contrapunctischen Formen zu nie gekannter Meisterschaft an. Die strengeren Formen des Contrapuncts waren durch die neue Musikpraxis entschieden allmälich verdrängt worden. Wir fanden den Zug nach characteristischem Ausdruck, den nach künstlerischer Gestaltung desselben bei weitem überwiegend. Bach's ganze Anschauung führte ihn wieder auf dieselben zurück, in ihrer ganzen künstlerischen Geschlossenheit und Begrenzung. Seine Individualität, nicht wie sie aus sich selbst sich entwickelt, sondern wie sie sich unter dem Einfluss der höchsten und heiligsten Ideen gestaltet, sollte er austönen, und hierzu waren die contrapunctischen Formen die einzig geeigneten.

Wir finden unsern Meister im französischen und italienischen Styl thätig, er schreibt Concerte im italienischen und Suiten und Ouvertüren im französischen Styl, aber er germanisiert beide, oder was vielleicht noch weit richtiger ist, er giebt beiden eine universelle, eine ewige Bedeutung für die gesammte Entwickelung der Kunst durch seinen Contrapunct. Mit grösserer Vorliebe wendet er sich dem französischen, dem Variationenstyl zu, als dem italienischen, innerhalb dessen, wie wir sahen, namentlich in Scarlatti, zum Theil auch in Corelli, die Wirkung durch den Contrast versucht wurde. Bach hat dies auch als das characteristische beider Stylarten aufgefasst. Allein diese Wirkung durch den Contrast lag seiner eigensten Individualität mehr fern, dagegen entsprach jene andere, die Form der Variation, so recht seinem, nach Vertiefung des einen Grundgedankens ringenden Geist. Nicht nach der Wirkung, sondern der vollständigsten Erschöpfung des einen Gedankens ist sein Hauptstreben gerichtet. In seinen vier Theilen Clavierübung, deren erster Theil 1723 unter dem Titel: „Aufrichtige Anleitung. Wormit denen Liebhabern des Claviers, besonders aber denen Lehrbegierigen, eine deutliche Art gezeiget wird, nicht allein mit 2 Stimmen rein spielen zu lernen, sondern auch bey weitern progressen mit drey obligaten Partien richtig und wol zu verfahren, anbey auch zugleich gute inventiones nicht allein zu bekommen, sondern auch selbige wol durchzuführen, am allermeisten aber eine cantable Art im Spielen zu erlangen, und daneben einen starken Vorschmack von der Composition zu überkommen", der zweite Theil 1735, der dritte Theil 1739, als: „Dritter Theil der Clavierübung, bestehend in verschiedenen Vorspielen über die Catechismus- und andere Gesänge vor die Orgel etc.", und der vierte Theil 1742, als: „Vierter Theil der Clavierübung, bestehend in einer Arie mit verschiedenen Veränderungen vors Clavicymbel mit 2 Manualen", erschienen ist, wie in den sechs Partiten, den Sonaten für eine Violine allein und den für eine Violine und Pianoforte, den Suiten für Orchester wie den Clavierconcerten, ist überall, wo nicht, wie bereits angegeben, das Gegentheil ausdrücklich vermerkt wird, jene französische Weise der Claviervariation und die echt deutsche der Choralfigurierung vorherrschend. Der ganze innere Gehalt eines Gedankens steht dem Meister, wenn er ihn erst erfasst hat, so fest lebendig vor der Seele, dass er ihn nicht eher wieder loszulassen im Stande ist, als bis er ihn vollständig erschöpft in allen seinen weitesten Verzweigungen verfolgt hat. Und das ist es, was ihn namentlich zum grössten Meister des künstlichen Contrapuncts und zugleich zu dem gottbegeisterten Sänger des schriftforschenden Protestantismus macht. Wir erkannten in der Fuge namentlich die höchste Form musikalischer Darstellung, weil sie bei der feinsten, detailliertesten Mannichfaltigkeit doch grösste Einheit des Totaleindrucks gewährt, und Sebastian Bach hat sie in ihrer ganzen Vollendung herausgebildet, und vocal wie instrumental wahrhaft wunderwirkend verwandt.

Hier namentlich zeigt sich jener besprochene Einfluss des Volksliedes. Schon in dem Präludium ist ein solcher nicht zu verkennen, und es ist immerhin characteristisch, dass man neuerdings, wenn auch unkünstlerisch und plump, die Melodien, welche man aus ihnen herauszuhören vermeinte, niederschrieb. Bach's Thematik aber basiert vollständig auf dem Volksliede, so dass man dieses durch die meisten Fugenthemen hindurchklingen hört. Einige Themen des „wohltemporierten Claviers" mögen den Beweis liefern:

Fuga XV.
Fuga XVI.
Fuga XX.
p
Fuga XXIII.
Theil II. — Fuga II.
Fuga VII.
Fuga IX.
Fuga X.

Wir werden einer gleich inhaltreichen Thematik schwerlich noch bei irgend einem andern Meister früherer oder späterer Zeit begegnen. Dem entsprechend gestaltet sich die Durchführung. Bach erst bringt jenen Process, der durch das, im Volksliede sich neu construirende Tonsystem angeregt und namentlich durch die Orgelmeister vollzogen wird, nach welchem sich Führer und Gefährte harmonisch ergänzen, zum vollständigen Abschluss. Führer und Gefährte erscheinen bei ihm immer wie zwei im Reim verbundene Liedzeilen, und die einzelnen Wiederschläge stehen in dem Verhältniss, wie die Stollen der alten Liedform. Namentlich in diese Gruppierung der einzelnen Wiederschläge bringt unser Meister eine so wunderbar dem jedesmaligen Inhalt entsprechende Anordnung, die kein Meister vor ihm kannte.

Dadurch erst wird der Mechanismus der alten Formen zum Organismus belebt. Jetzt erst durchdringt das neue Princip, das sich im Volksliede schaffend erweist, alle Formen und Gebiete der Musikpraxis, und so vollendet sich in Bach die alte Kunst und treibt zugleich als neue schaffend hervor. Das Volkslied führte ihn aus der Schule der alten Niederländer, der Italiener und Franzosen zurück zu sich selbst, und der starre Formalismus wird belebt durch die natürlichen Ergüsse des Gemüths zu einem lebendig pulsierenden Organismus. Bach selbst schrieb keine Lieder, seine Mission war eine höhere, aber das Lied war lebendig schaffend in ihm, und seine Lehre und sein Geist trieben in seinen unmittelbaren Schülern, schon in Agricola und Nichelmann und zum Theil in Phil. Em. Bach auch die neue Form des selbständigen Liedes hervor[1]. Diese Meisterschaft in Beherrschung jener inhaltsvollsten und doch formell geschlossensten Formen nun, macht unsern Seb. Bach zum Vollender des Dramatischen, wiederum in einem andern Sinne, als bei Händel und Gluck.

Wir fanden die protestantische Kirchenmusik namentlich durch den einen Zug des Protestantismus bedingt, nach welchem das Bibelwort ausschliesslich Bedeutung gewinnt. Der Protestantismus erzeugte nach dieser Seite eine grosse Anzahl von Motetten, in welchen eine grosse, jener Zeit eigene Innigkeit der Empfindung lebt; aber die einseitige, practisch-protestantische Betonung des Worts hindert die echt musikalische Ausbreitung. Das nun war Seb. Bach's erste Aufgabe, welche er löste. Die Darstellung des schriftforschenden Protestantismus war ja die rechte Aufgabe für seinen nach innen gerichteten Geist. Das Wort ist ihm nur so weit von Bedeutung, als es Träger einer höhern Idee ist. In unablässigem Ringen des Geistes vertieft er sich in die unergründliche Weisheit des, im Protestantismus wieder gewonnenen göttlichen Wortes, und gehalten und getragen von jenem, aus seiner Jugend überkommenen Zauber der Volkspoesie, eignet er es sich an in allen seinen reichen Beziehungen, dass er es dann als seine eigenste Innerlichkeit bis in die kleinsten Einzelheiten erledigt, zur Erscheinung bringt. Die Innigkeit und Klarheit protestantischer Weltanschauung ist in ihm in letzter Consequenz erschöpft; sie ist zu jener vollständigen Versöhnung von Gott und Welt geworden, dass ihm die ganze Welt nur im Lichte göttlicher

1. Vergl.: „Das deutsche Lied", pag. 83.

Verklärung erscheint, und dass ihm das Göttliche so nahe getreten ist, dass das Individuum sich eins fühlt mit ihm, dass es in ihm lebt und wirkt. Und hier nun ist es, wo ihn seine Meisterschaft in allen Arten des Contrapuncts die höchsten Aufgaben der Tonkunst lösen lässt. Hier schon beweist er, dass er sich dem polyphonen Styl mit solcher Vorliebe zuwendet, nicht, um zünftig zu erscheinen, oder im Sinne seiner Zeit aus Gefallen an selbst auferlegten Schwierigkeiten, sondern weil der polyphone Styl nur jener höchsten Ideen würdig ist. In der Massenhaftigkeit der Homophonie tritt das rein sinnliche Element des Materials viel zu sehr in den Vordergrund. Erst wenn die einzelnen Stimmen sich loslösen zu schöngeformten Gliedern, ist eine vollständige Durchdringung von Form und Inhalt, eine Verwirklichung des Kunstideals möglich, und dies tritt bei Bach so bestimmt heraus, wie bei keinem andern Meister. Da, wo ihm die Homophonie angemessener erscheint, vertheilt er die Massen in zwei Chöre, wie z. B. in der Motette: „Fürchte dich nicht, ich bin bei dir", und in den Chören der Matthäuspassion, um durch den Wechsel derselben eine gewisse Polyphonie herzustellen, die Massen in Fluss zu bringen.

Bach's Lyrik, wie sie sich in diesen Motetten noch ausspricht, ist eine so bedeutende, dass sie sich personificieren, dass sie sich objectiv ausbreiten muss. Das Kirchenlied erlangt im Protestantismus fast dieselbe Bedeutung, wie das Bibelwort, und Bach behandelt es in derselben Weise, wie dieses, zunächst motettenhaft, wie: „Jesu, meine Freude". Hiermit nähert er sich schon der Cantatenform, obgleich es noch zu keiner Personificierung der Lyrik kommt, wechseln doch schon mehrstimmige Solosätze mit Chören ab.

Eine wunderbar grosse Thätigkeit entwickelte unser Meister auf dem Gebiete der Cantate.

Diese war allerdings eines Theils durch seine Stellung bedingt, denn die allsonntäglichen Musikaufführungen in der Kirche bildeten den Hauptheil seiner Functionen als Thomascantor und Musikdirector an der Nicolaikirche in Leipzig. Vor allem aber musste ihn diese Form am meisten anziehen, weil sie dem eigenthümlichen Zuge seines Geistes den weitesten Spielraum eröffnete.

Wir erfahren, dass Bach fortwährend bemüht ist, den Spielreichthum des Claviers, das seiner Zeit schon die Musikentwickelung zu beherrschen beginnt, zu erweitern. Wir wissen, dass er namentlich die Einführung der bundfreien Instrumente, also derjenigen beförderte, bei denen jeder Ton seine eigene Saite hatte und zugleich die gleichschwebende Temperatur durch sein *Clavecin bien tempéré* allgemeiner machte, und wissen zugleich, dass er namentlich für jene Applicatur, die sich auf den Daumen stützt, erfolgreich thätig wirkte, und damit die Spielfülle und den Spielreichthum dieses Instruments ausserordentlich erhöhte. Diese Umgestaltungen waren eine nothwendige Consequenz seiner Empfindungs- und Compositionsweise. Wie hätte ihm nun das beschränkte Vocale genügen können, seine wunderbar tiefsinnigen Interpretationen des göttlichen Wortes darin niederzulegen. Erst das Vocale mit Orchester ist im Stande, die ganze Welt des Geistes in höchster Fülle und Bestimmtheit auszusprechen. In tausend Stimmen und Zungen drängt es ihn, die Wunder des göttlichen Worts zu offenbaren, und Stimmen und Zungen bietet ihm nur Vocales und Instrumentales vereinigt. Diese Vereinigung ist bei ihm eine so innige, wie bei keinem andern Meister. Das Instrumentale unterstützt nicht etwa nur die Singstimmen durch sein eigenthümlicheres Colorit oder durch seine weitere Harmonik. Selbst die Orgel wird häufiger fast noch in eigenthümlicher Führung angewendet, als nur harmoniefüllend. Seine Instrumente aber nehmen durchschnittlich Antheil an der, in ununterbrochenem Fluss erfolgenden Darstellung und vollständiger Erschöpfung des ideellen Inhalts. Bach's Orchesterstyl ist nicht minder polyphon, als sein Vocalstyl, und Vocal- und Orchesterstimmen lösen sich gegenseitig ab und ergänzen sich gegenseitig in einem, ein wunderbares Leben entfaltenden, künstlich in einander geflochtenen Gewebe, auf dessen, aus den feinsten Fäden gewobenen Untergrunde die Worte der heiligen Schrift und der Kirche uns in lesbaren Lettern entgegentreten.

Die Bedeutsamkeit und Grösse dieser Lyrik treibt unsern Meister natürlich über das Gebiet der Cantate hinaus, zur wirklich dramatischen Form.

Auch die Messe (deren er sechs schrieb), ist eine solche noch nicht. Die kirchliche Ceremonie ist Darstellung einer als wirklich gedachten, sich fort und fort während derselben auf's neue erfüllenden That der Verwandlung des Brodes in den Leib und des Weins in das Blut Jesu Christi. Der Kern dieser Ceremonie ist nun allerdings kein Symbol mehr; allein sie vollzieht sich nicht mehr innerhalb, sondern ausserhalb der Gemeinde, und diese hat dabei keinen andern Antheil, als den: andächtigen, aber stummen Zuhörens, und nur, nachdem die eigentliche Feier vorüber ist, wird sie in der Communion ihrer theilhaftig. Die, die ganze Handlung begleitende Musik ist nur lyrisch zu fassen, und so behandelte sie Seb. Bach. Wir werden später namentlich zwei Meistern begegnen, welche sie zu dramatisieren suchten, und einer ganzen Reihe kleinerer, welche dem pomphaften Zuge der Handlung folgten und die Musik decorativ behandelten. Wirklich dramatisch gestalten sich erst die Passionen und das Weihnachtsoratorium unsers Meisters, und hier begegnen wir ihm in Bearbeitung desselben Stoffes, den auch Händel in einem Oratorium bearbeitete. Das ganze weltgeschichtliche Ereigniss, das uns Bach in seinem Weihnachtsoratorium, in den Passionen und den Cantaten darlegt, fasst Händel in ein Oratorium im „Messias" zusammen, und hieraus schon erkennen wir die Eigenthümlichkeit beider Meister im hellsten Licht. Diese äussere Anordnung ist wieder ein Beweis der, den Gegenstand bis in die kleinsten Details verfolgenden sinnigen speculativen Thätigkeit Bach's, gegenüber der mehr im Grossen gestaltenden Händel's. Sein „Messias" zerfällt zwar auch in drei Theile, aber diese sind innerlich und äusserlich verbunden. Der erste Theil behandelt die Verheissung und die Geburt des Erlösers, seine Erscheinung und seinen wunderthätigen Wandel. Im zweiten Theil sehen wir ihn leiden, sterben und auferstehen, und erfahren, dass mit seiner Auferstehung und der Ausgiessung des heiligen Geistes die Ausbreitung des Evangeliums gesichert ist. Im dritten endlich zeigt sich uns die neue Welt in ihrer Herrlichkeit, die uns durch den Herrn und Heiland erworben wurde. Händel's „Messias" findet im Welthistorischen der Erscheinung Jesu seinen Schwerpunct, bei Bach erscheint die ganze Heilsgeschichte reflectiert im Gemüth. Im treuen Anschluss an das Evangelium wird die heilige Geschichte von dem Erzähler verkündet und in einzelnen Zügen wirklich dramatisch dargestellt, und dazwischen hindurch klingen immer die Gefühlsergüsse der Gemeine, und diese letztere betheiligt sich an der Handlung so lebendig, das persönliche Empfinden des Zuhörers wird so stark angeregt, dass es zuweilen in das Dramatische eingreifen möchte. Der Tenor ermahnt im Weihnachtsoratorium die Hirten, denen die Geburt des Heilands verkündigt wurde, zur Eile, und der Alt (Zion) singt dem Jesusknaben ein reizendes Wiegenlied, und in dieser Weise wird bis zum Besuche der Weisen des Morgenlandes an der Hand des Evangelisten die Geschichte der Geburt Christi dargestellt, und die geringsten Umstände erwecken in Bach eine unendliche Fülle der innigsten Gemüthsergüsse; ähnlich sind die Passionen gehalten, deren Bach wahrscheinlich nur zwei geschrieben hat. Bach schaut seine Stoffe in dem engen Rahmen einer reichen und geläuterten Subjectivität an — kein Zug entgeht ihm — Händel mehr in den weiten und grossen Maassen einer energischen Objectivität. In Bach lebt die Innigkeit, in Händel das lebendige Pathos des Gemüths, und so lösen sie auch musikalisch verschieden ihre ganz gleichen Aufgaben. Die Grundverschiedenheit beider geht bis in die einzelnen Motive. Auch Händel strebt nach einer belebten polyphonen Gestaltung, aber nie weiter, als der glänzende, mächtige Gesammteindruck nicht gestört wird, ohne jene Consequenz, die wir bei Bach finden. Dieser schreibt vorwiegend polyphon, weil ihm diese Schreibart den meisten Raum gewährt, den ideellen Gehalt seiner Themen zu erschöpfen, Händel dagegen, weil sie ihm neben dramatischer Lebendigkeit macht- und glanzvolle Wirkung erzielen halfen. Daher die Verschiedenheit ihrer Themen. Beide schreiben in Arien, wie in ihren Chören gern in ton- und klangreichen Figuren, ganz im Sinne ihrer Zeit; Bach mehr in den weichen, ruhigen und sinnigen — in den melodischen, Händel mehr in den harmonischen, den hellen, weitausschallenden Intervallen, jener nimmt die Tonleiter und nicht selten die chromatische, dieser mehr den Accord, und zwar vorherrschend den Dreiklang zur Grundlage seiner Melismatik, und indem Händel in Anlage und Ausführung seiner gewaltigen Tonbilder fast ausschliesslich den einfachsten harmonischen Apparat verwendet, während Bach auch nach dieser Seite mit fast verschwenderischem Aufwande arbeitet, gelangt jener zu der Technik, die es ihm möglich macht, die heilige Geschichte in objectiv angeschauten, mächtig ergreifenden Tonbildern zur Darstellung zu bringen, während die Bach'sche Schreibweise gerade nach dieser Seite betrachtet seine Grösse in der Darstellung der Wirkung jener grossen Ereignisse auf das Gemüth bedingt. Denn der Grad der Fülle des Harmonischen entspricht ganz genau dem

Grade der allgemeinen Verständlichkeit und Fassbarkeit. In je engerem Anschluss an die allgemein gültigen Gesetze der Wahlverwandtschaft der Tonarten das Kunstwerk sich ausbreitet, zu um so entschiedener Verständlichkeit gelangt es, je weiter es sich von diesem entfernt, ein um so mehr subjectives Gepräge nimmt es an und um so mehr entzieht es sich dem allgemeinen Verständniss. Die Bach'sche Harmonik ist eine so reiche, dass die gesammte Fülle seiner Innerlichkeit in ihr zur Erscheinung kommt. Die Händel'schen Themen sprechen ihren Inhalt in rückhaltsloser Bestimmtheit aus und führen mit zwingender Nothwendigkeit und einer von keinem andern ausser ihm erreichten Allgewalt in Situation und Stimmung hinein, weil sie sich meist auf die einfachste harmonische Grundlage beschränken. Bach's Innerlichkeit zeigt immer jene keusche Scheu vor einer so vollständigen Darlegung, und wo ihm solche Aufgaben werden, die mehr in Händel'scher Schreibweise zu lösen waren, wie, um nur einige Beispiele anzuführen, der erste Chor: „Jauchzet, frohlocket", oder der Chor: „Herrscher des Himmels", und die Bassarie aus dem Weihnachtsoratorium — da weiss er durch eine ganz besonders feingewählte Harmonik oder durch ein eigenthümlich geführtes Orchester jenen Schleier über das Ganze zu breiten, der seine Innerlichkeit in einem wunderbar mystischen Helldunkel zeigt. Jener erste Chor des Weihnachtsoratoriums beginnt in ganz Händel'scher Weise, mit den hellen eindringlichen Accorden der Ddur-Tonart, aber schon „Lasset das Zagen" löst sich in ein echt Bach'sches Stimmgewebe auf, und das Orchester figuriert in einer Weise, die den Chor viel mehr nach innen, als nach aussen bewegt erscheinen lässt.

Das Motiv des Mittelsatzes: „Dienet dem Höchsten", trägt wiederum mehr Händel'sches Gepräge, aber die Orchesterbegleitung stimmt es zu einem durchaus Bach'schen. Ganz ähnlich verhält es sich mit dem Anfangschor des dritten Theils. Das Orchester lässt das mehr im Geiste Händel's erfundene Vocale, als im Geiste Bach's ausgeführt erscheinen. Noch bedeutsamer als Beleg für diese keusche Verhüllung seiner Innerlichkeit ist das Sanctus der Hmoll-Messe. Hier will er auch Glanz und Pracht entfalten, aber wie innerlich bewegt thut er es.

Die Bach'schen Themen endlich haben eine reichere harmonische Grundlage, als die Händel's. Themen so wunderbar reich harmonisiert, wie beispielsweise die nachstehenden der Hmoll-Messe:

treffen wir bei Händel nicht, denn auch jenes: „Durch seine Wunden sind wir geheilt", kommt ihnen nicht gleich.

Die tonreichen Themen beider Meister unterscheiden sich in ziemlich derselben Weise. Händel führt sie mit schlagfertiger Sicherheit direct auf einen Punct los, so dass dieser im Ausgangspunct schon ganz bestimmt festgestellt ist:

Bach wendet seine Themen dagegen in reicher Mannigfaltigkeit bald vor- bald rückwärts, je nach den Strömungen seines bewegten Innern.

So wird Händel der Sänger der Wunderthaten des Reiches Gottes und Bach der Verkündiger ihrer Wunderwirkung im Gemüth, und hierin liegt zugleich der Grund ihrer verschiedenen Stellung innerhalb der Kunst. Jener wird populär in der edelsten Bedeutung des Worts, dieser dagegen wird bedeutsamer für die Kunstentwickelung.

In Bach vollendet sich die Kunst als christliche und tritt zugleich als weltliche, als selbständige Instrumentalmusik in bisher nicht gekannter Bedeutung hervor. Die ganze bisherige Entwickelung derselben war eine vorwiegend formelle, und wo sie nach einem bestimmten fassbaren Inhalt ringt, da ist sie auf jene Tonmalerei angewiesen, die im Programm den Inhalt feststellen muss, den sie selbst nicht hat. Bach schlägt den einzig richtigen Weg ein, auf welchem die Instrumentalmusik bestimmten Inhalt gewinnt, den formeller Festigung. Er eignet sich alle instrumentalen Mittel seiner Zeit an, erweitert sie und fasst sie nicht nur in jenen contrapunctischen und den Tanzformen, sondern in den freiern Formen der Variation, des Præludiums und der Fantasie zu durchaus gefestigten Gebilden zusammen. In jenen Clavier- und Orgelfugen lebt eine so gewaltige Tiefe des Inhalts, weil ihre Themen unmittelbar aus seinem überreichen Innern herausgequollen sind, und weil er diesen dann mit seiner unübertroffenen musikalischen Dialectik bis in seine kleinsten Verschlingungen verfolgt. In seinen Suiten aber lebt die Ruhl mit ihrem ganzen Zauber und dem sonnigen Licht, in welchem sie einst dem Jüngling und dem Mann erschienen sein musste. Jener italienischen Instrumentalkunst steht er, wie wir bereits sahen, ziemlich fern; Gegensätzliches barg sein zu wunderbarer göttlicher Ruhe geläutertes Innere nicht. Daher bildet er auch die Sonate und die Ouvertüre nicht in der, durch Scarlatti bestimmter vorgezeichneten Richtung, sondern in der Richtung Kuhnau's und der Franzosen weiter. In jenen Sonaten für eine Violine allein, oder in denen für Piano und Violine, oder in den Orgelsonaten ist eben die dialectische Entwickelung des einen Gedankens vorherrschend. Der Character der einzelnen Sätze ist in irgend einem Motive bestimmt zusammengefasst, und aus diesem spinnt er dann den einzelnen Satz, oft streng fugiert, oft in freier Imitation. Die Adagios dagegen sind nicht selten durchaus frei empfunden, und deuten in ihrer breiten, hymnischen Fassung schon auf das Adagio Mozart's, selbst Beethoven's hin. Wir erinnern beispielsweise an das wundervolle Adagio der Cmoll-Sonate für Piano und Violine, an die langsamen Sätze der Violinsonaten; das Largo der Cmoll-Sonate für Orgel u. s. w. In den Concerten, deren Bach eine ziemliche Menge schrieb, tritt jener französische Einfluss mehr hervor. Daneben waren die Variationen und die Fantasieformen, deren er sich mit Liebe zuwandte. Auch Händel cultivierte die Form der Variation, aber wie nur mehr äusserlich, beweist die oberflächlichste Vergleichung beider: Die 62 Variationen Händel's über die Chaconne, ebenso wie die in Edur über eine Arie und die seiner Suiten, haben nur technische Bedeutung: Sie sind eben nur harmonische oder melodische Figuration des Themas, ohne irgendwelche Erweiterung oder Neugestaltung des Inhalts. Es wird genügen, von einigen der 62 Variationen die Anfänge herzusetzen:

In dieser Weise geht es fort und die letzten sind kaum weiter vom Thema entfernt, als die ersten:

Brillanter sind die in Edur, aber nicht inhaltreicher. Wir vergessen nicht, dass sie technischen Zwecken dienten, allein dasselbe gilt von den Variationen Bach's. Das Thema schon bringt einen unendlich reicher und feiner dargelegten Inhalt, als jenes Händel'sche. Der harmonische Theil ist so einfach wie bei Händel, aber der melodische ist schon so reich figuriert und „allamodisch" verschnörkelt, dass man nicht begreift, wie das noch zu variiren sei, und in Händel'scher Weise würde es offenbar unmöglich sein. Aber das ist eben die ungeheuere Meisterschaft Bach's in Beherrschung des Materials, dass ihm überall neue Gebilde erstehen, wo ein gewöhnliches Auge nichts mehr findet: Auch hier müssen die Anfangstacte einiger Variationen genügen, ein Bild von Bach's Weise der Variation zu vermitteln:

Die erste Variation erwächst ihm, indem er das harmonische Material in zweistimmiger Figuration festhält, und zwar viel stetiger entwickelt, als in der Arie, und die Melodie in der Oberstimme durchklingen lässt. Die zweite Variation figuriert das harmonische und melodische Material, aber in den gewichtigen Accenten des Zweivierteltacts, in der dritten als Canon im Einklang im $^{12}/_{8}$, in der vierten im $^{3}/_{8}$ Tact, vierstimmig in der Gegengenbewegung imittierend, in der fünften wieder in reicherem Figurenwerk, in der sechsten als Canon in der Secunde, und so breitet er den gesammten Inhalt immer freier figurierend und in den canonischen Formen von jenem Canon *all unisono* bis zum Canon *alla Nona* zu einem wunderbaren Ideenreichthum aus, und in der letzten gewinnt er noch aus dem Thema die Melodien zu einem reizenden Quodlibet.

Wie verschieden gestaltet sich die Figuration Händel's. Die Händel'sche beschränkt sich meist auf Arpeggien, während Bach vorherrschend durch Wechsel-, Durchgangs- und Hilfsnoten figuriert. Dadurch wird die Bach'sche Figuration feiner, reicher, inniger, aber der Glanz und die äussere schlagfertige Wirkung geht ihr in demselben Maasse verloren, als sie sich in dieser Weise von der accordischen Grundlage entfernt.

Viel wunderbarer noch erweist sich Bach's geniale Kraft in den Orgelstücken. Wie in den Clavierwerken das Volkslied, so bildet in den Werken für die Orgel der Choral meist die Grundlage, eine Erscheinung, die in der ganzen bereits dargelegten Entwickelung bedingt ist.

Wir konnten bereits aussprechen, dass die Orgel dasjenige Instrument ist, welches dem aus protestantischem Geiste herauftreibenden Musikempfinden am meisten entsprach, und dem weihevollen, wunderbar erhobenen und verklärten Gemüth Bach's, in welchem sich jenes gipfelte, musste es daher auch ganz besonders zusagen. Wie wunderbar auch immerhin die Choralbearbeitung für die Singstimmen sein möge, von jenen nur einfach, wenn auch mit gewaltigen Harmonien versehenen, in den Passionen bis zu jenen weit und reich ausgeführten Choralfigurationen, wie der Schlusschor des ersten Theils der Matthäuspassion, sie werden durch Fülle der Harmonik, durch Reichthum an Figuren und kunstvoller Verwebung der selbständigen Stimmen überboten durch die meisten der Orgelfigurationen. Es ist, als ob an dem Rieseninstrument der Riesengeist des Meisters noch höher emporwüchse, so mächtig und gewaltig sind die Figuren, welche ihm aus dem Choral erwachsen, und in so grossartigen Tongebilden verarbeitet er sie unter der Herrschaft des Kirchenliedes. Alle die strengen Formen des doppelten Contrapuncts kommen hier zu noch grossartigerer Entwickelung selbst als in seiner, doch zu diesem Zweck geschriebenen „Kunst der Fuge", in welchem Werk er an sechs Fugen alle möglichen Veränderungen eines Thema's darlegt. Die ganze gleiche Gewalt des Orgeltons beherrscht ihn bei Erfindung und Verarbeitung seiner Orgelfugen.

Sie brausen gewaltig daher, wie das Wort des Herrn aus dem Munde eines seiner alten Propheten. In seinen Claviersachen und in seinen Vocalsätzen überwiegt oft noch seine Lyrik; selbst da, wo sie personificiert ist, da tönen auch seine Schmerzen und seine Freuden mit hinein in seine Arien und Chöre, wie in seine Präludien und Fugen. An der Orgel hat er dies alles gefangen gegeben unter der Herrschaft dessen, dessen Dienst dies Instrument allein geweiht ist. Hier versenkt er sich daher gern in das verhülltere System der alten Kirchentonarten, das seiner Zeit schon ziemlich verloren gegangen war, und selbst in den freiern Toccaten und Fantasien waltet ein heiliger, mächtig fesselnder und ergreifender Ernst. Daher sollte er auch diese Formen vollständig abschliessend zur höchsten Vollendung bringen. Wir werden sehen, wie bald nach seinem Tode eine ganz neue Musik sich erzeugt, wie aus allen Gebieten der Vocalmusik und Instrumentalmusik neue Formen entstehen, nur auf dem Gebiete der Orgelcomposition nicht. Wol haben seine Schüler und bis auf den heutigen Tag eine Reihe achtbarer Meister für die Orgel geschrieben, aber keiner vermochte ein Werk zu liefern, das auch nur entfernt an Sebastian Bach heranragte.

So steht dieser wunderbarste aller Tonmeister inmitten zweier Zeiten. Alles, was in der neuen Musikpraxis seit der Reformation durch Jahrhunderte hindurch neu heraufgetrieben ist, erlangt in ihm höchste Blüte, und zugleich legte er die Keime zu einer neuen, die in ihm schon die ersten Sprösslinge und in seinen nächsten Nachfolgern schon die ersten Blüten treiben.

Wir sahen die Tonkunst früh seit der Reformation sich nach zwei Richtungen entwickeln. Die eine verfolgte das neue Element der erhöhtern sinnlichen Klangwirkung mit einem Eifer, der sie bald die eigentliche Kunstgestaltung übersehen und ganz vergessen liess. Die andere schloss sich dem neuen Element immer feindlicher ab und suchte in einer gewissen zunftmässigen Behandlung der überkommenen Kunstformen ihre Aufgabe. Beide Richtungen vereinigt Bach. Wir sehen ihn von früher Jugend auf bemüht, alle Elemente des Musikempfindens und Musiktreibens seiner Zeit in sich aufzunehmen, und zugleich die unbeschränkte Herrschaft über die künstlerische Gestaltung zu gewinnen. Seine Fantasie wurde früh mit dem nimmer veralternden Zauber der Volkspoesie gesättigt, und so zu einer Quelle jener wunderbaren Melodien gemacht, die seinen Werken eine Jahrhunderte überdauernde Jugendfrische verliehen und durch welche er die strengen contrapunctischen Formen aus ihrer scholastischen Erstarrung erlöste. Durch die lebendigen Ergüsse des bewegten Gemüths belebt er den starren Formalismus zu einem lebensfähig pulsierenden Organismus. Und indem er sich zugleich jene sinnliche, reizvollere, die „galante" Schreibart der Italiener und Franzosen aneignet, und sie mit seinem gewaltigen Contrapunct durchdringt und in die höhere Sphäre der Kunstgestaltung erhebt, wird erst mit ihm das Recht der Innerlichkeit, unter dessen Herrschaft die moderne Kunst emportreibt, gewährleistet. Aber die Individualität Bach's ist noch gross gezogen, geläutert und erweitert durch die Macht der höchsten Ideen, deren Dienst er sich geweiht; in seinen unmittelbaren Schülern schon gewinnt der Liebe Lust und Leid Form und Klang, Gestalt und Leben auch in der Instrumentalmusik, und dass Haydn's und Mozart's Individualität nur eine andere Seite der Bach'schen ist, das beweist die formelle Rückkehr zu ihm in der nothwendigen Consequenz jener beiden in Beethoven. Bach ist tief durchdrungen von der sittlichen Würde und Bedeutung, welche die christliche Weltanschauung dem Subject verleiht, und indem dies zur Herrschaft gelangt, schwindet die Objectivität und Naivität der alten Kunst, aber seine endliche Persönlichkeit, das Leben mit seinen mannichfachen Einflüssen — Wechsel der Jahreszeiten, klimatische oder geographische Besonderheiten, Nationaltypus, Naturell, Character und Temperament haben noch wenig Antheil an seinem Wirken, sie sind gebunden durch die Innigkeit und Tiefe seiner religiösen Ueberzeugung. Um so einflussreicher wurden diese Mächte in seinen Schülern, und es war geradezu nothwendig, dass sie eine Zeitlang die einzigen Factoren künstlerischer Erregung wurden, denn es ist entschieden Nothwendigkeit für die Kunst, das Leben auch in der unmittelbaren Wirkung auf Gemüth und Fantasie zu erfassen, und das ist's, was im volksthümlichen Element Bach's angeregt ist, und was die Zeit nach Bach schon so allgemein bewegt, dass sein liebstes Kind und bester Schüler, dass Friedemann Bach daran zu Grunde geht. Die Musik tritt in die intimsten Beziehungen zum Leben; es wird ihr natürlich immer schwerer, sich auf künstlerischer Höhe zu erhalten, und wir werden jetzt Zeiten durchwandern, welchen die Erkenntniss, dass die

Kunst nur sich selbst zum Zweck hat, und dass sie nur, indem sie sich selbständig künstlerisch gestaltet, dem Zwecke und dem Bedürfniss des Lebens in würdiger Weise dient, verloren gegangen ist. Das Kunstwerk, das nur nach den Bedürfnissen der Zeit construiert ist, verliert seine höhere Bedeutung und die Kunst sinkt herab zum niedern Handwerk.

Zweites Kapitel.

Die Musik tritt in nächste Beziehung zum Leben und dies gewinnt entscheidenden Einfluss auf ihre Weitergestaltung.

Auch diese neue Phase der Kunstentwickelung wird durch das Volkslied, wenn auch nur indirect bestimmt; denn das Volkslied in dem bisher von uns angenommenen Sinne, ist bereits im Volke untergegangen. Unter der Herrschaft des Kunstliedes und mit der wachsenden Ausbreitung der Kunstmusik musste das eigentliche Volkslied nothwendiger Weise absterben. Nicht die unglücklichen Verhältnisse des deutschen Reichs im siebzehnten und achtzehnten Jahrhundert wären allein im Stande gewesen den Schaffensdrang im Volke zu ertödten — sehen wir diesen doch in ununterbrochener Thätigkeit in jener Zeit, in welcher er von den Geistlichen mit Bann und harten Kirchenstrafen und vom Kaiser mit Pön an Leib und Leben bedroht war. Das Volk erfand seine Lieder nur so lange, als ihm der Kunstgesang noch fremd gegenüberstand. Nachdem dieser sich nach Anleitung des Volksgesanges aus Elementen desselben verjüngt, und in dieser neuen Gestalt rege Theilnahme und Selbstbethätigung im Volk fand, musste das Volkslied nothwendig abblühen.

Der Schaffenstrieb fand im Volke in der unbezwinglichen Lust am Gesange so lange fortwährend erneute Anregung selbst zu dichten und Sangweisen zu erfinden, als der Kunstgesang das Bedürfniss des Volkes unberücksichtigt liess. Nachdem aber die Künstler sich eifrig dem Volksliede zuwenden und in fortwährend erneuerter Arbeit diesem die ihm ursprünglich fremden künstlerischen Elemente zu vermitteln suchen, um so das Kunstlied zu finden, das auch dem Bedürfniss des Volkes entspricht, hatte das Volk nicht mehr nöthig, selbst für Befriedigung seiner Sangeslust zu sorgen. Es griff nur auf, was ihm fertig dargeboten wurde, und eignete es sich um so begieriger an, je mehr eignen Empfindens es ihm entgegenbrachte. Schon das Musiktreiben des sechzehnten Jahrhunderts erwies sich diesem Bedürfniss ausserordentlich günstig.

Die öffentlichen Musikaufführungen in Kirche und Theater mehrten sich von Jahrzehnt zu Jahrzehnt nicht minder, als die Privatkränzchen und Convivien, in welchen gleichfalls Kunstmusik getrieben wurde. Opern- und Instrumentalmelodien gewannen in allen möglichen Arrangements einen immer wachsendern Einfluss auf die Hausmusik, und als den Dichtern und Componisten gelang, das Liederspiel für eine Zeit wenigstens einzubürgern, und die dramatische Musik in den glatten und knappen Formen des Liedes ein mehr volksmässiges Gepräge gewann, da holte sich das Volk am liebsten seine Lieder von der öffentlichen Schaubühne und machte geradezu die Anforderung, dass Dichter und Componisten bei ihren dramatischen Erzeugnissen möglichst treu für Befriedigung seiner Sangeslust sorgten.

Nachhaltiger als alle genannten Umstände, wirkten indess der Gesangunterricht in den Volksschulen auf die Umgestaltung des Volksgesanges. Namentlich als die Schulen sich mehr und mehr von der Herrschaft der Geistlichkeit emancipierten, zur Zeit der Städteerhebung, wurde neben der Solmisation und dem Figuralgesang auch der weltliche Gesang geübt. Dass er in den Cantoreien schon Eingang gefunden hatte, beweisen die handschriftlichen Nachträge in den Stimmbüchern der Figuralgesänge und wol auch die grosse Verbreitung der mehrstimmigen weltlichen Gesänge. Dass er aber auch in die Schulen Eingang fand, ersehen wir aus den seit dem Beginn des siebzehnten Jahrhunderts zahlreich erscheinenden „Anweisungen zur Singkunst für Schulen, der lieben Jugend zum Besten", oder „vor diejenigen Knaben, so noch jung und zu keinem Latein gewohnet, verfertigt." Eigentliche Schul- und Jugendlieder mögen wol erst kurz vor dem Beginn des volksthümlichen Liedes entstanden sein. Dieser Unterricht nun beschleunigte das Absterben des alten Volksliedes namentlich. Der Jugend schon geht die naive Lust am Schaffen verloren, welche das Volk einst hatte. Sie wuchs unter und mit dem Kunstgesange auf, und so mussten sich nach und nach alle

Beziehungen zum ursprünglichen Volksgesange lösen. Alle Lieder, welche jetzt noch im Volke entstehen, sind, auch wenn sie nicht von Künstlern oder dem musikalisch gebildeteren Dilettantismus ausgehen, ein Product der Musikentwickelung. Schule und Leben haben dem Einzelnen aus dem Volke, in welchem sich der alte Schaffensdrang noch regt, den, wenn auch dürftigsten, doch ausreichenden Apparat für musikalische Darstellung zugeführt; er sucht und findet daher keinen andern. Das Volkslied muss auch diesen erst erfinden, und die Naivetät, die Ursprünglichkeit und Macht der Empfindung, und der Reichthum des Volksgemüths lassen ihn zu einer so üppigen Fülle der mannichfachsten Gestaltung anwachsen, wie ihn das jetzt im Volke noch entstehende volksthümliche Lied nimmer haben konnte, und wie er noch mannichfaltiger und reicher nur unter der Hand des Künstlers anwuchs. Denn auch er geht zunächst von jenem einfachsten harmonischen Gestaltungsprocess der Wechselwirkung von Tonika und Dominant, und der entsprechenden Bewegung nach der Unterdominant aus, aber er bleibt hierbei nicht stehen. Löst er sich ganz los, so verliert er den Zusammenhang mit dem Volksgemüth und wird unverständlich und im glücklichsten Falle zur Carricatur. Er muss an ihm festhalten, und nur in der besonderen Weise, in welcher er ihn rhythmisch und harmonisch darstellt, in der Besonderheit der Wege, welche er einschlägt, um zu jenen Angelpuncten der gesammten Construction zu gelangen, beruht die Besonderheit seines Wirkens. Erweist er hier sich eigenthümlich, so bringt er einen bisher unausgesprochenen Theil des Volksgemüths zur Darstellung, und wird dadurch volksthümlich in der höchsten Bedeutung des Worts[1]. Hiernach scheiden sich nun die Meister dieser ganzen Periode in einzelne Gruppen von grösserer oder geringerer Bedeutung für die Kunstentwickelung. Wir begegnen zunächst einer Reihe von Tonkünstlern, die dem Volke nur jene eigenthümlichen Phrasen ablauschen, welche nur die Allgemeinheit des Volksgemüths zum Inhalt haben, und diese mit mehr oder weniger Geschick verarbeiten, neben jenen bedeutenden Meistern, welche in fassbar volksthümlicher Form einen besondern Inhalt darlegen. Jene erste Reihe beschäftigt uns selbstverständlich zuerst.

1. Ausführlicher in: „Das deutsche Lied in seiner historischen Entwickelung", von A. Reissmann, pag. 87 ff.

Es liegt im Wesen der Form, dass jener volksthümliche Zug sich namentlich zuerst in der Oper geltend machte. Diese hatte die geringe dramatische Bedeutung, welche sie bisher gewonnen, längst wieder eingebüsst, und erst Gluck und später Mozart sollten sie nach dieser Seite vollenden. Wie die Vornehmen und Gebildeten der Nation von der Oper nur angenehme Unterhaltung und sinnliche Anregung, so verlangte das Volk jetzt von ihr Nahrung für seine Liederlust, und so entstand, wol auch äusserlich angeregt durch die Erfolge der *Opera comique* und des *Vaudeville* der Franzosen und die *Opera buffa* der Italiener, die deutsche Operette, die sich nur aus volksthümlichen Elementen zusammensetzte. Sie unterscheidet sich wesentlich von jenen Volksspielen und den zum Theil daraus hervorgegangenen, zum Theil als Nachahmung der italienischen und französischen Schäferspiele zu betrachtenden dramatischen Versuchen, welche wir früher besprachen. Diese konnten wir nur als Anfänge einer bestimmten Gattung oder doch als einer bestimmten Richtung derselben betrachten. Hier haben wir es mit einer durchaus selbständigen Form zu thun, innerhalb der Entwickelung der dramatischen Musik, die, wenn auch eine durchaus untergeordnete, doch immerhin eine bestimmte Stellung innerhalb der Kunstgeschichte einnimmt.

Johann Adam Hiller ist als der eigentliche Begründer dieser Form zu betrachten. Sein Bildungs- und Lebensgang führte ihn früh auf jene bereits characterisierte und im Volke schon ausserordentlich lebendige volksthümliche Weise der Liedcomposition, und machte sie zur Grundlage seines gesammten künstlerischen Wirkens.

Er ist zu Windischgrätz am 25. December 1728 geboren und erhielt von seinem Vater, dem Ortsschullehrer, auch Unterricht in der Musik. Schon früh verlor er ihn und seine schöne Sopranstimme verschaffte ihm Aufnahme in das, mit dem Görlitzer Gymnasium verbundene Singchor, und dadurch zugleich die Gelegenheit, sich zur Universität vorzubereiten. Daneben übte er fleissig Musik und erwarb sich auch einige Kenntnisse in der Composition. Ehe er 1751 die Universität bezog, war er mehrmals gezwungen, sein Brod durch Annahme von Stellungen zu erwerben, unter andern in Dresden, woselbst er den Unterricht von Homilius genoss. Einflussreicher wurde ihm das Studium der Werke Hasse's, Graun's und auch der Verkehr mit Gottsched und Gellert, welchen er in Leipzig zu pflegen Gelegenheit hatte, wurde ihm fördernd.

Seine öffentliche Wirksamkeit auf dem Gebiete der Kunst beginnt erst nach dem siebenjährigen Kriege. Bis zum Jahre 1760 war er im Hause des Grafen Brühl als Informator thätig und lebte dann in stiller Zurückgezogenheit, mit Uebersetzungen beschäftigt. Nach dem Kriege übernahm er die Leitung der wöchentlichen Concerte, die schon 1743 gegründet worden waren[1], und die, in Verbindung mit der 1771 von ihm errichteten Gesangschule für Knaben und Mädchen, 1775 als *Concert spirituel* und 1781 als Gewandhausconcert sich umgestalteten. So segensreich nun auch hier das Streben unsers Meisters für die Stadt wurde, indem er neben Graun namentlich den Oratorien von Händel eine Stätte bereitete; von weitgreifender Bedeutung sollte er auf ganz anderm Gebiete werden. Der Director des Leipziger Theaters, Koch, verlangte Operetten nach der damaligen, in Frankreich beliebten Weise des Vaudeville's und Felix Weisse, der bekannte Verfasser des Kinderfreundes, und Hiller entsprachen diesem Verlangen. Wie fast alle Bühnen hatte auch die Leipziger für die deutsche Oper keine Sänger, sondern Schauspieler und Schauspielerinnen mussten die Partien übernehmen, und schon dieser Umstand würde den Componisten genöthigt haben, so einfach als möglich zu schreiben, wenn nicht der Wunsch des Directors und das eigne Naturell Hiller's ebenso wie die Dichtungen Weisse's die einfachste Fassung bedingt hätten. Das erste Stück: „Die verwandelten Weiber", hatte einen ausserordentlichen Erfolg, und das Lied: „Ohne Lieb' und ohne Wein", wurde, wol das erste derartige volksthümliche Lied, bald ein Lieblingslied des deutschen Volkes. Diesem Liederspiel folgten: „Der lustige Schuster", „Lottchen am Hofe". Den durchgreifendsten Erfolg errang indess „Die Jagd", und das Lied Rösen's aus diesem Singspiel: „Als ich auf meiner Bleiche", hat nicht nur diese Operette, sondern eigentlich die ganze Gattung überlebt. Das ganze Musikempfinden Hiller's ist von vornherein mit jenen knappsten Ausdrucksmitteln so eng verwachsen, dass er unwillkürlich nach ihnen greift, und der ganze Gang seines Lebens, wie seine Bildung, waren nicht geeignet, ihn darüber hinauszuweisen. Er singt seine Melodie aus dem beschränktesten harmonischen Material, Tonika und Dominant, heraus, und in festem

1. Continuatio annalium Lips. Vogelii, Tom. II pag. 541. Anno 1743.

Anschluss an das Sprachmetrum. Aber indem er diese beiden Angelpuncte der Tonart in immer interessantem Wechsel, oft in zierlicher Verschlingung, einführt und sie meist durch die leicht und sicher geführte Melodie zu Zielpuncten macht, verfällt er eigentlich nirgend jenem Bänkelsängerton, der später sich aus dieser Gesangsweise entwickelte. Seine Lieder behalten trotz ihrer grossen Dürftigkeit doch immer ein gewisses künstlerisches Gepräge. Dramatisch bedeutsam konnte diese Richtung natürlich nicht werden, sie ist eben als Kehrseite jener italienischen Oper nur bedeutsam für ihre Zeit, und von dieser Seite fasste sie auch noch zu Lebzeiten Hiller's (er starb erst 1804 am 16. Juni)

J. F. Reichardt (geboren 1751 am 25. November zu Königsberg, gestorben 1814), der nach seiner eigenen Erzählung[1] das kleine sentimentale Stück: „Liebe und Treue" schrieb, um der grossen italienischen Oper entgegen zu arbeiten. Dieses Liederspiel und die ganze Gattung fand selbst bei unserm Altmeister deutscher Dichtung, bei Göthe, so grossen Anklang, dass er den Componisten mit einigen Dichtungen entgegen kam: „Erwin und Elwire", „Jerry und Berbely", welche von Reichardt in Musik gesetzt wurden. Reichardt war ein Musiker von feinerm Geschmack, aber nicht höherer Erfindung, als Hiller, und so erheben sich denn auch seine Liederspiele etwa so weit über die Hiller's, als die Texte Göthe's über die Weisse's. Wir haben am andern Orte[2] die Bedeutung Reichardt's für das Lied nachgewiesen und gefunden, dass er dem speciellen Inhalt etwas näher zu kommen trachtet, indem er sich dem Sprachaccent in der knappsten Weise des volksthümlichen Liedes anschliesst. Er hatte sich entschieden der Gluck'schen Oper angeschlossen und machte während seiner Wirksamkeit in Berlin als Capellmeister bis zum Jahre 1794 unermüdlich Propaganda für ihn. Er führte bei seinen Concerts spirituels den gedruckten Text ein, und in seinen Opern: *Andromeda* (1788), wie *Brennus* (1789), und die *Olympiade* (1791) erweist sich der Einfluss Gluck's entschieden, und in seinen theoretischen Schriften, seinem Kunstmagazin, dessen erster Theil 1782, der zweite 1791 erschien, in seinem „Musikalischen Wochenblatt" (1791), aus welchem 1792 die

1. Leipziger allgemeine Musikzeitung, 1800, Nr. 43.
2. Das deutsche Lied in seiner historischen Entwickelung, pag. 136 ff.

„Monatsschrift" und 1793 die „Musikalische Zeitung" wurde, die indess in demselben Jahre eingieng, wird wiederholt auf die Bedeutung Gluck's hingewiesen, wenn er auch den Neu-Neapolitanern Jomelli, Leo, Pergolese u. s. w., und ihren deutschen Nachahmern Hasse und Graun Gerechtigkeit wiederfahren lässt. Dabei weist er wiederholt auf die Bedeutung des Volksliedes hin, welches freilich zu seiner Zeit schon das volksthümliche Lied ist.

Wir wiederholen: irgend welche Bedeutung können wir dem Singspiele durchaus nicht zusprechen. Die Lieder und Gesänge und Musikstücke haben durchweg nur decorative Bedeutung. Sie treiben meist unmittelbar aus der jedesmaligen Situation und Stimmung heraus, und sind dann gewiss geeignet, diese zu characterisieren und uns näher zu legen; allein das ist im glücklichsten Falle auch alles, und wir würden meist den ganzen dramatischen Verlauf nicht minder verstehen, auch wenn sie fehlten. Sie hatten, wie bereits erwähnt, nur zeitliche Bedeutung, indem sie ein Gegengewicht gegen die Ausschweifung der italienischen Oper und zugleich ein nationales Gegenstück zu den übersetzten französischen Vaudevilles waren, und endlich die Verbreitung des volksthümlichen Liedes schneller, als alle übrigen Einrichtungen befördern halfen. Wir werden daher auch nur nöthig haben, einige der beliebtesten Pfleger dieser Gattung zu nennen. Ferdinand Kauer's (geb. 1751, † 1831) „Donauweibchen" gehörte einst mit seinem: „In meinem Schlösschen ist's gar fein" zu den weitverbreitesten Volksstücken in Deutschland. Noch grössere Verbreitung fanden indess fast die hierhergehörigen Volksstücke jenes andern Componisten, der gleichfalls dem Wiener Volkstheater seine Hauptthätigkeit zuwandte: Wenzel Müller (geb. 1767, † 1836). „Der Alpenkönig und Menschenfeind", „Der Verschwender", „Der Bauer als Millionär", „Die Schwestern von Prag", „Das neue Sonntagskind" erfreuen sich noch heute der Gunst eines gewissen Publikums, wenn auch die Lieder daraus, wie: „Die Katze lässt das Mausen nicht", „Ich bin der Schneider Kakadu", „Brüderlein fein", „So mancher steigt herum" u. s. w., nicht mehr so lebendig im Volke fortleben, wie einst. Der musikalische Bildungsgang der beiden genannten Volkstondichter entspricht ganz dem unsers Hiller, allein das Studium Hasse's und Graun's, die Liebe zu Händel, seine Beschäftigung mit den bessern Kirchencomponisten und jener hohe Sinn, der in

Mozart das aufblühende Gestirn erkannte[1], und in den, 1766—70 von ihm herausgegebenen „Wöchentlichen Nachrichten“ mit Interesse folgt, hielten ihn immer über dem Niveau der blossen Bänkelsängerei, unter welches jene beiden — und auch Friedrich Heinrich Himmel (1765 geboren) mit „Fanchon“ und andern meist hinabsanken.

Ein eigenthümliches Gemisch von Fetzen der italienischen Oper und dieser volksthümlichen Operette brachten Peter von Winter (geboren 1754), Joseph Weigl (1766—1843) und Johann Gottlieb Naumann (1741—1801) in ihren Operetten auf die Bühne. Alle drei sind ursprünglich in der italienischen Schule erzogen, und ihre ganze Thätigkeit wird auch ausschliesslich durch sie beherrscht. Daneben vermochten sie sich doch nicht mehr, wie noch Hasse und Graun, dem mächtiger gewordenen volksthümlichen Elemente zu verschliessen, und so begegnen wir auch diesem in ihren Arbeiten für die Bühne, namentlich in den Operetten. Winter und Weigl waren beide durch Salieri gebildet, der, wie wir bereits erfuhren, sich mehr der Weise Gluck's näherte und daher wol auch den Sinn für das Volksthümliche eher in seinen Schülern rege machen konnte. Doch bleibt bei Winter selbst in dem „Unterbrochenen Opferfest“ das Italienische vorherrschend, und nur in einigen Phrasen wird das Volksthümliche lebendiger, während in Weigl's „Schweizerfamilie“ entschiedener das letztere die Oberhand gewinnt. Naumann dagegen hatte die italienische Melodie in Italien selbst kennen gelernt, aber zu einer Zeit, wo die ursprüngliche Macht der Cantilene schon gebrochen und die Melodie in saftlosen Schnörkeln untergegangen war. Daneben hatte er bei Tartini und beim Pater Martini den Contrapunct wol studiert, aber er hatte sich ihn nicht angeeignet, oder er hatte ihn wieder verlernt, denn sein Contrapunct ist eigentlich nur geeignet, die italienische Melodik in ihrer vollen Entfaltung aufzuhalten, ihre Wirkung zu schwächen. Dazu kommt eine gewisse sentimentale Spiessbürgerlichkeit und Derbheit, als Einfluss jener Volksoper, dass man kaum begreift, wie seine Opern: „Soliman“, „Armida“, „Amphion“, „Cara“ und die ganze Reihe seiner Operretten solchen Beifall erhalten, wie seine zahlreichen Kirchenmusiken ihm den

1. Vergl. seine Motettensammlung in 6 Bänden.

Ruf eines Contrapunctisten verschaffen konnten, dem Ludwig Berger seine Weiterbildung anvertrauen wollte.

Ungleich bedeutsamer ist jene Operette, die nicht nur einzelne volksthümliche Phrasen oder Lieder aufnimmt, sondern wirklich volksthümliche Elemente drastisch darzustellen sucht, und die erst auf dem Boden steht, aus welchem die eigentliche deutsche komische Oper hervortreibt. Ihr Hauptvertreter ist:

Carl Ditters von Dittersdorf. Er wurde in Wien am 2. November 1739 geboren und erhielt früh nur Unterricht in der Musik. Der Prinz Joseph Friedrich von Hildburghausen, der sich in Wien eine eigene Hauscapelle hielt, aufmerksam geworden auf die bedeutenden Talente des Knaben, nahm ihn zu sich und sorgte für seine weitere Erziehung. Er bildete sich hier zu einem bedeutenden Violinvirtuosen und erntete als solcher in Italien, wohin er mit Gluck 1761 gegangen war, grossen Beifall. Seine Thätigkeit, welche ihm einen Platz in der Musikgeschichte verschaffte, beginnt erst nach seiner erfolgten Rückkehr aus Italien (1764), als Capellmeister des Bischofs zu Grosswardein. Hier componierte er, nachdem er bisher nur Instrumentalsachen gesetzt hatte, sein erstes Oratorium und errichtete eine kleine Bühne, für welche er seine erste Operette: *Amore in musica,* schrieb. Allein schon 1769 war der Bischof genöthigt, seine Capelle zu entlassen. Dittersdorf kehrte nach Wien zurück und machte von hier eine Reise nach Breslau. Hier erwarb er die Gunst des Fürstbischofs von Breslau, Graf Schafgotsch, und dieser verschaffte ihm, um ihn zu fesseln, den Orden vom goldenen Sporn und die Stelle eines Forstmeisters des Fürstenthums Neisse. In Johannisberg, wo beide von nun an verweilten, errichtete jetzt Dittersdorf wiederum ein Theater, für welches er die komische Oper *„Il Viaggiatore americano“* schrieb. In Wien erwarben ihm seine Oratorien: *„Esther“* und *„Hiob“* und die sechs Symfonien nach Ovid's Metamorphosen, welche er bei einem Besuch der Kaiserstadt aufführte, grossen Beifall und von Seiten des Kaisers den Auftrag zur Composition der Oper: „Der Doctor und Apotheker“, die er in den nächsten sieben Monaten, neben: „Betrug durch Aberglauben“, „Die Liebe im Narrenhause“ und „Democrito“, schrieb. 1787 kehrte er mit Auszeichnung überhäuft nach Johannisberg zurück. Nicht minder glücklich war sein Erfolg in Berlin, wohin er einer Einladung des Königs 1789 gefolgt war. Der Tod seines Herrn (1795) namentlich brachte eine unglückliche Wendung in sein Geschick, und er starb unter wenig günstigen Verhältnissen 1799.

Dittersdorf war nach alle dem ein Mann von einer vielseitigern Bildung, als jeder der vorhergenannten Meister, und schon der Umstand, dass er seinen Instrumentalsachen bestimmte Objecte, wie Ovid's Metamorphosen, zu Grunde legte, lässt erkennen, dass wir es mit einem denkenden Musiker zu thun haben, der nicht nur Musik machen wollte, wie alle die genannten Volkstondichter. Seine Oper treibt schon wirklich aus dem Boden der komischen Oper hervor. Sie zeigt uns schon das Leben in komischen Situationen, von Witz und Humor beleuchtet. Hier galt es nicht mehr nur volksthümliche Melodien zu erfinden, oder sentimentale Musikstücke zu schreiben, sondern die Musik musste bestimmt Antheil nehmen an der volksthümlichen Darstellung eines Stücks reellen Lebens; sie hatte noch nicht Theil zu nehmen an der Entwickelung, die überhaupt eine so sehr lose ist, dass man sie meist vermisst, aber sie musste sie ersetzen oder doch wenigstens den ununterbrochenen Fortgang herstellen helfen, indem sie jede einzelne Situation bestimmter herauszubilden sucht und dadurch den Grundton als vermittelndes Band durch alle hindurchklingen lässt. Das hat Dittersdorf ganz vortrefflich verstanden, und er thut es weder mit viel Witz und Humor, noch in einer sonderlich feinsinnigen Weise, sondern mit jener niedern Komik, welche seine Stoffe: „Doctor und Apotheker", „Hieronymus Knicker (1787), „Das rothe Käppchen" (1788), „Der Schiffspatron oder der neue Gutsherr" (1789), „Hocus Pocus" (1790) und viele andere seiner zahlreichen Operntexte erforderten. Auch er gebietet nur über volksthümliche Mittel und vermochte daher nicht seine Stoffe aus der untern Sphäre niederer Komik in die höhere des Witzes und der Satyre zu erheben; aber er verstand sie mannichfacher zu gestalten und zu verwenden, und Tonstücke von grösserer Bedeutung, nicht nur Lieder aus ihnen zu formen. Und so würden selbst seine Instrumentalcompositionen, die in ganz gleicher Weise gehalten sind, grössere Bedeutung erhalten haben, wenn nicht ein grösserer Meister, Joseph Haydn, gleichzeitig thätig war und auf demselben Boden seine wunderwürdigen Instrumentalsätze herauftreiben liess, ebenso wie Mozart durch seine komische Oper die komische Oper Dittersdorf's werthlos machte, wenn gleich nicht zu leugnen ist, dass sie jener die Wege bahnen half. Zwischen jener Hiller'schen Oper und den übersetzten italienischen und französischen Opern erscheint uns die Oper Dittersdorf's als Mittelglied von Nothwendigkeit, wenn auch nicht für die künslerische Entwickelung, doch für die

Würdigung der Oper Mozart's im Publikum. Durch Dittersdorf's Opern wurde unser Publikum erst an die musikalische Komik gewöhnt, die weder in der Volksoper, noch in der *Opera buffa* oder *Opéra comique* vorhanden war, und dann erst war eine allgemeine Würdigung Mozart's und seiner komischen Oper möglich.

In fast noch günstigerem Lichte erscheinen diese Vorzüge bei Johann Schenck (geb. 1761, † 1836), der eine noch gründlichere theoretische Bildung besass und mit seinem „Dorfbarbier" namentlich den Ton der niedern Komik noch entschiedener getroffen hatte. Zu höherer Bedeutung konnten indess auch seine Bestrebungen nicht gelangen. Die Kunst hat eben nicht die Aufgabe, das Leben zu copieren, sondern zu verklären und es nur in seiner Läuterung darzustellen. Namentlich gilt dies da, wo sie sich jenen Gebieten zuwendet, die schon einer eigenthümlichen Anschauung bedürfen, um sie als künstlerische Objecte erscheinen zu lassen. Wir sprachen es bereits aus, dass die Welt der gemeinen Wirklichkeit, die Welt der Misere nur dann uns Ergötzung und künstlerischen Genuss zu gewähren vermögen, wenn Witz, Humor und Ironie ihren unverwüstlichen Zauber über sie ergiessen und sie uns so in andern Lichte zeigen. Das aber hatten bereits jene beiden Meister vollbracht, die wir schon erwähnten: Joseph Haydn und Wolfgang Amadeus Mozart.

Der eigenthümliche Bildungs- und Lebensgang namentlich des ersten der beiden Meister war ganz geeignet, ihn direct auf seine bereits angedeutete Mission: dem Leben in seinen mannichfachsten Erscheinungsformen Einfluss auf die Gestaltung des Kunstwerks und den Gang der Kunstgeschichte zu verschaffen, vorzubereiten.

Der älteste von vierzehn Geschwistern ist **Joseph Haydn** in Rohrau, einem Dorfe Niederösterreichs, am 31. März 1732, also in einer Zeit geboren, in welcher die Tonkunst schon vielfach in Wechselbezüge zum Leben getreten war. Haydn's Vater hatte auf der Wanderschaft Gelegenheit gehabt, die Harfe zu erlernen, und er übte sie auch später fort und begleitete oft den Gesang seiner Frau. Auch Joseph betheiligte sich an dieser Hausmusik in eigner Weise, und als einst ein Verwandter der Familie, der Schullehrer aus Haimburg, diese besuchte, wurde ihm zu Ehren ein Concert veranstaltet, an dem er sich derartig betheiligte, dass er mit einem Stocke auf dem linken Arm strich, als ob er Violine spielte. Der Vetter bemerkte, mit wie feinem Gefühle für Tact der Kleine das that, und bewog die Eltern, ihm den Knaben zur Erziehung zu überlassen. Drei Jahre blieb Haydn hier und lernte neben Lesen, Schreiben und Singen fast alle Instrumente spielen. Seine schöne Sopranstimme verschaffte ihm später Aufnahme im Capellhause der Stephanskirche zu Wien. Hier blieb er bis in sein siebzehntes Jahr und erhielt neben einem dürftigen Unterricht im Latein eine gründliche Ausbildung auf verschiedenen Instrumenten. In der Composition wurde er indess nur wenig unterrichtet. Er variierte auf Anrathen des Hofcapellmeisters Reutter fleissig die Kirchengesänge, bei deren Ausführung er mitwirkte, studierte nebenbei Mattheson's „vollkommenen Capellmeister" und namentlich den „Gradus ad Parnassum" von Fux, und diesem Studium verdankt er wol ausschliesslich seine Gewandtheit auch in den künstlichen contrapunctischen Formen. Als seine Stimme mutierte, musste er das Capellhaus verlassen, und nun beginnt eigentlich erst die directe Erziehung für seinen Beruf in der Musikgeschichte.

Er war jetzt ohne alle Unterstützung, da seine Eltern ihm nichts zuwenden konnten. Ein Dachstübchen ohne Ofen war seine Wohnung und er fand sich ausserordentlich glücklich, als er mit jährlich 60 Gulden Gehalt Chorsänger bei den barmherzigen Brüdern der Leopoldstadt wurde. Eine Verbesserung seiner Lage wurde ihm durch den berühmten italienischen Dichter Metastasio. Dieser wohnte nach seiner Ankunft in Wien bis zu seinem 1782 erfolgten Tode in dem Hause des Nicolai Martinez und war zugleich der vertraute Freund der Familie. Haydn wohnte in demselben Hause, und da er der einen Tochter des Hauses, Marianna, für deren Erziehung namentlich Metastasio sorgte, Musikunterricht ertheilte, erhielt er drei Jahre lang freie Kost. Hier lernte er Porpora, den seiner Zeit berühmten Gesanglehrer und Componisten kennen und wurde von diesem als Accompagnist in seinen Gesangstunden verwendet. Haydn hatte sich namentlich von dieser Verbindung mit dem Italiener mancherlei Vortheil für seine künstlerische Bildung versprochen, allein sie trug ihm wol wenig mehr ein, als eine brutale Behandlung von Seiten des übermüthigen und wol auch schon sehr verbitterten Italieners.

Später wurden seine Verhältnisse dadurch etwas günstiger, dass ihm seine Stunden höher honoriert wurden. Abends gieng er aber immer noch mit seinen musikalischen Kameraden gassatim, d. h. sie spielten Gelegenheitsmusik, Ständchen und dergleichen, und Haydn musste meistens die nöthigen Stücke hierzu erst componieren. Auch eine Oper schrieb er in dieser Zeit: „Der krumme Teufel", die indess schon nach der ersten Vorstellung verboten wurde, weil sie eine Satyre auf den Theaterdirector Affligio war.

Das Jahr 1759 brachte ihm eine Anstellung als Musikdirector des Grafen Morzin. Doch im nächsten Jahre schon musste der Graf seine Capelle auflösen und kurze Zeit darauf kam Haydn in die Stellung, welche er dreissig Jahre inne hatte, als Capellmeister des Fürsten Esterhazy, einem eifrigen Musikfreund, der die Tonkunst auch practisch übte. Er hatte Oper, Comödie, Marionetten, Kirchen- und Cammermusik, und spielte leidenschaftlich das Baryton.

War auch die Stellung Haydn's keine sonderlich lohnende, so war sie doch für seine kunstgeschichtliche Bedeutung entscheidend. Er stand einem Orchester vor, mit dem er experimentieren, mit dem er Proben anstellen konnte, ob das, was er im Geiste erschaut, auch seinen getreuen Ausdruck gefunden hatte, und dadurch verwächst er gewissermaassen mit dem Orchester so, dass er aus dem innersten Organismus desselben heraus zu erfinden vermochte. Der Ruf seiner Instrumentalwerke beginnt mittlerweile sich allseitig zu verbreiten, ohne dass er etwas davon weiss, und er verschenkt seine Compositionen, weil es ihm genügt, sie gedruckt zu wissen.

Erst der Tod Esterhazy's, der 1790 erfolgte, brachte auch eine Wendung nach dieser Seite. Schon wiederholt war Haydn sowol durch Gluck, als durch einen gewissen Salomon, ein Mitglied des *Professional Concert* in London, aufgefordert worden, nach England zu gehen, und mehrmals hatte er sich schon dazu bereit erklärt. Allein der Fürst hatte ihn immer durch ein gnädiges Wort oder wol auch Geschenk davon zurückgehalten. Nach dem Tode des Fürsten liess er sich durch den genannten Salomon bewegen, mit diesem nach London zu gehen. Ende 1790 reiste er ab und hiermit beginnt ein ganz neuer Abschnitt in seinem Leben. Er erwarb Schätze und Ehren und schuf zugleich seine grössten Werke — seine weltbekannten Symfonien und Quartetten. Vergebens suchte ihn die Königin in England zu erhalten. Er war viel zu sehr Oesterreicher und gieng wiederum nach Wien. Nach einem abermaligen Aufenthalt (1794/5) in London kaufte er sich in seiner geliebten Vaterstadt ein Haus und lebte hier in behaglichen Verhältnissen bis an seinen am 31. Mai 1809 erfolgten Tod. Als Greis schrieb er noch jene beiden Werke, welche eigentlich in Deutschland erst ihm einen ausgebreiteten Ruf verschafften, die ihn populär machten: „Die Schöpfung“ (1797) und „Die Jahreszeiten“ (1800/1).

Sein Fleiss kommt fast dem eines Seb. Bach gleich. Das Verzeichniss seiner Werke zählt 118 Symphonien, 83 Quartetten für Streichinstrumente, 60 Sonaten, 14 Opern, 5 Marionettenopern, 5 Oratorien, 42 Lieder und Duetten, Trio's, Concerte für verschiedene Instrumente, Messen, Offertorien und Cultusgesänge aller Art, Serenaden (*Cassatio*), Märsche, Menuetten und Walzer, und eine Sammlung von Bearbeitungen schottischer Originalgesänge.

Das Kunstwerk tritt jetzt in ein bestimmteres Verhältniss zum Leben. Es bleibt auch jetzt noch sich selbst Zweck, und der Künstler schafft immer noch zunächst nur getrieben und getragen von der nach Offenbarung ringenden Idee, aber diese ist an dem unmittelbaren Leben erzeugt und heraufgetrieben; und indem er sie äusserlich Gestalt werden lässt, entspricht er zugleich den Anforderungen und Bedürfnissen des Lebens. Diese Richtung giebt Haydn dem Kunstwerk. Seine Individualität ist fast ausschliesslich am Leben emporgewachsen. Dort in den Strassenorchestern bei Ständchen und andern Gelegenheitsmusiken lernte er nicht nur die Bedürfnisse des Volks kennen, sondern seinem Genius erschloss sich auch der poetische echt künstlerische Gehalt des Volkslebens, und dadurch gewinnt er eben eine ganz andere Stellung, als seine Vorgänger, die nur das auffassten, was bereits im Volke klingt. Haydn dagegen lässt das Leben selbst an seiner Fantasie vorübergehen, damit es dort Tonbilder erzeuge, wie sie im Volke und jenen Volkstondichtern nimmer entstehen. Selbst in seinen Messen, die doch ursprünglich die geringste Beziehung zum Leben haben, ragt dies hinein. In dem *Agnus Dei* der Messe: *In tempore belli*, die er 1796 schrieb, als die Franzosen in Steyermark waren, setzte er die Eingangsworte: „*Agnus Dei, qui tollis peccata mundi*", mit Begleitung der Pauken, als hörte man den Feind schon in der Ferne kommen, und in einer 1801 componierten schrieb er das „*Qui tollis*" nach der Melodie des Duetts aus der Schöpfung: „Der thauende Morgen", weil die schwachen Sterblichen doch meistens nur gegen die Mässigkeit und Keuschheit sündigen. Dass diese ganze Richtung weniger dem vocalen, als instrumentalen Kunstwerk günstig ist, ist erklärlich, und wir werden den speciellen Nachweis später bei Betrachtung der Vocalwerke Haydn's führen können. Dagegen kommt das Instrumentale jetzt erst zu seiner Entfaltung, also dass Joseph Haydn als der eigentliche Schöpfer desselben anzusehen ist.

Vor Bach ist es das Vocale, in dem die Componisten ausschliesslich empfanden und erfanden; das Instrumentale gieng diesem ergänzend nach und wurde ihm angepasst. Bach und einzelne Meister vor ihm begannen bereits das Instrumentale schon selbständig zu führen, aber doch meist in den strengern Formen des Vocalen. Die freiere Verwendung des Materials, die wir in den Präludien vieler Orgelfugen, in seinen Toccaten,

Phantasien und Concerten vielfach finden, wird erst von der spätern Zeit in ein bestimmtes System gebracht und zum Instrumentalstyl entwickelt. Wir fanden wie seine Sonaten, die doch seiner Zeit schon am weitesten instrumental entwickelte Instrumentalform, vorherrschend aus dem alten Contrapunct herausgetrieben sind. Gluck hatte schon einen Schritt weiter gethan, durch seine besondere Art zu instrumentieren. Indem er die Orchestermassen mehr homophon führt als Händel und Bach, erhält er jenes Instrumentalcolorit, das für das neue instrumentale Kunstwerk Hauptbedingung wurde; und in zwei Ouverturen namentlich, zu „*Alceste*“ und zu „*Iphigenie in Aulis*“ war ihm auch das eigentliche, auf dies Orchestercolorit gegründete Princip aufgegangen. Im Allgemeinen verwendet indess auch er nur das eine Motiv und zwar in der Weise der Contrapunctisten, durch Transposition aneinander reihend. Der neue Styl war nur von jenen zu finden, deren Musikempfinden ausschliesslich nicht wie früher vom Vocalen, sondern vom Instrumentalen beherrscht wurde, und hier begegnen wir einer ganzen Reihe weniger bedeutenderer Künstler, die mit mehr oder weniger Geschick diese neue Gattung anbauen halfen, bis sie in Haydn die ersten reifen Früchte trieb.

Natürlich ist es die Form der Sonate für Clavier welche zunächst unsere Berücksichtigung herausfordert; da sie am leichtesten zu bewältigen war, wurde sie auch am fleissigsten angebaut, und zwar macht sich jetzt entschiedener als früher jenes Princip, aus welchem die Sonate Scarlatti's hervorgieng, geltend. Auch mochte die Arienform nicht ohne Einfluss geblieben sein, zum mindesten begegnen wir Sonaten mit veränderten Reprisen, eine Praxis, die bei dem Vortrage der Arie vielfach geübt wurde. Die Sonate Mattheson's, welche 1713 in einem Satz erschien, reiht sich dieser Richtung entschieden an, während die Sonate per cembalo von Francesco Durante und die von Pater Martini (wahrscheinlich 1746) mehr auf dem Boden der alten künstlichen contrapunctischen Weise stehen. Allmählich nimmt jene mehr arien- oder auch rondomässige Fassung der einzelnen Sätze überhand. Ganz selbstverständlich verschwindet die mehrstimmige Behandlung — sie wird vorwiegend zweistimmig und der Discant erlangt gegen den Bass ein Uebergewicht. So stellen sich uns die meisten Sonaten einer wahrscheinlich in den Jahren 1755—65 unter dem Titel: *Œuvres mêlées, contenant (6) sonates pour le clavecin en 12 parties* — mit 72 Sonaten von 39 Componisten (von 5 Sonaten des ersten Theils fehlt die Angabe des Componisten), bei Haffner in Nürnberg erschienenen Sonatensammlung mit Sonaten von Ph. Em. und Joh. Christ. Bach, Leop. Mozart (Vater), Georg Benda, Joh. Adolph Scheibe, Georg Christoph Wagenseil, Joh. Christ. Walther, Joh. Ernst Eberlin, Bernhard Houpfeld, Fr. Ant. Stadler und noch eine Menge von sonst gänzlich unbekannten Componisten, dar. Sowol diese Sonaten, wie die besonders erschienenen von Wilh. Fr. Bach, Ph. Em. Bach (deren 53 vorhanden sind), Nichelmann, Chr. Benda u. A., sind ganz energische Versuche, den neuen Instrumentalstyl zu finden, und es gelingt ihnen um so eher, je mehr sie sich der Technik des Pianoforte bewusst sind. Denn das ist ein nicht zu übersehendes Moment der ganzen Entwickelung, dass jetzt zunächst immer mehr galt, auch die besondere Behandlungsweise des Flügels zu studieren und aus dieser heraus die neue Sonatenform, welche in der Idee bereits vorhanden ist, darzustellen.

Auch der bisherige Clavierstyl ist dem Vocalstyl oder dem Styl der Streichinstrumente nachgebildet, und es war, um den eigentlichen Clavierstyl zu finden, nothwendig, dass er sich zunächst auf die Zweistimmigkeit zurückzog. Dem entspricht ferner jene andere Eigenthümlichkeit, nach welcher sich der neue Styl vorwiegend aus cantablen und mehr gangartigen Sätzen zusammenfügt, und je grössere Mannichfaltigkeit der Meister hierin entwickelt, in je natürlicheren Zusammenhang er beide zu setzen vermag, und je mehr alles aus dem Character des Instruments erfunden scheint, um so grössere Bedeutung gewinnt er mit seinen Arbeiten. Wilh. Friedemann und Phil. Emanuel Bach und Leopold Mozart dürften diejenigen sein, welche der neuen Form am nächsten kamen, weil sie der Technik des Instruments ungleich mehr Herr waren, als alle übrigen. Von

Wilhelm Friedemann Bach, dem unglücklichen Sohne des grossen Meisters, ist wenig im Druck erschienen. Von den *Sei sonate per il cembalo* erschien zu Dresden nur Nr. 1, weil die Theilnahme des Publikums zu gering war, um die Fortsetzung möglich zu machen, und ausser der in Halle beim Autor erschienenen kennt der Verfasser nur noch fünf Sonaten im Manuscript. Sie bekunden alle eine grosse Begabung und jene vollständige Herrschaft über die Claviertechnik, aus welcher nur der neue Styl zu erzeugen war, bei einer fortgesetzten Thätigkeit, die leider bei dem genialen Manne so tragischer Weise gehindert wurde.

Philipp Emanuel, der zweite Sohn des grossen Bach, 1714 geboren, wurde durch seinen „Versuch über die wahre Art das Clavier zu spielen“[1] der erste wissenschaftliche Begründer der neuen Claviertechnik, die durch seinen Vater angeregt und zum Theil ausgeführt worden war. Er war selbst ein bedeutender Clavierspieler, und obgleich er die Rechte studiert hatte, finden wir ihn seit 1740 ausschliesslich als Musiker thätig. Zunächst als Hofcembalist Friedrichs d. Gr. in Berlin bis 1767, in welchem Jahre er an Telemann's Stelle nach Hamburg berufen wurde, und hier starb er 1788 an einer Brustkrankheit.

Nur in seinen Claviersonaten und Rondo's macht sich die neue Musikart von der er in seiner Selbstbiographie spricht, geltend. Seine Symphonien für Orchester unterscheiden sich nicht von den bereits früher besprochenen. Allein seine Claviersonaten bekunden alle das Streben, den neuen Clavierstyl zu finden, und dass er entschieden der bedeutendste Vertreter dieser Uebergangsperiode wurde, als dessen unmittelbarer Schüler Joseph Haydn sich betrachtete, liegt namentlich in der feinen Kenntniss der Natur des Instruments. Er liebt die Cantabile's, aber auch Figurenwerk aller Art bringt er in reicher Fülle an, und das scheint, weil es immer im gefestigten Gesange seine Voraussetzung und Grundlage hat, vielmehr mit jenem verwoben, als bei den meisten andern der genannten, bei denen Gesangstellen und gangartige Stellen nicht selten willkürlich und planlos wechseln.

Die äussere Anordnung der verschiedenen Sätze ist schon eine ziemlich regelmässige. In der Regel drei Sätze: ein Allegro oder Moderato, ein Andante oder Adagio und ein Presto. Der letzte Satz ist oft auch ein Menuett und steht natürlich auch in der Tonart des ersten Satzes. Abweichend davon sind die einzelnen Sätze der sechs Sonaten, welche er dem Versuch über die wahre Art, das Clavier zu spielen, beigiebt, in verschiedenen Tonarten gehalten. Auch Sonaten, aus zwei langsamen Sätzen bestehend, die nur im Character unterschieden sind, schrieb er, wie Nr. 3 der 1781 und Nr. 2 der 1779 veröffentlichten. Ferner sind die Sätze nicht selten unter einander verbunden, wie Nr. 4 in den erwähnten

1. Th. I, Berlin, 1753. Zweite Auflage, 1759. Th. II, Leipzig, bei Georg Winter, 1762.

Probestücken, Nr. 1 der 1760, Nr. 2 der 1761, Nr. 3 und 4 der 1780 erschienenen Sonaten.

Nicht minder bedeutsam sind die Sonaten von Leopold Mozart, dem Vater unsers grossen Wolfgang. Auch ihm ist die Idee dieser Form vollständig bewusst worden, und er versucht mit grossem Geschick sie mit den Mitteln der neuen Claviertechnik darzustellen. Natürlich blieb auch das Streben dieser beiden Meister ein durchaus mehr formelles. Es gilt jetzt immer noch die Idee im Allgemeinen zu verkörpern, und dazu wirkten beide mit, ohne dass sie zu vollem Gelingen kommen konnten. Die letzte Hand sollte nach dieser Seite erst Joseph Haydn anlegen. Dieser war ja in der ungleich günstigern Lage, von dem neugewonnenen Boden sofort Besitz ergreifen zu können, den seine Vordern sich erst hatten erwerben müssen. Er konnte sofort beginnen, ihn weiter zu bebauen, und er schliesst sich natürlich Anfangs noch eng an seine Vorgänger, namentlich an Ph. Em. Bach, an, ganz besonders in Bezug auf die Technik. Auch seine Sonaten sind ursprünglich vorwiegend noch zweistimmig gehalten. Allein in demselben Grade, in welchem die Idee der neuen Form der Claviersonate immer lebendiger in ihm wird, bemächtigt er sich der ganzen Spielfülle des Instruments. Weil der Instrumentalmusik die Bestimmtheit im Ausdruck des Vocalen fehlt, so bedarf sie eines grössern Aufwandes von Mitteln, um sich selbständig zu offenbaren. Sie muss die knappe Bestimmtheit des Ausdrucks durch grössere Ausführlichkeit zu ersetzen suchen, und in diesem Bestreben wachsen die instrumentalen Darstellungsmittel zu einer Fülle an, welche die Vocalmusik nicht kennt. Die harmonischen Massen legen sich breiter und gewaltiger aus einander und werden zu einem weit ergiebigern Quell von Melodien, als im Vocalen. Auch die Polyphonie der Instrumentalmusik wird eine wesentlich andere, als die der Vocalmusik. Hier löst sie die harmonische Grundlage zu einem Gewebe realer Stimmen auf, die in ihrer selbständigen Führung, fein in einander verflochten, die harmonischen Massen in anderer Gestalt zeigen, als es sich ursprünglich darstellt. Die Instrumentalmusik hat solche reale Stimmen eigentlich nicht, denn auch die Stimmen des Streichquartetts, dem jene vocale Polyphonie noch am meisten entspricht, verlangen eine andere Behandlung, als die Singstimmen. Das Orchester aber ganz besonders nimmt Instrumente auf, die einer polyphonen Führung im Sinne des Vocalen sich offenbar spröde erzeigen. Daher finden wir auch das Orchester namentlich seit Rameau, als es seines speciellen Ausdrucks sich bewusst wird, in einer andern Polyphonie sich entwickelnd, als das Vocale, und wir vermissen bei den Meistern, welche dem Instrumentalen diese vocale Polyphonie aufnöthigten, den Orchesterstyl. Jedes einzelne Instrument bringt neue Farbentöne in seinem eigentlichen Klangcolorit herbei, die zu einem einheitlichen Grundton sich in einer mehr homophonen Weise verschmelzen lassen, und wir werden an den einzelnen Meistern nachweisen müssen, in welcher Weise sie dennoch die roh sinnliche Klangwirkung vergeistigen, und die besondere Weise jedes einzelnen begründet hauptsächlich die Eigenthümlichkeit seines Naturells. Diesen unendlich erweiterten Mitteln gegenüber gilt es nun nicht mehr, die einzelnen Glieder architectonisch zu verschlingen, sondern sie nach geordneten Maassverhältnissen in grössern Partien anzuordnen, und wenn die Stetigkeit innerer organischer Entwickelung als oberster Grundsatz für das Vocale festzusetzen ist, so wird für die Instrumentalmusik die Einführung gewisser selbständiger Partien, welche zunächst in keinem Zusammenhange innerer Nothwendigkeit zum Hauptinhalt stehen, nothwendig, theils um diesen in ein neues Licht zu setzen und ihn dadurch verständlicher zu machen, theils um Ruhepuncte oder Keime für neue Entwickelung zu gewinnen. Selbst die Wirkung durch den Contrast, die im Vocalen zu den seltensten Ausnahmen gehören dürfte, wird für das Instrumentale unabweisbar Bedürfniss. Der Rhythmus nun fasst alle diese verschiedenen Elemente zu lebendiger Einheit zusammen, so dass das Contrastierende und das Fremde mit dem organisch Werdenden sich zu einem einzigen Bilde vereinigt und dass doch jedes einzelne Glied in freier Entfaltung Existenz gewinnt. Wir haben schon im ersten Capitel des vorhergehenden Bandes nachzuweisen vermocht, wie das neue Moment durch den Tanz in die Musik eingeführt wurde.

Aus dieser bewussten oder unbewussten Anschauung treiben die Instrumentalformen Haydn's heraus, und als erste nothwendige Consequenz erscheint die ungleich grössere Bestimmtheit der Formen, die den Meister von vorn herein auszeichnet gegen alle frühern, und wir werden an seinen Vocalwerken erkennen müssen, dass sie nach dieser Seite weit hinter seinen

Instrumentalwerken zurückstehen. Er bildet jeden einzelnen Satz entschiedener und selbständiger heraus, als jeder seiner Vorgänger, indem er das Princip des Contrastes tiefer erfasst, so tief, als für den Instrumentalstyl nothwendig ist. Haydn hatte sich schon früh in der *Cassatio*, welche er während seiner Musikantenzeit schrieb, eine grosse formelle Festigkeit angeeignet. Es waren dies eben Serenaden, meist für wenig Instrumente: 2 Clarinetten, 2 Oboen, 2 Fagotte, 2 Horne und Bass, geschrieben, und gewöhnlich aus fünf, auch mehreren Sätzen bestehend. Der Marsch und die Tanzformen waren neben dem Adagio, welches ausschliesslich dem oder der Gefeierten galt, die hauptsächlichen Formen, und an ihnen schulte er wol zumeist seine Fantasie, erwarb er die Grundlage seiner meisterlichen Technik. Als ersten Satz für die neue Sonatenform nun nimmt er vorwiegend jenes Allegro, welches wir in seinen Anfängen eigentlich schon bei Gabrieli fanden, und das dann Scarlatti und die vorher besprochenen Claviermeister, namentlich Ph. Em. Bach, pflegten. Es liegt im Princip des neuen Styls, dass jetzt die Motive nicht mehr kurze, in sich abgerundete Phrasen sind, wie im fugierten Satze, die eben nur mit dialectischer Nothwendigkeit ohne weitere Rücksicht verwendet werden. Jetzt gilt es, symmetrisch anzuordnen. Die Motive werden an sich bedeutungsvoller, sie legen sich breiter aus einander zu bestimmt geschiedenen Partien, und die erste Durchführung, wenn wir uns des Ausdrucks noch bedienen dürfen, ergiebt nicht nur einen Wiederschlag, dem ein zweiter folgen kann, sondern sie bildet einen Abschnitt, dem ein zweiter nothwendiger Weise folgen muss, der zugleich seinen Gegensatz bildet. Dieser erscheint in der Dominant, während der erste die Tonica darstellt, um auch dadurch das Gegensätzliche auszudrücken. Die erschöpfende Darstellung dieser Gegensätze bildet den ersten Theil. Auch in der alten Musik finden wir das Bewusstsein von der Dominantbewegung, und wir mussten bemerken, wie es sich namentlich auf die Gestaltung der Fuge einflussreich erweist. Aber es stellt sich eben hier in demselben Thema dar. Da, wo dem Hauptthema ein zweites oder drittes gegenübertritt, wie in der Doppel- oder Tripelfuge, sind dies nicht Gegensätze im eigentlichen Sinne, sondern nur eine andere Seite des Hatipttons und diesem immer nahe verwandt. Das zweite Motiv des Instrumentalstyls ist dagegen immer der directe Gegensatz des ersten und aus dem innersten treibenden Organismus jener Dominantbewegung heraus erfunden. Im zweiten Theil des ersten Satzes der Sonatenform beginnt dann ein bei Haydn in seinen Claviersonaten meist sehr abgekürztes Spiel mit leichtern kleinern Motiven, die in der Regel dem ersten entnommen sind. Die gewonnene Grundstimmung wird möglichst erweitert und befestigt, um dadurch eine zweite energische Vorführung jener Gegensätze einzuleiten. Diese erfolgt dann im dritten Theil meist in umgekehrter Ordnung in der Tonica; die Coda wendet sich dann nach der Unterdominant und bringt das Ganze in seinen Hauptmomenten zusammengefasst abschliessend im Hauptton zu Ende.

Das Adagio der neuen Form erfasst das Princip des Gegensatzes meist in anderer Weise, als der erste Satz. Namentlich bei Haydn wird weniger die Dominantbewegung in ihrer Wirkung, als vielmehr jene Wechselbeziehung zwischen dem triebkräftigen, frischen, klargestaltenden Dur — und dem nebelhaften, verschwommenen Moll dargestellt, in mehr liedmässiger Weise und in Variationen, als Maggiore und Minore. Hier gilt es eben, sich in einer einheitlichen, meist innig empfundenen Stimmung festzusetzen, und das geschieht in der angegebenen Weise am sichersten. Dem Schlusssatz erweist sich die Rondoform, die wir schon bei Couperin besprachen und die von allen Nachfolgern fleissig angebaut wurde, am günstigsten. Dies sind die Hauptsätze der neuen Sonate und nur der Schlusssatz erleidet nicht selten eine Veränderung. Der ganze Zug dieser Richtung gieng darauf hinaus, in diese Formen das Leben mit seinem realistischen Zuge hineinklingen zu lassen. Dazu aber boten alle drei genannten Sätze wenig Raum; sie verführen im Gegentheil leicht dazu, die reale Welt zu sehr zu verflüchtigen, und so lag es nahe, aus jener Cassatio im Menuett einen Satz aufzunehmen, der ganz dieser Welt angehört, und ihn entweder an Stelle des Rondo als Finale zu setzen, wie in vielen Sonaten der vorhergenannten Künstler, oder aber ihn als vierten Satz zwischen jene drei einzuschieben, ein Verfahren, das später allgemein wurde.

Das ist die Form, an welcher sich jetzt der Clavierstyl, die Kammermusik (als Duo, Trio, Quartett, Quintett u. s. w.) und der Orchesterstyl entwickeln.

Es ist klar, dass jene Zweistimmigkeit, welche die Sonatencomponisten vor Haydn pflegten, der Idee von der Sonate eben so wenig entspricht, als sie die eigentliche Technik des Claviers begründen konnte. Dass dieses Instrument vornehmlich zwei Stimmregionen in sich birgt, ist doch nur ein ganz äusserer Zug seines Characters. Von weit grösserer Bedeutung ist die Spielfülle und der Glanz der Behandlung, welche es zulässt, und beides kommt eben nur in einer an keine bestimmte Stimmzahl gebundene Schreibart zur Erscheinung, und diese ist es namentlich, welche Haydn mit aller Consequenz jetzt der Claviersonate vermittelt. Er begleitet seine Themen zwei-, drei- und mehrstimmig mit vollen oder weniger vollen Accorden, die er rhythmisch oder in harmonischer Figuration auflöst, oder er verknüpft zwei, drei oder auch mehr Stimmen in selbständiger Führung, wie es ihm gerade angemessen erscheint. Nirgend ist eine bestimmte Stimmzahl festgehalten; er wechselt sie oft von Tact zu Tact. Das ist das Eigenthümliche des neuen Clavierstyls, der direct aus dem Character des Instruments erfunden ist.

Jetzt erst wird das Clavier befähigt, Träger höherer Idee zu sein, einen wirklich poetischen Inhalt auszusprechen, und je mehr es dem Meister gelingt, sich in dieser Weise der ganzen Spielfülle des Instruments zu bemächtigen und ihr eine reichere Harmonik, gepaart mit einem mannichfaltig gestaltenden Rhythmus aufzunöthigen, um so tiefer und überzeugender wird der poetische Inhalt, wie in der Cismollsonate:

der Bdursonate:

den drei Esdursonaten:

und der Asdursonate:

Der Clavierstyl erleidet natürlich eine bedeutsame Umgestaltung durch den Hinzutritt anderer Instrumente. Die Violine bringt eine weit gesangreichere Cantilene mit, als das Clavier gestattet, und ihr Figurenreichthum ist kaum geringer, als der des Claviers. Daher wird zunächst wieder die Behandlung des Claviers bei Haydn eine einfachere, um der Violine den nöthigen Raum zu gewähren. Wir begegnen wieder jenem polyphonen Styl, in welchem die Spielfülle des Claviers in bescheidenern Maassen auftritt. Doch auch hier wächst sie wieder in den spätern Sonaten für Violine und Clavier, und beide entfalten dann ihren ganzen Spielreichthum, um einen viel bedeutsamern Inhalt darzulegen, als die Sonate für Pianoforte allein. Dasselbe gilt von den Trios, den Sonaten für Violine, Violoncell und Pianoforte. Hier erlangt auch jene ältere Polyphonie instrumentale Bedeutung, indem jedes einzelne Instrument nach seinem eigensten Vermögen und durchaus selbständig sich an Darlegung des allgemeinen poetischen Inhalts betheiligt. Die Formen werden ungleich breiter, die einzelnen Partien bestimmter und sicherer ausgeprägt, und bis in ihre Einzelzüge viel reicher und feiner ausgeführt, als in den übrigen Sonaten. Hier schon erweist sich unsers Meisters wunderbares Gestaltungstalent und jene Fertigkeit, einen an sich meist nicht sehr bedeutenden Gedanken durch fortwährende Umgestaltung und Variierung zu grossen, bedeutungsvollen Partien auszuweiten, Vorzüge, die noch glänzender in seinen zahlreichen Streichquartetten zur Erscheinung kommen. Die meisten Quartette Beethoven's und Mozart's sind viel gewichtigere Kundgebungen eines weit tiefer bewegten und erregten Geistes, als die Quartette Haydn's, aber an Feinheit und Lebendigkeit der ganzen Construction sind sie von keinem der genannten Meister übertroffen worden. Das Streichquartett war, wie wir sahen, eine der frühesten Instrumentalzusammensetzungen, und im Orchester bis auf Gluck bildete es den Hauptbestandtheil desselben. Hier trat es in der Ouverture namentlich in selbständigen Fugatos auf und daneben wurde es seit Gabrieli, Georg Muffat bis auf Boccherini (1735—1805) fleissig angebaut, aber zunächst in den Tanzformen und jener Form der fugierten sogenanten Symfonien, oder die Oberstimme wird mehr concertierend geführt. Haydn erst trägt die Sonatenform auf das Quartett über und gewinnt so ein Gebiet, auf welchem seine Individualität ihren eigensten Boden hat. Die ganze Liebenswürdigkeit seines Naturells, diese nirgend getrübte Freude am spielenden Schaffen, diese Lust am neckischen Spiel der Instrumente, das alles kommt nirgend zu so vollendeter Darstellung, als hier.

Mit noch grösserem Recht darf man unsern Meister als den Begründer des Orchesterstyls und jener höchsten Form der

Symfonie bezeichnen. Wie viel Gluck auf diesem Gebiete geleistet, wissen wir bereits. Er war nach Rameau wol der erste, der wiederum ein instrumentales Klangcolorit erstrebte und verwendete, und aus diesem Grunde zog er allmälich mehr Instrumente in sein Orchester hinein. Haydn bleibt hierbei nicht stehen. Ihm ist es nicht nur um neue Klangfarben zu thun, sondern er sucht die einzelnen Instrumente selbständig zu gestalten; nicht im Sinne jener Polyphonie des Vocalen, in dem ein Instrument nach dem andern, Thema oder Gegenharmonie, übernimmt, sondern des Instrumentalen, nach welchem jedes Instrument aus seiner eigenen Natur heraus nach dem Grade seiner Fähigkeit und seinem eigenthümlichen Character verwendet wird. Hörner und Trompeten greifen nicht mehr, wie bei Bach, als melodieführende oder figurirende Stimmen ein, sondern, was ihrem Character mehr entspricht, mit ihren beschränkteren, auf ihre bequemste Leistungsfähigkeit zurückgeführten Naturtönen und Harmonien. Haydn schrieb während seiner Laufbahn als Musikant, wie als Director der fürstlich Esterhazischen Capelle, wahrscheinlich meist für Musiker, die erst auf jener untersten Stufe der Behandlung ihrer Instrumente standen, welche man als eine dilettantische bezeichnen muss, und so war er nothgedrungen, dem Bedürfniss jedes einzelnen sich anzubequemen. In allen diesen Werken aber bis zu jenen Londoner Symfonien steht er so vollständig unter der Herrschaft jener Instrumente, dass ihr musikalischer Werth selbst den weniger bedeutenden andern Instrumentalsätzen nicht gleichkommt. Er opfert dem Bestreben, die einzelnen Instrumente nur nach ihrem natürlichsten Vermögen einzuführen, alles andere, und er kommt daher natürlich nicht über den dürftigsten harmonischen und rhythmischen Apparat hinaus, während die Melodien häufig pikant und fein ausgeführt sind. Einige Anfänge der bessern Symfonien aus dieser Zeit mögen die Belege liefern:

Simfonie, genannt Laudon.

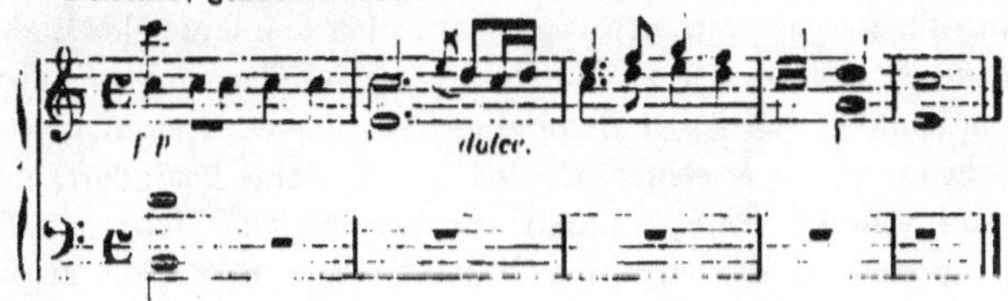

Allein gerade auf diesem Wege gelangte er zu dem neuen Orchesterstyl. Er wurde mit der Leistungsfähigkeit der einzelnen Instrumente so vertraut, dass er zugleich den Grad der Betheiligung jedes einzelnen an der Darlegung des Ganzen genau abmessen konnte, und als er dann aller jener äussern Rücksichten enthoben war, als er seinem Genius, durch nichts behindert, freien Lauf lassen konnte, da hatte er bereits jene Meisterschaft in Beherrschung der eigensten Technik gewonnen, dass er jedes einzelne Instrument in seiner eignen Zunge reden lassen konnte. So erst vermochte er die frische Freude an der Natur und am Leben, die ihn erfüllt, auszuströmen in seinen Orchestersymfonien. Das, was auch dem Volksliede zumeist Inhalt und Form giebt, das Singen und Klingen, der ganze Zauber der Natur, die laute und stumme Fröhlichkeit des Lebens, das lässt auch seine Instrumentalmusik üppig hervortreiben. Alle Themen seiner Instrumentalwerke athmen diesen Geist und seine Durchführung ist überall weniger ideal, als klangvoll, weniger tief, als feinsinnig, und seine Beziehung zur Natur ist so intim und reell zugleich, dass er vielfach durch Aufnahme von Naturlauten locale Färbung anzustreben trachtet. Bei ihm ist alles mehr das Ergebniss äusserer organischer Erregung, daher aber auch die geringere Bedeutung seiner Vocalwerke. Ihm mangelt jene tiefe Innerlichkeit, die sich in Bach so wunderbar schaffend erweist, und daher gelangt er nicht zu jener Weihe der Empfindung, die dem Vocalen unbedingte Nothwendigkeit ist. Seine Phantasie ist eben so nur äusserlich angeregt, wenn er seinem Gott dient, als wenn er die bunte Lust von Wald und Feld verkündet. Daher ist auch der harmonische Apparat für das Vocale einfacher noch, wie für das Instrumentale, aber hier, entkleidet von dem berückenden Zauber unterschiedener Klangwirkung und der erhöhten Spielfülle des Orchesters, fehlt ihm die Prägnanz des plastischen und vielgestaltigen Instrumentalrhythmus, und so bleibt er meist ein nacktes Formengerüst, dem auch die hinzutretende, vorherrschende feinsinnige Instrumentalbegleitung nicht die fehlende Innerlichkeit verleihen kann. Haydn hat hiermit einen nicht wenig verderblichen Einfluss auf die Weitergestaltung der katholischen Kirchenmusik ausgeübt. Es gilt dies noch weniger von den wirklich fugierten Vocalsätzen, diese entwickeln sich noch alle mit jener Lebendigkeit und Feinheit, welche eine vollkommene Beherrschung des Handwerks gewährt. Allein die homophonen Chöre seiner Cultusgesänge, seiner Messen, Offertorien u. s. w., wie seiner Oratorien, sind meist nur Ganz- und Halbschlüsse, und diese Weise, die schon in dem jüngern Bruder unsers Haydn — Johann Michael (1737—1806) — einen eifrigen Vertreter fand, wurde in der katholischen Kirchenmusik die herrschende und artete bald in den grobsinnlichsten Naturalismus aus.

Auch die Arien und Ensemble's unsers Meister trifft meist derselbe Vorwurf, mit Ausnahme derjenigen, welche mehr instrumentale Aufgaben im Sinne Haydn's lösen, wie die meisten derartigen Sätze in den „Jahreszeiten“ oder die Arie: „Auf stolzem Fittich“ und „Nun beut die Flur“ in der „Schöpfung“. Jener realistische Zug, der zu seiner Zeit die Tonkunst erfasste und der namentlich in die Werke dieses Meisters die reale Welt so bedeutsam hineinragen lässt, drückt auch das Oratorium herab aus seiner idealen Höhe auf das Gebiet der gemeinen Wirklichkeit. In einzelnen Tableaus, an denen die äussere Erscheinungsform nur noch dramatisch ist, führt Haydn die „Schöpfung“ und die „Jahreszeiten“ aus, mehr um beide in ihrer reellen Wirklichkeit darzustellen, als um eine höhere Idee an ihnen zu offenbaren. Dasselbe gilt von jener Passionsmusik: „Die sieben Worte des Erlösers am Kreuz“, die allerdings ursprünglich als instrumentale Zwischenmusik geschrieben ist.

Die ganze grosse Bedeutung Haydn's wird sich uns vollständiger bei der Betrachtung der Werke jener andern beiden Meister, die wieder aus der ganzen Fülle einer reichen Innerlichkeit herausschaffen: Mozart und Beethoven, herausstellen.

Johann Chrysostomus Wolfgang Amadeus Mozart, wurde am 26. Januar 1756 zu Salzburg geboren, und sein wunderbares Talent entwickelte sich so früh und so gewaltig, dass sein Vater, der bereits erwähnte Vicecapellmeister des Erzbischofs von Salzburg, Leopold Mozart (1719—1787), ein nicht nur musikalisch, sondern auch wissenschaftlich hochgebildeter Mann, sich fast ausschliesslich der Ausbildung desselben zu widmen veranlasst fühlte, und im Jahre 1762 bereits konnte der Vater mit ihm und der gleichfalls reichbegabten Schwester eine Kunstreise durch Deutschland, Holland, Frankreich und England unternehmen, und überall erregte die frühreife Meisterschaft des genialen Knaben die lauteste Bewunderung. Nach Salzburg zurückgekehrt widmete sich der junge Wolfgang den ernstesten contrapunctischen Studien und gieng dann 1768 nach Wien. Hier vollendete er seine Oper *La finta semplice*, deren Aufführung indess verhindert wurde. Noch vor dem Jahre 1770 war unser Mozart Concertmeister in Salzburg geworden, doch sollte ihm diese Stellung wenig mehr einbringen, als unverdiente Kränkungen aller Art. Erst später scheint sein Gehalt auf monatlich 12 Gulden 30 Kreuzer festgesetzt worden zu seyn[1]. Unter dem Bischof Hieronymus, dem

1. Jahn (Otto), „Mozart“, B. II, pag. 25. Alles Factische ist diesem Werk hier entnommen.

Nachfolger Sigmunds, wurde die Stellung Mozart's noch unerträglicher, und der Vater wandte sich vergeblich nach München, Florenz und Wien, um dem Sohne dort eine Anstellung zu verschaffen. Eine Reise nach Italien im December 1769 hatte ihm Triumphe und Ehren mancher Art gebracht, und seine Oper *Mitridate* hatte einen so günstigen Erfolg, dass sie zwanzigmal hinter einander aufgeführt wurde und dass er den Auftrag erhielt, für Maria Theresia eine theatralische Serenade und für Mailand die Carnevalsoper zu schreiben. So sollte man meinen, der überall gefeierte Künstler, mit den Diplomen der Academien von Bologna und Verona, den Zeugnissen des Pater Martin, des berühmtesten Theoretiker seiner Zeit, ausgestattet, und mit dem Orden vom goldenen Sporn, den kurz zuvor Gluck erhalten hatte, decoriert, hätte bald Gelegenheit finden sollen, aus seiner drückenden Stellung herauszukommen. 1777 unternahm er abermals in Begleitung seiner Mutter eine Reise zunächst nach München. Allein hier wie in Mannheim und Paris, wohin er sich später wandte, waren seine Anstrengungen vergeblich, eine Anstellung zu erhalten. Die, nur mit grossen Opfern von Seiten seines Vaters ermöglichte Reise hatte für ihn keinen andern äussern Erfolg, als dass eine Symfonie von ihm in dem 1725 von Philidor dem älteren gegründeten *Concert spirituel* mit rauschendem Beifall aufgeführt wurde. Dabei brachte sie ihm und dem Vater noch einen schweren Verlust, indem die Mutter in Paris am 3. Juli starb.

Mittlerweile schienen die Verhältnisse in Salzburg eine für ihn glückliche Wendung nehmen zu wollen, und so vermochte ihn denn der Vater zu bewegen, wieder zurück als Concertmeister nach Salzburg zu gehn und zugleich die erledigte Stelle eines Hof- und Domorganisten anzunehmen. Die Rückreise war für ihn insofern von einiger Bedeutung, als er in Mannheim die *Medea* von Georg Benda hörte, die ihm imponierte, und wir werden sehen, wie diese neue Gattung nicht ohne Einfluss auf seine Wirksamkeit geblieben ist. In Salzburg veranlasste ihn Schikaneder, welcher gerade mit einer Truppe dort anwesend war, sich wieder dem Theater zuzuwenden. Er schrieb zunächst zu einem Drama: *Thamos*, von Gebler, die Chöre und Zwischenacte und eine Operette, wahrscheinlich die unter dem Titel: *Zaide* veröffentlichte, in welcher er für die Recitative die melodramatische Form anwandte. Im Winter 1780 endlich schrieb er die erste jener Opern, mit welchen er die alten Bahnen verliess und jene Gluck'sche Oper vollendete: *Idomeneo*, von Giambattista Varesco, für den Münchener Carneval. Sie kam dort mit ungeheurem Beifall zur Aufführung, und trotz dem gelang es ihm nicht, hier den gesuchten Wirkungskreis zu finden. Er musste noch 1781 seinem Herrn nach Wien folgen, und erst nach wiederholten gröblichen Insulten, die er vom Bischof zu ertragen hatte, verliess er freiwillig, zum grossen Kummer seines Vaters, jenen Dienst. Er lebte jetzt in Wien vom Ertrage seiner Compositionen und Lectionen. und wie oft während seines kurzen Lebens bittere Noth und schwere Sorgen ihn heimsuchten, davon giebt uns Jahn in seiner Biographie ein erschütterndes Bild.

Im September desselben Jahres erhielt er von dem Kaiser Joseph II. den Auftrag, die „Entführung aus dem Serail" zu componieren. Sie war vorher schon von André nach dem Text von Bretzner componiert worden. Stephanie arbeitete denselben nach Mozart's Anleitung um, und dieser componierte die Oper in so kurzer Zeit, dass schon 1782 am 12. Juli die Aufführung erfolgen konnte, und trotz der Cabalen der italienischen Sänger unter dem rauschendsten Beifall. Die süsse Innigkeit und übersprudelnde Laune, welche das Werk auszeichnet, ist wol grösstentheils auf die glückliche Stimmung zurückzuführen, in welcher der Meister es schrieb. Er war zu jener Zeit glücklicher Bräutigam und verheirathete sich noch in demselben Jahre mit Constanze Weber, einer Schwester jener Aloysia, die ihn früher gefesselt und dann verlassen hatte, und sie ist ihm eine treue Gattin gewesen in den schweren Nöthen und Sorgen seines Lebens. Die bedeutendsten Schöpfungen des Jahres 1785 sind das Oratorium: *Davidde penitente* und die sechs Haydn gewidmeten Streichquartetten, nach deren Anhörung dieser Meister den Componisten als grössten der Welt anerkannte. 1786 schrieb er ausser dem kleinen Singspiel: „Der Schauspieldirector", im Auftrage des Kaisers, die komische Oper: „Die Hochzeit des Figaro", nach Beaumarchais': *Le mariage de Figaro*, von da Ponte zum Operntext umgearbeitet, und obgleich sie einen ausserordentlichen Erfolg hatte, erlag sie doch den Cabalen der Italiener. sie wurde nur neunmal gegeben und wich dann auf dem Repertoire einer nun längst vergessenen: *Una cosa rara*, von Martin. In Prag dagegen, wo sie 1786 von der Bondinischen Gesellschaft gegeben wurde, errang sie solch enthusiastischen Beifall, dass der Meister, welcher der Aufführung beiwohnte und dann noch mehrere stark besuchte Concerte veranstaltete, tief gerührt gelobte, für die Prager, welche ihn so gut verstanden, seine nächste Oper zu schreiben. Und er hat Wort gehalten. Am 29. October 1787 schon wurde diese Oper: *Don Juan*, zu welcher wiederum da Ponte den Text geliefert hatte, aufgeführt, und sie steigerte die Begeisterung für den Meister, den die Prager zum ersten der Welt erklärten. In Wien wurde sie erst im Mai 1788 aufgeführt, und es gelang ihr nur nach und nach, sich in die Gunst der Wiener zu setzen, wurde indess bald wieder daraus durch eine nun gleichfalls vergessene Oper: *Axur*, von Salièri, verdrängt. Wahrscheinlich der glückliche Erfolg des *Don Juan* in Prag veranlasste den Kaiser, den Componisten zum Cammermusiker mit 800 fl. Gehalt zu ernennen. 1789 gieng er, durch den Fürsten Carl Lichnowsky veranlasst, nach Berlin, und wurde dort vom König Friedrich Wilhelm II ausgezeichnet. Eine angebotene Anstellung als Capellmeister lehnte er ab, weil er immer noch auf seinen Kaiser Joseph hoffte. Dieser übertrug ihm auch die Composition der italienischen Oper: *Cosi fan tutte*, allein er starb 1790, ohne sie gehört zu haben. Und so blieb auch eine Bewerbung um die erledigte zweite Hofcapellmeisterstelle erfolglos, so dass sich Mozart endlich genöthigt sah, dem Capellmeister an der Stephanskirche zu adjungieren, um einmal nachzurücken. In die Zeit von 1788/90 fallen noch die Bearbeitungen Händel'scher Oratorien: des *„Messias"*, *„Acis und Galathea"* und des *„Alexanderfestes"*, und die Vollendung der Symfonien in Esdur, Gmoll und Cdur, die seine Bedeutung auch als Instrumentalcomponist begründeten.

Im letzten Jahre seines Lebens endlich schuf er neben einer Menge kleinerer Werke aller Gattungen die beiden Opern: „Die Zauberflöte" und „Titus" und das *Requiem*. „Die Zauberflöte" entstand auf Veranlassung des Theaterunternehmers Schikaneder, der in bedrängte Lage gerathen war und dem diese Oper heraushalf. Sie machte den Meister in ganz Deutschland populär.

Clemenza di Tito schrieb er für die Hoffeierlichkeiten bei der Krönung des Kaisers Leopold innerhalb 18 Tagen. Das *Requiem* hinterliess er, wie bekannt, nicht vollständig, und es hat Jahre lang Streit hervorgerufen, um festzustellen, wie viel daran dem Meister, wie viel seinem Schüler Süssmaier zuzuschreiben ist[1]. Auch jene Sage, nach welcher der Engel des Todes das *Requiem* bestellt haben sollte, ist zerstört worden. Die Forschungen haben ergeben, dass der Besteller der Graf Walsegg zu Stuppach war.

Mozart starb am 5. December 1791, Morgens 1 Uhr; auf seinem Todtenbette gieng ihm die Kunde zu, dass er zum Capellmeister an der Stephanskirche ernannt worden war. Er ruht in einer Armengruft und kein Mensch kennt mehr die Stätte. Erst am 5. December 1859 wurde ihm ein Denkstein auf der Stätte errichtet, die muthmaasslich sein Grab in sich schliesst.

Die überquellende Innigkeit, die einen Grundzug seines Wesens bildet, liess den Meister zunächst auf dem Gebiete der Oper das Höchste leisten. Durch eine rastlose Thätigkeit in einer strengen Schule hatte er sich den gesammten Formalismus der bestehenden Oper bis zur technischen Meisterschaft angeeignet, und durch seine reiche Innerlichkeit, die ewig bereit war,

---

1. Ausführlicher bei Jahn, „Mozart", Band IV.

empfangend oder mittheilend der Aussenwelt sich zu erschliessen, beseelte er ihn dann zu einem lebendigen Organismus. Dieser Formalismus der Oper war, wie wir sahen, durch Gluck schon ein anderer geworden, und die gleichzeitigen Italiener Sarti, Paesiello, Salieri und Martin hatten sich ihm entschieden mehr oder weniger angeschlossen und zum Theil wenigstens noch entschiedener herausgebildet; wie ja überhaupt immer die Richtung der Talente durch das eigentlich Thatsächliche der grossen Meister bestimmt wird. Das was uns demnach in der Oper *Fra i due litiganti il terzo gode* von Sarti, dem *Barbiere di Seviglia* und *Re Teodore* von Paesiello, oder in *Cosa rara* von Martin u. s. w. als mozartisch entgegenklingt, ist es eigentlich gar nicht, ist vielmehr das, der Oper jener Zeit gemeinsame, das die Meister aus der Gluck'schen Oper mit Hülfe der italienischen abstrahiert hatten. Daneben waren auch jene volksthümlichen Bestrebungen auf diese Neugestaltung nicht ohne Einfluss geblieben. Namentlich in *Una cosa rara* oder *Lilla* von Martin sind alle jene mehr volksthümlichen Phrasen, mit denen die Volkssänger das Liederspiel pflegten, zu ganz hübschen, mitunter auch der Situation ganz entsprechenden Musikstücken verwendet worden. Martin ist des doppelten Contrapuncts, wenn auch in sehr bescheidenem Maasse, fähig, und so weiss er Terzetten und Duetten in canonischer Weise aus jenen volksthümlichen Phrasen zu gestalten. Ganz in derselben Weise fügt er seine Arien zusammen. Er schliesst sich jenem bereits vielfach besprochenen Formalismus an und erfüllt ihn wiederum mit jenen Phrasen. Von individueller Beseelung ist nicht eine Spur. Und auch formell war jenes volksthümliche Element wenigstens künstlerisch bedeutsamer schon zur Oper verwendet worden. Georg Benda (geb. 1722, gest. 1795), Johann Abraham Peter Schulz (geb. 1747, gest. 1800), Bernhard Anselm Weber (geb. 1766, gest. 1821) und die bereits genannten Componisten Wolf, Schweitzer, Neefe und André, hatten, von Gluck'schen Principien wie von den volksthümlichen Bestrebungen gleichmässig berührt, mit grossem Fleiss und eingehender Sorgfalt jenem volksthümlichen Element eine, wenn auch nicht dramatische, doch immerhin musikalische Bedeutung gegeben. Die Gluck'sche Lehre vom Wortaccent hatte auch deutsche Meister veranlasst, jenen Versuch Rousseau's, den er mit „Pygmalion" gemacht hatte, das Melodrama einzuführen, aufzunehmen. Brandes in Weimar dichtete für seine Frau, die berühmte Schauspielerin Charlotte Brandes, *Ariadne auf Naxos*, und Schweitzer schrieb die Musik dazu. Die Musik von Benda zu diesem Melodrama hatte grössern Erfolg und bewog die Madam Seyler, die Rivalin der Brandes, den Dichter Gotter zu veranlassen, dass er *Medea* für sie dichtete, welche gleichfalls Benda in Musik setzte. Brandes dichtete noch zu demselben Zwecke *Ino*, die Reinhardt in Musik setzte, ebenso wie Ramler's *Cephalus* und *Procris*. Um dieselbe Zeit entstand Neefe's Musik zu *Sophonisbe* u. s. w. Die Gattung konnte natürlich keinen Boden gewinnen. Die Musik zum Melodrama hat nur dann Bedeutung, wenn sich hinter den auf der Bühne in Scene gehenden äussern Handlungen ganz bedeutende innere Vorgänge verbergen, die nicht zur Erscheinung kommen; hier ist es Aufgabe der Musik, das Verborgene zu enthüllen, oder doch die Enthüllung vorzubereiten, wie im Melodram der Kerkerscene im *Fidelio*. In allen andern Fällen ist die Musik nur äusserlich angehängt und überflüssig. Und so konnte diese Form auch nur eine Zeit interessieren, die auf allen Gebieten der Kunst und Wissenschaft sich mehr in Experimenten ergeht. Ziemlich dasselbe gilt von jenen Declamationen, wie Anselm Weber's melodramatische Bearbeitung von: „Der Gang zum Eisenhammer" von Schiller. Allein für die Entwickelung namentlich Mozart's waren sie doch nicht ohne Wichtigkeit, weil sie immer unausgesetzt auf die Bedeutung der dramatischen Musik hinwiesen. Den rein musikalischen Theil anlangend sind alle die genannten norddeutschen Meister den süddeutschen weit überlegen. Wir gewahren eben an ihnen das Streben, die volksthümlich musikalischen Elemente in ein anständigeres Gewand zu kleiden, durch eine feinere Form in eine höhere Sphäre zu heben, und dass es ihnen nicht gelingt, hat seinen Grund nur in dem Umstand, dass sie sämmtlich mitten darin und nicht über demselben standen. Jene süddeutschen Wiener Meister wirkten natürlich mit ihrer Weise mehr auf die Massen, und um zu beweisen, wie sie nur mit der volksthümlichen Phrase wirthschafteten, und wie wenig Mozart von ihnen sich aneignen konnte, möge eine Arie aus *Lilla* von Martin Platz finden, die immerhin als Typus für diese ganzen Bestrebungen gelten kann:

Andante con moto.
Sempre pp
Violino 1.
— 2.
Oboe.
Corni in C.
Viole.
Fagotto.
Die Kœnigin.
Basso.
Gieb dich zu - frie-den, ar - ti - ges Mädchen,
Dein soll er blei - ben, die Sorg ist mein. Hast du mit
VC
Tutti.

Klugheit die Wahl ge - trof-fen so wird er dei-ner
auch würdig sein, auch würdig sein, Und du wirst

glück - lich auch
mit ihm sein. Gieb dich zu - frie-den, ar - ti - ges Mädchen!

Dein soll er blei - ben, die Sorg sei mein.
VC.
Tutti.
Er blei-bet dein,
Die Sorg ist

Wir wiederholen, diese Arie gewährt einen hinreichenden Einblick in die Oper jener Tage in Süddeutschland, und in Norddeutschland erhob sie sich in einer etwas mehr handwerksmässigen Schulgerechtigkeit, büsste aber dafür natürlich um so viel von der Anmuth der süddeutschen ein. Dies war der Standpunct der Oper seit Gluck, und wir werden sehen, dass eigentlich kein irgendwie bedeutsamer Zug unserm Meister Mozart entgeht, dass er aber auch freilich wenig mehr als den Formalismus vorfand, der sich namentlich an einigen feststehenden Wendungen bemerklich macht, und dass er diesen dann erst beseelen musste.

Die Oper Gluck's holte ihre Stoffe aus der mythischen Welt und stellt die reale Welt nur in ihrer sagenhaften Umbildung dar. Jetzt findet die Oper in allen Zeiten und in allen Ländern, wo Menschen menschlich empfinden und handeln, ihre Stoffe. Sie greift mitten hinein in das volle Leben und stellt es dar nicht in abstracten Formen, sondern wie es sich in Wald und Feld, in der Oeffentlichkeit oder am stillen Heerde des Hauses gestaltet, wie es in den Annalen der Geschichte verzeichnet ist, und wie es sich in nie endendem Wechsel in fortwährend veränderter Gestalt aufs neue erzeugt. Die Personen welche sie vorführt, sind keine Schemen einer andern Welt, sie sind Fleisch und Blut, und sie selbst bestimmen ihr Geschick durch ihre Handlungsweise, während über den Helden der heroischen Oper ein dunkles Verhängniss schwebt, das sie zu handeln zwingt. Wir nannten diese Oper im Gegensatz zu jener die romantische Oper und halten diese Benennung für vollständig gerechtfertigt, wenn man auch gewohnt ist, eine spätere Abart dieser Oper erst so zu nennen. Diese romantische Oper nimmt Elemente auf, welche die heroische nicht kennt. Sie macht die Leidenschaften zu einem Hauptfactor der gesammten Handlung und lässt ein Element, das der Erhabenheit der heroischen Oper eben so widerstreitet, wie die Leidenschaft, sie lässt Witz und Humor zu weitgreifendster Bedeutung kommen, und die Tonkunst gewinnt dadurch natürlich ein bei weitem grösseres Feld für ihre Thätigkeit, als ihn die heroische gewähren konnte. Diese hatte eben nur ganz allgemeine Typen hinzustellen, die eine feinere und tiefere Characteristik ausschliessen, und die kaum so weit speciell gefasst werden durften, dass sie sich innerhalb des Dramas unterscheiden. Die romantische Oper hat nicht mehr abstracte Gebilde, sondern Menschen, in denen warmes Blut pulsiert, Menschen, wie sie Zeit und Umstände erzeugen, darzustellen, und das ist rechtes Object für die Tonkunst. Diese unterstützt die heroische Oper eigentlich nur durch die präzise Form — aber die romantische Oper durchdringt und belebt sie mit ihrem eigensten und ganzen Vermögen. Sie stellt den unendlich reicheren Inhalt, den die romantische Oper bringt, in seiner buntesten Vielgestaltigkeit mit der ganzen Pracht und dem Reichthum ihrer Mittel, ebenso in seiner weitesten Allgemeinheit, wie in den subtilsten Verhältnissen dar, und damit gewinnt die Tonkunst erst die Bedeutung und die Bedingung der dramatischen Musik. Die Tonkunst vermag die äussern Umstände, welche die Gefühle, Affecte und Leidenschaften der handelnden Personen so erregen, dass sie in Entschlüssen und Handlungen hervorbrechen, ebenso wie die That selbst, auch in seltenen Fällen kaum entfernt anzudeuten; aber den gesammten innern Prozess, von der leisesten Regung bis zum Ausbruch in der That, weiss sie so überzeugend darzustellen; sie vermag die Situationen, in welche die handelnden Personen durch die Macht der Umstände, wie durch ihr eigenes Naturell gedrängt werden, mit solcher Gewalt auszuprägen, dass wir sie an uns selbst lebhaft wahrnehmen, dass wir sie mit durchleben, und dass sich uns mit zwingender Gewalt das Bewusstsein von der Nothwendigkeit einer ganz bestimmten That aufdrängt. Die äussere Schaustellung zeigt uns, und durch das Wort erfahren wir von der tiefen Schmach, die einer *Donna Anna* angethan worden, von dem tiefen Leid, das *Elvire* trägt; aber nachdem die Musik hinzutritt, fühlen wir beides an uns unmittelbar, und es drängt uns ebenso dort zur Rache, wie hier zur helfenden, rettenden That. Nach dieser Seite nun fasste und vollendete Mozart das musikalische Drama.

Das Recitativ, das bei Gluck noch vielfach eben nur rhetorische Bedeutung hat, steigert er zu gewaltiger dramatischer Wirkung. Im *Idomeneo*, der überhaupt der alten Oper noch ziemlich nahe steht (die Partie des *Idamante* ist für einen Castraten geschrieben), überwiegt das Secco-Recitativ noch das begleitete. Dies tritt aber überall da ein, wo gewaltigere Leidenschaften und Empfindungen sich regen und geltend machen.

In der alten Oper war diese Form selten mehr als der äussere Faden, an welchen die übrigen Musikstücke angereiht waren; im glücklicheren Falle diente sie dazu, die Handlung rhetorisch zu motivieren, und Gluck erst gab ihr eine höhere Bedeutung, indem er den Ton der Freude oder des Schmerzes, der den Grundton der Arien, Duetten und Chöre bildete, vorbereitend in ihm anschlug. Die Personen der Mozart'schen Oper werden oft von den widerstreitendsten Empfindungen des Hasses und der Liebe, der Lust und des Schmerzes bewegt, und erst durch Reflexion oder die Macht äusserer Ereignisse gelangt die Innerlichkeit, das ganze Wesen des Geistes aus diesem Wechsel widerstreitender Empfindungen in ein gewisses specifisches Gepräge, und den Weg, auf welchem das Subject zu einer einheitlichen Stimmung, das Drama zu Situationen und die Tonkunst zu bestimmten Formen gelangt, bezeichnet das Recitativ. In dieser Weise fasste Mozart diese Form und sie ist somit eine der gewichtigsten Mittel für die psychologische und nicht nur für die rhetorische Entwickelung des musikalischen Dramas geworden. Jedes einzelne Recitativ des „Don Juan“, der „Zauberflöte“, „Figaro's Hochzeit“ und der „Entführung“ ist ein sprechender Beleg hierfür.

In diesem Sinne fasst er weiterhin auch die Arie tiefer als

Gluck. Die lyrische Stimmung der einzelnen Personen Gluck's ist vielmehr auf sich bezogen, und daher genügt ihr in den meisten Fällen die knappe Form des Liedes. Die Arie Mozart's fasst alle die einzelnen Momente des Recitativs abschliessend zusammen und lässt mindestens die weitere Entwickelung ahnen, wenn sie selbst nicht die Keime für weitere Entwickelung in sich birgt. Dadurch wird sie aber natürlich weit über die engen Grenzen des Liedes hinausgedrängt, und während sich dies nach kleineren Maassverhältnissen mehr architectonisch zusammenfügt, ordnet sich die Arie in grösseren Dimensionen nach nur symmetrischen Verhältnissen. In dieser Auffassung werden beide Formen, Recitativ und Arie, die wesentlichsten Mittel für eine individuelle Characterzeichnung. Um die Helden, in denen sich der gesammte dramatische Verlauf concentriert, auch musikalisch bedeutsam hinzustellen, verwendet Mozart den Bravourgesang in ausgedehnter Weise, freilich nicht immer der Stimmung und Situation entsprechend. Hier erliegt er noch zuweilen jenem Formalismus der alten Oper. In einzelnen Fällen leiteten ihn auch, im Sinne der alten Opernpraxis, Rücksichten auf einzelne Sänger und Sängerinnen. Doch sind dies nur Ausnahmefälle. Die überwiegend grosse Anzahl seiner Arien sind durchaus fein psychologisch characterisierend gehalten, und nur so vermochte er alle die Personen des verschiedensten Characters: Don Juan wie Leporello, Osmin und Figaro, Belmonte und Masetto, Elvira und Constanze, Donna Anna, Zerline und Rosine, gleich wahr und gleich lebendig hinzustellen. Mit dieser scharfen Characteristik wird er ganz folgerichtig auf jene Stützpuncte der dramatischen Handlung geführt, welche selbst die Oper von Gluck nur in den ganz unbedeutendsten Anfängen hat und die der italienischen Oper ganz fehlen, die Ensembles und Finales. Durch die Macht der Ereignisse werden Personen des verschiedensten Characters und von widerstreitenden Interessen beseelt, auf einem bestimmten Punct vereinigt, und keiner hat selbst nach Mozart so verstanden, diesen Grundton, in welchem alle zusammentreffen, aus den heterogensten Elementen, die sich hier berühren, zusammenzusetzen und in den Finales den gesammten Verlauf der Handlung auf ihre Pointen zurückgeführt darzustellen. Wir haben wiederum nur nöthig, auf die Ensembles und Finales im „Don Juan“ oder „Figaro's Hochzeit“ hinzuweisen.

Ein eigenthümliches Gebiet für eine reiche Bethätigung seiner unbeschränkten Herrschaft über die feinsten Mittel musikalischer Darstellung fand **Mozart** in der Zauberoper. Die Töne sind ja das vortrefflichste Material, jene farbenschimmernde bewegliche phantastische Zauberwelt aufzubauen, und keine Kunst vermag eben jenes mystische Helldunkel, in das Helden und Handlung hier gehüllt sind, das Schweben zwischen Traum und Wachen, zwischen Wahrheit und Dichtung mit dem gesammten sich daraus entwickelnden Spuk so treu darzustellen, als gerade die Tonkunst. Wie wunderbar das **Mozart** in seiner „Zauberflöte" erreicht, bedarf wol kaum eines Hinweises.

Ist hier des Meisters Thätigkeit eine mehr ausbauende, die vorhandenen Formen zu höchster Vollendung führende, so wird sie auf dem Gebiete der **komischen Oper** eine vollständig umgestaltende und in gewissem Sinne durchaus neuschaffende.

Die italienische komische Oper konnte eben so wenig wie die französische zu wirklich komischen Situationen gelangen, weil beiden die scharfe Characteristik der Personen fehlt. Diese aber ist für die komische Oper von ungleich grösser Wichtigkeit, als für die romantische Oper. Nur die Zusammenfassung und gegenseitige Einwirkung der verschiedenen Charactere führt folgerichtig komische Situationen herbei, die um so drastischer wirken, je weniger sie der Berechnung entsprechen, in je grösserem Missverhältniss die angewandte Kraft zu dem dadurch erzielten Erfolge steht. Die scharf ausgeprägte Individualität ist daher das eigenste Element der komischen Oper, und während die ernste Oper die einzelnen Charactere herauswachsen lässt, stellt sie die komische Oper meist fertig hin; denn die ausschliesslich gleichmässige Art ihrer Denk- und Handlungsweise lässt sie komisch erscheinen und bringt sie in Collisionen. Die Italiener nun bringen es wol bis zu komischen Personen, nicht aber Individualitäten, und ihre Komik beruht auch nur ausschliesslich auf der Volubilität ihrer Zunge. Wie der Streit feststehender Gesetzmässigkeit mit der subjectiven Willkür überhaupt, so wird er auch in der Musik komisch; daher wird dieser Streit der regelmässigen Gesangsform mit dem mehr gesprochenen Recitativ von höchst drastischer Wirkung, und die Italiener wissen ihn äusserst wirksam zu verwenden, wenn auch eigentlich nirgend so fein als **Mozart**; diesem erwächst noch nach demselben Princip eine viel feinere komische Wirkung, indem sich die Musik zeitweise von den natürlichen Gesetzen ihrer Entwickelung zu emancipieren sucht.

Am meisten komisch wirkt die scheinbare Auflösung der regelmässigen Rhythmen, weil sie zu allermeist die ideale Schönheit der Form bedingen. Auch sie wird von den Italienern im Parlandogesang angewandt; aber meist äusserlich, nirgend so fein komisch, wie bei Mozart. Die französische komische Oper entspricht noch weniger diesen Anforderungen. Sie ist über jenes ursprünglich nationale Element, das wir schon bei Lulli fanden und das allerdings eine Hauptbedingung für komische Wirkung ist, eine leichte, scharf prononcierte, den witzigen Dialog unterstützende und heraushebende Declamation nicht hinausgegangen, und nachdem sie den Liederstyl des Vaudeville adoptierte, unterscheidet sie sich von der serieusen Oper nur noch durch die leichtere und gefälligere Musik. Sie bestreitet ihre Komik meist nur durch die scherzenden, leichtfertigen Rhythmen und sucht höchstens den Ausdruck des sprudelnden Humors und ausgelassener Laune durch die reich eingestreuten melodischen Manieren, durch Doppelschlag, Vorschlag, Schleifer und Pralltriller, und durch eine grazieuse Coloratur zu erreichen. Der deutschen komischen Oper, wie sie sich uns in Dittersdorf darstellt, fehlt die Grazie der französischen und das drastisch Lebendige der italienischen Oper, aber sie erfüllt dafür in höherem Grade die Hauptbedingung der komischen Oper, die Ausbildung komischer Situationen, und indem Mozart sie zur Grundlage seines Schaffens macht und sich jene Grazie der Franzosen und das Parlando der Italiener aneignet, gestaltet er die komische Oper ganz neu und führt sie zur höchsten Vollendung. Weil er sich eben alle Mittel der komischen Darstellung aneignet, so vermag er seine Charactere so bestimmt zu zeichnen, dass ihm die höchste Wirkung in den Gipfelpuncten der komischen Oper, in den Ensembles und Finales, meisterlich gelingt. Hier gilt es, durch den Contrast die drastische Wirkung zu erhöhen, die handelnden Personen in ihrer Entgegensetzung zu zeigen, und wo eben Individualitäten so scharf heraustreten, wie bei Mozart, ist dann die Wirkung durchaus feinsinnig, künstlerisch und drastisch komisch.

Indem wir endlich noch die letzte Form der Oper betrachten,

welche eigentlich nicht zur Handlung gehört, aber dennoch gegenwärtig eine Nothwendigkeit geworden ist, und die durch Mozart erst ihre wahre Bedeutung erhalten hat — die Ouverture — folgen wir dem Meister auf ein Gebiet, auf welchem er zwar nicht so neu schaffend oder umgestaltend wirken sollte, wie auf jenem der Oper, aber doch auch eine nicht minder grosse Bedeutung errang — im Instrumentalen. Gluck bereits fasste seine Ouverturen zu „Iphigenie in Aulis" und zu „Alceste" wie Orchesterprologe auf, welche unserm gesammten Geistesvermögen dasjenige specifische Gepräge geben sollen, welches zum Verständniss des musikalischen Dramas von vornherein erforderlich ist. Mozart fand nun den instrumentalen Ausdruck nach dieser Seite entschieden erweitert vor, und so konnten seine Orchesterprologe auch viel beredter werden, als die Gluck'schen, und sie führen auch wirklich mitten hinein in den Grundton, der die ganze Handlung durchklingt, dass sie uns sofort lebendig und gegenwärtig ist.

Die Zahl seiner übrigen Instrumentalwerke, mit denen er eine seiner Grösse entsprechende Bedeutung auch für das Instrumentale gewinnt, ist nicht sehr gross; aber diese stehen dicht neben dem Vortrefflichsten, was je geleistet wurde, und sie begründen ihm zugleich eine Sonderstellung gegenüber den andern Meistern des Instrumentalsatzes: Haydn und Beethoven. Jene tiefe Innerlichkeit, die wir als den Grundzug seines Wesens bezeichneten, und aus der heraus er das dramatische Kunstwerk in höchster Vollendung emportreiben liess, bedingt auch jene Sonderstellung innerhalb der Entwickelung des Instrumentalen. Haydn stand noch unter der Herrschaft seiner Instrumente, er lauscht ihnen ihre eigensten Naturlaute ab, um sie in ihren Zungen reden zu lassen. Mozart macht sie sich unterthänig, um ihnen seine reiche Innerlichkeit einzuflössen, dass sie, ein jedes nach seinem eigenen Vermögen, seine Sprache reden. Die Motive Haydn's sind daher mehr reiz- als inhaltsvoll, und erst die sinnige und geschickte Verwendung, ihre meisterliche Anordnung zu grossen Tonstücken vermag unser Interesse dauernd zu fesseln. Die Motive Mozart's sind ungleich bedeutender und von so energischem Gefühlsausdruck, dass sie eine weitere Verarbeitung kaum zulassen, oder doch nur einer Individualität möglich machen, die, wie die eines Beethoven, energisch zusammengehalten ist. Daher hat Mozart auch nur in den Instrumentalwerken Unvergängliches und Mustergültiges geschaffen, deren Motive noch der Haydn'schen Technik sich fügen, in jenen sechs Quartetten, die er Haydn widmete, und die nach seiner eigenen Mittheilung in der Dedication die Frucht jahrelanger Arbeit sind[1], in den drei Symfonien des Jahres 1788, der vom üppigsten Wohllaut gesättigten Esdur-, der leidenschaftlichen Gmoll- und der grossartig wundervollen Cdursymfonie mit ihrem erhabenen Finale, der Quadrupelfuge, in dem der Gmollsymfonie verwandten Gmollquartett und einigen Clavierconcerten. Alle übrigen ohne Ausnahme, besonders seine Sonaten und Duos, sind beredte Zeugen seiner unendlich reichen Individualität, und sie bieten eine Menge melodische und harmonische Gestaltungen von berückender Schönheit, aber diese sind meist nur lose aneinander gehängt, ohne jene logische Consequenz der Erscheinung, ohne jene contrastierende Gegenüberstellung, die wir als wesentlichste Bedingung für den Instrumentalstyl erkannten.

Dass er jene Instrumentaltechnik nicht fand, welche seiner wunderbar reichen Innerlichkeit in ihrer ganzen Grösse Ausdruck im vollendeten instrumentalen Kunstwerk ermöglichte, deren Spuren wir in einzelnen Claviersonaten, wie in der grossen Cmollsonate und zum Theil in den Cmollfantasien begegnen, mag sein ungünstiges Geschick verschuldet haben, das ihn früh hinaustrieb auf den offenen Markt des Lebens und ihm nicht die Ruhe gönnte, die Kraft seiner Innerlichkeit zu concentrieren. Diese sollte erst jener Meister finden, dessen ganzer Lebensgang ihn früh zu energischer Einkehr in sich selbst drängte: Ludwig van Beethoven. Jener Werkeltagsbeschäftigung, die den Genius eines Haydn vielfach lähmte und den eines Mozart zersplitterte, blieb er ja immer fern, und als jenes furchtbare Ereigniss eintrat und er des edelsten Sinnes, des Gehörs, beraubt wurde, da stand er fast eben so vereinsamt da inmitten der Welt, wie einst Johann Sebastian Bach, und vielleicht nur deshalb erlangte er eine diesem Meister ebenbürtige Kunstgrösse.

Wenn nun auch nach alle dem Mozart's positive Bedeutung für das Instrumentale nicht seiner genialen Grösse entspricht, so

1. Das erste Quartett, Gdur, vollendete er im December 1782; das zweite, Dmoll, im Juni 1783; das dritte, 1783; das vierte, Bdur, 1784; und das fünfte, Adur und sechste, Cdur, 1785.

erlangte er doch für die historische Entwickelung eine Bedeutung, die nicht geringer ist, als die Joseph Haydn's und Beethoven's, indem er den Ton anschlug, der sich durch die ganze Entwickelung des Instrumentalen bis auf unsre Zeit hindurchzieht. Sein Meister Joseph Haydn selbst wusste sich dem Einfluss nicht zu entziehen; seine letzten Quartetten und Symfonien sind nicht ohne das vermittelnde Glied der Werke Mozart's aus den frühern Arbeiten des Meisters herzuleiten. Jene berückende Süsse aber, die namentlich die Adagios der Clavierconcerte erfüllt, sie ist ja der Grundton der Lyriker unserer Tage: Schubert, Schumann und Mendelssohn, geworden, und wir werden an ihnen nachweisen können, wie selbst der neue Clavierstyl, den diese jüngern Meister herausbilden, auf jenen ältern zurückzuführen ist. Um das Bild unsers genialen Meisters zu vollenden, müssen wir auch noch seiner Thätigkeit auf dem Gebiete der kirchlichen Tonkunst gedenken. Dass er sich dem Zuge seiner Zeit anschloss, ist eben so aus seiner Individualität zu erklären, wie dass er nirgends in jenen mehr materialistischen Ton, den wir bei Haydn finden, verfiel. In Bach's oder Händel's Geist zu beten, das war ihm nicht gegeben, aber die Weise, wie er seine reiche Innerlichkeit, wenn auch vielleicht oft widerstrebend, unter das Bewusstsein von der Nähe des allwaltenden Gottes beugt, ist nicht minder erhebend und läuternd, und wer möchte nicht mit der tiefsten Wehmuth einstimmen in seine wunderbare Bitte um Ruhe für die Todten, deren er so sehr bedurfte und die ihm dennoch viel zu früh werden sollte. In jenem *Requiem* und dem *Davidde penitente* hat auch die oratorische Form wieder ihre ideale Höhe erreicht. Aber hier gilt es nicht, Thatsachen in objectiver Anschauung hinzustellen, wie bei Bach und Händel, sondern das zu Verkündende tritt jedem so ernstlich nahe, dass jeder dabei betheiligt ist. Die fromme Weise nun, in welcher Mozart's so reiche und leidenschaftliche Individualität Antheil nimmt und sich der höhern Macht beugt, ist unendlich rührend und erhebend.

Der dritte grosse Meister endlich, der diese ganze Richtung zum glänzendsten Abschluss brachte:

Ludwig van Beethoven, am 17. December 1770 in Bonn geboren, erhielt von seinem Vater, welcher in der churfürstlichen Capelle als Tenorist angestellt war, den ersten Unterricht in der Musik. Später wurden der Musikdirector Pfeiffer und die Hoforganisten van der Eden und Neefe seine Lehrer und bereits 1785 konnte er als Organist bei der churfürstlichen Capelle angestellt werden. Im Winter des Jahres 1786 gieng er nach Wien und erregte hier die Aufmerksamkeit und das Interesse Mozart's in hohem Grade. Sechs Jahr später, 1792, gieng er abermals nach Wien, zunächst mit dem Vorsatz, unter der Leitung Joseph Haydn's, der damals auf dem Höhepunkt seines Ruhmes stand, sich weiter auszubilden. Durch seine geniale Weise der Improvisation auf dem Clavier öffneten sich ihm die vornehmstén Kreise Wiens, und er wurde bald der erklärte Liebling der, jener Zeit, durch ihren Kunstsinn ausgezeichneten Aristokratie. Namentlich fand er im Hause der fürstlichen Familie Lobkowitz ausgezeichnete Aufnahme. Der Fürst Carl setzte ihm einen Jahrgehalt von 600 Gulden aus für die Zeit, dass er noch ohne Anstellung sein würde, und Beethoven erzählte in seinen spätern Jahren noch oft von der mütterlichen Sorgfalt, mit welcher die Fürstin Christiane um ihn besorgt war. Mit allem Eifer studierte Beethoven bei Haydn die Gesetze des Contrapuncts und die Harmonielehre, bis er, wie erzählt wird, Grund hatte, mit ihm unzufrieden zu sein. Ein dritter soll in einigen, von Beethoven gearbeiteten und von Haydn corrigierten Uebungsbeispielen Satzfehler entdeckt haben, die Haydn übersehen hatte, und dies erzürnte, so wird weiter erzählt, den Schüler so, dass er nur mit Mühe zu bewegen war, die zweite Reise Haydn's nach England abzuwarten, ehe er den Lehrer wechselte.

Beethoven wählte nun den als erfahrenen Lehrer und tüchtigen Contrapunctisten bekannten Albrechtsberger, und erwarb sich bald eine ziemlich ausgebreitete Gewandtheit in Verwendung des gesammten Materials.

Mit dem Jahre 1795 beginnt seine eigentliche öffentliche Thätigkeit. In diesem Jahre erschienen als Op. 1 die drei Haydn gewidmeten Trio's für Clavier, Violine und Violoncell, und von nun an schuf er in dem Zeitraum von kaum dreissig Jahren eine ununterbrochene Reihe von Meisterwerken aller Art, und er schuf sie unter der, freilich meist selbst verschuldeten Misere des gemeinen Lebens, die er ertrug und wol nicht minder bitter empfand, als Mozart vor ihm. Sein durchaus gerechtfertigtes künstlerisches Selbstgefühl, das ihn sogar seine einzige Liebe in den höchsten Kreisen der Gesellschaft suchen liess, fand sich natürlich mit der Welt der gemeinen Wirklichkeit sehr schlecht ab, und so musste er nothwendig vielfach in empfindliche Conflicte gerathen. Es bildeten sich jene Ecken und Schrullen aus, die den Verkehr mit ihm erschwerten, die ihn nicht nur jenen Kreisen, in denen er einst ein gut Theil seines innersten Lebenselements gefunden, sondern den Menschen überhaupt entfremden mussten. Und als jenes tragische Ereigniss eintrat, als er den, für die Musiker edelsten Sinn, das Gehör, verlor, fand er sich eigentlich schon völlig vereinsamt. Bereits im dreissigsten Jahr war er von einem Gehörleiden befallen worden, das später in völlige Taubheit übergieng. Der Kreis seiner persönlichen Umgebung verringerte sich allmälich und die, welche ihm nahten, waren auch nicht alle von Liebe und Verehrung für ihn erfüllt. Es ist bekannt, wie seine beiden Brüder Carl und Johann nur in niedrigster Art Vortheile von ihm zu ziehen wussten; welch grosses Herzeleid der Sohn jenes Carl, für den er väterlich sorgte, ihm bereitete, und wie diesen selbst der Verdacht trifft, das frühe Ende unsers Meisters mit verschuldet zu haben. Beethoven starb am 26. März 1827 kurz nach 5 Uhr Abends.

Ausser jener Organistenstelle in seiner Vaterstadt hat Beethoven nie eine Anstellung gehabt. 1809 berief ihn der König von Westphalen nach Cassel als Hofcapellmeister, und Beethoven war willens, dem Ruf zu folgen. Allein hochgestellte Gönner des Meisters, Erzherzog Rudolf, Fürst Lobkowitz und Fürst Kinsky, sicherten ihm einen Jahrgehalt von 4000 Gulden zu, und so verliess Beethoven Wien nicht. 1811 indess schon wurde diese Summe durch die bekannte österreichische Finanzmaassregel auf das Fünftel reduciert.

Wir deuteten bereits darauf hin, dass dieser eigenthümliche Gang seines Lebens, dass sein tragisches Geschick wesentlich auf seine künstlerische Entwickelung einwirkte. Nimmer wäre er wol in der Welt der Töne so heimisch geworden, wenn ihm die äussere Welt nicht so fremd gegenübertrat, so dass er genöthigt wurde, sich ganz in sie hinein zu leben — in diese mit all seinem Hoffen und Sehnen, mit seinen Freuden und Schmerzen, seinem Jubel und seiner Klage zu flüchten, wo sie reinsten und unmittelbarsten Ausdruck gewinnen konnten. Und wie sollte er die ganze Lebens- und Leidensgeschichte der Menschheit auszutönen im Stande sein, wenn er sie nicht selbst mit durchgemacht, sie an sich selbst empfunden hätte. Dies aber war die nächste und höchste Aufgabe der Tonkunst und der Instrumentalmusik speciell. Wir konnten bereits einer Reihe von Bestrebungen gedenken, die darauf gerichtet waren, äussere Vorgänge des gewöhnlichen Lebens instrumental oder vocal darzustellen, und obwol sie uns meist als verfehlt und unkünstlerisch erschienen, waren sie uns doch bedeutsam als historische Beweise dafür, wie früh sich das Bewusstsein geltend macht, von der Nothwendigkeit des Anlehnens namentlich der Instrumentalmusik an bestimmte Darstellungsobjecte. Alle jene Tonbilder von den Schlachtgemälden der Niederländer, den Tongemälden in den französischen Opern bis zu Dittersdorf's Metamorphosen und der Darstellung „des Todes des Herzog Leopold", des „jüngsten Gerichts" und einer „Seeschlacht", die der Abt Vogler in seinen Orgelconcerten versuchte, waren für uns nur von Interesse, weil sie den Beweis lieferten, dass die Ueberzeugung von der Ausdrucksfähigkeit der Instrumentalmusik gegenüber jenen theoretischen Nachweisen, welche dieselbe läugneten und diese nur als Tonspiel aufgefasst wissen wollten, und die gleichfalls wiederholt zu führen versucht wurden, sich immer entschiedener geltend macht. Schlagender freilich noch wird diese Ansicht durch jene Arbeiten der volksthümlichen Meister widerlegt, in denen unbewusst und unbeabsichtigt das wirkliche Leben in seiner realistischen Derbheit musikalisch umgedichtet zur Erscheinung kommt.

Beethoven nun bestimmte die Grenzen der Instrumentalmusik; an ewig mustergiltigen Werken zeigte er, welchen Antheil diese an der künstlerischen Darstellung des wunderbaren Waltens des Weltgeistes nicht nur im Grossen und Ganzen, sondern auch in seiner Erscheinung im Einzelnen nimmt.

Wol schweben auch Haydn bestimmte Ideale beim Schaffen seiner Instrumentalwerke hin und wieder vor — einzelne Symfonien aus der früheren Zeit tragen characteristische Namen — und von einer Symfonie erzählt er selbst, dass in ihr der Seelenzustand eines verstockten Sünders, der hartnäckig der göttlichen Gnade widerstrebt, dargestellt werden soll. Allein vorwiegend wird er doch nur von jener unschuldigen, naiven Lust am Schaffen, von jener kindlichen Freude, die es ihm bereitet, sein volles, an den Wundern der Natur und der bunten Lust des Lebens erglühendes Herz in der neuen Sprache offenbaren zu können, geleitet. Und diese Sprache war auch noch viel zu neu, um schon Anderes und Grösseres zu verkünden. Der Künstler darf das eigentliche Darstellungsobject auch nicht ausser sich suchen. Der unmittelbare Boden bleibt immer die schöpferische Fantasie und die Tiefe der Menschenbrust, und wenn auch Dicht- und Tonkunst hinausgehen in Flur und Wald und an die offene Heerstrasse des Lebens, so ist dann das, was sie darstellen, doch nicht das Leben, wie es ihnen dort erscheint, sondern wie es in der Fantasie des Dichters Gestalt gewinnt.

Die äussere Umgebung oder irgend ein gewaltiges Ereigniss

oder eine erhabene Idee sollen nicht Darstellungsobjecte des künstlerischen Schaffens selbst sein, die der Tonkünstler nur zu copieren braucht, sondern sie sollen in seiner Fantasie Tonbilder erzeugen, die er dann in seinem Kunstwerk niederlegt. So nur fasste Beethoven das neue Instrumentalstück; von der überwiegend grössern Zahl seiner instrumentalen Kunstwerke hat er uns den poetischen Vorgang, der sie in seiner Fantasie erzeugte, nur ahnen lassen; wahrscheinlich weil er bei den meisten ihm selbst nicht so klar geworden war, oder weil er ihm bei der Arbeit in seiner ursprünglichen Gestalt verloren gegangen war, sich so ganz in Musik umgesetzt hatte, dass er ihn selbst nicht mehr mit Worten bestimmen konnte. Dass aber auch da, wo er uns keine derartigen Andeutungen macht, ihn immer noch bestimmte Vorgänge beseelen mussten, beweisen die recitativischen Gebilde, die er in einzelnen Instrumentalwerken einführt. Das Recitativ ist eigentlich keine Instrumentalform, sondern Vocalform, im eigentlichsten Sinne des Worts als zum Gesange gesteigerte Rede, und ihre Einführung in ein instrumentales Tonstück, wie in Bach's cromatischer Fantasie und in Beethoven's Sonaten Op. 31. 2, Op. 110 oder der neunten Symfonie, deutet an, dass ein ganz bestimmter Vorgang wol gar dramatisch belebt vor der Seele vorüberzog, oder dass er dort an einem Wendepunct in der Darstellung angekommen ist, der die Reflexion des Tondichters herausforderte; denn das dürfen wir nie vergessen, in allen diesen Tonwerken ist es immer nur der Tondichter, der zu uns spricht, und nicht das Darstellungsobject. Wir wiesen bereits darauf hin, dass diese neue Weise der Instrumentalmusik, wie sie in Haydn angebahnt und in Beethoven vollendet wird, eine neue Instrumentaltechnik erforderte, und auf diese wurde Beethoven früh hingeführt.

Die gesammte Technik der Meister vor Bach; und zum Theil auch noch bei Haydn und Mozart, findet ihren Ausgangspunct im sogenannten Contrapunct und meist auch ihre dauernde Grundlage. Haydn und Mozart hatten beide ihre ersten Studien noch in der alten Schule begonnen und vollendet, und erst später wurden sie, meist durch das Leben und die Praxis, auf das neue Gebiet getrieben. Beethoven beginnt mit der freien Fantasie und der Variation. An ihnen zunächst, in jenen aristokratischen Kreisen, die ihn zuerst bewunderten, erprobt er die Fähigkeit des musikalischen Materials, Träger und Verkünder seines Innern zu sein. Doch ihm konnte der wahre Ausdruck allein nicht genügen, denn der wahre Ausdruck ist ja nicht schon ein künstlerischer. Daher drängt es ihn, in energischen Studien sich das gesammte Darstellungsmaterial zu vollständiger Herrschaft über dasselbe anzueignen, damit er das, was ihn bewegte, im abgerundeten Kunstwerk darzulegen vermöchte; er eignet sich jene weise Oeconomie in Verwendung des Kunstmaterials an, die ihn zum Schöpfer einer fast ununterbrochenen Reihe innerlich und äusserlich anwachsender Kunstwerke macht. Die freie Fantasie konnte seinem, nach energisch heraustretender Kunstform trachtenden Geist eben so wenig genügen, als die Variation, die doch immer nur ein, bei ihm freilich meist feinsinniges, oft selbst tief erregtes Spiel der schaffenden Fantasie ist. Er wendet sich daher jener Form hauptsächlich zu, die in bestimmt heraustretenden Gruppen einen ganzen Lebenszug darstellt, der Sonate für Clavier und ein begleitendes Instrument, und in ihr, wie in den verwandten des Trio, des Quartetts und Quintetts, erzählt er uns von seinen Freuden und Leiden, von seinem Ringen und seinen Erfolgen, hier gewährt er uns einen Einblick in sein, von der Welt erregtes Gemüth. Schon damals erwies sich das Clavier als das, für den individuellen und doch möglichst tiefgefassten Ausdruck geeignetste Instrument.

Mit diesem Instrument waren mittlerweile wiederum bedeutende Veränderungen vorgegangen. Christoph Gottlieb Schröder, ein Organist in Nordhausen, war, weil ihm der Ton der Claviere und Tangentenflügel zu wenig Modificationen erlaubte, bemüht, ein Clavier zu bauen, auf welchem die Stärke und Schwäche des Tons genauer abzumessen war, und er wurde darauf geführt, die Tangenten durch Hämmer zu ersetzen. Zu unvermögend, diese Idee selbst auszuführen, musste er die Ausführung dem berühmten Orgelbauer Gottfried Silbermann überlassen, welcher (1726) das erste derartige Instrument baute. Bereits 1720 indess soll auch Christofali zu Florenz ein ähnliches Instrument gebaut haben. Es verbreitete sich ziemlich rasch unter dem Namen *Fortepiano*, und wenn auch die Meister noch nicht ihre Claviercompositionen auf die Ausführung durch dies Instrument berechneten (Beethoven schrieb erst Op. 106 seine Bdursonate für das Hammerclavier), so musste doch diese neue Erfindung auch auf die Construction des Claviers von wesentlichem Einfluss werden. Es begann wieder jener Wettstreit in Verbesserungen desselben, dem wir schon einmal begegneten, der die Verbesserung des Tons anstrebte. Silbermann baute das sogenannte *Cembalo d'amour*, welches so gebaut war, dass die Tangenten in der Mitte der Saite anschlugen, und indem so beide Hälften erklangen, der Ton verstärkt wurde. J. A. Stein, ein Instrumentenmacher zu Augsburg, baute 1758 Concertinstrumente, in welchen Flügel und Fortepiano vereinigt waren. Ein anderer in Rudolstadt erfand 1765 die Dämpfung, Roller einen Mechanismus, vermittelst dessen die Claviatur verschoben und also die Stimmung des Instruments geändert werden konnte. Graf Brühl liess 1774 einen Flügel mit Stahlsaiten bauen u. s. w., u diese Versuche hatten den Vortheil, dass dem ursprün Clavier, welches immer noch vorherrschend in Anwendun wenn auch, wie z. B. von Späth in Regensburg, viele ben in Pianofortes umgeändert wurden, alle diese Verbesse nach und nach angeeignet wurden, wodurch es allmälich neue Construction hinübergeleitet wurde. Dieser ganze eben kam der neuen Claviertechnik, welcher Beethov neuen Inhalt übertragen sollte, ausserordentlich zu Hülfe.

Hier müssen wir nun auch jenes Meisters gedenken, d Zeit- und Altersgenosse Mozart's, hierin unserm Meist arbeitete:

Muzio Clementi. In Rom 1752 geboren, bildete er sich u Organisten Cordicelli zu einem gewandten Orgel- und Clavi und zu einem tüchtigen Contrapunctisten aus. Carpini, ein Componist, übernahm später seine Leitung, und der Gesanglch tarelli bildete seine schöne Stimme aus. In seinem 13. Jahre einem Engländer nach Grossbritannien und studierte hier mit Eifer, dass, als er in seinem achtzehnten Jahre öffentlich auftrat geheure Sensation erregte nicht nur durch seine eminente Fertigkeit, sondern auch durch seine Compositionen, die damals, eine neue Richtung anbahnend, erschienen. Mozart war erst 14 Jahr alt und Haydn noch wenig bekannt. Vor den Claviersätzen von Ph. Em. Bach aber mochten seine Claviercompositionen schon damals den vom Dilettantismus immer hochgeschätzten Vorzug einer brillanteren Technik haben, was ja überhaupt die Sonaten Clementi's selbst vor den Sonaten Haydn's und Mozart's voraus haben. Im Jahre 1780 gieng Clementi nach Paris und 1781 traf er mit Mozart in Wien zusammen und hatte dort seinen bekannten Wettkampf mit diesem Meister, der ihn nach gültigem Zeugniss

Das Papier der Pracht-Ausgabe ist gutes weisses und ziemlich doppelt so starkes Notenpapier als das zu diesem Prospekt.

nicht an Fertigkeit, wol aber an Feinheit und seelischem Ausdruck überbot. In England, wohin er wiederum zurückgieng, verweilte er 20 Jahre, und erst 1802 fand er sich veranlasst auf Reisen zu gehen, und kehrte, nachdem er in den grössten Städten Europa's wiederum concertiert, 1810 nach London zurück, wo er eine Musikalienhandlung und eine Pianofortefabrik errichtete, und namentlich aus letzterer giengen vortreffliche Instrumente hervor. Er starb 1832 am 9. März.

Durch seinen *Gradus ad Parnassum* und durch einige kleinere Studienwerke hat er die neuere Technik für das Pianoforte entschieden begründet, welche dann von seinen Schülern John Field, A. A. Klengel und Ludwig Berger weiter verpflanzt wurde. Als Begründer der Sonate, als welcher er manchem noch gilt, kann man ihn nicht bezeichnen; hier hat er nur gezeigt, wie die neue Claviertechnik dieser Form zu vermitteln ist. Wir sahen, wie diese Form längst vorbereitet war, und wie es eben nur einer ordnenden Hand bedurfte, welche die wesentlichen Momente zusammenfasste und alles Unwesentliche ausschied, und das that entschieden Haydn zuerst, und zwar, weil in ihm nur die Idee der Sonate lebendig war, viel präciser und in einem dieser Idee zunächst ganz entsprechenden Clavierstyl, wie wir das nachzuweisen versuchten. Clementi ist weit weniger von der Idee der Sonate erfüllt, als Haydn, ihn drängt es vielmehr, seine neuen brillanten Clavierfiguren, die Haydn nicht hatte, zu festern Formen zusammen zu fügen, und er thut dies daher viel mehr in der weitschweifigen Form der alten Sonate, als Haydn. Daher kann man die Clementi'sche Sonate nicht als Begründung der Sonatenform ansehen, wol aber als die Vorbereitung der Beethoven'schen Sonate.

Die Sonaten von Clementi sind fast durchweg Studien für Clavier in Sonatenform. Namentlich liegt dem leidenschaftlicher bewegten Theil des Allegrosatzes wie des Finale vorwiegend irgend eine Clavierfigur zu Grunde, und wir werden später einer Etudenform begegnen, welche direct aus diesem ersten Satze hervorgegangen zu sein scheint. Der zweite Theil desselben ist meist sehr klang- und gesangreich, aber auch seine Einführung und weitere Behandlung geschicht vielmehr mit Rücksicht auf das Instrument, als auf die Idee der Sonate. Dasselbe gilt vom Adagio, und in dem Menuett oder dem Schlusssatz macht sich oft ein trockener künstlicher Contrapunct geltend, der vollends einen poetischen

Aufschwung über das mehr Formelle nicht zulässt. So dürften nur einige wenige zu nennen sein, die andere als formelle Anforderungen an die Sonate erfüllen, wie etwa die „*Didone abbandonata Scena tragica*" überschriebene, oder die grosse Cdursonate mit ihrer wunderlichen Einleitung im 5/4-Tact, die grosse seiner Frau gewidmete Emollsonate, mit jener Cdursonate als „*Deux caprices en forme de Sonates*" gedruckt.

Beethoven konnte sich also nur formell an diese Sonate anlehnen, und ein solches Anlehnen ist unverkennbar; selbst in seinen spätern Sonaten erinnert die eigenthümliche Behandlung des Claviers in den Clavierfiguren an Clementi. Ideell konnte sich Beethoven dagegen nur an Mozart und Haydn anschliessen, und das scheint des jüngern Meisters erste Aufgabe gewesen zu sein: für die tief erregte leidenschaftliche Innerlichkeit den Ausdruck im Instrumentalen zu finden, welchen Mozart im Vocalen gefunden hatte. Seine Motive sind daher, ebenso wie die jenes Meisters, breit angelegt und von vornherein bedeutungsvoll, aber er reiht sie dann nicht nur lose aneinander, sondern er stellt sie in jener Weise, wie wir es als Nothwendigkeit für den Instrumentalstyl erkannten, einander gegenüber, so dass eben aus dieser Gegenübersetzung der gesammte Inhalt in plastischen Tonformen heraustritt. Dass er schon in seiner ersten Periode unter dem Einfluss bestimmter Ideale schuf, erfahren wir nur von einigen durch ihn selber, die *Sonate pathétique*, die Pastoralsonate wie die Cismollsonate treten nach dieser Seite als bewunderungswürdige Werke dieser Periode ganz entschieden heraus, allein es geschicht doch meist nicht mit dem Bewusstsein der spätern Zeit. Auch er wird jetzt noch mehr von der unbestimmten Lust am Schaffen geleitet, von dem Bedürfniss, das gesammte Material sich ihm unterthänig, dem Ausdruck seiner Ideale willfährig zu machen. Und hierzu erwies sich eben jene erweiterte Claviertechnik Clementi's ausserordentlich wirksam. Nach ihrer Anleitung erweitert er den Mozart-Haydn'schen Clavierstyl. Die Clavierfiguren werden reicher und mannichfacher. Durch weite Lagen und eine ausgedehntere Mehrstimmigkeit weiss er dem Accord jenen vollen, saftigen Klang zu geben, der seiner Innerlichkeit so sehr entspricht, und indem er seine wunderbaren Melodien durch die mannichfachsten Versetzungen in immer neue Beziehungen zu bringen weiss, werden sie immer inniger und weicher und sprechen immer beredter zu unserm Herzen. Bei Haydn und Mozart begegnen wir noch Stellen, die nur formell in der Sonate begründet sind, wie die Vorbereitungen zu Theilschlüssen und diese selbst, die namentlich bei dem ersteren in eine gewisse conventionelle Formel auslaufen. Diese verlieren sich bei Beethoven in dem Maasse, als der ideelle Inhalt wächst, und je subjectiv verfeinerter dieser wird, um so mehr entziehen sich selbst die formellen Grenzlinien dem ersten Anblick, wodurch freilich das Verständniss erschwert wird.

In derselben Weise erweitert er natürlich auch die Spielfülle der andern Instrumente. In der Sonate offenbart sich ja doch nur ein Lebenszug des mit sich beschäftigten Individuums, der natürlich grösser und bedeutsamer werden muss, wenn sich an der Darlegung noch andere Instrumente, eine Violine oder ein Violoncell, oder auch beide betheiligen; wenn vier Instrumente im Quartett oder fünf zu einem Quintett u. s. f. zusammentreten, und wie fein unser Meister auch hier abzuwägen verstand, das beweisen am schlagendsten die zahlreichen Arrangements seiner Instrumentalstücke. Eine für Violine, Violoncell und Pianoforte arrangierte Sonate wird nimmermehr ein Beethoven'sches Trio und wäre das Arrangement noch so vortrefflich. Der Meister berechnete zu genau, welchem Instrument oder welchem Instrumentenverein er seine Ideen zur Darstellung übergeben musste.

Hieraus erklärt sich auch, dass Beethoven erst zweimal das Orchester zu einem Wettstreit mit dem Clavier, diesem willfährigen Verkünder seines überfluthenden Innern, herausfordert, in den beiden Clavierconcerten Op. 15 und Op. 19, dass er erst einzelne Blasinstrumente mit dem Pianoforte im Quintett Op. 16 zu gemeinsamer Wirkung zusammenfasst und endlich noch ein kleines Orchester aufbietet im Sextett Op. 20, ehe er das gesammte Orchester um sich versammelt, in der ersten Symfonie Op. 21.

Zu einem Wettstreit im Sinne der spätern Concerte kommt es allerdings in jenen beiden noch nicht. Wie der Meister in einzelnen Sonaten die Violine, das Violoncell oder Horn oder auch andere Instrumente herbeiruft, dass sie dem Flügel zu Hülfe eilend den Ausdruck desselben ergänzen und erläutern, so ruft er hier ein ganzes Orchester zu Hülfe, und dies erlangt erst im zweiten, im Bdurconcert als Gesammtheit eine gewisse Gleichberechtigung mit dem Clavier, so dass das Ganze sich mehr in einem beredten Dialog entwickelt, während im ersten das Orchester in seiner grossen Einfachheit nur das Clavier stützt und ihm als Folie dient.

Das Darstellungsobject der Symfonie tritt natürlich heraus aus dem engen Raum all dieser mehr beschaulichen Stimmungen. Die Symfonie verlangt, dass grössere Bilder der Natur oder der Weltgeschichte an der Seele des Künstlers vorüberziehn und in seiner Fantasie Tonbilder erzeugen, die so gross und gewaltig sind, dass sie den weiten Rahmen auszufüllen vermögen. Wir halten für unnütz, zu untersuchen, welches die leitenden Ideen der beiden Symfonien Op. 21 und 36 und der Werke bis etwa zur Symfonie *eroica* gewesen, der Meister hat bis dahin wol selbst nur dunkle Vorstellungen von ihnen gehabt, da, wo sie ihm deutlich vorschwebten, hat er nicht versäumt, sie durch bestimmte Fingerzeige anzudeuten. Mit der Symfonie *eroica* Op. 56 beginnen sie aber, sich den Werken so treu aufzuprägen, dass sie uns unschwer erkennbar werden, auch da, wo die äusseren Andeutungen fehlen. Wir wissen, dass jene *Eroica* durch das Bild eines Heros, des gewaltigen Napoleon, in der Seele des Tondichters erzeugt, dass die *Sonate appassionata* Op. 57 in einer Sturmnacht empfangen wurde, und schliessen wol ganz richtig, dass die Bdursymfonie Op. 60 einem weltgeschichtlichen Ereigniss seine Entstehung verdankt. Wie diese grossen Instrumentalwerke meist weltgeschichtliche, die kleinern aber Ereignisse seines Lebens zum Hintergrund haben, so werden andere wieder durch das wunderbare Leben in Wald und Feld, durch den Zauber der Natur hervorgerufen. Die Musik hat von jeher, namentlich seit der Entwickelung der Instrumentalmusik, gern Anregung und Stoff aus der freien Natur geholt. Das Pastorale war vor Bach schon eine beliebte Form und wurde auch von diesem Meister mit Sorgfalt gepflegt. Haydn's Verhältniss zur Natur haben wir bereits angedeutet. Doch kamen die Vorgänger Beethoven's wenig über das Bestreben hinaus, das, was in der Natur klingt, ihr abzuhorchen, aus den Naturlauten ihre Motive zu bilden, um sie künstlerisch zu verarbeiten. Unserm Meister war durch sein tragisches Geschick schon eine andere Stellung zur Natur angewiesen worden, wenn ihn überhaupt sein idealer Sinn, mit dem er ja auch die Menuett in die höhere Form des Scherzo erhebt, nicht vor jenem Kopieren bewahrt hätte. Als er seine Pastoralsymfonie schrieb, war längst jenes Ereigniss eingetreten, das ihn vereinsamen liess inmitten der ländlichen Lust und Fröhlichkeit. Die Stimmen des Waldes und Feldes waren längst verstummt für ihn; nur in der Erinnerung, in seiner Fantasie waren sie noch für ihn vorhanden, und wenn er das Rauschen des Wassers, die Stimmen der Wachtel, des Kuckuks und der Nachtigall ertönen lässt in seinem ländlichen Gemälde, so sind das nicht nur Localtöne, sondern nothwendige Farbenpuncte in dem Tongemälde, welches jenes wunderbare Leben in Wald und Feld seinem innern Ohr vorüberführt. Dies Werk beginnt eigentlich die Reihe jener Arbeiten, mit welchen er sich dem allgemeinen Verständniss immer mehr entzieht. Mit der wachsenden Herrschaft, welche der Meister über sein Ausdrucksmaterial gewinnt, wächst die Lust an der Lösung ungewöhnlicher Aufgaben, und in demselben Maasse, in welchem er der realen Welt sich entfremdet, wächst das Begehren, jedes Ereigniss derselben, das ihn noch berührt, musikalisch umzugestalten, es in die Sprache seiner Welt der Töne zu übersetzen. Wer ihn nun nicht ganz in diese seine Welt zu verfolgen vermag, dem bleiben auch diese Werke verschlossene Bücher, in einer ihm unverständlichen Sprache geschrieben. Wer sich aber mit ihm eingelebt hat, den wird das Befremdliche als verwandt und längst gefühlt anheimeln, und das anscheinend Willkürliche wird ihm als in der ganzen Entwickelung bedingt erscheinen.

Wir sprachen es bereits aus, je tiefer sich der Meister in seine Welt hineinlebt, um so mehr entschwindet ihm der Blick für jene äussern Grenzen der Form, die das augenblickliche Verständniss erleichtern. Diese stellt sich uns in mehr und mehr verwischten Umrissen dar. Das was uns der Meister in den letzten Sonaten, Trios und Quartetten zu verkünden hat, ist so eigener Art, ist schon so subjectiv zugespitzt, dass die von ihm mit bestimmte Form in ihrer alten festen Begrenzung jenen Inhalt einschnüren und verstutzen würde; er erweitert sie aber eigentlich nur in einigen Fällen, in der grossen Bdursonate Op. 106, dem Cismollquartett Op. 131 und der neunten Symphonie. In den übrigen lebt die Form nur noch in der Idee, sie hat einen, wir möchten sagen recitativischen Zuschnitt erhalten, und wir erkennen daraus mit ziemlicher Gewissheit, dass bunt bewegte Bilder an der Seele des Meisters vorüberzogen und einen Sturm von

Gefühlen in ihm erregten, von so bestimmter, doch auch so subjectiver Art, dass sie nur in jener rhapsodisch-recitativischen Weise Ausdruck finden konnten, nicht aber im Wort, denn sonst hätte es der Meister hinzugezogen, wie er in der Fantasie mit Chor und in der neunten Symfonie gethan hat. Wie sehr er übrigens auch hier nach formeller Festigung ringt, beweist die Rückkehr in allen diesen letzten Werken auf Seb. Bach.

Das Darstellungsobject dieses Meisters, das gewaltige Ringen, das geheime Weben des Menschengeistes, ist auch das Beethoven's. Jener zeigt uns den Geist in seinem Verhalten zu Gott, dieser in seinem Verhalten zu Welt und Natur. Bach versenkt sich in die wunderbaren Geheimnisse göttlicher Offenbarung, und ihr Geist, der Geist Gottes, ist es, der in ihm lebendig wird. Beethoven lässt die Wunder der Schöpfung, die Macht der Weltbegebenheiten auf sich wirken, in ihm lebt die entfesselte Weltseele, der Geist der Geschichte. Daher die Verschiedenheit des Kunststyls und die endliche Rückkehr Beethoven's zu Bach. Die christliche Weltanschauung ist maassvoll begrenzt; auf der Basis unwandelbarer Grundwahrheiten erhebt sie sich zu einem prächtigen, wunderbar verschlungenen Bau, indem sie das profane Leben gefangen hält, und dem entspricht der contrapunctische Styl, den sie in Bach erzeugt. Beethoven's Weltanschauung ist freier und unbefangener und darum grossartiger. Sie findet zunächst in dem Haydn-Mozart'schen Instrumentalstyl Ausdruck, und der Meister erweitert diesen, je mehr sich jene Anschauung zu immer gewaltigerer Kraft concentriert. Bach lebt sich hinein in eine fremde Anschauungsweise, und je tiefer er eindringt, um so mehr treten die endlichen Beziehungen seines Subjects zurück, um so vollendeter werden seine Formen und zu um so grösserer untrennbarer Einheit verschmelzen Form und Inhalt. Beethoven's Weltanschauung wächst in und mit ihm, und ihr unendlich reicher Inhalt widerstrebt nicht selten der formalen Begrenzung. Daher überall der Trieb, die Formen zu durchbrechen und zu erweitern. Auch das Bach'sche Kunstwerk ist kein nachzurechnendes Exempel, aber es hat seinen natürlichen formellen Verlauf, dass es in allen seinen Theilen durchaus für sich allein verständlich wird. Ungleich schwieriger ist es, wie wir bereits sahen, ein einzelnes Werk von Beethoven in allen seinen Einzelheiten zu begreifen. Weil der Meister den gesammten Organismus der Tonkunst, die natürlichen Gesetze der Harmonie und des Rhythmus viel tiefer erfasst, als Haydn und Mozart, so tief wie Bach, aber ohne dessen vermittelnde und ebnende Technik, so erscheint gar vieles isoliert betrachtet als subjective Willkür, und es gehört das tiefste Verständniss der gesammten Werke des Meisters und seiner Persönlichkeit dazu, um aus der ganzen Masse der Einzelheiten und der scheinbar ordnungslosen Masse des Willkürlichen das Nothwendige und die allgemeinen Gesetze herauszufinden.

Bedarf es doch selbst bei dem grossartigsten Werk unsers Meisters der neunten Symfonie, obgleich es die Form so entschieden herausgebildet zeigt, wie nur die besten der frühern Periode, der liebevollsten Hingabe, um zu erkennen, dass dies Werk kein chaotisches Ungeheuer, sondern ein nach den unendlich weiteren Proportionen seines Inhalts bis in die kleinsten Theile symmetrisch ausgeführtes Kunstwerk, und dass der Schlusssatz, die Ode an die Freude, nichts Fremdartiges, nur lose Anhängendes, sondern die nothwendige Consequenz der vorhergegangenen Sätze ist. Daher dürfen wir aber auch nur einzelne Werke noch aus dieser Periode als monumental bezeichnen, und jene Bestrebungen einzelner Künstler, diese letztern Werke zum Ausgangspunkte zu nehmen, um sie noch zu überbieten, sind gewiss als verfehlte zu betrachten. Beethoven hatte seine Mission erfüllt, und diese war keine andere, als die Ideen, welche die leitenden des Lebens sind, in ihrer Wirkung auf Gemüth und Fantasie, den poetischen Inhalt des Lebens und der Natur darzustellen. Darum wendet er sich den grossen und breiten Instrumentalformen zu, weil sie ihm in der grössern und ausgedehntern Spiel- und Klangfülle den entsprechenden Apparat darboten. Für das aber, was in den letzten Quartetten und den Bagatellen für Clavier namentlich darüber hinausweist, für die lyrische Isolierung der Einzelempfindung die künstlerische Form zu finden, das wurde ihm nicht möglich. Er hatte sich gewöhnt, alles in seinen weitesten Beziehungen zu betrachten. Das einfache lyrische Lied erweitert er daher zur Scene. Die Grösse und Weite seiner Anschauung liess sich in den knappen Rahmen der Liedform nicht bannen. Weniger als Mozart ist er im Stande, die einzelne lyrische Stimmung an sich zum Darstellungsobject zu machen. Wo sich ihm eine solche aufdrängt, verfolgt er sie, wie in seinen Instrumentalwerken in allen ihren weitern Beziehungen. Dieser Grundzug seiner Individualität hindert selbst da, wo er keine Gelegenheit zu solcher Ausbreitung findet, in den Liedern, die er strophisch behandelt, den echt lyrischen Erguss der Stimmung. Auch in den Strophenliedern geht er mehr dem Gedanken, der sich im Text ausspricht, als der ihm zu Grunde liegenden Empfindung nach, wie in den „Sechs deutschen Gedichten" aus Reissig's „Blümchen der Einsamkeit", oder in den „Acht Liedern" Op. 52 und selbst in den „Sechs geistlichen Liedern Gellert's" Op. 48. Sie sind meist mehr gedacht als empfunden. An Wohllaut und Süsse stehen sie tief unter den lyrischen Liedern, die er in den Andantes und Adagios seiner Symfonien, Sonaten, Quartette und Trios aussingt, wie er überhaupt durch seine Instrumentalwerke einen ungleich grössern Einfluss auf die Vollendung der Liedgestaltung in Franz Schubert gewann, als durch seine Vocalwerke. Das Wort legte ihm überall Fesseln an, die er vergeblich zu sprengen trachtet. Es erweckt nicht wie bei Mozart und bei den Meistern des lyrischen Liedes süsse wundersame Melodien in seiner Fantasie, sondern bannt diese vielmehr in den Zauberkreis des Gedankens, aus dem er nicht wieder herauskommt. Die Melodien dieser Lieder sind eng mit dem Wort verknüpft, aber nicht als erhöhte Sprachmelodie und noch weniger als unmittelbarer Erguss der im Wort sich äussernden Stimmung, sondern vielmehr als versuchte Verkörperung des Gedankens, der sich im Text ausspricht. Da aber, wo er dem lyrischen Ausdruck mit aller Hingebung nachgeht, fasst er alle einzelnen Momente zu einem grossen Ganzen zusammen, wie im „Liederkreis an die ferne Geliebte Op. 98". Die sechs Lieder von Al. Jeitteles sind nur durch die Situation, der sie ihre Entstehung verdanken, verbunden. Beethoven leitet den einen Erguss der einzelnen lyrischen Stimmung in den andern hinüber, so dass er nicht mehr isoliert dasteht, dass sich alle zu einem einheitlichen Ganzen vereinigen[1]. Hierdurch wird aber auch sein Verhältniss zur dramatischen Musik bestimmt. Mit dem feinsten künstlerischen Verständniss führt er den umständlichen weitschweifigen Formalismus der Arie zurück auf die knappe Form des Liedes, und diese erweitert er dann zu der ungleich

1. Die speciellen Nachweise siehe: „Das deutsche Lied in seiner historischen Entwickelung", pag. 148—155.

dramatischern Form der Scene und lässt das Instrumentale in ausgebreiteter und selbständigerer Weise eingreifen, als dies selbst bei Mozart der Fall ist. Dadurch steigert er den bürgerlichen Stoff seiner Oper „Leonore" (Fidelio) zu heroischer Macht und nöthigt dem Dramatischen einen tiefern sittlichen Ernst auf, als die schaulustige Menge verträgt. Darum wol nur entsagte er der Bühne, weil sie für seine Individualität, für seine Ideale viel zu eng begrenzt und niedrig ist. Und hierin liegt endlich der Grund, warum der Meister sich durch das Vocale meist so sehr beengt fühlt, dass er ihm vielfach Gewalt anthut. Die lyrische Beschaulichkeit, deren Träger die Singstimme am liebsten ist, war seiner Individualität fremd. Dieser war es nicht verliehen, sich so gläubig einer fremden Macht zu beugen, wie wir das bei Mozart sahen. Darum ist auch sein Oratorium „Christus am Oelberge" mit seinem unsteten Kampf zwischen überlieferter Form und dem abweichenden Inhalt ein unklares, zerstückeltes Werk geblieben. Erst in seiner *Missa solemnis* schuf er ein seiner würdiges religiöses Werk, weil er Raum gewann, seine Individualität ganz zu entfalten und durch alle die herben Zweifel zur Versöhnung zu bringen. Die lyrischen Ergüsse der Messe, die bei Seb. Bach gottbegeisterte Gebete sind, personificiren sich ihm zu echt dramatischen Gebilden, in welchen die religiöse Anschauung der ganzen gotterfüllten Menschheit zur Darstellung gelangt.

Wir fanden schon bei Bach namentlich in seiner tiefen Harmonik jenen universellen Zug, der seinen Cultusgesängen alles confessionell Beschränkte abstreift. Allein es ist doch immer nur jene stille Gemeine der Gläubigen, deren Herzen in Christo Jesu verbunden sind, und aus denen der Heiland seine Kirche aufbaut, aus welcher heraus und für welche Bach seine wundersamen Lieder und Hymnen sang. Beethoven verkündet der ganzen Welt jenes wunderbare Geheimniss der Menschwerdung und versammelt alle zur Feier dieser Heilsthat. Daher konnte auch Bach einen grossen Theil seiner Gebete an einzelne Solostimmen übertragen, und wir sahen, mit welcher Innigkeit und mit welchem Glanze er einzelne dieser Sätze sang. Beethoven konnte diese Anschauung nur noch in einem Soloquartett vertreten, dem er dann aber in seinem Chor und seinem Orchester jene andere weitumfassende gegenüberstellt, und es würde einer besondern Abhandlung bedürfen, nachzuweisen, wie grossartig und gewaltig der Meister in diesem Sinne seine Aufgabe löst. Daraus namentlich entspringt jene, wol hier zum ersten Male versuchte Eigenthümlichkeit einzelne Stellen des Textes in verschiedener, oft entgegengesetzter Weise mehrere Mal zu behandeln. Das ist allerdings auch keine kirchliche Musik mehr, weil sie keiner Kirche mehr angehört, wie die Grundanschauung, aus welcher sie hervortreibt. Es ist dies Werk von so ewiger Bedeutung, dass wir nur deshalb beklagen, sehen zu müssen, wie der Meister in seiner gehobenen Stimmung manche, durch die Natur gesetzte Schranke übersah, und namentlich die Singstimme oft behandelte, dass die vollendetste Aufführung unter der grössten Hingebung von Seiten der Ausführenden nicht über alle Schwierigkeiten hinweghilft, ohne den Eindruck zu schwächen. Allein der Meister war nun eben keine lyrische Natur und die Singstimme hatte ihm nur als unzweideutiger, nicht misszuverstehender Verkünder des Gedankens Bedeutung. Der Meister, welcher die Tonkunst nach dieser Seite erweitern und die lyrische Empfindung des Einzelsubjects in ihrer Isolierung darstellen sollte, war bereits thätig und starb nur wenig Jahre nach Beethoven: Franz Schubert.

Auch in Frankreich wie in Italien veranlasste diese neue Richtung eine Umgestaltung der nationalen Musik. Aus der Entwickelung der Tonkunst bis auf Haydn vermochten beide Völker für ihre nationale Musik keinen nennenswerthen Vortheil zu ziehen. Diese lag beiden viel zu fremd. Wir fanden zwar in Bach selbst Elemente der französischen und italienischen Musik, allein es waren gerade diejenigen, welche beide Völker auszuscheiden begannen, und sie hatten in Bach Formen und eine ideelle Bedeutung gewonnen, für welche jenen Völkern alles Verständniss mangelt. Erst nachdem diese in jenen jüngern Meistern dem Leben näher geführt werden, ist ihr Einfluss unverkennbar auf die Entwickelung der Musik und zwar der Oper jener beiden Länder. Die übrigen Vocalformen und die Instrumentalmusik wurden dort nur noch von einzelnen wenigen Meistern in engstem Anschluss an deutsche Meister geübt.

In Italien konnte sich diese Umgestaltung der Oper dem nationalen Bedürfniss entsprechend zumeist nur auf die Arie beziehen. Diese war schon nach dem Vorgange Gluck's knapper zusammengezogen worden. Die beiden Theile wurden nicht mehr so schablonenhaft als früher geschieden und das bequeme *Da capo* war aufgegeben worden. Der zweite Theil entwickelte sich mehr organisch aus dem ersten und wurde dadurch mit ihm inniger verwebt. Er leitete darauf natürlicher und consequenter in die Wiederholung des ersten Theils über, und diese erfolgte jetzt nur die Hauptmomente zusammenfassend und nicht ohne wesentliche Veränderungen, wie wir bei Martin und den genannten Zeitgenossen sahen. Die italienische Opernarie hatte aber dadurch ihren wesentlichsten nationalen Schmuck, die Coloratur und eigentlich auch die Cantilene von berückender Klangwirkung verloren, und es war daher nächste Aufgabe, ihr diese wieder zu vermitteln, sie jenem knappern Organismus wieder anzueignen, und hierauf wurde die so rasch sich entwickelnde Instrumentalmusik von entscheidendem Einfluss. Auch hier müssen wir zwei Richtungen unterscheiden; die eine, in welcher die deutschen Einflüsse das nationale Element überwiegen, die andere, in welcher dies gegen jene bedeutsam hervortritt. Die beiden Hauptvertreter jener Richtung sind: Cherubini und Spontini, und die der andern: Paer und Rossini.

Cherubini (Maria Ludwig Carl Zenobius Salvatus), steht, obgleich in Italien geboren und erzogen, und in Frankreich vorzugsweise wirksam, in seinen Werken fast ganz auf deutschem Boden. Er wurde am 8. September 1760 in Florenz geboren, und Barthol. Felici wie dessen Sohn Alexander, P. Pizzari und Castruzzi waren seine ersten Lehrer in der Composition. Einige Arbeiten seiner Knabenzeit schon erregten die Aufmerksamkeit Sarti's so, dass dieser ihn nach Bologna zog. Zwei Jahre genoss er dessen Unterricht und wandte sich aus Vorliebe der Oper zu. In den Jahren 1780—1788 schrieb er 11 italienische Opern für verschiedene Theater Italiens. Nach einem zweijährigen Aufenthalt in London (1784—1786) gieng er nach Paris, das er von da an zu seinem bleibenden Wohnsitz erwählte. Hier schrieb er für die italienische Oper jene Opern, welche seinen Ruf nicht nur in Frankreich, sondern bald auch im Auslande fest begründeten: *Demophon* (1788), *Lodoiska* (1791), *Elisa* (1794), *Medea* (1797), „Der portugiesische Gasthof" (1798), *Anakreon* (1803), „Der Wasserträger", *Fanisca* (1806) und „Die Abencerragen" (1813). Nach der Rückkehr der Bourbons nach Frankreich wurde er Capellmeister der Hofcapelle, und in dieser Stellung schrieb er seine zahlreichen, nicht minder bedeutenden kirchlichen Tonstücke: seine Messen, Psalmen, Versetten u. s. w. Daneben war er immer auch für die Bühne nicht unthätig, namentlich ist aus dieser Zeit die komische Oper *Ali Baba* anzuführen. Er starb als oberster Leiter des Pariser Conservatoirs 1842.

Cherubini war keine grosse selbstschöpferische Individualität und konnte daher nur Bedeutung gewinnen, indem er sich an das Vorhandene fest anschloss; nur indem er mit energischem Eifer sich alle vorhandenen bedeutsamen Darstellungsmittel, wie sie durch die unausgesetzte selbstschöpferische Thätigkeit der vorangegangenen genialen Meister herbeigeschafft waren, aneignete, vermochte er eine, dieser würdige Stellung, wenn auch nicht in der Entwickelungsgeschichte, doch immerhin in den Annalen der Kunst zu gewinnen. Welch grossen Werth er wiederum, abweichend von den meisten seiner Landsleute, auf die künstlerische contrapunctische Schreibweise legte, beweist er nicht nur durch seine Werke, sondern auch durch jenes Lehrbuch des doppelten Contrapuncts, das er verfasste und welches entschieden den bedeutendsten Erscheinungen auf diesem Gebiet zu zuzählen ist.

Dass ein so auf das Edelste gerichteter Sinn nicht an jener oberflächlichen italienischen Compositionsweise haften bleiben konnte, ist natürlich, und so finden wir auch unsern Meister mit Eifer bemüht, jene Haydn-Mozart'sche Musik nicht nur zu pflegen, sondern sie seinem eignen Kunstschaffen anzueignen — und zwar so, dass jenes nationale Element eigentlich nur noch in einem gewissen trockenen Schematismus, welcher die italienische Oper kennzeichnet, zurückgeblieben ist. Wie emsig sich auch Cherubini hineingelebt hat in sein Material, er hat es dennoch nicht zu jener Freiheit der Reproduction gebracht, welche diese als Production erscheinen lässt. Wie viel auch alle die grossen Meister aus den vergangenen Perioden mit herübernehmen und sich aneignen, sie verarbeiten es so im eignen Geiste, es verwächst so mit ihrer Individualität, dass auch das Fremde, das Angeeignete dann als ihr ausschliessliches Eigenthum gilt. Aber die Individualität Cherubini's war nicht reich und tief genug, um diesen Prozess vollständig in sich zu vollziehen, und das ist's, und nicht seine Kunst des Contrapuncts, was seine Formen nicht selten als unfertig, leer und trocken erscheinen lässt. In jenen Kirchengesängen, wie in seinem bekannten *Requiem*, in denen er jene künstlichen Formen häufig anwendet, wird dieser Mangel weit weniger fühlbar. Hier hilft ihm das Handwerk über die Klippe, und wenn nicht in allen jener derb realistische Zug, den er dem Vater Haydn gleichfalls abgelernt, und der ihn zu vollständig dramatischer Auffassung seiner Messen drängt, ja sogar bis zur Einführung jenes chinesischen Rasselinstruments — des *Tam-Tam* — vorwaltend wäre, wir würden sie unbedingt zu den besten Erscheinungen zählen müssen. In den Opern dagegen hemmt die Schwerfälligkeit der ganzen Factur den dramatischen Verlauf. Das was aber diese vor den der übrigen gleichstrebenden Zeitgenossen auszeichnet, ist die wirklich feine und durchdachte Instrumentation; namentlich verrathen seine Ouverturen eine bedeutende Fähigkeit in der plastischen Gestaltung des Instrumentalen. Die Ouverture zu „*Medea*“ wie zu „*Anakreon*“ und „*Ali Baba*“ sind entschieden nach den Ouverturen Mozart's und Beethoven's die bedeutendsten Orchesterprologe, die je geschrieben wurden.

Jener andere Meister, den wir eben nannten, Spontini, wusste die Mängel Cherubini's zu beseitigen, freilich auf die bequemste Weise, indem er nur das aufzunehmen bemüht war, was seiner Individualität entsprach.

Gasparo Spontini ist am 14. November 1784 geboren, in Jesi, einem Städtchen im Kirchenstaate. Anfangs für den geistlichen Stand bestimmt, wurde er später auf die Kunstlaufbahn geführt. Sein erster Lehrer in der Composition war der Pater Martini, und seine weitere Ausbildung erfolgte auf dem Conservatorium *della Pietà* zu Neapel; neben Traetta wurde später Cimarosa einflussreich auf ihn, und vom Jahre 1796 bis zu jener Zeit, in der er die erste Oper Gluck's in Paris hörte, schrieb er eine ganze Reihe Opern im Sinne und Styl Fioravante's, Cimarosa's und den verwandten Italienern. Da brachte *Iphigenie in Aulis*, die er in Paris zuerst hörte, einen Wendepunkt in seiner Thätigkeit herbei. Spontini fühlte sich ungeheuer erregt; er erkannte jetzt die Nichtigkeit des süssen Spielens mit Tönen, des schwelgerischen Luxus im Erguss der lyrischen Empfindung, wie beides die italienische grosse Oper trieb; er erkannte die Leerheit der leichtfertig geistreichen Plaudereien der *Opera buffa* und fasste hohe weltgeschichtliche Aufgaben, die er echt dramatisch darlegen wollte, und keine Zeit war wol günstiger, dies namentlich in dem Sinne auszuführen, wie er es that, als jene. Frankreich strahlte in jener Zeit in neuem Glanze, von dem nicht nur die Nation selbst, sondern die ganze Welt geblendet erschien. In der Revolution, deren Donner noch nicht ganz verklungen waren, hatte sich jenes Bewusstsein der weltgeschichtlichen Mission dieser Nation festgesetzt, und eben war jener gewaltige Held an die Spitze getreten, der berufen zu sein schien, sie vollständig zu erfüllen, und der nicht nur die Geschicke Frankreichs, sondern die Europa's in die Hände nahm. In dieser politisch und kriegerisch erregten Zeit entstand die *Vestalin* (1807), und sie war der so treue Ausdruck jener Zeit und der Zustände Frankreichs, dass sie einen grossen Erfolg hatte und den zehnjährigen Preis errang, Mitbewerbern gegenüber, wie Cherubini, Grétry, Gossec, Mehul, Catel, Lesueur, Berton, Paesiello u. A. Mit einer zweiten Oper: *Ferdinand Cortez* (1809) gieng er noch directer auf die Stimmung der Nation in damaliger Zeit ein. Diese wurde ja durch den Krieg in Spanien fast ausschliesslich beherrscht. Eine dritte grosse Oper: *Olympia*, hatte in Frankreich nicht den Erfolg.

Bei dem zweiten Einzuge der Verbündeten in Paris wusste der König von Preussen ihn für Berlin zu gewinnen, und neben *Nurmahal* schrieb er hier noch die Zauberoper *Alcidor* und *Agnes von Hohenstaufen*; 1840 waren durch sein eigen Verschulden Verhältnisse herbeigeführt, die ihn nöthigten, aus seiner Stellung zu scheiden. Er verliess zugleich Berlin und gieng nach seinem Vaterlande, wo er 1851 am 14. Januar starb.

Weniger noch als Cherubini vermochte er die Entwickelung des dramatischen Styls zu fördern. Er verstand nur, ihn seiner Zeit gemäss umzugestalten, und seine Opern verloren ihren Boden und ihre Zugkraft, als diese sich änderte. Es ist in der eigenthümlichen Aufgabe, die er sich gesetzt hatte, begründet, dass der Schwerpunkt des Ganzen im Orchester liegt. Dies nur war ganz im Stande, jenes Chevalereske des französischen Characters, jene adelige kriegerische Haltung, die seine Stoffe beleben, gegenübergestellt französischer Grazie, die selbst in Augenblicken erregter Sinnlichkeit immer nobel erscheint, darzustellen. Um dies Orchestercolorit recht in diesem Sinne wirksam werden zu lassen, war er weiterhin genöthigt, seine harmonische Grundlage auf das einfachste Maass zurückzuführen. Ganze Scenen seiner „*Vestalin*" namentlich gehen nicht über den einfachsten harmonischen Apparat hinaus; so konnte und musste sich seine ganze Meisterschaft in der harmonischen Figuration im weitesten Sinne betheiligen, und es ist wirklich erstaunenswerth, wie er hierdurch jenen fortwährend wiederkehrenden harmonischen Phrasen neues Interesse zu geben versteht. Dabei unterstützt ihn ferner eine reiche und woldurchdachte Rhythmik, die wiederum feinsinnig und äusserst wirksam in den verschiedenen Instrumenten sich verschieden geltend macht.

In dieser harmonischen Einfachheit erwuchs ihm zugleich der Vortheil, dass er einzelne hervorragende dramatische Momente um so wirksamer durch eine reichere Harmonik herausheben konnte; und namentlich der zweite Act der *Vestalin* tritt nach dieser Seite ganz bedeutsam gegen alle seine übrigen Werke hervor. Die Recitative erheben sich hier weit über die conventionelle, characterlose und äusserst einförmige, auf gewisse feststehende Phrasen auslaufende Declamation, zu wirklich seelischer und dramatischer Wahrheit, und seine echt italienisch sinnliche Melodik weiss er hier namentlich auch durch jene Sforzatos, die er gleichfalls aus der italienischen Oper geerbt, leidenschaftlich erregter zu gestalten. Dass er indess mit all diesen Mitteln nicht im Stande war, das Höchste zu erreichen, beweist schlagend das Finale dieses zweiten Acts der *Vestalin*. Hier, wo die dramatische und tragische Entwickelung ihren Höhenpunkt erreicht, verlassen sie ihn so vollständig, dass er zu jenem äusserlichen und widerlichen Effect durch den Schlag des Tamtam, eines chinesischen Rasselinstruments, geführt wird, und dieser Tamtamschlag ist denn auch das einzig Erschütternde in diesem sonst ganz gemüthlichen Finale. In „*Ferdinand Cortez*“ tritt das Streben nach äusserm Glanz immer bestimmter hervor, und in *Olympia* erlangt es dermaassen das Uebergewicht, dass nur wenig Momente noch dramatisch bedeutsam heraustreten.

Schon beim Beginne der Restauration musste diese Oper in Frankreich ihren Boden verlieren. Sie entsprach ja nicht mehr den Interessen der Nation, ihr wurde bereits in den Opern Rossini's die dem jetzigen Zustande entsprechendere Musik geboten.

Wir characterisierten dessen Weise, die in Paer ihren ersten bedeutsamen Hauptvertreter findet, schon leichthin.

Paer (Ferdinando), wurde 1774 in Parma geboren und studierte die Tonsetzkunst unter Ghizetti im *Conservatorio della Pietà* zu Neapel. Bereits im 18. Jahre componierte er eine Oper, die mit vielem Beifall aufgenommen wurde, so dass der Herzog von Parma ihn zu seinem Capellmeister machte. 1795 gieng er der ausgebrochenen Kriegsunruhen wegen nach Wien und wurde hier 1798 als Componist beim Nationaltheater angestellt. Seinen Ruf als Operncomponist begründete namentlich Camilla (1799); 1802 kam er nach Dresden als Capellmeister und von hier folgte er dem Kaiser Napoleon. (1806) nach Posen und Warschau und trat 1807 förmlich in dessen Dienste. 1812 ernannte ihn Napoleon zum Director der italienischen Oper an Spontini's Stelle, in welcher er sich mit wechselndem Glücke eine lange Reihe von Jahren erhielt. Er starb 1839.

Paer hat eine so grosse Menge von Opern, Oratorien und andern Werken für Gesang und Kammermusik geschrieben, dass es nur einem immensen Talent bei vollständiger Herrschaft über alle Kunstmittel möglich gewesen sein würde, dieselben über dem Niveau der Gewöhnlichkeit zu halten. Und Paer war ein sehr bescheidenes Talent und besass einen nicht eben hoch anzuschlagenden Grad jener Beherrschung des ganzen Materials. Das, was ihm eine zeitlang eine grosse Berühmtheit verschaffte und ihn zugleich zum Vorläufer der Rossini'schen Oper machte, ist eben eine leichtgestaltende Hand. Es würde unendlich schwer halten, aus seinen Opern auch nur einige originelle Gedanken herauszufinden. Alles was er verarbeitet, sind Phrasen, die längst Gemeingut geworden waren, und namentlich lehnt er sich hierbei an die volksthümliche Oper und an die Oper Mozart's an. Aber er weiss dies entlehnte Material geschickt und meist im Sinne des Dramas zu verwenden. Er schliesst sich zwar jenem knappen italienischen Styl an, versucht aber bereits wieder in einer reicher verzierten Melodik ihn dem nationalen Geschmack näher zu bringen, und hierdurch bereitete er jenem italienischen Meister die Wege, der dann durch seine geniale Erfindung alle derartigen Arbeiten verdunkelte:

Rossini (Giacomo). Er ist 1792 in Pesaro, einem kleinen Städtchen in der Romagna, geboren. Obgleich von seinen Eltern fleissig zur Musik angehalten, erwachte doch die Lust an dieser Kunst erst in seinem 17. Jahre, und zwar drängte es ihn jetzt weniger zu studieren, als vielmehr selbst zu schaffen. 1812 bereits wurde seine erste Oper: *Demetrio e Politio* im *Teatro della valle* zu Rom aufgeführt, und bald sollte er mit seinem Ruhm die ganze Welt erfüllen. Jener Oper folgten: *L'inganno felice*, *Ciro in Babylonia* (ein Oratorium), *La patria di paragone* und *Champiale*. Den meisten Erfolg hatte demnächst *Tancredi* (der 1813 zu Venedig zum ersten Male mit glänzendem Erfolge gegeben wurde), und diese Oper, wie „Die Italiener in Algier", führten ihn, etwa seit 1817, auch in Deutschland ein. Von 1815—1822 war er an der Oper in Neapel angestellt und schrieb während dieser Zeit seine berühmtesten Werke: 1816 den *Barbiere di Seviglia* und *Otello*, 1817 „*Cenerentola*", „*La gazza ladra*", 1818 *Mose* und *Riccardo e Zoraïde*. Von den spätern Opern: *Semiramide* (1823), *Graf Ory* und *Wilhelm Tell* (1829), vermochte sich nur die letztere noch auf dem Repertoir zu erhalten. Vom Jahre 1824—26 war er an der grossen Oper mit Paer gleichzeitig angestellt und lebt seit der Zeit ziemlich unthätig in seinem Vaterlande.

Noch einmal flammte die italienische Oper in ihrer alten leidenschaftlichen, sinnlichen Gluth in Rossini auf, und zwar zum letzten Mal; denn das, was später Donizetti und Bellini gaben, war doch nur ein schwacher Aufguss Rossini'scher Crême, und Verdi ist eine carrikierte und unendlich vergröberte Copie Rossini's.

Mit einem einfachen Rückgange auf die Flimmern und Flittern der Hasse'schen Oper würde er allerdings keine Erfolge erreicht haben. Frankreich und Italien hatten beide zu ernste Zeiten durchgemacht, und diese hatten nachhaltig genug auf beide Nationen gewirkt, als dass sie jetzt noch an jener brillanten, aber in ihrem Ausdruck zahmen Arie Gefallen finden konnten. Wollten auch weder die Franzosen noch die Italiener tief erschüttert werden, und hatten beide auch kein Verständniss für die gewaltige Tragik, zu welcher Mozart die Oper und Beethoven die Instrumentalmusik gesteigert hatte, so wollten sie doch leidenschaftlich erregt werden, und dies eben war bei beiden nicht mehr allein durch die Macht der italienischen Cantilene und den Glanz des Bravourgesangs zu erreichen. Daneben wurden auch in Frankreich namentlich wiederum Stimmen laut, welche grössere dramatische Wahrheit der Musik zur Oper verlangten. Die Mittel nun, um diesen erhöhten Anforderungen zu genügen, entlehnte Rossini grossen Theils der Instrumentalmusik, und zwar so, dass er seiner Cantilene und seinen Coloraturen selbst das glänzendere Instrumentalcolorit aneignet. Mit diesen Mitteln nun förderte er die französische und italienische Oper, und wenn auch weder im „*Otello*“ noch in „*Semiramis*“ von der gewaltigen Tragik des Stoffes die leiseste Spur in die Musik übergegangen ist, wenn der hochtragische Schluss des *Otello* z. B. sich abspielt, wie der Zank zweier weinerhitzter Gegner, so sind doch einige Stücke seiner Opern mit grosser Leidenschaftlichkeit (wie z. B. die Duetten mit Jago und Otello), andere wiederum sehr innig ausgeführt, wie Desdemona's Gmollromanze (*Assisa apie d'un salice*). *Wilhelm Tell* bietet sogar eine nicht geringe Menge dramatischer Momente dar, die indess alle zu äusserlich erfasst und ausgeführt sind, um nachhaltig zu wirken und grössere Bedeutung beanspruchen zu können. Sein bedeutendstes Werk ist unstreitig „Der Barbier von Sevilla“. Auch hier vermissen wir eine wirkliche dramatische Entwickelung, allein die sämmtlichen Darstellungsmittel Rossini's waren so recht geeignet, jene unverwüstliche Laune über das Ganze auszubreiten, die Lebenselement der komischen Oper ist. Die sinnlich reizvolle Gluth seiner Melodien, die bunte Prägnanz seiner Rhythmen und sein helles Instrumentalcolorit, wie das ganze Brillantfeuerwerk seiner Passagen, sie verbreiten über die ganze Handlung jenes sonnige Licht, das uns alles übrige Fehlende vergessen lässt. Darum konnte sich auch diese Oper vor allen andern am längsten erhalten. Jene serieuse Oper musste folgerichtig in Frankreich der grossen Oper Auber's weichen und sich in Italien in die süssliche sentimentale Oper von Donizetti und Bellini verlieren.

Die nationale Oper Frankreichs hatte, wie erwähnt, namentlich in Mehul und Boieldieu einen erhöhten Aufschwung genommen.

Mehul (Etienne Henry) 1763 in Givet geboren, war, nachdem er durch einen Deutschen früh in die Gesetze des Contrapuncts eingeweiht worden war, in Paris mit Gluck bekannt geworden, und dieser hatte einen entscheidenden Einfluss auf ihn geübt. Angeregt durch ihn suchte er jene durch Monsigny, Philidor, Duni und Grétry dilettantisch zugestutzte Nationaloper der Franzosen wieder auf eine höhere Stufe dramatischer Bedeutung zu heben; und er versuchte dies, indem er die Gluck'schen Principien der Declamation auf sie anwandte und zugleich ihre harmonische Grundlage in Gluck'scher Weise gewaltiger gestaltete. Er hatte Anfangs damit bei seinen Landsleuten wenig Glück. Erst *Euphrosine ou le Tyran corrigé* hatte Erfolg. Ganz besonders aber machten ihn seine Revolutionsgesänge: *Chant du départ, Chant de victoire, Chant de retour* und dergl., zum gefeiertsten Musiker seines Landes, und nun wurden auch seine Opern, wie: *„Une folie“, „La Boucle de Cheveux“, „Les aveugles de Tolède“* u. a., wie auch einzelne Instrumentalstücke: Die Jagdsymfonie (Ouvertüre zu *Le jeune Henry*) mit Enthusiasmus aufgenommen. 1795 wurde er Professor der Musik am Nationalinstitut, dann einer der drei ersten Inspectoren des Unterrichts und Professor am Conservatorium und Mitglied der Ehrenlegion. Seit 1810 pensioniert starb er am 18. October 1817.

Auch die Oper Mehul's war nur ein Product der Zeit und musste daher mit dieser selbst abtreten. Derselbe Geist, der den Opern von Spontini und Rossini den Boden in Frankreich bereitete, musste ihn den Opern Mehul's entziehen. Jene scharfen harmonischen Accente der heroischen Oper Gluck's konnten der französischen Nationaloper nur so lange bei den Franzosen Bedeutung geben, als diese selbst noch in einem Zustande politischer Aufregung und innerer Wirren sich befanden. Als dem ganzen nationalen Geist aber durch Napoleon eine bestimmte

Richtung gegeben war, musste sie ihnen als verfehlt erscheinen. Die eigentliche Nationaloper vertrug weder jene gewichtigen declamatorischen Accente, noch die reichere Harmonik.

Länger hielten sich die Opern von Mehul in Deutschland, und namentlich „Jacob und seine Söhne" taucht zeitweise heut noch auf dem Repertoir auf. Trotz des gleich ernsten Strebens konnte Mehul noch weniger als Cherubini Bedeutung gewinnen, weil er die Gluck'schen Principien nur einseitig, nicht wie dieser Meister vollständig um- und neugestaltend auf die französische Oper anwandte.

In dem jüngern Meister: **Adrian François Boieldieu** (geb. 1775, gest. am 9. October 1834), wurde mehr Mozart's Einfluss geltend, der damals, namentlich durch Adam, Professor am Conservatorium zu Paris, dem französischen Musikwesen eine andere Richtung schien geben zu wollen. Adam, zu Müttersholz am Niederrhein 1760 geboren, hatte aus den theoretischen Werken Mattheson's Fux's und Marpurg's, den Contrapunct studiert und sich an Phil. Em. Bachs, an Händel's, Bach's, Scarlatti's Clavierwerken, ganz besonders aber an Clementi und Mozart zu einem Claviervirtuosen ersten Ranges erhoben, und seitdem er (1797) zum Professor des Clavierspiels am Conservatoire ernannt war, machte er wiederum jene Werke zur Grundlage seines Unterrichts, was auch durch seine grosse Pianoforteschule dargethan wird. Boieldieu's frühester Unterricht in der Musik war ziemlich dürftig. Erst als er nach Paris kam, erwuchs ihm aus dem Umgange mit den bedeutendern Meistern Frankreichs die Gelegenheit, sich weiter zu bilden. Namentlich studierte er fleissig das Clavierspiel und mit einem Erfolge, dass er 1800 als Professor des Pianofortespiels am Conservatoire angestellt wurde. Diese Stellung brachte ihn mit Cherubini in ein enges Freundschaftsbündniss, das nicht ohne bedeutsame Folgen auf seine Compositionen bleiben konnte. Später folgte er einem Rufe als Capellmeister nach Petersburg. Hier verweilte er, bis 1810 die politische Lage auch ihn nöthigte, seinen Abschied zu nehmen. Er gieng wieder nach Paris und hier trat er (1812) mit seinem weltbekannten *Jean de Paris* an. 1813 folgte dann *Nouveau Seigneur*, gleichfalls unter grossem Beifall. Rossini verdrängte indess auch ihn von der Bühne, und so kam er in missliche Lage, bis er nach Mehul's Tode zum Professor der Composition ernannt wurde. Die Früchte dieser günstigern Lebensumstände waren: *Le petit Chaperon rouge* („Das Rothkäppchen") 1819 und *La Dame blanche* 1825. Ausser den genannten Opern sind noch allgemeiner bekannt worden: *Tante Aurore* und *Calife* und eine grosse Anzahl Instrumentalwerke.

Bei allem Ernst, welcher an den meisten Werken Boieldieu's unverkennbar ist, strebt er doch nirgend nach jener Tiefe, die das Ziel Cherubini's und auch Mehul's war. Daher lebt in seinen Melodien jene Frische und Lebendigkeit, die seinen Opern ein längeres Leben verschaffte, als denen der andern beiden Meister. Ohne dürftig zu sein, ist seine Harmonik doch sehr einfach, so dass sie nirgend die Wirkung der Melodie beeinträchtigt. Dadurch aber erscheint auch seine Instrumentation glänzender und in einem effectvollern Tonspiel entwickelt. Doch alle diese Vorzüge konnten sich endlich auch nicht gegen Rossini's Oper behaupten, und heute ist es eben nur Deutschland, in welchem die „Weisse Dame“, „Johann von Paris“ und wol auch das „Rothkäppchen“ noch auf das Opernrepertoir gelangen.

Noch mögen hier einige französische Tonsetzer eine Stelle finden, die, ohne einen bestimmten Styl sich auszubilden, in nicht aussergewöhnlicher, nur durch grosse Einfachheit bemerkenswerther Weise auch für die Oper thätig waren und vorübergehende Erfolge erreichten, wie: Carl Simon Catel (geb. 1773, gest. 1830), der durch sein Werk „*Traité d'harmonie*“ die Harmonielehre in der Weise bearbeitete, wie das früher bereits in Deutschland durch Kirnberger[1] und Türk[2] geschehen war, und der in seinen Opern „*Sémiramis*“ (1802), „*Les Bayadères*“ (1810) sich mehr jener einfachen italienischen Weise anschloss; und jene beiden mehr auch dilettantisch gebildeten Operncomponisten: d'Alayrac (geb. 1753, gest. 1809) und Nicolo Isouard (geb. 1777, gest. 1818), welche den Monsigny-Grétry'schen Vaudevillestyl noch leichter und gefälliger gestalteten, und damit selbst in Deutschland, wenn auch nur vorübergehend, eine gewisse Aufmerksamkeit erregten.

So vermochten weder Frankreich noch Italien den poetischen Inhalt des Lebens zu erfassen, um ihn in plastischen, klingenden Tonformen darzustellen. In beiden Ländern gewinnt das Leben bedeutsamen Einfluss auf die Besondergestaltung des Kunstwerks, allein nur nach seiner endlichen, fortwährend wechselnden Seite. Die Künstler erfassen es nicht, wie die deutschen Meister, in ihren äussersten Tiefen und Höhenzügen, in den Ideen, welche die leitenden des Lebens sind, sondern sie fügen sich den jeweiligen Bedürfnissen desselben. Sie folgen den Strömungen der

1. Grundsätze des Generalbasses, Berlin. 1781.
2. Anweisung zum Generalbassspielen, Halle, 1791.

Zeit und lauschen diesen ihre Bedürfnisse ab, und indem sie darnach das Kunstwerk construieren, drücken sie dasselbe herab zu einem Product des niedern Handwerks, das sich ja gleichfalls dem Bedürfniss fügt. Sie erreichen damit natürlich grosse Erfolge, die aber folgerichtig nur so lange anhalten können, bis die Strömungen der Zeit eine andere Richtung nehmen und jene Producte dann vollständig werthlos erscheinen lassen, während jene Werke der deutschen Meister, die nur, indem sie sich nach ewig mustergiltigen Kunstgesetzen gestalten, zugleich einem Bedürfniss des Lebens entsprechen, monumentale Bedeutung für alle Zeiten behalten.

England vermochte auch in jener untergeordneten, fortwährendem Wechsel unterworfenen Weise eine nationale Musik nicht hervorzubringen. Zwar wird von den englischen Schriftstellern Dr. Thomas Augustus Arne (1710—1778), namentlich gern angeführt, als ein Meister, der es verstand, die Oper zu nationalisieren. Allein das war eben nichts mehr, als dass er einzelne englische Nationalmelodien in seine Opern aufnahm, im übrigen aber sich ziemlich eng an den italienischen Styl anschloss. In seinen letzten Werken huldigt er diesem letztern Styl denn auch vollständig. Alle übrigen Componisten, welche England in dieser Zeit aufzuweisen hat, schlossen sich, wie die ältern, mehr an Händel an, wie: William Boyce (1694—1769), John Christoph Smith (1712—1795), Thomas Linley (1735—1795), John Bates (gest. 1799), Jonathan Battishill (1738—1801), Thomas Busby (1755—1838) u. a. m., während die jüngern, wie Stephano Storace, Will. Russel mehr der italienischen Weise folgten.

Ganz natürlich vermochte nun auch keines der genannten Völker der weitern Entwickelung der Tonkunst zu folgen, denn diese stützt sich auf jenen Einfluss, welchen das Leben auf die besondere Gestaltung gewonnen hat, und wir werden nur noch einmal zu verzeichnen haben, dass von Frankreich aus der Anstoss zu einer neuen Phase der Oper gegeben wird, die wir indess nur als einen, wenn auch vielleicht nicht gerade zu nothwendigen, doch immerhin nicht erfolglosen Durchgangspunct betrachten können.

Die Tonkunst war in Deutschland jetzt jedem Einzelnen so persönlich nahe gerückt, dass jeder Einzelne in den unvergänglichen Werken jener grossen Meister: Bach, Händel, Gluck,

Haydn, Mozart und Beethoven, zu schöner Wirklichkeit verklärt sich wieder fand; und der nächste Schritt lag nahe: dass grosse Meister erstanden, die nicht nur jenes allgemeine Wünschen, Sehnen und Hoffen, sondern das ihnen nur Ureigne zum Object künstlerischer Darstellung machten, um es Gemeingut der Nation werden zu lassen. Die eigene Spontaneität des Geistes giebt dem Kunstwerk Form und Klang. Doch nur die grossen geschulten Meister vermögen subjectives Empfinden zu objectiver Gestaltung zusammen zu fassen. Jene kleinern verlieren sich in subjectiver Gefühlsschwelgerei und werden auf Ungeheuerlichkeiten und Absonderlichkeiten geführt. Dadurch tritt aber die sinnlich reizvolle Seite des Darstellungsmaterials einseitig in den Vordergrund, und das Bedürfniss der künstlerischen Gestaltung geht verloren, die Virtuosität und der Dilettantismus gelangen zur Herrschaft. Diese neuen Phasen der Musikentwickelung entspringen alle aus jener eigenthümlichen Stellung, in welche die Musik zum Leben tritt; und sie entwickeln sich ziemlich gleichzeitig. Doch ziehen wir vor, jede einzelne in ihrem Verlauf gesondert zu betrachten und zwar in der Reihenfolge, in welcher sie entschiedener in den Vordergrund treten.

Drittes Kapitel.

Das subjective Empfinden giebt dem Kunstwerk Form und Klang.

Dieser neue und eigenthümliche Zug, welcher jetzt die Entwickelung der Musikgeschichte zu beherrschen beginnt, lässt natürlich jene grossen und weiten Formen, in welchen sich ganze Lebenszüge einheitlich zusammengefasst darlegen, zunächst mehr und mehr zurücktreten; er drängt die individuelle Form des Liedes und die ihm verwandten kleineren Instrumentalformen in den Vordergrund. Erst erfasst der Mensch sich in seinem Verhältniss zum Ganzen, ehe er sich selbst empfinden lernt, und deshalb war es eben ganz natürlich, dass jene grossen Meister in weiten und breit angelegten Tonbildern uns das Leben, die Leiden und Freuden der ganzen Menschheit darstellten, und dann erst erfassten die Künstler sich in ihrer lyrischen Isolierung. Wol fanden wir auch dort schon eine gewaltige Ausbreitung der Lyrik, ja wir mussten gradezu das Volkslied als Ausfluss derselben, und den aus ihm hervorgegangenen Choral als die treibenden Mächte der ganzen Musikentwickelung anerkennen. Allein jene Lyrik ist ja doch auch nur eine Lyrik der Massen, und dadurch nur wird ihr Erguss eben zum Volksliede. Dasselbe gilt, wenn auch nicht in demselben Grade, immer auch noch von dem Kunstliede, welches wir bisher betrachteten. Der Künstler lebt so entschieden noch in den Anschauungen und Empfindungen seines Volkes und seiner Zeit, dass er nicht zu jener lyrischen Isolierung zu kommen vermag, welche das individuell empfundene Lied hervortreiben lässt. Andererseits besitzt er auch noch nicht diejenigen musikalischen Mittel, um auch seinem subjectiven Empfinden fassbare Form und Gestalt zu geben. Erst durch die in den letzten Capiteln nachgewiesene Entwickelung als dramatische und als Instrumentalmusik wurde der bisher noch immer äusserst schwerfällige Apparat der Vocalmusik geschmeidiger und fügsamer und dadurch erst fähig, dem subjectiven Ausdruck dienstbar zu sein, und als diese Bedingungen erfüllt sind, wendeten sich auch die deutschen Componisten wieder dem deutschen Liede zu, nachdem es länger als ein halbes Jahrhundert verstummt war. Doch geschah dies auch nur allmälich, und noch 1737 klagt Johann Friedrich Graefe, der eine „Sammlung verschiedener und auserlesener Oden herausgab", dass die meisten deutschen Meister sich der Liedcomposition schämten. Aber diese Lieder wurden bald wieder beliebt, wie wir aus der Vorrede zu Telemann's „Vierundzwanzig Oden"[1] ersehen, und schon 1761 zählt Marpurg in seinen „Kritischen Briefen" (Band I) 39 Sammlungen von Oden auf[2]. Auch die Meister begannen dann diese Form zu pflegen, und wir finden keine geringern unter ihnen, als Händel, von welchem uns sieben, und Gluck, von dem uns acht Lieder erhalten sind. In jenen Liedersammlungen sind es ausser Graun, Telemann, Doles und Quantz namentlich Marpurg und die Schüler Joh. Seb. Bach's: Christoph Nichelmann (1717—1761), J. Fr. Agricola (1720—1774) und Phil. Em. Bach, welche rüstig Beiträge liefern, und namentlich Nichelmann, Agricola und

---

1. Hamburg, 1741.
2. Vergl.: Reissmann, „Das deutsche Lied", pag. 7[illegible]

Marpurg halfen den neuen Liederfrühling, der bald herauftreiben sollte, zeitigen, indem sie die vorzüglich in der Arie gewonnenen melodischen und harmonischen, ja selbst rhythmischen Mittel der engern Form des Liedes zu vermitteln strebten[1]. Die volksthümliche Musik führt auch das Volkslied dann in eine neue Phase als volksthümliches Lied, und als solches wird es von jenen bereits erwähnten volksthümlichen Meistern: J. A. P. Schulz, Adam Hiller, Peter von Winter, Joseph Weigl, Anselm Bernhard Weber, Johann André, Friedr. Heinr. Himmel, Hans Georg Nägeli, Conradin Kreutzer, Friedrich Schneider u. A., gepflegt.[2]

Es waren dies indess alles nur Umgestaltungen des ursprünglichen Kunst- oder des Volksliedes, die beide im Sinne des veränderten Geschmacks und der veränderten Musikpraxis erfuhren. Die neue Form des Liedes als Erguss der subjectivsten Empfindungen war durch keine dieser Richtungen noch herbeigeführt. Diese konnte erst gefunden werden, als die Poesie den Anstoss dazu gab. Erst nachdem die gesammte Dichtung wieder beginnt, die verborgenen Mächte des bewegten Innern zu entschleiern, werden auch die Tonkünstler gedrängt, die gesammten musikalischen Ausdrucksmittel sich anzueignen und sie zur Darstellung des neuen Inhalts zu verwenden. Diese neue Periode beginnt für die Dichtkunst eigentlich schon mit Joh. Christian Günther (1693—1723), doch scheint seine Wirksamkeit selbst für die Poesie nicht eben erfolgreich gewesen zu sein. Für die Tonkunst wurde er nur bedeutsam, indem er die Lust am Liede nährte. Wenig bedeutender für die musikalische Darstellung sind die Lieder von Hagedorn, Gellert, Lichtwer, Zachariae, Pfeffel und selbst Klopstock, ebenso die der Anakreontiker: Gleim, Uz, Ew. Chr. Kleist, Ramler und Jacobi. Auch sie vermochten dem Liede einen eigentlich musikalisch bedeutsamen Inhalt, der einer besondern Darstellung durch Musik erfordert hätte, nicht zuzuführen. Ihre „Oden" sind noch vollständig in der Weise der Liedersammlung des vorigen Jahrhunderts und mit den Mitteln der genannten Liedercomponisten musikalisch darzustellen.

Grössern Einfluss gewann das musikalische Element in der

[1] A. a. O., pag. 80.

[2] A. a. O., pag. 87.

Poesie erst durch die Dichter des Göttinger Hainbundes. Wie an ihn sich zumeist jene volksthümliche Richtung anknüpfte, so sollte er auch bedeutsam für das Kunstlied werden. Nicht alle Lieder von Gottfr. Aug. Bürger, Ludwig Heinr. Christoph Hölty, den beiden Grafen zu Stolberg und Joh. Heinr. Voss boten, wie die von Matth. Claudius, nur Raum für eine volksmässige Melodie in der Weise von J. A. P. Schulz. Namentlich einige Lieder von Bürger und Hölty sind mit einem so bedeutenden Gefühlsinhalt erfüllt, dass nur die süssern und innigern Weisen der spätern Meister ihn musikalisch darzustellen vermochten, und zwar nicht ohne die ausgebreitetere Clavierbegleitung. Das fühlten schon die Tondichter jener Zeit und selbst Hiller, mehr noch aber Schulz, versuchten dem Text durch die Clavierbegleitung näher zu gelangen. Doch geschieht dies meist auf Kosten der Melodie, die in solchen Fällen immer nackt recitierend oder inhaltslos phrasenhaft ist, während die Clavierbegleitung nirgends über jene Situationsmalerei hinauskommt, die im Liede der Spinnerin das Schnurren des Spinnrades, oder in dem Hölty-Schulz'schen „Schwer und dumpfig hallt Geläute" die dumpfen Schläge der Glocken nachzuahmen versucht.

Erst als durch Göthe das unbeirrte Naturgefühl in der gesammten deutschen Dichtung und namentlich im lyrischen Liede ausschliesslich die Herrschaft gewinnt, beginnt für das gesungene Lied die neue Periode, in welcher Melodie und Begleitung die geheimsten und feinsten Züge des menschlich empfindenden Herzens darlegen, so dass der grösste deutsche Dichter zugleich der Schöpfer des modernen gesungenen Liedes wird. Allein auch diese neue Schöpfung erscheint erst in einzelnen Phasen von untergeordnetem, mindestens nur einseitigem Werth. Die Stimmung hat jetzt im Text schon einen so bedeutsamen Ausdruck gefunden, dass die Musik sich eng und fest an ihn anschliessen muss, um allgemeine Verständlichkeit und Ausdrucksfähigkeit zu erlangen.

In diesem festen Anschluss an das Wort nun suchten die Meister des Liedes zunächst dem Inhalt des Textes näher zu kommen, und dem ersten, der dies erfolgreich thut, begegneten wir schon auf anderm Gebiet, Joh. Friedr. Reichardt. Wir erwähnten bereits seines eigenthümlichen Verhältnisses zu Gluck, und wie er gleich diesem Meister dem Wort eine erhöhte Bedeutung in der musikalischen Production zugestand. Namentlich das Wesen des Wortaccents scheint ihm Gluck erschlossen zu haben. Daneben weist er wiederholt in seinen theoretischen Schriften auf die grosse kunstgeschichtliche Bedeutung des Volksliedes hin, und dies schwebte ihm selbst bei seinen Liedschöpfungen als Muster vor. Eine Verschmelzung beider — des Gluck'schen Accents mit der Volksweise — erreichte er indessen nur in einigen wenigen Liedern, namentlich in einigen Göthe'schen. Das Göthe'sche Lied quillt so unmittelbar aus dem unendlich reichen und tiefbewegten Innern des Dichters hervor, dass in den Worten selbst schon eine bezaubernde Sprachmelodie liegt, welcher der Componist nur nachzugehen braucht, um einen reizenden Gesang zu erfinden. In einzelnen Liedern nun, wie in „Sah ein Knab ein Röslein stehn" oder „Die Trommel gerührt", ja selbst noch im Liede Clärchens „Freudvoll und leidvoll" hat Reichardt ganz vortrefflich verstanden, diese Sprachaccente dem Text abzulauschen und mit der Volksweise zu verschmelzen, und diese Lieder sind denn auch von späteren begabteren Tondichtern nicht übertroffen worden. Allein in den meisten andern erreicht er diese Verschmelzung nicht, weil er die Volksweise doch nicht vollständig erfasste. Er bleibt meist an der tönenden Gesangsphrase haften, ohne zum rechten Bewusstsein des Gefühlsinhalts, noch zur rechten Erkenntniss der plastisch heraustretenden Form zu gelangen. Daher adoptiert er ebenso Phrasen des Bänkelsanges, wie des eigentlichen Volksliedes, und tritt dadurch dem Text und seinem Inhalt natürlich selbst auch in dieser oberflächlichen Weise der Notierung der Sprachaccente nur wenig näher. Allein es war damit der Weg angebahnt, auf welchem die Componisten den poetischen Inhalt des Textes erschöpfender darzustellen vermochten.

Intimer gestaltet sich das Verhältniss zwischen Melodie, Text und Stimmung in den Liedern

Carl Friedrich Zelter's (geb. am 11. December 1758, gest. am 15. Mai 1832).

Er hat zunächst dem Volksliede nicht nur einzelne klangvolle Phrasen, sondern das ganze Formgefüge abgelernt, und indem er das strophische Gebäude des Liedes auch musikalisch sorgfältig herausbildet, kommt in das Ganze ein einheitlicher Zug der Stimmung, der den Liedern von Reichardt meist fehlt.

Wortaccent und Volksliedweise durchdringen sich jetzt schon so, dass die Melodie innig und doch characteristisch und leicht fasslich dem Text sich anschmiegt und die Bedeutung einer wirklichen Interpretation gewinnt. Die Volksliedweise lässt die Grundstimmung mehr allgemein ausklingen, und erst in der Aufnahme der Sprachaccente erlangt sie grössere Bestimmtheit des Ausdrucks. Dem entsprechend gestaltet sich auch seine Clavierbegleitung schon bedeutsamer. Reichardt wählt seine Motive mehr nur in dem Bestreben, die harmonische Grundlage claviermässig aufzulösen — Zelter erfindet schon characteristische, der Stimmung entsprungene Motive, und mit alle dem führt er die Liedcomposition auf eine höhere Stufe als Reichardt.

Diesen Bestrebungen schliessen sich ziemlich eng zwei Meister an, deren Hauptthätigkeit, wie die jener beiden, sich auf Berlin erstreckt:

Ludwig Berger (in Berlin am 18. April 1777 geboren, am 16. Februar 1839 gestorben), hatte sich namentlich unter Clementi zu einem bedeutenden Clavierspieler ausgebildet. Die wenigen seiner veröffentlichten Werke lassen in ihm zugleich ein seltenes Talent für die Composition erkennen. Die Lieder sind der Weise Reichardt's näher verwandt, als der Zelter's. Er declamiert seine Melodien so vorwiegend, dass oft nur die Clavierbegleitung und die harmonische Grundlage die Form herauszubilden übernehmen. Allein er bildet seine Accente weniger melodisch, als harmonisch klangvoll heraus, und tritt dadurch der neuern Auffassung näher.

Weiterhin macht sich bei ihm dann auch der Einfluss des Claviers, das ja bereits die ganze Entwickelung zu beherrschen beginnt, geltend. Freilich noch nicht in der Weise, dass es das instrumental auszuführen trachtet, was im Vocalen noch unausgesprochen zurückgeblieben ist. Höchstens begegnen wir nach dieser Richtung jener oft besprochenen Situationsmalerei. Allein durch die instrumentale Klangfarbe sucht er dem Vocalen an Süsse zu ersetzen, was diesem in der recitativischen Fassung an Innigkeit und Weichheit fehlt. Er wählt seine Harmonien und die claviermässige Darstellung nur im Bestreben, jenen berückenden Klang zu erzielen, welcher der Melodie fehlt, und der die Stimmung mehr instrumental ausklingen lässt, als vocal, und mit einzelnen Liedern aus: „Die schöne Müllerin" (Op. 11) tritt er allerdings hierdurch von allen genannten Meistern des Liedes den spätern am nächsten. Allein dass diese nur als Vorboten des neuen Liederfrühlings zu betrachten sind, wird uns in Schubert erst vollständig klar werden.

Der vierte jener Berliner Künstler:

Bernhard Klein (1794 zu Cöln geboren und gestorben am 9. September 1832), hatte in Paris den Unterricht Cherubini's genossen und sich zu einem bedeutenden Contrapunctisten ausgebildet, und entwickelte daher auch eine rege Thätigkeit auf dem Gebiete kirchlicher Tonkunst und des Oratoriums.

Für das deutsche Lied wurde er dadurch bedeutsam, dass er ihm ein glänzenderes Colorit verleiht, und zwar nicht, wie Ludwig Berger, nur instrumental, sondern wirklich vocal. Wir werden in einem spätern Capitel nachweisen, wie unter der speciellen Richtung, welche die ganze Musikentwickelung eingeschlagen, der Männerchorgesang begünstigt in den Vordergrund tritt. Bernhard Klein war sehr thätig für Männerchor und den eigenthümlichen erhöhten sinnlichen Klang dieser Stimmverbindung eignet er auch seiner Liedmelodie an, so dass aus einzelnen seiner Göthe-Lieder uns schon fast eigenes und persönliches Empfinden hindurch zu klingen scheint. Allein es scheint dies nur so. Alles, was in diesen Berliner Künstlern vereinzelt sich wirksam erweist, musste vereint werden, um die Göthe'sche und die moderne Lyrik überhaupt auch musikalisch darzustellen. Die Innigkeit des Volksliedes musste sich mit der Verständlichkeit und Präcision des Wortausdrucks und dem ganzen Reichthum und dem berückenden Zauber des Vocalen wie des Instrumentalen zu untrennbarer Einheit verschmelzen und in dem einen Meister sich schaffend erzeigen; so nur konnte der neue Liederfrühling auch musikalisch heraufireiben.

Annähernd finden wir weiterhin eine derartige versuchte Verschmelzung bei zwei Meistern, deren Hauptthätigkeit auf andere Gebiete fällt, die aber auch im Liede bemerkenswerthes leisteten: **Louis Spohr und Heinrich Marschner.**

Spohr, am 4. April 1783 in Braunschweig geboren, am 22. October 1859 als Generalmusikdirector in Cassel gestorben, erlangte zunächst als Geigenvirtuos neben einem Weltruf historische Bedeutung, und ein fleissiges Studium der Composition ermöglichte ihm eine Allseitigkeit, die ihn fast auf allen Gebieten derselben thätig sein lässt. Nach seiner ganzen Eigenthümlichkeit wäre er vielleicht schon berufen gewesen, jene Verschmelzung, welche das Lied erforderte, herbeizuführen, und namentlich wol deshalb, weil er dies verkannte, konnte er überhaupt nur untergeordnete Bedeutung als schaffender Tonkünstler gewinnen. Auch er begann früh sich dem dramatischen Styl zuzuneigen, obwol er eine wenig dramatisch angelegte Natur war, und vielmehr zu lyrischer Selbstbeschaulichkeit, als zu energischer Objectivierung seines Innern an grossen Tonbildern geneigt ist.

Seine Innerlichkeit ist eine ungewöhnlich reiche und tiefe, und vielleicht wäre aus ihr die Blüte des Liedes früher heraufgetrieben, wenn Spohr nicht über den vergeblichen Bestrebungen, seine Individualität an grossen Ereignissen und Vorgängen auszuweiten, versäumt hätte, sich überhaupt die Kunst plastischer Formgebung anzueignen. Wie er jede einzelne Scene der Oper oder des Oratoriums, selbst in seinen letzten: „Jessonda" und „Der Fall Babylons", in einzelne Gefühlsergüsse aufzulösen gezwungen ist, so auch seine Lieder. Er geht mit dem ernsten Willen an seine Texte, ihren Inhalt musikalisch vollständig zu erschöpfen, und erreicht dies auch meist im sichern Anschluss an das Wort und durch feinsinnige Verwendung der genannten Ausdrucksmittel, aber er vereinzelt alles und die Macht seiner Empfindung ist nicht stark genug, die einzelnen feinen Züge zum Ganzen zusammen zu fassen, und so nähert sich seine Liedgestaltung jener Form, die, freilich von andern Voraussetzungen ausgehend, von den Meistern des dramatischen Styls versucht wurde, und die als scenische Liederweiterung die letzte Vorbereitung des neuen Liedes ist.

Heinrich Marschner ist ungleich dramatischer begabt, als Spohr, allein es fehlte ihm die Feinheit, Tiefe und Innigkeit dieses Meisters, und daher konnte er auch zu keinem so bestimmten ausgeprägten Styl gelangen, wie dieser. Eine grosse Anzahl seiner Lieder singt er in Spohr's Weise der scenischen Erweiterung; die grössere Anzahl nach Weise des volksthümlichen Liedes, nicht selten mit Elementen des noblen Bänkelsanges vermischt.

So bedeutsam die Bestrebungen dieser beiden Meister immerhin waren, von Einfluss konnten sie nicht werden. Die musikalischen Darstellungsmittel für die neue Lyrik waren durch jene Berliner Künstler mit grosser Bestimmtheit bezeichnet, und nachdem die Meister des Dramas, Mozart und Beethoven, die erschöpfende Darstellung der neuen Lyrik in scenischer Erweiterung gefunden hatten, bedurfte es keiner weitern Anleitung mehr, dass auch der volle Ausdruck in der knappen Form des Liedes gefunden wurde.

Jene Weise der Berliner Liedermeister konnte unsern beiden grössten Meistern dramatischer Musik unmöglich genügen. Jene sind von den Liedertexten nur ganz oberflächlich angeregt, und namentlich aus den Liedern Göthe's hören sie eigentlich wenig mehr, als die Sprachmelodie heraus. Einem Meister wie Mozart, von einem so absolut musikalischen Gefühlsinhalt, konnte die blosse, auch noch so klangvolle Notierung der Sprachaccente nimmer genügen. Wie alles, was sein immer nach aussen geöffneter Geist aufnimmt, so setzen sich auch jene Texte sofort in musikalische Bilder um; aber diese bringt er nicht in die der lyrischen Stimmung, sondern seiner Stellung zur Kunst im Allgemeinen entsprechenden Formen. Die meisten seiner Lieder singt er in mehr volksthümlicher Weise; aber da, wo sich ihm ein tieferer Gefühlsinhalt darstellt, verfolgt er diesen in allen seinen Einzelheiten und stellt dann diese nicht in der knappen Form des Liedes, sondern in ihrer scenischen Erweiterung dar. Jeder einzelne Zug des Gedichts wird ihm lebendig, und so stellt er ihn auch musikalisch dar, und diese Behandlung wird ganz besonders dadurch auf die Weiterbildung der Liedgestaltung von Einfluss, dass die harmonische Grundlage sich nach den ungleich grössern Dimensionen des Ganzen bedeutend erweitert. Bisher fand die Liedgestaltung in jenem einfachsten harmonischen Apparat das ausreichende Material. Die Haupttonart, als Träger der Grundstimmung, wird am entschiedensten festgehalten. Ein bedeutsamerer Inhalt erfordert dann wol auch die Ausprägung der Dominant- oder Unterdominant-, weiterhin sogar der Ober- oder Untermediant-Tonart; und so entstehen innerhalb der Form einzelne Partien, die sich gewissermaassen selbständig zu Theilen abrunden, aber nur wie etwa die Stollen der ältern Liedform, die unter einander zu einem Gefüge verbunden werden.

Die scenische Erweiterung des Liedes verlässt diese Gestaltung. Das Bestreben, die einzelnen im Texte angeregten Tonbilder zu möglichst characteristischen Gruppen herauszubilden, macht die Einführung selbst leiterfremder Tonarten und ihre selbständige

Ausprägung nöthig, wie „Das Veilchen" von Mozart, in welchem neben den Haupttonarten Gdur und Ddur noch die Gmoll-, Es-dur- und Bdur-Tonart die Bedeutung selbständiger Tonarten erlangen. Dadurch wird natürlich die strophische Gliederung unmöglich gemacht. Das bedeutendere Material fügt sich ihr nicht mehr, die einzelnen Partien treten nur noch harmonisch in Beziehung und die Macht des Rhythmus hält sie einheitlich zusammen. Durch diese neue Form des Liedes wird der poetische Inhalt vollständig erschöpft, allein nicht mit der Prägnanz des ursprünglichen Liedes. Doch war der Weg hierzu so genau vorgezeichnet, dass Schubert dann den letzten Schritt thun konnte, um den reichen Inhalt auch in echter Liedweise darzustellen. Indem er wieder zurückgeht auf jene ursprüngliche knappe strophisch gegliederte und künstlich in einander gefügte Liedform, innerhalb derselben aber den ganzen Harmoniereichthum des scenisch erweiterten Liedes verwendet, erwächst jenes kleine Kunstwerk, in welchem die zartesten und die stärksten Regungen des Innern ganz und energisch wirksam in die äussere Erscheinung treten. Schubert hält fest an dem ursprünglichen Formengerüst; er prägt die Haupttonart ganz fest aus und gelangt dadurch zu der Einheit der Grundstimmung. Allein zur weitern Darstellung beider zwischen die Angelpuncte der Form nimmt er jenes erweiterte Material des scenischen Liedes mit auf und erreicht dadurch die Möglichkeit, die Stimmung bis in die feinsten Verschlingungen zu verfolgen.

Dass Beethoven noch weniger wie Mozart im Stande war, diese neue Form zu finden, weil er sich gewöhnt hatte, alles in den weitesten Beziehungen zu fassen, in den grössten Dimensionen anzuschauen, konnten wir bereits erwähnen, und zugleich, wenn auch nur flüchtig, nachweisen, wie er das Lied noch energischer scenisch erweiterte, als Mozart. Selbst die Lieder, in welchen er den knappen lyrischen Ausdruck fand, wie in jenem „Liederkreis an die ferne Geliebte", verbindet er diese dann unter sich.[1]

Wenn wir endlich noch Carl Maria von Weber hier schon erwähnen, so geschicht es nur, weil jener eigenthümliche Zug, der ihn volksthümlich machte, auch einflussreich auf die

1. Reissmann, „Das deutsche Lied" pag. 148 ff.

Liedgestaltung werden sollte. Noch fehlte dieser der berückende Zauber des Klanges, der so recht geeignet ist, die ganze Süsse der lyrischen Empfindung auszutönen. Wir fanden in allen vorhergehenden Meistern vereinzelte Erscheinungen dieses Elements. Weber's Individualität und Bildungsgang liessen ihn seine Haupterfolge in der künstlerischen Verwendung des mehr sinnlich reizvoll wirkenden, als kunstvoll geformten Darstellungsmaterials suchen und erreichen.

Sein genialer Zeitgenosse Franz Schubert eignet sich auch dies neue Element an, um es als sinnliche Gluth dem Liede zu vermitteln und es zu physischer Bedeutung als Ausdrucksmittel zu erheben. In ihm und seinen unmittelbaren Nachfolgern, Mendelssohn-Bartholdy und Robert Schumann, erreicht das Lied die Höhe seiner Kunstgestalt.

Nur einer Innerlichkeit, die nicht minder reich und tief angelegt war, wie die eines Mozart oder Beethoven, und die weder durch das Bewusstsein einer höheren Mission oder durch äussere Verhältnisse an der in lyrischer Beschaulichkeit erfolgenden Concentration aller, im Innern waltenden subjectiven Mächte gehindert wurde, war es beschieden, das Lied zu finden, das alle die Bedingungen, die wir an den vorherbetrachteten Meistern vereinzelt fanden, in sich zusammenfasst. In **Franz Schubert** erweist sich nur diese Innerlichkeit schaffend, und der ganze Gang seines Lebens wie seiner Kunstbildung führte sie zu vollkommener Entfaltung.

Er ist am 31. Januar 1797 in Wien geboren und wurde in seiner Familie schon früh zur Musik erzogen. Sein Vater, Lehrer an der Pfarrschule zu Lichtenthal, einer Vorstadt Wiens, und ein älterer Bruder Ignaz ertheilten ihm den ersten Unterricht in der Musik, den dann der *regens chori* Holzer fortsetzte. 1808 verschaffte ihm seine schöne Stimme Aufnahme in das k. k. Convict, und hier wurden der Hoforganist Ruziczka und der Hofcapellmeister Salièri seine Lehrer. Von grösserem Erfolg als dieser Unterricht wurden indess unstreitig die practischen Uebungen, an welchen er theils im Convict, theils im elterlichen Hause Antheil nahm. Dort wirkte er nicht nur als Solist im Gesange, sondern auch als Violinist auf dem Chor der Lichtenthaler Pfarrkirche mit, und namentlich als Mitglied des aus Zöglingen des Convicts gebildeten Orchesters übte er fleissig die Symfonien von Haydn, Mozart und Beethoven, und die Quartetten dieser Meister bildeten ja auch die Grundlage des Programms der Quartettübungen, die fast täglich in seiner elterlichen

Behausung stattfanden und an welchen er gleichfalls Antheil nahm. Hier hatte er zugleich Gelegenheit, seine eigenen Schöpfungen, mit denen er früh begann, auszuführen, und von welchem Einfluss eine solche günstige Stellung ist, sahen wir bereits bei Jos. Haydn. So studierte er am lebendig gewordenen Kunstwerk die verschiedenen Ausdruckemittel, und wie Production und Reproduction Hand in Hand giengen, wuchsen sie ihm gewissermaassen geistig an, dass er sie fast instinktmässig überall im treusten Anschluss an sein Empfinden verwenden lernte. Obgleich in höchster Formvollendung erscheint das Lied bei ihm wieder, wie einst das Volkslied, als ein Product der naiven Lust am Schaffen. Wie Beethoven lebte er sich in die Tonsprache des Herzens so hinein, dass sie ihm geläufiger wurde, wie seine Muttersprache, und ihm ungesucht immer neue Combinationen zu verfeinertem und doch überzeugendem Ausdruck darbot. Dieser liebevollen Hingabe an ein schwelgerisches Musikempfinden und der absichtslosen Entäusserung desselben entspricht seine äussere Stellung zum Musiktreiben seiner Zeit eben so, wie der einfache Verlauf seines Lebens.

Im Jahre 1813 musste er das Convict verlassen, da seine Stimme mutierte, und er lebte im elterlichen Hause nur seiner Kunst, bis er, um der Conscription zu entgehen, Schulgehülfe seines Vaters wurde. Im Jahre 1816 bewarb er sich, doch vergeblich, um die Musikdirectorstelle in Laibach und folgte im Sommer des Jahres 1818 dem Grafen Joseph Esterhazy auf dessen Gut Zelécz in Ungarn, kehrte indess bald wieder nach Wien zurück. Während dieser Zeit waren neben einer Reihe von Instrumentalwerken schon einige seiner bedeutendsten Lieder entstanden, wie: „Kolma's Klage", „Loda's Gespenst", „Shilric und Vinvela", „Das Mädchen Inistore", „Des Mädchens Klage", „Clärchens Lied", „Das Lob der Thränen", „Gretchens Gebet" u. s. w., und sie beginnen schon in den kunstliebenden Kreisen Wiens Aufsehen zu erregen. 1820 erhielt er den Auftrag, für das Kärntnerthortheater eine kleine Oper: „Die Zwillingsbrüder", in Musik zu setzen. Er entledigte sich des Auftrags ohne welchen Erfolg. Grössern Beifall errang er mit der Musik zu dem Melodrama: „Die Zauberharfe", das in demselben Jahre im Theater an der Wien zur Aufführung kam. In diesem Jahre wurde auch seine „Erlkönig" als Op. 1 gedruckt.

Noch einmal bewarb sich Schubert um eine Stelle, 1826 um die erledigte Hofcapellmeisterstelle in Wien, wiederum erfolglos. Die Stelle wurde an Weigl vergeben, und so blieb Schubert ohne Anstellung und lebte bis an seinen, so früh am 29. November 1828 erfolgten Tod in den einfachsten Verhältnissen und nicht selten von Verlegenheiten der drückendsten Art heimgesucht. Jene anspruchslose Bescheidenheit, die ihren reichsten Lohn nur innerhalb der Kunst findet, war auch der Grundzug seines Characters. Selbst jener Anerkennung in den engern Kreisen der Freunde und Gönner, die für viele Künstler nothwendiges Lebenselement ist, bedurfte er nicht. Er saug und musicierte, weil er musste, unbekümmert um den Erfolg, und so stand auch er mit all seinen wundersamen Liedern so vereinsamt da, wie einst Bach. Das deutsche Volk, durch die kurze Zeit des Handelns in den Freiheitskriegen übermüdet, war in grössere Schlaffheit versunken, als je, und ergötzte sich an den saftlosen, aber süssen Tändeleien der Italiener. Langsam nur erweiterte sich andrerseits der verhältnissmässig kleine Kreis derer, die an der leidenschaftlichen Glut Mozart's ihre Fantasie entzündeten oder denen die Macht der Beethoven'schen Tonbilder imponierte. Der sinnigen Thätigkeit Schubert's wandten sich nur wenige zu und Jahre vergiengen, ehe die Nation erkennen lernte, von welcher Bedeutung ihr der bescheidene, fast social verkommene Meister geworden.war. Aber hier möchten wir wieder das Geschick segnen, das ihn in dieser stillen Abgeschlossenheit gegenüber der ruhe- und rastlosen Welt verharren hiess. Nur so wurde er zu immer energischerer Einkehr in sein Inneres gedrängt, nur so konnte dies zu vollständiger Reife gelangen, und so nur ward es ihm möglich, in einem, an Jahren so kurzen Leben eine so grosse Zahl vollendeter Werke zu schaffen und zu finden, was bedeutende Meister vor ihm vergeblich suchten: den rechten musikalischen Ausdruck für die neue Lyrik.

Jener Drang, die eigene Individualität in schwelgerischer Beschaulichkeit zur Erscheinung zu bringen, der in Bach's Kunstwerk zuerst entschieden hervortritt, und in Mozart und Beethoven sich bereits so wunderbar schaffend erweist; jenes unbeirrte Naturgefühl, das in dem Wollaut der Rhythmen und in dem süssen Zauber der Sprache des Göthe'schen Liedes Form und Klang gewonnen, sie bestimmen jetzt ausschliesslich die gesammte Musikentwickelung und bilden die ethische Grundlage des Schubert'schen Kunstwerks; und dies ist bei ihm wieder eben so unmittelbares Ergebniss innerer Erregung, wie einst das Volkslied. Wir sehen, dass Schubert sich die gesammten Mittel der musikalischen Darstellung weit weniger durch abstracte Studien, als vielmehr durch die lebendige Praxis angeeignet hatte, und sie waren mit seinem ganzen Organismus so innig verwachsen, dass sie absichtslos und ungesucht sich seinem Kunstschaffen fügten. Das lyrische Gedicht weckt in ihm sofort den bestimmten Gefühlszug, dem es entsprungen ist, in seinem ganzen Reichthum zwar aber auch in der energischen Abgrenzung und der objectiven

Fassung des Dichters. An seiner Hand lebt er alle die Seelenerfahrungen, die dem Gedicht ihre Entstehung verdanken, mit durch, und Zug um Zug kristallisieren sie sich ihm zu klingenden Tonformen, und die ursprüngliche Empfindung beherrscht die Darstellung so vollständig, dass Melodie, Harmonie und Rhythmus sich leicht und willig fügen und zu wirklichen Trägern der lyrischen Stimmung werden. Diese drei Mächte der musikalischen Darstellung erleiden somit jetzt eine wesentliche Umgestaltung. Die Melodie Schubert's nimmt jene Sprachaccente vollständig auf und zwar viel treuer herausgebildet, als bei jenen Berliner Künstlern, ja selbst bei Gluck; so treu, dass Melodie und Wort oft zu untrennbarer Einheit verwachsen. Dabei aber erhebt sie sich auch zu einer Macht selbständigen Ausdrucks, dem wir nur noch im alten Volksliede begegnen, und indem er ihr zugleich auch jenes reizende harmonische Klangcolorit anbildet, erlangt sie die alte Glut der Empfindung neben treuster Verständlichkeit. Dem entsprechend gestaltet sich sein harmonischer Apparat in reichster Mannichfaltigkeit.

Diesen erfasst Schubert wiederum tiefer, als jeder seiner Vorgänger, so tief wie Seb. Bach. Die Harmonik beider ist aber wesentlich verschieden. Bach gewinnt seinen wunderbaren Reichthum an Harmonien auf mehr melodischem Wege. Indem er in jeder einzelnen Stimme die Melodie mit rücksichtsloser Consequenz verfolgt, kommt er zu immer neuen harmonischen Combinationen. Es liegt im Wesen des Liedes, dass bei ihm die Harmonie mehr selbständig auftritt. Das Lied ist vorwiegend einstimmig gehalten, und die Polyphonie der Begleitungsinstrumente ist, wie wir bereits sahen, eine wesentlich andere. Die Harmonie wird mit der Melodie hier meist gleichzeitig erzeugt, und in der Melodie ist ihre harmonische Abstammung meist so sicher ausgeprägt, dass sie sich gleichsam von selbst aus den einzelnen Melodietönen zusammensetzt, wenn man aufmerksam hineinlauscht. An dem formalen Bande jenes ursprünglichen Formgerüsts wagt Schubert nun die kühnsten und weitesten Modulationen und zwar nie aus eitler Lust an Klangeffecten, noch viel weniger in dem Bestreben, zu experimentieren oder wol gar aus thörichter Originalitätssucht, sondern immer nur im strengsten Anschluss an Text und Stimmung, denn die Tiefe und Fülle der natürlich vermittelten Harmonik namentlich bedingt die Tiefe und Macht des lyrischen Ausdrucks. Schubert geht zunächst von jenem natürlichen harmonischen Constructionsprozess aus. „Der Fischer“ und „Nähe der Geliebten“ (aus Op. 5), „Das Heidenröslein“ und „Jägers Abendlied“ (aus Op. 3); ferner „Wanderers Nachtlied“, das erste (aus Op. 4) wie das zweite (aus Op. 96), „Das Lied des Harfner“ aus „Wilhelm Meister“ (Op. 12), „An die Thüren will ich schleichen“, wie das Lied an Mignon (aus Op. 19), „Ueber Fluss und Thal getragen“ und eine Menge andere zeigen jenes einfachste Formengerüst, das sich nur aus Tonika, Dominant und Unterdominant zusammensetzt, und zu seiner Bildung nur sparsam einen oder den andern leitereignen Accord hinzunimmt. Zugleich wird es wieder, wie einst beim Volksliede und dem Kunstliede bis Schein und Hammerschmidt, eine wirkliche Reproduction des strophischen Versgebäudes, indem es die Reimschlüsse auch harmonisch zu Zielpunkten macht und sie rhythmisch und harmonisch unter einander in Wechselwirkung setzt. In diesen Liedern ist es vor allem die Melodie, welche den ganzen Zauber der Worte zu einheitlichem Zuge zusammenfasst. Die fein und frei in den klangvollsten Intervallen sich bewegende Declamation wird durch reizende Melismen und Vorhalte nur noch reizender gemacht. Wie jene frühen Meister der formellen Liedconstruction wendet auch Schubert die Sequenz vielfach an, aber sie erfährt hier eine ganz eigenthümliche feinsinnige Behandlung. Sie tritt selten oder wol nie harmonisch oder melodisch gleich construiert ein. Das harmonische Material hat bei unserm Meister eine so bestimmte Farbe, dass ihm die blosse Transposition nach einer fremden Tonart fast unmöglich wird, dass die neue Tonart auch eine oft sehr wesentliche Umgestaltung der Melodie herbeiführt, und gerade aus dieser Eigenthümlichkeit weiss der Meister für die vocale Vertiefung der lyrischen Stimmung den grössten Vortheil zu ziehen.

Eine characteristische harmonische Erweiterung begegnet uns unter andern in dem Liede der Mignon (aus Op. 62): „So lasst mich scheinen, bis ich werde“, in welchem durch die leiterfremde Ausweichung nach Ddur (die ursprüngliche Tonart ist Hdur), und in der zweiten Strophe Dmoll, die Stimmung ausserordentlich vertieft und der Ausdruck scharf pointiert auf kleinem Raum concentriert wird. Eine Formerweiterung, ohne eigentliche Erweiterung des harmonischen Apparats, zeigt „Gretchen am Spinnrade“ aus

„Faust“. Durch die mehrmalige Wiederkehr der ersten Strophe hat der Dichter schon die Rondeauform für die musikalische Behandlung vorgezeichnet. Das Lied scheidet sich so in mehrere gesondert zu behandelnde Theile, die wiederum durch die einheitliche Tonart, Dmoll, welche aber in jedem einzelnen Theil anders dargestellt wird, einheitlich zusammengefasst werden. Hier nun nimmt auch die Clavierbegleitung in characteristischer Weise an der Darstellung Antheil. Das Begleitungsmotiv ist dem Summen des Spinnrades abgelauscht, und ununterbrochen folgt es bald verengt bald erweitert den feineren Nüancen der Stimmung, bis es in immer heftigerer Bewegung bei dem „und ach, sein Kuss“ plötzlich abreisst und still steht, wie Fädchen und Rad. Langsam setzt es sich wieder wie das Rädchen in Bewegung, steigert sich nochmals allmälich zu grosser Hast, um ebenso wieder zurückzugehen und im leisesten Pianissimo die ganze Stimmung verklingen zu lassen. Es ist dies eine Situationsmalerei, die vortrefflich geeignet ist, das Stimmungsbildchen zu vollenden.

Weiterhin begegnen wir dann wieder einer Reihe von Liedern, in welchen diese Darstellung der ganzen Grundstimmung in einzelnen Theilen noch entschiedener verfolgt wird, wie in „Schäfers Klagelied“ (aus Op. 3), dessen sechs Strophen als eben so viel verschiedene Theile behandelt werden. Allein es ist dies doch keine scenische Erweiterung im Sinne Mozart's oder Beethoven's. Die ganze Construction, nach welcher sich die einzelnen Theile allmälich harmonisch vertiefen und wieder auf den Ausgangspunct zurückführen — die erste Strophe steht in der Cmoll-, die zweite in der Esdur-, die dritte in der Asdur-, die vierte in der Asmoll-Tonart und die fünfte und sechste Strophe führen wieder zum Anfange zurück, die fünfte mit der Musik der zweiten, die sechste mit der Musik der ersten Strophe — weist auf einen engern lyrischen Zusammenhang hin, als in den einzelnen Partien des zur Scene erweiterten Liedes erkennbar ist. Namentlich aber ist es vor allem die Melodie, welche ihren lyrischen Character nirgend verliert. Die Melodie der ersten Strophe klingt durch die der zweiten, und diese wiederum durch die der dritten so vernehmlich hindurch, dass die zweite nur als die Versetzung der ersten in die Esdur- und die dritte als Uebertragung nach der Asdur-Tonart erscheint, und in demselben Verhältniss stehen die andern Strophen zur ersten und zu einander. Diese wirklich vocale, nicht mehr instrumentale Erweiterung der Stimmung wird natürlich für das sogenannte durchcomponierte Lied von grosser Bedeutung, und nur so weit ist dies dem sogenannten Strophenliede vorzuziehen. Harmonisch bedeutsam sind ferner diejenigen Lieder, in denen Schubert in einem seltsam berückenden Wechselspiel von Dur und Moll des Herzens süsses Sehnen aussingt, wie in „Ich stand in dunklen Träumen" (Nr. 9 aus „Schwanengesang"), in welchem Bmoll und Bdur dicht neben einander vollständig ausgeprägt erscheinen, oder in „Suleika's erstem Gesang" (Op. 14): „Was bedeutet die Bewegung", in welchem auf der Dominant Hmoll und Hdur fortwährend mit einander wechseln, wie in den beiden Müllerliedern (Nr. 16): „Die liebe Farbe" und (Nr. 17): „Die böse Farbe".

So knüpft sich die Bedeutung Schubert's als Liedercomponist vornehmlich an die Göthe'sche Lyrik. Weit weniger günstig gestaltet sich sein Verhältniss zu Friedrich von Schiller. Die Individualität dieses Dichters war der eigentlichen Lyrik, dem musikalischen Liede wenig günstig. Schiller besass die Fähigkeit der unmittelbaren Formgebung des ebenso unmittelbar Empfundenen in zu geringem Grade, um wirklich lyrische Lieder zu erfinden. Er sucht zu allem, was ihn fesselt, die Ideen, und vertraut diese dann in bildlicher Anschauung dem Gedicht an. Seine Lieder sind vorwiegend didactisch gehalten und darum für Musik wenig günstig. Wol einmal nur ist es ihm gelungen, das Fluthen seines Innern in seiner ganzen Unmittelbarkeit zu fassen, in dem Liede der „Thekla" aus „Wallenstein": „Der Eichwald braust", und das hat denn auch in Schubert ein wunderbar schönes Tonstück heraufgetrieben: „Des Mädchens Klage" (Op. 59). An einem andern Gedicht Schiller's: „Nacht und Träume" (Op. 43), ersetzt er die fehlende lyrische Stimmung durch ein eigenthümlich süsses Klangcolorit. In melodischem Fluss, wenn auch wenig characteristisch, erhebt sich die Musik nur noch etwa in „Thekla". In allen übrigen kommt sie über eine, hin und wieder selbst an den Bänkelsang erinnernde Phraseologie nirgends hinaus, wie in „Hektors Abschied" und „Emma".

Um so bedeutendere Schöpfungen weckten in ihm die Lieder Wilhelm Müller's, des Dichters, mit dem Schubert nächst Göthe die meiste Verwandtschaft hat. Auch die Lyrik Müller's ist naiv und unmittelbar, wie das Volkslied; nicht so tief und so reich, wie die des Altmeisters der Dichtkunst, aber eben so sangbar und ungekünstelt, ist sie wahr im Gefühl und poetisch in der Anschauung. Der Liedercyclus: „Die schöne Müllerin“ (Op. 25) und „Die Winterreise“ (Op. 89), beide nach Dichtungen von Wilhelm Müller, zählen zu den genialsten Schöpfungen Schubert's.

Wie wir sahen, hatte Beethoven mit dieser Gattung den Anfang gemacht; nur innerlich verbundene Gedichte suchte er äusserlich unter einander zu verknüpfen. Die einzelnen „Müllerlieder“ sind unter sich, wir möchten sagen, zu einer Novelle verbunden, und eine Behandlung in jener Weise Beethoven's wäre hier eher gerechtfertigt gewesen. Allein eine solche lag ebenso wenig in Schubert's Absicht, als eigentlich auch in seiner Befähigung. Er hatte nur Sinn und nur die Mittel für die lyrische Beschaulichkeit, und wenn dennoch durch seine Cyclen ein gewisser einheitlicher Zug hindurchgeht, so ist das weniger beabsichtigt, als vielmehr unwillkürlich herbeigeführt. Die grosse Mannichfaltigkeit des Inhalts wie die Verschiedenheit der Situation bedingte natürlich eine grosse Mannichfaltigkeit der Form. Vom einfach, volksmässig naiv gehaltenen Strophenliede, bis zum vocal wie instrumental sich vertiefenden durchcomponierten Liede sind alle bisher besprochenen Formen meisterlich herausgebildet.

Ungleich bedeutender ist indess der zweite Liedercyclus, dessen Text der Meister einem grössern, gleichfalls von Wilhelm Müller gedichteten Cyclus, unter dem Namen „Reiselieder“ bekannt, entlehnt. Schubert componierte nur die zweite Abtheilung: „Winterreise“, und die einzelnen Lieder gehören zu seinen vollendetsten Schöpfungen. Er schrieb sie in der Zeit seiner höchsten Reife und noch wenige Tage vor seinem Tode war er mit der Correctur beschäftigt. Die kurze Zeit seines Lebens hat er so treu und fleissig gearbeitet, dass er auf diesem Gebiete die höchste Meisterschaft erringen musste. Diese Lieder sind daher ebenso vollendet in der Form, wie rückhaltslos im Ausdruck. In vielen der bisher besprochenen Lieder macht sich nicht selten noch eine gewisse Weitschweifigkeit des Ausdrucks geltend, die ihn wiederum zu Ausschreitungen in der Form zwingt. Er hält sich bei den einzelnen Zügen noch mit solcher Vorliebe auf, dass es ihm oft nur durch die complicierte Form möglich ist, die verschiedenen

Nüancen der Stimmung zu einheitlichem Ausdruck zu bringen. Erst in den Liedern der „Winterreise“ gewinnt er jene höchste Form des lyrischen Ausdrucks, die alle Einzelzüge der Stimmung auf ihre Pointen zurückführt und in einheitlicher, einfach gegliederter Form Gestalt werden lässt. Die Ausprägung fremder Tonarten zur Selbständigkeit wird jetzt immer seltener; immer häufiger werden fremde Tonarten herbeigezogen, und der Meister scheut sich oft nicht vor den entferntesten; aber es geschieht dies eben nur, um den Hauptton reicher auszustatten und dadurch die Grundstimmung zu vertiefen, und das ist jene Liedgestaltung, welche erst den reichsten vollständig erschöpfenden Ausdruck gewährt. So treten denn auch Gesang und Clavierbegleitung in ein etwas verändertes Verhältniss. Die Melodie wird jetzt wiederum unabhängiger von der Harmonie, als dies in frühern Liedern der Fall ist. In diesen entstehen Harmonie und Melodie meist so gleichzeitig, dass die eine die andere bedingt. Mit der steigenden Meisterschaft in der Beherrschung des Materials werden ihm beide zu besondern Mächten des musikalischen Ausdrucks. Jede folgt ihrem eignen Zuge mit einer Consequenz, wie wir sie in höherem Maasse nur noch bei Joh. Seb. Bach finden. Beide bedingen sich nicht mehr nur, sondern sie ergänzen sich jetzt. Fast in jeder dieser Melodien begegnen wir einzelnen Tönen, die der ursprünglichen harmonischen Grundlage nicht angehören, die aber auch nicht als Durchgangs- oder Vorhaltstöne gefasst werden können, und die wir deshalb harmoniefreie Töne nennen möchten, weil sie eben nur der consequenten Verfolgung des melodischen Zuges ihre Existenz verdanken. Dem gleichen Zuge folgt auch die Harmonik. Wenn diese auch früher selten in ihrer rein materiellen Erscheinung als Accord, sondern vorherrschend in reizenden Arpeggien, in harmonischer Figuration auftritt, so ist das mehr eine äussere Verfeinerung, von welcher die Grundharmonie eigentlich nicht berührt wird.

In dem neuen Liede wird diese schon viel feiner und freier, wir möchten sagen flüssiger, und indem sie nicht nur harmonisch, sondern auch melodisch figuriert wird und oft dem selbständigen Zuge ihrer Stimmen folgt, gelangt sie zu Accordgebilden, die sich auf jenen ursprünglichen Formationsprocess nicht mehr direct zurückführen lassen. Dadurch wird auch die Clavierbegleitung zu einer viel bedeutsamern Selbständigkeit geführt, als sie bisher erreichen konnte. In characteristischen Vor- Zwischen- und Nachspielen folgt sie ganz bewusst ihrem eignen Zuge mit ihren eigensten Mitteln sich an der Darstellung des poetischen Inhalts zu betheiligen. Detailmalereien, wie die Nachahmung der Klänge des Posthorns in Nr. 13, des Rauschens der Zweige in Nr. 5, des Flackerns der Irrlichter in Nr. 9, des Krähens der Hähne in Nr. 11 werden zwar häufiger, aber sie treten noch weniger mit der Absichtlichkeit blosser Situationsmalerei auf, als früher. In dem Begleitungsmotiv, das unter ihrem Einfluss entsteht, beherrscht sie dort häufig die Stimmung vollständig. Diesem grössern Reichthum der instrumentalen Gestaltung gegenüber erhebt sich die Melodie immer bedeutsamer und selbständiger durch eine klangvolle Melismatik herausgebildet. Recitativische Gebilde, welche früher die Construction der Form häufig zeitweise aufhoben, werden dieser jetzt fest eingefügt, indem sie die Clavierbegleitung, wie in dem Liede Nr. 1: „Auf dem Flusse", energisch weiter führt. Hiermit hat aber Schubert auch zugleich den Weg bezeichnet, auf dem die musikalische Wiedergeburt der Lieder Heinrich Heine's, des grössten lyrischen Dichters nach Göthe, gefunden werden konnte. Heine's erstes Auftreten erfolgte in den letzten Lebensjahren unsers Meisters, und so war es ihm nur vergönnt, mit wenigen Liedern dieser neuen glänzenden Phase, in welche auch der Liedergesang durch diesen Dichter tritt, Plan und Ziel vorzuzeichnen. Sie wurden erst nach seinem Tode in der Liedersammlung „Schwanengesang" veröffentlicht. Es ist dies kein Liedercyclus in dem früher erörterten Sinne, sondern nur eine vom Verleger zusammengestellte Sammlung von Liedern aus dem Nachlasse Franz Schubert's.

Für das Heine'sche Lied wird das Wort von noch grösserer Bedeutung, weil in ihm die Stimmung noch präciser, in noch engerm Rahmen zusammengefasst ist, als in dem Liede von Göthe, und so wird denn jener mehr recitierende Liedstyl bedingt, welchen die Lieder des „Schwanengesangs" schon zeigen: „Am Meer" („Das Meer erglänzte weit hinaus"), „Der Atlas" („Ich unglückseliger Atlas"), „Ihr Bild" („Ich stand in dunkeln Träumen"), „Das Fischermädchen" („Du schönes Fischermädchen"), und der vollständig ausgeprägt ist in: „Die Stadt" („Am fernen Horizonte") und „Der Doppelgänger" („Still ist die Nacht"). Wie das Wort sich hier jeder weiteren Ausführung enthält und nur die

Hauptmomente andeutungsweise heraushebt, so bezeichnet auch der Gesang nur die einzelnen Farbenpunkte, die dann die Clavierbegleitung einheitlich zusammenfasst, und diese erlangt natürlich auf diesem Wege ein grosses Uebergewicht. Bei Schubert erhöht indess diese bevorzugtere Stellung des Instrumentalen immer noch die Wirkung des Gesanges.

Bei weitem weniger günstiger gestaltet sich das Verhältniss unsers Meisters der Ballade gegenüber.

Diese Form hat gleichfalls im alten Volksgesange ihren eigentlichen Boden und namentlich gieng die neue Form zunächst aus dem epischen Liede mit Refrain hervor. Der Refrain als Träger der lyrischen Pointe hielt sich durchaus mehr in selbständig freier Liedform, während die eigentliche Erzählung in dem recitierenden Ton des Rhapsoden vorgetragen wurde, und aus dieser namentlich bildete sich die Form der Romanze, und zugleich die specielle der Ballade. Der Refrain löst sich allmälich los, und indem sich die ganze Behandlung mehr der Liedform nähert, wird sie zur Romanze. Diese Form namentlich ist im spätern Volksgesange gepflegt worden. In ihr drängt sich das Lyrische bestimmter in den Vordergrund, während in der eigentlichen Ballade das Epische grössere Berücksichtigung findet und eine andere Behandlung nothwendig macht.

Beide Formen fanden später im Volksgesange noch spärlich Pflege, bis Gottfried August Bürger, innig vertraut mit der schottischen und englischen Balladenpoesie, die Aufmerksamkeit durch seine Epoche machenden Versuche wiederum ihr zuwandte, und nachdem sie durch Göthe, Schiller und Uhland zur höchsten Meisterschaft herausgebildet wurde, wenden sich ihr die besten Dichter bis auf den heutigen Tag mit Vorliebe zu. Die Tondichter aber hatten sich mittlerweile auch wieder gewöhnt, den Spuren der Poesie nachzugehen, und so erlangt auch die Ballade musikalisch ihre neue Gestalt.

Der erste Meister, der in diesem Sinne thätig war, ist

Johann Rudolph Zumsteeg. Er ward zu Sachsenflur im Schöpfergrunde 1760 geboren und seine Hauptthätigkeit fällt demnach in jene Zeit, in welcher Poesie und Tonkunst auf eine bisher nicht gekannte Höhe der Entwickelung geführt werden sollten. Göthe und Schiller standen bereits auf der Höhe ihres Ruhmes, Jos. Haydn hatte bestimmenden Einfluss auf die ganze Umgestaltung der Musik gewonnen;

Mozart's geniales Wirken fällt ganz in die Lebenszeit Zumsteeg's und auch von Beethoven's erstem Erfolge konnte er lebendiger Zeuge sein. Auch er war ein Zögling jener militärischen Schule auf der Solitude bei Stuttgart und Anfangs bestimmt, Bildhauer zu werden. Allein da sein musikalisches Talent sich früh entwickelte, fand er als Violoncellist Aufnahme in der Hofcapelle, und er ist der Kunst treu geblieben bis an sein Ende. Mit Schiller verknüpfte ihn ein enges Freundschaftsband, und zu einer grossen Zahl der im „Musenalmanach" veröffentlichten Lieder Schiller's schrieb er auf den Wunsch des Dichters die Musik. Daneben componierte er Instrumentalsätze, Cantaten, Singspiele, mehrere Opern und wie wir bereits erwähnten eine Reihe Balladen, welche ihm einen Platz in der Entwickelungsgeschichte der Tonkunst gaben. 1792 ward er herzoglicher Capellmeister und Director der Oper, und am 27. Januar 1802 starb er.

Eigentlich selbstschöpferisch, so dass er sich an jener erwähnten Neugestaltung hätte betheiligen können, war Zumsteeg nicht. Auch jener Balladenstyl, wodurch er kunstgeschichtliche Bedeutung gewinnt, ist vielmehr das Product eines verständigen Calculs, als genialer Inspiration oder auch nur eines natürlichen Instincts. Im Besitz einer ungewöhnlichen Bildung, studierte er fleissig die alten Meister, und als Mozart mit seinen unvergänglichen Werken an's Licht trat, war Zumsteeg einer der ersten, die sich unter den Einfluss dieses neuen Gestirns stellten, und die grössern Balladen namentlich sind selbstredende Zeugen hierfür. Der neue Instrumentalstyl, die scenische Erweiterung des Liedes und die noch immer sehr beliebte Form der Cantate gaben die nothwendige Anleitung, die Romanzenform zur rhapsodischen Darstellung des epischen Gedichts zu erweitern. Wie Mozart das Lied meist dramatisch fasst, so dramatisiert Zumsteeg die Romanze, indem er die Handlung und die Charactere, die der Romanze nur als Träger der Idee, als ihre objective Grundlage dienen, und die in der musikalischen Form der Romanze eigentlich gar nicht weiter berücksichtigt werden konnten, entschieden in das Bereich der musikalischen Darstellung zieht. Der volksthümliche Romanzenstyl bildet so bestimmt die Grundlage seiner Behandlung der Ballade, dass er selbst in dem ausgeführteren, wie in „Ritter Toggenburg", „Die Büssende", „Die Entführung", „Leonore", „Des Pfarrers Tochter von Taubenhayn", fortwährend auf sie zurückgeführt wird. Dabei folgt er der stetig fortschreitenden Handlung in dem Bestreben, mit einem grossen Aufwande von Mitteln sie auch musikalisch darzustellen und zu entwickeln. Es ist dies unleugbar der richtige Standpunkt, und dass Zumsteeg dennoch den rechten Balladenton nicht fand, verschuldet nur der Mangel eines wirklich schöpferischen Funkens. Die Musik muss nothwendig der Entwickelung der Handlung Schritt für Schritt folgen, aber sie darf den ursprünglichen Character als episch-lyrisches Gedicht, sie darf den Romanzencharacter nicht aufgeben, sondern ihn vielmehr zum Balladenton umwandeln. Der Ballade von Zumsteeg fehlt jener einheitliche Zug, den die volksthümliche Ballade im Refrain herzustellen weiss und die Carl Löwe dadurch erreichte, dass er eine bestimmte, mehr rhetorische Gesangsphrase erfindet, die er mit den, nur durch die weitere Entfaltung gebotenen Modificationen festhält und nach ihr die Ausführung der lyrischen Partien bestimmt.

Auch jene beiden Berliner Meister, welche gleichfalls nach dem neuen Balladenstyl suchten: Fr. Reichardt und C. F. Zelter, vermochten ihn nicht zu finden. Ganz ihrem practisch verständigen Standpunkte, welchen sie dem Liede gegenüber einnehmen, entsprechend, bilden sie auch für die episch-lyrische Dichtung nur die volksthümliche Romanzenweise weiter aus. Für beide hat die Handlung ein besonderes Interesse nicht. Sie erfinden für die erste Strophe eine Melodie und diese erleidet für die übrigen Strophen höchstens nur eine, durch die veränderte Declamation bedingte, an sich unwesentliche Modification. Reichardt versucht wol ein specielleres Herausbilden einzelner Züge, wie im „Alpenjäger", allein in dieser Vereinzelung ist es doch weit weniger noch gerechtfertigt, als die Weise Zelter's, der selbst eine so gestaltenreiche Ballade wie die von Göthe: „Der Todtentanz", ganz wie eine Romanze behandelt. Sie halten beide zu einseitig nur die Anschauung fest, dass die Ballade gesungen werden soll, und daher geht ihr Bestreben darauf hinaus, eine sangbare Melodie zu finden, die zugleich dem rhetorischen Character der ganzen Gattung entspricht. Den Romanzen Schiller's gegenüber ist dieser Standpunkt wol auch richtig, allein jenem Balladenstyl ist dadurch nur ein Schritt näher gerückt. Der mehr rhetorische Vortragston und das sangbare Rondo der Romanze treten nun nicht mehr, wie noch bei Zumsteeg, neben einander, sondern sie durchdringen sich schon so, dass aus der Zelter-Reichardt'schen Romanze sich von selbst jene Balladenmelodie ablöste, welche den Grundton fortwährend anklingend erhält und dennoch auch Raum für die feinere Characteristik gewährt. Diesem Ziele nun trat Franz Schubert wiederum einen Schritt näher.

Um den lyrischen Inhalt einer Anzahl seiner Lieder zu erschöpfen, drängte es ihn zu fast epischer Ausbreitung. Er bringt nicht nur durch Situationsmalerei die lyrische Empfindung in Beziehung zur Aussenwelt, sondern er weitet einige so vollständig aus, dass sie einen fast epischen Verlauf nehmen. „Der Kampf", und „Gruppe aus dem Tartarus", vor allem „Ossian's Gesänge", sind im Grunde lyrische Ergüsse, aber das ihnen zu Grunde liegende gewaltige Factum ragt so bedeutend in die Darstellung hinein, dass sie weit aus dem engen Rahmen des Liedes herausgedrängt werden. „Ossian's Gesänge" namentlich rechtfertigen diese Auffassung vollkommen. Die ganze verklungene Herrlichkeit seiner Vorfahren beschwört der greise, blinde Dichter herauf in seiner Fantasie in einzelnen Bildern; aber keins derselben ist objectiv fester gefasst, und alle sind nur durch die Grundstimmung des Dichters, aus der sie hervortreiben, unter einander verbunden. Daher findet auch hier jene rhapsodische Weise der musikalischen Behandlung des episch-lyrischen Gedichts, welche Zumsteeg anregte, künstlerische Anwendung. Allein den letzten entscheidenden Schritt zur vollständigen Ausbildung der Balladenform vermochte auch Schubert nicht zu thun, weil er übersah, dass ihm der „Erlkönig", „Der Sänger", „Der Taucher", wie „Die Bürgschaft", nicht nur einzelne Bilder, sondern eine wirklich fortlaufende, stetig sich ausbreitende Erzählung entgegenbrachten, und dass die einzelnen Bilder unter sich dadurch in Zusammenhang gesetzt werden. Diese Bilder nun meisselt Schubert so meisterhaft heraus und hebt die lyrischen Momente mit so ergreifender Wahrheit hervor, dass er hierin wol nimmer zu übertreffen sein dürfte. Aber für die eigentlich epische Erzählung findet er eben so wenig den rechten Ton, wie Zumsteeg, Reichardt oder Zelter, so dass die Musik nicht selten den einfachen und natürlichen Gang der Erzählung aufhält und schliesslich langweilt.

Johann Carl Gottfried Löwe (am 30. November 1790 in Löbejün in der preussischen Provinz Sachsen geboren), wurde dadurch der Schöpfer des Balladenstyls, dass er alle die vereinzelten Momente, die sich in allen diesen Meistern fanden, wiederum vereinigte. Das Volkslied und nach seinem Muster Reichardt und Zelter, berücksichtigen die Handlung wenig, und Schubert, wie Zumsteeg verlieren in dem Streben, auch diese musikalisch zu entwickeln, den einheitlichen Ton der Erzählung. Erst Löwe vereinigt beide wiederum. Er fasst jenen mehr volksmässigen Romanzenton in eine mehr rhetorische, aber abgeschlossene Gesangsphrase, die den Grundton bildet, der nach dem Verlauf der Handlung sowol melodisch, wie harmonisch und rhythmisch modificiert die Bedeutsamkeit und Ausführung der einzelnen Partien bestimmt, und wie der Refrain die ganze Ballade durchzieht. Dabei eröffnet diese Behandlungsweise der Clavierbegleitung den weiten Spielraum, den sie für diese Form beansprucht, und den sie auch bei Zumsteeg und Schubert schon gewinnt; allein erst nachdem Löwe den Balladenton auch vocal fand, konnte diese Betheiligung des Claviers in Balladenform erfolgen. Mit der grossen Reihe seiner übrigen Compositionen, seinen Oratorien, Instrumentalwerken und selbst seinen Liedern konnte Löwe keine Bedeutung gewinnen.[1]

Eine ganz neue Gattung Instrumentalwerke treibt dagegen die ganze Richtung in dem ersten bedeutenden Vertreter der neuen musikalischen Lyrik, in Schubert, hervor. Die Tiefe und Innigkeit seines Gemüths, die üppige Fülle seiner Empfindung drängten ihn schon in seinen Vocalwerken zu der ausgedehntesten Verwendung des Instrumentalen, in welchem das geheime Weben und Walten des schaffenden Geistes viel unmittelbarer und erschöpfender äussere Darstellung gewinnt, als im Vocalen. Dabei nun entwickelt sich in der Fantasie unsers Meisters manch ein Bild, in seinem Innern wird manch ein Zug lebendig, für welche das Wort des Dichters kein entsprechendes Ausdrucksmittel mehr ist, so dass er ganz naturgemäss zur Instrumentalmusik hinüber geführt wird.

Aber er sollte hier auch zugleich den Beweis liefern, dass nur noch die Unmittelbarkeit und Naivität der Erfindung eines Haydn, nicht aber die lyrische Beschaulichkeit Schubert's mehr im Stande war, grosse und weit angelegte Instrumentalformen zu schaffen; dass die gesammte Innerlichkeit jetzt vielmehr sich an entsprechenden objectiven Bildern, die sie der Fantasie

1. Vergl.: „Das deutsche Lied", pag. 248.

vorüberführt, concentrieren muss. Schubert's grössere Instrumentalwerke, seine bekannte Symfonie, das Quintett, seine Quartette, Trios, Duos und die Sonaten für Clavier setzen sich aus einer Menge wunderbar tief empfundener und ausgeführter Züge zusammen, aber ohne die nothwendige orchestrale Festigung und Gruppierung zum geschlossenen Ganzen. Die einzelnen Gefühlsergüsse sind an einander gereiht ohne jene Gegenwirkung auf einander, die allein das instrumentale Kunstwerk plastisch heraustreten lässt. Die Variationen, Impromptus, Polonaisen, Märsche und Walzer dagegen sind die ersten Instrumentalwerke der neuen Richtung. Die Formen an sich sind nicht neu. Seit Bach waren die Meister des grossen Instrumentalstyls auch für ihre Ausbildung bemüht. Allein sie erscheinen doch immer mehr als in der Entwickelung zurückgebliebene Bruchstücke grösserer Werke, oder sie haben nur formell Bedeutung. Selbst die „Bagatellen" von Beethoven, welche den neuen Schubert'schen lyrischen Instrumentalformen am nächsten stehen, enthalten durchweg Keime für grössere Orchesterformen, die der Meister in ihrer Entfaltung selbst zu hindern für nothwendig erachtete. Bei Schubert sind diese kleinen Formen die eigentliche Ergänzung der entsprechenden Vocalformen. Im Lied hält das concrete Wort die Fantasie des Meisters noch in engen Schranken; in diesen instrumentalen Formen erst bewegt sie sich frei und fessellos und in einem wahrhaft schwelgerischen Spiel mit reizenden Melodien, Harmonien und wunderbar berückenden Klangwirkungen bringt er einen bestimmten Zug seiner erregten Innerlichkeit, ihn bis in die feinsten Nüancen verfolgend, zur Erscheinung. An Innigkeit der Empfindung, an Wollaut des Ausdrucks, wie an Feinheit der Ausführung dürften sie durch nichts derartiges überboten worden sein. Auch ihnen ist eine gewisse Weitschweifigkeit eigen, die eben aus der Lust an der schwelgerischen Selbstbeschaulichkeit, aus der die ganze Richtung emportreibt, hervorgeht, und nach dieser Seite erlangten Schumann und Mendelssohn dann Bedeutung, indem sie den Ausdruck wiederum auf die Pointen zurückführten und dadurch schärfer fassten.

Auch in dem Streichquartett wird der Mangel eines bestimmten, zu fester Einheit eines Bildes verdichteten Vorganges noch nicht so fühlbar. Die vier Streichinstrumente fügen sich gern und willig dem phantastischen Spiel in einem sinnigen Tongewebe melodischer

Figuren und harmonischer Klangeffecte, und dem entsprechend sind das Amoll-, Edur- und Esdur-Quartett Werke von hoher Bedeutung für die neue Richtung, und das Dmoll-Quartett erhebt sich bis zu grosser Gewalt des Eindrucks. Der Mangel einer wirklich instrumentalen oder gar orchestralen Gestaltung wird erst durchgreifend fühlbar in den Sonaten für Clavier, in den Trios und in den Orchesterwerken, den Ouverturen und der Symfonie in Cdur. Jedes einzelne Werk birgt eine Masse tief empfundener und feinsinnig ausgeführter Züge; jedes einzelne setzt sich aus einer Menge üppig hervorquellender Gefühlsergüsse zusammen; aber sie sind meist von demselben Geist erfüllt; jeder einzelne ist so für sich selbstredend entschieden ausgeprägt und abgeschlossen, dass keiner eines Gegensatzes bedarf, dass keiner ein Gegensatz ist. Sie sind meist an einander gereiht, und es kommt nirgend zu einer dialectischen Entwickelung oder zu einem Widerstreit der Hauptgedanken, was wir als das eigentlich Treibende der Instrumentalformen anerkennen mussten.

Dabei macht sich ferner der Mangel jener, im Grossen anordnenden und gestaltenden Kraft des Rhythmus, die wir gleichfalls als wesentlich für die Instrumentalformen erkannten, empfindlich geltend. Das fühlte auch jener jüngere Meister, der vorwiegend in Schubert wurzelt: Robert Schumann, und er versuchte nach dieser Seite eine durchaus abweichende Darstellung freilich in mehr äusserlicher Weise. Er hatte dem grössten Symfoniker auch die Gegenüberstellung verschiedener Rhythmen abgelernt. Wie Beethoven z. B. im Scherzo seiner *Eroica* aus dem Drei- in den Viervierteltact übergeht, so wechselt auch Schumann häufig plötzlich die Tonart, aber es geschieht dies nicht immer aus innerer Nothwendigkeit, sondern eines mehr äusseren Contrastes wegen. Jener eigentlich im Grossen gestaltende Rhythmus, der namentlich im Scherzo der Cmoll-Symfonie oder in dem der neunten Symfonie oder im Cismoll-Quartett so bedeutsam wirksam ist, in dem durch eine verschiedene Abstufung der Accente verschiedene rhythmisierte Gruppen herausgebildet werden, was der Meister namentlich noch durch die Bezeichnung *Ritmo di tré* oder *di quattro battuta* ganz bestimmt verlangt, ist indess auch bei Schumann nur schwach zu erkennen. Wir werden sehen, wie das Darstellungsobject und die rhythmischen Mittel sich bei ihm oft ziemlich spröde gegen einander erweisen. Dieser Mangel eigentlicher instrumentaler Gestaltung bei Schubert wird noch weniger im Adagio und im Menuett fühlbar, als im ersten und letzten Satz oder im Scherzo. Das Adagio schwelgt gern in mehr unbestimmten, nebelhaften Fantasiegebilden, oder zum mindesten zeigt es sich ihnen nicht abhold, und der Menuett weiss Schubert den pikanten Mazurkarhythmus anzubilden und kleidet sie in ein mehr national-ungarisches Gewand. Allein im Scherzo wird jene rhythmische Monotie meist sehr fühlbar, eben so im Finale, und die reiche harmonische Gestaltung und die wunderbar innigen melodischen Partien sind nur selten im Stande, sie ganz zu verdecken. Für den Orchestersatz endlich gewinnt der Meister in der Wirkung unterschiedener Klangeffecte neue Mittel, und diese beherrscht er denn wiederum mit einer seltenen Meisterschaft. Ein wahrhaft schwelgerisches Spiel der unerschöpften Fantasie mit harmonischer und orchestraler, mährchenhaft berückender Klangwirkung vermag uns eine zeitlang wenigstens vollständig eine wirklich in sich gefestete objective Gestaltung vergessen machen.

Die neueste Zeit, welche sich mit liebevoller Hingabe den Werken unsers Meisters zuwandte, hat neben einer Menge anderer Werke zwei Opern wieder an das Tageslicht gefördert. „*Alfons* und *Estrella*“ verdankt dem um die Verbreitung der Schubert'schen Richtung hochverdienten Franz Liszt ihre Scenierung auf der Weimarer Bühne, und „Der häusliche Krieg“ scheint gegenwärtig die Rundreise auf der deutschen Bühne machen zu sollen, nachdem in Wien der Anfang gemacht wurde. Doch haben beide Werke wiederum bestätigt, dass das, was über jene lyrische Beschaulichkeit hinausweist, dem Meister fern lag. Viel weniger noch, als jene instrumentalen Züge zu gefestigten Tonbildern, vermochte er all die einzelnen Gefühlsergüsse, in welche er den dramatischen Verlauf seiner Opern auflöst, zu personificieren und zu wirklichen Charactern zusammen zu fassen. Keiner war wol so wie er im Stande, uns die ganze ethische Grundlage des Dramatischen, die psychologischen Processe so in ihren Einzelheiten bis in die feinsten Nüancen darzustellen, aber er vermochte nicht jenen Standpunct zu gewinnen, von welchem aus er alle einheitlich zusammengefasst objectiv anschauen und plastisch darstellen konnte. Und so leben wir zwar alles mit durch, aber mehr als vereinzelte Gefühlsausbrüche, ohne jene Gegenwirkung, auf welcher die Handlung doch hauptsächlich beruht. Wie in der Oper des jüngern Meisters Robert Schumann sind uns die Personen nur in dem, was sie empfinden, gegenwärtig, und nicht auch in ihrer leiblichen Wesenheit, und dies ist für das musikalische Drama nicht weniger nothwendig als jenes.

Der nächste Meister, der diese subjective Beschaulichkeit auch instrumental, in klassischen Tonformen herausbildete, ist

Felix Mendelssohn-Bartholdy. Ein Enkel jenes berühmten Philosophen Moses Mendelssohn wurde er zu Hamburg am 3. Februar 1809 geboren und genoss das Glück der sorgfältigsten Erziehung. Namentlich die Mutter, eine geborne Bartholdy, war auch auf die Entwickelung der künstlerischen Begabung unsers Felix und seiner ältern Schwester Fanny früh bedacht. Von grossem Einfluss war die in Mendelssohn's frühe Jugend fallende Uebersiedelung der Familie nach Berlin; hier wurden Zelter, der Director der Berliner Singacademie, und Louis Berger, beide wie wir sahen erfolgreich im Liede thätig, seine Lehrer. Seine Anlagen entwickelten sich so glänzend, dass man vielfach versucht ward, ihn mit Mozart zu vergleichen. Schon im achten Jahre gehörte er zu den bedeutendsten Clavierspielern der Residenz, und als ihn Zelter im November 1821 bei Göthe einführte, erregte er dessen Interesse in hohem Grade, und der Dichter verfolgte von nun an mit grosser Aufmerksamkeit die weitere Entwickelung des genialen Knaben. Diese war unter so glücklichen Verhältnissen eine äusserst glänzende. Eine nicht geringe Anzahl von Tonstücken schrieb er unter der Aufsicht seiner Lehrer. 1824 wurde bereits die vierte Oper von ihm in häuslichen oder Freundeskreisen aufgeführt. In diesem Jahre war auch Ignaz Moscheles, einer der bedeutendsten Clavierspieler und Componisten, nach längerm Aufenthalt in England nach Berlin gekommen, und Mendelssohn fand an ihm einen neuen Lehrer und bald einen treuen Freund. Doch scheint die Wahl der Tonkunst zum Lebensberuf in jener Zeit immer noch unentschieden gewesen zu sein. Erst die erste Reise nach Paris 1825 wurde entscheidend. Mendelssohn spielte vor Cherubini sein Hmoll-Quartett, und das Urtheil dieses Meisters führte ihn der künstlerischen Laufbahn vollständig zu. Daneben versäumte er seine wissenschaftliche Ausbildung nicht und bezog 1827 die Universität. 1829 unternahm er, von Moscheles veranlasst, seine erste Reise nach London, und mit ihr beginnt seine öffentliche Wirksamkeit, die 1833 in Düsseldorf und dann von 1835 bis an sein frühes Ende in Leipzig Centralpunkte fand. Dort in Düsseldorf war er städtischer Musikdirector geworden und hatte im Verein mit Immermann und von Uechtritz die Leitung des Theaters übernommen. Allein früh schon entstanden Zwistigkeiten zwischen Immermann und Mendelssohn, welche zum Bruch führten. Um so segensreicher wurde seine Wirksamkeit in Leipzig als Dirigent der Gewandhausconcerte, und er fühlte sich hier so heimisch, dass ihn nur ein ehrenvoller Ruf des kunstsinnigen Preussenkönigs Friedrich Wilhelm IV. auf kurze Zeit bestimmen konnte, Leipzig mit Berlin zu vertauschen. Der König ernannte ihn zwar 1843 zu seinem Generalmusikdirector, nachdem er schon 1836 von der Leipziger Universität zum Doctor der Philosophie creïert und vom König von Sachsen 1841 zu seinem Capellmeister ernannt worden war, und in der Leitung des Domchors wie der Symfoniesoireen eröffnete sich ihm auch in Berlin eine praktische Thätigkeit, allein schon im November 1844 kehrte er wieder nach Leipzig zurück, woselbst er in dem am 3. April 1843 eröffneten Conservatorium einen neuen Wirkungskreis fand. So war er in fortwährender Kunstthätigkeit bis an seinen so früh am 3. November 1847 erfolgten Tod.

Wie Schubert sollte auch er in den kleinern Formen des Liedes und jenen daraus unmittelbar hervortreibenden Instrumentalformen seine grösste Bedeutung finden, und wenn er auch in keinem seiner Lieder oder liedmässigen Instrumentalsätze die Tiefe und Glut der Empfindung jenes Meisters erreichte, so bezeichnet doch seine reiche Wirksamkeit einen bedeutsamen Fortschritt auf diesem Gebiet. Wir fanden bei Schubert das Streben nach Wahrheit und intensivem Reichthum des Ausdrucks vorherrschend und zwar so, dass wir namentlich in seinen Instrumentalwerken ein alle Form überwucherndes Schwelgen in fast objectlosen Gefühlen gewahren mussten. Mendelssohn gilt die Schönheit des Ausdrucks immer höher, als die Wahrheit desselben. Die Gewalt des Ausdrucks wird dadurch nothwendiger Weise so weit abgeschwächt, als es die Schönheit erfordert, und das künstlerische Schaffen geräth dadurch leicht in Conflicte, welche das Kunstwerk als unfertig oder als oberflächlich erscheinen lassen. Mendelssohn's ganzer Lebens- und Bildungsgang führte ihn gefahrlos an diesen Klippen des künstlerischen Schaffens vorüber. Seine ganze Erziehung war von seiner frühesten Jugend an auf jene harmonische Durchbildung gerichtet, welche solche Conflicte von vornherein ausschliesst. In einer strengen Schule und durch einen unermüdlichen Fleiss hatte er sich das gesammte musikalische Darstellungsmaterial angeeignet, aber er verwendet es eben nur so weit es seiner abgeklärten Individualität entspricht, nirgends in jener rücksichtslosen Weise eines Beethoven, Schubert oder Schumann. Dadurch gewinnt er zunächst jene Liedform, welche die Schubert'sche Liedauffassung populär macht. Hier macht sich der Einfluss seiner Berliner Meister geltend. Seine Lehrer Zelter und Berger suchten auch den neuen lyrischen Ausdruck mehr nur im formellen Anschluss an den Text zu erreichen, und Mendelssohn folgt diesem Zuge, wenn auch nicht so einseitig, als jene Meister. Er öffnet seine ungleich leichter entzündbare Fantasie und sein rascher erregtes Innere auch fremden Einflüssen. Er sucht Bach und Händel, Mozart, Beethoven, Weber und Schubert seiner Individualität zu vermitteln, so weit sie eben darin Raum finden, und hiermit eignet er sich auch ihre Technik an, so dass jene Naivetät der Empfindung wie des Schaffens, die Schubert's Wirken kennzeichnet, bei ihm nicht vorhanden ist. Daher haben die Werke der Periode, in welcher die Vermittelung jener verschiedenen Einflüsse noch nicht erfolgt ist, kein individuelles Gepräge. In jenen drei Quartetten (als Op. 1, 2 und 3 gedruckt), den Sonaten (Op. 4 und 6), den Liedern (Op. 8 und 9), den sieben Characterstücken, der ersten Symfonie (Op. 11 Cmoll), den beiden Quartetten Op. 12 (mit der Canzonette) und Op. 13 (mit dem Liede: „Ist's wahr?"), *Variations concertantes* (Op. 17) und dem Quintett (Op. 18) die Individualität Mendelssohn's herauszufühlen, dürfte uns selbst jetzt noch nicht so leicht werden, obgleich sich uns dieselbe in seinen spätern Werken so vollständig offenbart hat. Das Fremde, Angelernte überwiegt das Eigene noch so vollständig, dass dies sich eben hinter jenem fast ganz verbirgt. Am meisten macht sie sich noch in den freiern Formen des Capriccio (wie in Op. 5 dem Fismoll-Capriccio), oder in Op. 16 (den drei Fantaisien) und jenen Liedsätzen, welche Mendelssohn an Stelle des Adagio meist in seinen Sonaten und Symfonien setzt, bemerklich. Erst mit Op. 19, dem Liederheft und dem ersten Heft „Lieder ohne Worte" beginnt sie instrumental wie vocal sich selbständig zu entfalten, und zwar so, dass sie uns schon in jenem Liederheft sicher erkennbar entgegentritt. Mendelssohn nimmt von jetzt an eine ganz andere Stellung dem Dichter gegenüber ein als Schubert. Während dieser der Fantasie des Dichters die unbeschränkteste Einwirkung auf seine eigene gestattet, dass sie dort neue, ihr ungewöhnliche Bilder erzeugt, wird die Fantasie Mendelssohn's von der des Dichters nur angeregt. Schubert befruchtet seine eigene Individualität durch die des Dichters, um sie reicher und glänzender.

doppelgestaltig und von doppeltem Gehalt in die Erscheinung treten zu lassen. Mendelssohn empfindet die Individualität nur in dem engern Rahmen seiner eigenen, er zieht sie in seine eigene hinein, um sie dieser anzupassen.

So werden in Schubert ganz bestimmte Dichterindividualitäten musikalisch lebendig, wie Göthe, Ossian, Walter Scott, Wilh. Müller und Heinr. Heine; Mendelssohn setzt nur einzelne Lieder musikalisch um in die Sprache seines eigenen Herzens. Daher wird der Kreis seiner musikalischen Ausdrucksmittel eher verengt als erweitert. Mit jenen beiden Liedern aus Op. 19, dem „Winterlied“ (Nr. 3) und dem „Reiselied“ (Nr. 6) ist der Kreis von harmonischen und melodischen Wendungen eigentlich schon bestimmt, aus dem der Meister nur selten heraustritt und innerhalb dessen Grenzen er eine grosse Mannichfaltigkeit entwickelt. Mendelssohn fühlte, dass sein Sehnen, Wünschen und Hoffen das einer grossen Gesammtheit ist, und er empfand keinen Drang, darüber hinauszugehen, es in weniger leicht fasslichen, aber mehr vertieften Formen auszutönen. Seine Melodien und Harmonien, seine Rhythmen wie seine Clavierbegleitung verleugnen nirgend ihre immer gleiche Abstammung; aber immer weiss er sie auch in neuer Gestaltung vorzuführen. Dass Mendelssohn in diesem Streben grosse Bedeutung weniger für die Kunst, als für die Culturgeschichte gewann, ist einleuchtend. Mit dieser vermittelnden Thätigkeit führte er die heiligen Gefühlsströmungen der grössern Meister sicherer und schneller in die weitesten Kreise der Gesellschaft, als dies auf andere Weise geschehen wäre. Schon das nächste Liederheft (Op. 34) enthält die Lieder, die ihn zum Liebling der Nation machten: „Leucht't heller als die Sonne“, „Auf Flügeln des Gesanges“, „Es brechen in schallendem Reigen“, „Ringsum erschallt in Flur und Wald“, und keins der nächsten Hefte bringt etwas positiv Neues, aber immer wieder Lieder, in denen die liebenswürdige Persönlichkeit des Tondichters in ihrer ganzen herzgewinnenden Anmuth sich ausspricht.

So bringt das nächste Heft (Op. 47) jenes Lied, das einen Grundzug des deutschen Gemüths so trefflich austönte, dass es in allen Schichten und Kreisen des deutschen Volks sich mit gleicher Schnelligkeit festsetzte, das Volkslied: „Es ist bestimmt in Gottes Rath“. Wer wollte verkennen, dass dies Lied wie jenes andere (aus Op. 50): „Wer hat dich, du schöner Wald?“ in Schubert's

Geist empfangen ist? aber nur in Mendelssohn'scher Form konnten beide volksthümlich werden. So wird die Lyrik Mendelssohn's, obgleich subjectiv in hohem Grade, doch eine Massenlyrik, und dadurch brachte er, und das ist vielleicht sein Hauptverdienst, den mehrstimmigen Liedergesang wiederum zu hoher Blüte. Wir werden erst später jener eigenthümlichen Richtung gedenken müssen, welche derselbe in den, seit den Freiheitskriegen sich weit ausbreitenden Männergesangsvereinen genommen hat. Obgleich Mendelssohn auch auf diesem Gebiet thätig war, dürfte hier die blosse Erwähnung genügen, da er einen eigentlichen Einfluss nicht gewinnen konnte. Den gemischten Gesangchören, die seit der Reformation sich fort und fort erhielten und im vorigen Jahrhundert, namentlich durch J. A. Hiller hervorgerufen, schon zur Blüte gelangten, liegt die Gefahr, in einem unkünstlerischen Treiben sich zu verlieren, weit weniger nahe, als den Männergesangvereinen. Sie haben von jeher sich der Pflege der höchsten Kunstgattungen zugewendet, und als sie seit dem Beginn dieses Jahrhunderts, nachdem die Musik in so intime Wechselbezüge zum Leben getreten war, sich auch der vocalen Hausmusik zuwendeten, fanden sie in den Frauen das läuternde Element. Die Achtung vor den Frauen, die noch immer ein Grundzug des deutschen Characters ist, und ihr natürlicher Tact waren bisher immer noch im Stande, die Laune der Männer zu zügeln, dass sie in ihrer Gegenwart nicht gleich unbändig ausbricht, wie nur zu oft in den Männergesangchören. Seit Joseph Haydn seine Quartetten und Mozart seine Canons für diese Kreise schrieben, wandte sich ihnen allerdings lange Zeit kein Meister von Bedeutung zu. Von Beethoven wären „Meeresstille und glückliche Fahrt", das „Bundeslied" und das „Opferlied" zu nennen, und Carl Maria von Weber und Franz Schubert fühlten sich vom Männerchorklange mehr angezogen. Aber dieser Zweig war doch immer in Händen von tüchtigen Musikern wie Gottfried und Anselm Bernhard Weber, Andreas Romberg, C. Eberwein, A. F. Annacker, Neukomm, F. M. Berner u. A. Mendelssohn führte auch auf dies Gebiet in seinen vierstimmigen Liedern im Freien zu singen alle die, in seiner Individualität abgeklärten Elemente des Musikempfindens seiner Zeit hinüber, und sie trugen dort fast noch herrlicher und rascher Frucht, als seine einstimmigen Lieder. Der vierstimmige

Liedergesang ist so recht Mendelssohn's eigenstes Lebenselement geworden. Er stellt nirgends Anforderungen, die ausserhalb der Individualität des liebenswürdigen Künstlers lagen. Die subjective Vertiefung wie die Verdichtung zu grossen und weit angelegten Tonbildern ist dem Chorgesange eben so fremd, als unserm Tondichter. Psychologisch subtile Feinheiten der Empfindung finden nur so weit auch hier Berücksichtigung, als sie sich noch in Chorweise darstellen und dem Gesammtempfinden vermitteln lassen, und gerade hierin liegt Mendelssohn's unübertroffene Meisterschaft. Sein Empfinden ist das Gesammtempfinden seiner Zeit, aber in feinster und reinster Durchbildung. Dabei gab ihm der vierstimmige Chorsatz die beste Gelegenheit, die an Bach und Händel geschulte Chortechnik zu verwerthen, und dass und wie Mendelssohn dies thut, macht seine Chorlieder zu Mustern dieser Gattung für alle Zeiten. Jener polyphone Begleitungsstyl, den Schubert dem Liede gewonnen hat, erlangt im Chorliede jetzt höchste Bedeutung.

Dieser geniale Sinn für Formvollendung lässt ihn auch auf dem Gebiete der Instrumentalmusik Erfolge erreichen, so dass sich auch hier nach dieser Seite sein künstlerisches Schaffen als ein Fortschritt über Schubert hinaus erweist. Die musikalische Form des Liedes hat eine so bestimmte Festigung gewonnen, dass sie des Textes nicht nothwendig mehr bedarf. Wir bezeichneten die Schubert'sche Clavierpiece ganz richtig als die Ergänzung seines Liedstyls, welcher jenen Gefühlsüberschuss, der im gesungenen Liede nicht mehr zur Erscheinung kommt, zum Darstellungsobject nimmt. Nun hat die musikalische Form des Liedes eine so bestimmte Festigung gewonnen, dass sie des Worts zu ihrem Verständniss nicht mehr nothwendig bedarf und unbedenklich auf diesen neuen Clavierstyl übertragen werden konnte. Man hat deshalb mit grossem Unrecht Mendelssohn's „Lieder ohne Worte" zum Gegenstande mannichfacher Angriffe gemacht. Schon die geniale Weise, mit welcher er die eigenthümliche Aufgabe löste, hätte mit dieser Form versöhnen müssen, auch wenn die ganze musikalische Entwickelung nicht mit solcher Entschiedenheit auf diese neue Phase des Liedes hindrängte. Dabei lehnten sich diese Instrumentalsätze wiederum an viel bestimmtere Darstellungsobjecte an, als bei Schubert. Dass es selbst in diesen „Liedern ohne Worte" nicht nur wenig sicher bestimmte lyrische

Stimmungen sind, die Form und Klang gewinnen, sondern dass ihn auch hier oft ganz bestimmte Vorstellungen leiteten, das beweist ebenso die eigene Bezeichnung einzelner, als „Venetianisches Gondellied" (Op. 19 Nr. 6, Op. 30 Nr. 6 und Op. 62 Nr. 5), oder als „Volkslied" (Op. 53 Nr. 5), oder als „Duett" (Op. 38 Nr. 6), wie die gebräuchlich gewordenen des einen (Op. 19 Nr. 3), als „Jagdlied" des andern (Op. 62 Nr. 6), als „Frühlingslied."

Diese ganze Eigenthümlichkeit Mendelssohn's erklärt aber auch hinlänglich, warum er mit seinen grössern Instrumentalwerken wol eine grosse und tiefgehende Bedeutung für die Gegenwart, nicht aber auch eine gleiche für die Kunstgeschichte haben durfte. Mendelssohn versuchte sich früh, wie wir bereits sahen, an den grossen Vocal- und Instrumentalformen. Allein sie hatten für ihn wol selbst kaum eine andere Bedeutung, als dass er sich den gesammten Formalismus immer geläufiger machte. Seine eigene Individualität brachte er erst in jenen kleinern Formen zur Erscheinung, und indem er nun bestrebt ist, seine erregte Innerlichkeit in ihren Einzelzügen zu objectivieren und zu subjectiv wahrem Ausdruck zu bringen, verengt sich sein Gesichts- und Gefühlskreis, und es wird ihm schwer, jenen erhöhten Standpunkt zu gewinnen, von dem aus er sein eigenes Empfinden in den weitesten Beziehungen anzuschauen und zu plastischen grössern Bildern zu verdichten und zu verkörpern im Stande ist. Wol fand er ein Compromiss, in dem er den neuen Gefühlsinhalt so weit abschwächte, dass sich ihm der alte Formalismus anbequemte, allein dadurch wurde er genöthigt, seinen grossen Stoffen gegenüber sich gerade entgegengesetzt zu verhalten, wie Händel und Bach, Gluck, Mozart und Beethoven. Diese schauen ihre Stoffe in ihrer ganzen objectiven Grösse an, und indem sie diese im eignen Innern reflectieren, wächst dieses durch, und mit dem Stoffe. Mendelssohn vermochte nicht, sich zu dieser Grösse der Anschauung zu erheben; er sieht seine Stoffe in dem beschränkten Rahmen seiner eignen Individualität und zieht sie in sich hinein, um sie dieser anzupassen. Damit kam er nun dem Bedürfniss seiner Zeit in der edelsten Weise entgegen. Diese hatte bereits für die Grösse eines Bach, Händel und Gluck nur noch stumme Bewunderung; aber mitfühlen und durchleben, das konnte sie nur bei Mendelssohn. Für die antike Tragödie, die Mendelsohn durch seine Musik neu belebte, ist dieser Standpunkt noch zu rechtfertigen.

Wenn einmal „*Antigone*“ oder „*Oedipus*“ oder „*Athalie*“ des Racine mit Musik versehen werden sollte, so konnte dies kaum in einer andern, als in der, diese Stoffe dem modernen Bewusstsein vermittelnden Weise Mendelssohn's geschehen. Allein dass der Meister auch in seinen Oratorien, in seinem „*Paulus*“ und „*Elias*“, wie in dem Fragment „*Christus*“ und in seinem Opernfragment „*Loreley*“ nur da über seinen Liedstyl hinausgelangt, wo er einem Bach-Händel'schen Formalismus verfällt, konnte wol periodisch, nicht aber für die Kunstgeschichte Bedeutung gewinnen.

Bedeutsamer gestaltet sich sein Verhältniss zur protestantischen Kirchenmusik und auch noch zur Instrumentalmusik. Die protestantische Kirchenmusik verlangt das vollständige Aufgeben der Religionswahrheiten einer- und des gesammten Cultus andererseits im Gemüth, und Mendelssohn fand, für seine Zeit wenigstens, dafür den richtigen Ausdruck. In seinen Psalmen (Op. 31 46, 51), der Symfoniecantate (Op. 52), den Motetten (Op. 23, 39, 69), dem *Lauda Sion* (Op. 73), oder der *Hymne* waltet ganz die süsse Innigkeit seiner Melodik, aber er weiss ihr durch einen künstlichern Contrapunct und eine sich stetiger entwickelnde Harmonik, wie durch vielfache Anklänge an die alten Kirchentonarten und durch Aufnahme des Chorals eine grössere, entsprechendere kirchliche Weihe anzueignen. Fast weniger noch als Mozart's Kirchenmusik vermag die von Mendelssohn ihre weltliche Abstammung zu verbergen, und namentlich die mit Orchesterbegleitung glänzen in der ganzen prächtigen Färbung des Instrumentalen. Aber dem protestantischen Cultus entspricht dies weit mehr als dem katholischen, weil die protestantische Kirche vielmehr eine Verklärung des Lebens, als eine Bändigung desselben zum Ziel nimmt.

Noch günstiger erscheint sein Verhältniss zum Instrumentalen. Wie das Schubert'sche Orchesterwerk, stammt auch das von Mendelssohn aus der phantastischen Traumwelt, die in der Musik ihre treuste und unmittelbarste Bildnerin findet. Auch bei Mendelssohn sind es nicht grosse und gewaltige Ereignisse, die seine Fantasie entzünden und dort grosse Tonbilder wecken, sondern wie Schubert fasst er diese selbst in ihren eigensten Erzeugnissen. Aber indem er diese Traumwelt der Fantasie mit Elfen und

Kobolden und alle dem romantischen Spuck bevölkert, erhebt er sie in die Erscheinungsform der realen Welt, und seine Instrumentalwerke erhalten dadurch einen bedeutsamern Hintergrund als die Schubert's; wie vortheilhaft aber dieser auf die Gestaltung des Kunstwerks selbst wirkt, mussten wir schon erfahren. Diesem Processe entkeimen seine bedeutenden Orchesterwerke, wie die Musik zum „Sommernachtstraum", und die Ouverturen zur „schönen Melusine", zur „Fingalshöhle", und selbst die Ouverture „Meeresstille und glückliche Fahrt" sind in ihrer Ausführung davon beeinflusst. Auch sein bedeutendstes dramatisches Werk: „Die erste Walpurgisnacht", stammt aus derselben Welt. Wir werden das Werk unbedenklich unter die dramatischen zählen müssen, denn die Bezeichnung als weltliche Cantate dürfte noch weniger passen, da diese Form voraussetzt, dass alle Personen, welche sie redend einführt, von denselben Ideen bewegt werden. Das Gedicht, nach Göthe's eigenen Worten hochsymbolisch intentioniert, behandelt eine Episode aus jener phantastisch belebten Welt, und Mendelssohn hat dieser in seiner Darstellung eine grössere Sorgfalt zugewendet, als ursprünglich in der Idee des Gedichts liegt. Aber es war dies wol entschieden nothwendig, um dem Werk die Bedingungen reeller Existenz zu verleihen. Auch in seinen Quartetten für Streichinstrumente, in dem Octett, den Trios und den Symfonien sind es weniger grosse einheitlich sich entfaltende Lebenszüge, die uns der Meister vorführt, als vielmehr seine eigene Individualität, nach den verschiedenen äussern oder innern Anregungen verschieden gestimmt, und dass er in ihr zugleich ein gut Stück Culturgeschichte in künstlerischer Gestaltung giebt, das hat ihnen jene allgemeine und tiefgreifende Anerkennung gesichert.

In neue Bahnen führt diese ganze Richtung erst:

Robert Schumann. Dieser ohnstreitig bedeutendste der jüngern Meister ist am 8. Juli 1810 zu Zwickau in Sachsen geboren. Sein Vater, ein angesehener und wohlhabender Buchhändler, sorgte früh für eine sorgfältige Erziehung, und obgleich er ihn Anfangs für das Studium einer Fachwissenschaft bestimmt hatte, so wurde doch auch die Ausbildung der musikalischen Anlagen, die sich in dem Knaben früh zeigten, nicht vernachlässigt, und weil diese sich rasch entwickelten, so beabsichtigte der Vater, ihn der Leitung C. M. v. Weber's zu übergeben, um ihn zum Künstler ausbilden zu lassen. Es ist nicht bekannt geworden, weshalb er diesen Entschluss nicht ausführte, und als er 1826 starb, musste Robert seiner Lieblingsidee entsagen; er bezog 1828 auf den Wunsch seiner Mutter die Universität Leipzig, um sich den Rechtswissenschaften zu widmen. Allein in Leipzig und in Heidelberg, wohin er 1829 gieng, pflegte er viel eifriger Musik als die Rechtswissenschaften, so dass er endlich von Mutter und Vormund die Erlaubniss erwirkte, sich ganz der Kunst widmen zu dürfen. Dieser Entschluss kam ihm zu jener Zeit, als das Virtuosenthum in voller Blüte stand und schon das ganze Musiktreiben zu beherrschen begann, so war es natürlich, dass auch er Virtuos werden wollte, und Fr. Wieck wurde sein Lehrer. Allein der ungestüme Eifer, mit dem er die technischen Studien trieb, zog ihm eine Lähmung eines Fingers zu, und so wandte er sich mit desto grösserem Fleiss der Composition zu.

Daneben studierte er auch unter der Leitung des damals in Leipzig thätigen Musikdirectors Dorn den Contrapunct, und etwa um das Jahr 1831 erschienen seine ersten Claviercompositionen: Die Variationen über den Namen *Abegg* und die *Papillons*. Es lag ebenso in seiner Individualität begründet, wie im Zuge der Zeit und der ganzen Entwickelung, dass er vorwiegend die Claviercomposition pflegte. Erst 1840, in dem Jahre, in welchem er mit jener grossen Künstlerin, die ihm eine treue Lebensgefährtin gewesen ist, mit Clara Wieck verbunden wurde, erschien seine erste Liedersammlung, der „Liederkreis von Heinrich Heine" als Op. 24. Daneben drängte es ihn auch, seinen Kunstprincipien, die zum Theil neu, zum Theil noch unausgesprochen waren, Anerkennung zu verschaffen. Schubert und Chopin, zum Theil auch noch Mendelssohn, galten der damaligen Fachkritik immer noch nur als Specialitäten, und für ihre Anerkennung als nothwendige Consequenz der gesammten musikalischen Entwickelung hat Schumann durch die 1834 von ihm gegründete „Neue Zeitschrift für Musik" ausserordentlich fördernd gewirkt.

Seine Hauptthätigkeit blieb indess die Composition und seit seiner ersten Symphonie, die als Op. 38, 1841 erschien, folgten seine Productionen in fast unheimlichen Progressionen. Auch als Lehrer war er an dem Leipziger Conservatorium thätig, bis er 1845 nach Dresden übersiedelte. Um das Jahr 1850 folgte er einem Rufe nach Düsseldorf als städtischer Musikdirector und hier trat 1853 jenes schrekliche Ereigniss ein, das seinen hohen Geist umnachtete und ihn noch lebend seiner Familie und seiner Kunst entzog. Er genas nicht wieder und starb am 29. Juli 1856.

Robert Schumann ist der erste Meister seit Beethoven, bei welchem wir wieder eine consequente Entwickelung zu verfolgen vermögen. Bei Mendelssohn tritt eine solche wenig hervor und Schubert gewinnt sie nur in seinen Dichtern und der eigenthümlichen Stellung, die er ihnen gegenüber einnimmt. Schumann's Entwickelung nimmt vom Clavier ihren Ausgang, und dies ist von wesentlichem Einfluss gewesen auf die ganze Richtung, welche er einschlug. Wir begegnen schon in seiner frühen Kindheit jenem Zuge, die Musik zum Träger seiner Innerlichkeit zu machen, welcher die Grundlage seines Kunstschaffens werden sollte. Daher ist er Anfangs fast ausschliesslich in jenen kleinen Instrumentalformen thätig, die auch Schubert und Mendelssohn fleissig pflegten. Allein Schumann's Clavierstücke sind durch diese Richtung nur angeregt, sie haben eine directe Beziehung zum Lied nicht mehr. Sie sind eben Fantasiestücke und stehen daher erst vollständig auf dem neuen Boden, aus welchem das instrumentale Kunstwerk überhaupt heraustreibt. An einer Erscheinung oder einem bestimmten Vorgange des äussern Lebens entzündet er seine Fantasie, oder bestimmte Ideen erzeugen in ihr Tonbilder, die nur instrumental äussere Gestalt gewinnen können. Diese kleinen Clavierformen Schumann's haben daher auch viel nähere Beziehung zu dem grossen instrumentalen Kunstwerk, als zum Liede selbst. Sie entsprechen ziemlich treu dem zweiten Theil des ersten Symfoniesatzes, in welchem das leichte freiere Spiel mit einem oder einzelnen Motiven beginnt. Sie haben gleichfalls zu ihrer Grundlage ein, oder auch mehrere Motive, meist sogenannte Clavierfiguren, aus deren dialectischer Entwickelung, die unter der Herrschaft jenes Fantasiebildes erfolgt, das Tonbildchen hervorgeht.

Schumann hatte demnach von vornherein viel entschiedener von dem instrumentalen Gebiete Besitz ergriffen, als Schubert und Mendelssohn, und er vermittelt ihm die neue Lyrik weit erfolgreicher als jene. Auch er lässt sich noch durch bestimmte Ereignisse von aussen anregen, aber er verarbeitet sie in seiner Fantasie meist derartig, dass nichts von ihrer gewissermaassen körperlichen Existenz zurückbleibt. Noch bei Beethoven wie auch bei Mendelssohn ragen die reale Welt und die Darstellungsobjecte, welche sie der Tonkunst zuführt, nach ihrer begrifflichen Seite in die künstlerische Darstellung hinein. Schumann dagegen umrankt in seiner wunderbar reichen Fantasie das ursprüngliche Bild mit einer so überaus reichen Fülle von Arabesken, dass dies meist schliesslich fast ganz verloren geht und dass der eigentliche Ausgangspunkt dann weniger leicht zu erkennen ist. Ja wir begegnen bei ihm Tonbildern, die uns mitten hinein in die Darstellung versetzen, wie die „Humoreske" (Op. 20), welche ein gut Theil Stimmung voraussetzt. Solch äussere Situationsmalerei, wie wir sie bei Schubert und Mendelssohn noch finden, und die noch ein Hauptzug in den „Papillons" ist, verschwindet bald gänzlich. Schon sein „Carneval" (Op. 9) ist ohne jede Beziehung zur realen Wirklichkeit ein zwar gestaltenreiches, aber durchaus nur phantastisches Bild, und endlich verlieren seine Objecte, diese Bilder selbst schon ihre Beziehung zur äussern Welt. In „Die Davidsbündler" (Op. 6) ist es eben nur ein geträumter Kampf, in den „Kinderscenen" (Op. 15) die in der Erinnerung heraufbeschworene Kinderwelt, in der „Kreisleriana" (Op. 16) ein fantastisch aufgeputzter Lebenslauf, in den „Fantasiestücken" (Op. 12 und 88), in den „Nachtstücken" (Op. 30) sind es förmliche Visionen, welche die Fantasie des Tondichters erfüllen und die namentlich in seinem vertrauten Verkehr mit der Romantik Jean Paul's und E. T. A. Hoffmann's entstanden sein mögen und Tonbilder in ihr erzeugen. Dasselbe gilt von den „Intermezzi" (Op. 4), der „Arabeske" (Op. 18), dem „Blumenstück" (Op. 19), den „Novellen" (Op. 21), „Bunte Blätter" (Op. 99), den „Bildern aus Osten" (Op. 66) und den „Waldscenen" (Op. 82). So hatte Schumann mit durchgreifendem Erfolge gross und herrlich auszuführen begonnen, was Beethoven durch seine letzten Werke angeregt hatte. Aber er knüpft nicht direct an ihn an, sondern an den Meister, welcher der Tonkunst erst die Mittel und Formen für den Ausdruck der isolierten Einzelempfindung zuführte: an Franz Schubert, und in dem Streben seiner Empfindung wie seiner Fantasie früh einen concreten Hintergrund zu geben, fand er den eigentlichen Instrumentalstyl der neuen Richtung. Er spitzt den subjectiven Ausdruck immer feiner zu; aber gleichzeitig ist er unablässig bemüht, ihn in feste, allgemein fassbare Formen zu giessen. An jenen individuellen Clavierformen erprobt und stählt er die Kraft seines Ausdrucks, ehe er ihr in seinen beiden Sonaten (Op. 11 und 22) eine objective Fassung zu geben versucht. Dann erst führt er mit Op. 24 ihm das Wort zu und weitet ihn mit Op. 30 und 31 episch aus. Dies ernste Streben nach Formvollendung führt ihn auf die contrapunctischen Formen, die Gigue und Fughette aus Op. 32. Die „Sechs Fugen" (Op. 60), die „Vier Fugen" (Op. 72), die Ritornelle in canonischen Weisen

(Op. 65) sind die wolgelungensten Versuche, dem modernen Inhalt die höchste künstlerische Form zu geben. Die eigene Art seiner Wirksamkeit war ja auch viel bestimmter auf den polyphonen, als den homophonen Styl hingewiesen. Der polyphone Styl erst nimmt dem Darstellungsmaterial das Stoffliche seiner Existenz, drückt der Materie den Stempel des Geistes auf, und wo Schumann mehr in Accorden schreibt, da geschieht es in so eigenthümlichen, meist weiten Tonlagen, dass sie wiederum dadurch das Derbsinnliche ihrer materiellen Erscheinung verlieren, dass sie in die geistigere idealere Sphäre der Polyphonie erhoben werden.

Aus der Eigenthümlichkeit seiner Individualität ist ferner die freie Behandlung der Harmonie und des Rhythmus zu erklären. Wir begegnen hier so bedeutsamen Abweichungen von der bisher allgemein üblichen Weise, dass man ihm oft ein Haschen nach Originalität vorwerfen konnte, indess gewiss mit Unrecht. Schumann hat nicht nach Originalität, sondern nur nach fassbarer Darstellung derselben zu ringen. Dieser konnte eben die vorhandene Technik nicht genügen und nur weil die neue, die er sich selbst schuf, nicht so leicht aus der alten zu entwickeln war, blieb sie hinter den Intentionen zurück, fand Schumann bei der eigenthümlichen Hast seines Schaffens nicht immer die rechte Vermittelung.

Zu alle dem kommt noch hinzu, dass, wenn man auch einerseits gerade für die kleineren Formen die grösste formelle Abrundung fordern muss, doch wiederum auch in ihnen die subjectivste Freiheit herrschen darf. Wenn nur die Persönlichkeit des Tondichters eine bedeutende und anziehende ist, so versenken wir uns gern in dieselbe mit all den Schrullen und Unebenheiten. Wie viel aber in Schumann's Individualität allgemein Menschliches lebt und schafft, das beweist er zunächst in seinen Liedern. Hier gewinnt er wieder, wie Schubert, eine ganz bestimmte Stellung den Dichtern gegenüber, so dass durch ihn gleichfalls gewisse Dichterindividualitäten musikalisch wieder geboren werden. Wie Schubert, dem grössten Dichter der alten Lyrik, Göthe sich zunächst anschliesst, so Schumann dem grössten der neuen: Heinrich Heine. Nach der einen Seite sahen wir schon Schubert die Eigenthümlichkeit Heine'scher Lyrik darstellen, in dem mehr recitierenden Liede, und die ganze Tragik der Grundstimmung kommt darin zu ergreifendem Ausdruck. Allein diese ist ja doch nur die eine Seite der Heine'schen Lyrik, die andere bleibt von diesem Liedstyl unberührt, und auch Mendelssohn vermochte ihr nicht näher zu kommen; er gewann nur formelle Bedeutung. Erst Schumann erfasste den ganzen Heine, indem er sich wie dieser über die Wogen seines Gefühls stellt, sie beherrscht und sich dadurch von ihrer Macht befreit und jenen Standpunkt gewinnt, welchen die Romantiker einseitig genug den ironischen nennen. Er eignet sich zunächst jenen recitierenden Liedstyl an und führt ihn bedeutsam über Schubert hinaus. Bei diesem muss die Clavierbegleitung helfen die strophische Liedform herausbilden. Schumann dagegen stuft die Accente des Gesangs melodisch ab, dass die einzelne Strophe nicht eigentlich durch einen bestimmten melodischen Zug, als vielmehr nur durch die melodisch abgestuften Accente nach den Reimschlüssen hindrängt. Es tritt dies noch weniger heraus in jenem ersten Cyclus Heine'scher Lieder (Op. 24) und in denen, welche im folgenden Cyklus „Myrthen" (Op. 25) veröffentlicht sind. Sie boten noch weniger Veranlassung zu jener neuen Behandlung, und Schumann singt sie daher noch in fast süssern Weisen selbst als Schubert. In einigen Liedern aus Op. 25 macht sich ein Suchen nach dem neuen Liedstyl geltend, wie in: „Lieb Liebchen, leg's Händchen auf's Herze mein". Vollständig gewinnt er ihn erst mit dem Liedercyclus: „Dichterliebe" (Op. 48). Der Cyklus ist Frau Wilhelmine Schröder-Devrient gewidmet, jener genialen Sängerin, welche noch unübertroffen im Vortrage jenes mehr recitierten Liedstyls ist, und die namentlich mit dem Liede: „Ich grolle nicht", grosse Erfolge erreichte. Das melodische Gefüge dieser Lieder entspricht erst ganz der bereits characterisierten Weise. Die einzelnen Accente sind so fein abgestuft, dass sie sich zwar nicht zu melodischem Schwunge erheben, aber doch in ihrer Gegenwirkung zu festen Formen sich zusammenfügen, und dies ist unstreitig die einzig berechtigte Weise der musikalischen Darstellung dieser Lieder. Die Worte deuten den ganzen Reichthum der Empfindung nur an und die Clavierbegleitung muss hier ganz nothwendig und möglichst selbständig eintreten, um die weitere Ausführung zu übernehmen. Diese Lieder beginnen meist so mitten aus der Stimmung heraus, dass ein ausgeführtes Vorspiel nothwendig wird, um die Voraussetzungen, welche der Dichter verschweigt, zum mindesten anzudeuten, wenn nicht auch der Tondichter zweckmässiger findet, dem Poeten hierin zu folgen, und wie in den Liedern: „Im wunderschönen Monat Mai", „Ich will meine Seele tauchen", „Das ist ein Flöten und Geigen" und „Am leuchtenden Sommermorgen", mit Accorden zu beginnen, die, weil sie in dem ursprünglichen Harmonisationsprocess keine Accordreihe beginnen, sondern zu ihrer Voraussetzung andere haben, uns ebenfalls sofort mitten hinein in die Stimmung versetzen. In gleicher Weise veranlasst das Heine'sche Gedicht zu weit ausgeführten Nachspielen. Es eröffnet in der Schlusspointe meist so weite Perspectiven, dass der, den Poeten vollständig und umfassend nachempfindende Tondichter, diese in den Nachspielen darzulegen gezwungen ist. Solche Lieder sind in dem genannten Liedercyclus: „Ich will meine Seele tauchen", „Im Rhein, im heil'gen Strom", „Und wüsten's die Blumen; die kleinen", „Das ist ein Flöten und Geigen", „Hör' ich ein Liedchen klingen", „Ein Jüngling liebt ein Mädchen", „Am leuchtenden Sommermorgen" „Aus alten Mährchen winkt es" und „Die alten bösen Lieder", und in diesen Nachspielen ganz besonders, mehr noch als in den Vorspielen, entfaltet Schumann eine solche Meisterschaft des Ausdrucks, er versenkt sich so liebevoll hingebend in die Intentionen des Dichters, dass diese uns dadurch erst lebendig gegenwärtig werden. Das ist nun allerdings auch vorwiegend instrumentale Vertiefung des lyrischen Ausdrucks, aber sie ist doch ganz andrer Art und von andern Voraussetzungen ausgehend, wie bei Beethoven. Dieser Meister suchte für einen, bereits vocal gewonnenen und vollständig ausgesprochenen Gefühlsinhalt auch einen immer reicher ausgestatteten instrumentalen Ausdruck. Heine's Lieder sind vocal nicht vollständig zu erschöpfen, und das vocal nur angedeutete muss daher instrumental weiter ausgeführt werden. Natürlich erlangt dadurch die Clavierbegleitung nicht selten ein Uebergewicht gegen die Singstimme, allein diese wird doch noch nicht überwuchert. Da der Gesang zu einem festen Versgefüge zusammengefasst ist, so tritt er der Begleitung gegenüber, die in durchsichtigem Figurenwerk aufgelöst ist, immer noch plastisch heraus.

Ehe Schumann zu diesem erschöpfenden musikalischen Ausdruck Heine'scher Lyrik gelangt, versuchte er die musikalische Wiedergeburt bestimmter hervorragender Dichterindividualitäten, wie Justinus Kerner, Friedrich Rückert, Joseph Freiherr von Eichendorff, Adelbert von Chamisso, Emanuel Geibel, Robert Reinick, Lord Byron, Robert Burns und sogar Wolfgang von Göthe. Weder Justinus Kerner, noch Friedrich Rückert vermochten einen eignen Liedstyl in ihm zu erzeugen. Obwol ihm jener viel Verwandtes entgegenbringt, so ist doch die Individualität des Dichters selbst nicht entschieden genug ausgeprägt, und hinter Rückert's Verskunst, die allein in die Massen von Formen und Tönen, in welcher des Dichters Muse erscheint, einheitlichen Zug bringt, verbirgt sich nicht selten Mangel an Inhalt und warmem Gefühl, so dass auch ihm gegenüber unser Meister keinen sichern Standpunkt gewinnt.

Erst zu Joseph Freiherr von Eichendorff tritt Schumann wieder in ein bestimmtes Verhältniss. Die einseitige Richtung dieses Dichters, der aus der seligen Verschollenheit der romantischen Welt heraus seine Lieder improvisiert, musste auf unsern Meister eine ganz besondere Anziehungskraft ausüben, weniger weil sie ihm nahe verwandt war, sondern weil sie seiner Fantasie einen reichen Stoff zu musikalischer Verarbeitung zuführte. Für die Träger der Eichendorff'schen Empfindung: Waldesluft und Waldeinsamkeit, rauschende Wipfel und die heimliche Pracht der Myrthenbäume, die fantastische Nacht und die funkelnden Sterne und der wundersame Märchenklang hat Schumann einen wahrhaft luxuriösen Reichthum von Farben und Tönen, den er denn auch in der Clavierbegleitung prächtig entfaltet. Dagegen wird die Melodie schon bedenklich vernachlässigt. Der Mangel eines bestimmten Gefühlsobjects erschwert dem Tondichter die energische Herausbildung des Versgebäudes, so dass die Melodie in einzelnen Fällen nur wie die erklärende Unterschrift zu dem Bilde und dessen einzelnen Zügen bildet, welches die Clavierbegleitung ausführt. Erst in dem folgenden Cyclus: „Frauenliebe und Leben" (Op. 42), wird die Singstimme, als das befähigtste Organ, des Herzens Lust und Sehnen unmittelbar auszutönen, Hauptträger der Stimmung, weil ihm hier wieder rein menschliches Empfinden entgegentritt. Der Dichter Adelbert von Chamisso versetzt sich zwar in eine, ihm ursprünglich fremde Welt, allein er thut dies mit all der liebenswürdigen Innigkeit und Zartheit seines Naturells, und so dichtet er mitten heraus aus dem Bereiche ihres Gefühlslebens.

Wie Beethoven seinen „Liederkreis an die ferne Geliebte"

fasst Schumann den „Liedercyclus“ als ein Ganzes, ohne wie jener die einzelnen Lieder zu verknüpfen. Nur am Schluss lässt er als Nachspiel noch einmal den ersten Gesang instrumental erklingen, und wie wir meinen mit grösserer Nothwendigkeit, als Beethoven, der in das letzte Lied seines Cyclus die Melodie des ersten mit aufnimmt. Viel feiner noch ist die psychologische Entwickelung des Ganzen, durch welche die einzelnen Lieder unter sich verbunden sind. Strophe und Versbau finden auch in der Melodie wieder musikalische Darstellung und zwar nicht nur durch die feine Abstufung der declamatorischen Accente, sondern in wirklich melodischer Ausführung. Selbst in den Nummern, in welchen Stimmung und Situation eine mehr declamatorische Haltung des Gesanges erfordern, ist der melodische Zug immer noch stark genug, dass er mit innerer Nothwendigkeit und grosser Energie nach den Reimschlüssen drängt. Dabei ist das Verhältniss zwischen Gesang und Begleitung äusserst fein abgemessen. Diese erlangt hier nirgend ein Uebergewicht; sie folgt nur dem tief innerlichen Zuge, der einzelne Lieder und zwar mit jener keuschen Rückhaltung, die ihr innerstes Wesen nie ganz herauskehrt und der wir in gleicher Weise nur bei Bach begegnen. Durch sie namentlich wird Schumann auch auf jene harmoniefreien Töne geführt, und zur Auflösung selbst der Grundharmonien, die wir bei Schubert fanden. Der intensive Gefühlsreichthum verlangt zu seiner Darstellung einen in sich gesättigten Farbenton, den nur die Fülle des harmonischen Materials gewährt, und diese sucht Schumann nicht durch weite Modulationen zu erreichen, sondern durch jene harmoniefreien Töne. Wie Schubert in den Liedern der Winterreise hält er sich vorwiegend innerhalb der einfachsten harmonischen Construction, aber diese erleidet eine so bedeutsame Vertiefung, wie weder bei Schubert, noch bei einem Nachgebornen. Schubert wird durch den melodischen Zug der einzelnen Stimmen auf eigenthümliche Accordgebilde geführt, Schumann durch den melodischen Zug, welcher die ganze Harmonie erfasst. Wir stossen in einzelnen Liedern dieses Cyclus auf Accordgebilde, die auch der pfiffigste Theoretiker nimmer aus den auch noch so demokratischen Satzungen der Tabulatur ableiten könnte. Sie sind so tief im Gefühl begründet, dass sie auf gewöhnlichem Wege nicht entstehen und deshalb keiner Rechtfertigung bedürfen, noch weniger zu kategorisieren sind. So wird Schumann der Meister der Dissonanz, wie Mendelssohn der Meister der Consonanz ist; doch nicht in dem Sinne, in welchem man noch immer jene auffasst. Nur selten führt Schumann die Dissonanz um ihrer selbst willen ein, um wie in dem Liede: „Ich grolle nicht", in scharfen Disharmonien die ganze Tragik der Stimmung auszutönen. Sie wird ihm vielmehr das sicherste Mittel, die Harmonie in Fluss zu bringen und durch Abschwächung ihrer mehr sinnlichen Wirkung dem Ausdruck jenes mystische Helldunkel zu verleihen, das seiner keuschen Zurückhaltung so vollständig entspricht. Das ist wol das bedeutsamste und am meisten characteristische Moment seines Kunstschaffens, und er hatte es zu grosser technischer Meisterschaft ausgebildet, so dass er auch der mehr realistischen Lyrik von Robert Reinick höhere Bedeutung giebt.

Auch von dem grössten lyrischen Dichter Schottlands, von Robert Burns, fühlte sich Schumann sehr angezogen, wenn er ihm auch kein so eingehendes Studium widmete, als seinen übrigen Lieblingsdichtern. Ein solches war hier auch kaum nöthig. Wie bei allen Volksdichtern galt es hier nur, den eigenthümlichen Ton zu treffen, und das gelang unserm Meister weniger in den Bearbeitungen des schottischen Dichters für eine Singstimme, als in den „Lieder für gemischten Chor" (Op. 55). In jenen versucht die Clavierbegleitung vielfach einzelne Züge des Gedichtes schärfer zu fassen, und das Lied tritt dann aus dem, immer meisterlich angeschlagenen Volkston heraus.

Ein natürliches instinktives Gefühl scheint Schumann abgehalten zu haben, zwei Dichtern näher zu treten, deren lyrische Dichtungen eine immerhin bedeutende Menge musikalischer Momente bieten: Emanuel Geibel und Eduard Mörike.

Die Anschauungen Geibel's waren ihm zu oberflächlich, seine Poesie zu gedankenarm, und so unbefangen Wein und Liebe zu besingen, wie dieser Dichter, vermochte er nicht. Wo er sich ihm zuwandte (Op. 29), thut er es wol mehr in dem süssen Drange nach gewohnter Thätigkeit, und weil ihm gerade diese Gedichte Gelegenheit darboten, die Situationsmalerei auch an der Technik des mehrstimmigen Gesanges zu versuchen, oder weil ihm einzelne (Op. 30) als Brücke zum Balladenstyl dienten. Eduard Mörike zeigt noch weniger Einheit und sichern Standpunkt als Justinus Kerner und so wurde Schumann wol durch die weiche, echt volksthümliche Gemüthstiefe des Dichters angezogen, nicht aber höher erregt.

Die unglücklichste Stellung nimmt Schumann dem Göthe'schen Gedichte gegenüber ein. Er verlässt hier vollständig jenen einzig berechtigten Standpunkt Schubert's und versucht auch am Göthe'schen Liede jene nur ihm eigenthümliche Weise, in der er namentlich Heine und Eichendorff musikalisch umdichtete, und löst die göttliche Ruhe des Gedichts auf in romantische Zerrissenheit und verzerrt seine klassische Formschönheit. Schon in den Gedichten des „Westöstlichen Divans“ (Op. 25) macht sich dieser Standpunkt geltend, allein hier sind es immer noch die grössern Bilder, die den Tondichter gefangen nehmen und ihm die Ruhe für plastische Formgebung rauben. Aber in Op. 98 „Lieder und Gesänge aus Wilhelm Meister“ kommt er selbst nicht mehr zu gefestigten einzelnen Bildern. Fast jedes einzelne Wort erweckt in ihm die Lust zu illustrieren und zu interpretieren, und er gelangt in diesem Streben zu wunderbar schönen Einzelheiten, aber die Plastik der Formgebung geht verloren. Der Meister ist auf jenem Standpunkt angekommen, auf welchem er seine eigne Technik nicht mehr beherrscht. Fantasie und Technik streiten vielmehr um die Herrschaft und immer seltener werden die vollendeteren Kunstwerke, die aus diesem Streite hervorgehen. Die Lust an ungewöhnlichen Combinationen führt den Meister auf eine Menge von rhythmischen, harmonischen und melodischen Gebilden, die für den Musiker eine Fülle von Anregungen enthalten, aber er kommt nur noch selten über interessante Einzelheiten hinaus. Im mehrstimmigen Gesange, den er jetzt in allen Zusammensetzungen, als gemischter Chor und als mehrstimmiger Frauen- oder Männerchor, mit grosser Vorliebe cultiviert, konnte er überhaupt weniger Bedeutung gewinnen, weil auch ihm, wie Schubert, die einzelnen Stimmen nicht als Persönlichkeiten aufgegangen sind, sondern weil er sie wie dieser mehr als Gesammtheit fasst und sich vom Chorklange gefangen nehmen lässt. Die Melodie der Oberstimme selbst folgt häufig nicht ihrem Zuge, sondern verlässt ihn, um die Harmonie, oft auch einen Accord klangvoller auszuprägen.

Den nachtheiligsten Einfluss übt natürlich diese Richtung der letztern Jahre seiner künstlerischen Thätigkeit auf die grössern Instrumental- und Vocalwerke. Als Hauptbedingung ihrer

Verständlichkeit gilt übersichtliche Gruppierung und Gliederung, und je mehr die Detailzeichnung an Fülle und Reichthum gewinnt, um so energischer wird jene Anforderung nach einer einheitlichen Zusammenfassung der Einzelzüge zu fest abgegrenzten, innerlich und äusserlich abgeschlossenen Gruppen und deren Anordnung zum grossen Ganzen. Jenes mystische Helldunkel und das Ineinanderweben der einzelnen Partien, das den lyrischen Formen einen so eigenthümlichen Reiz verleiht, macht die grössern Instrumental- und Vocalformen wirkungslos und entzieht sie dem allgemeinen Verständniss. In seinen ersten derartigen Werken erweist sich diese Erkenntniss, dass in der wachsenden Vertiefung und Erweiterung des Inhalts die Nothwendigkeit einer organischen Gliederung immer entschiedener in den Vordergrund tritt, wunderbar schaffend, und so werden denn auch jene erste und zweite Symfonie (in Bdur und Cdur), die Streichquartette (Op. 41), das Quartett und Quintett für Piano und Streichinstrumente (Op. 47 und 44), die Trios, das Concert für Clavier und Orchester, die Ouverture zur „Genovefa" und zu „Manfred", die ersten grossen und monumentalen Orchesterwerke der neuen Richtung. Mit ihnen ist der Fortschritt des orchestralen Kunstwerks von dem nur schwelgerisch erregten Spiel der Fantasie, in dem noch die Orchesterwerke Schubert's und Mendelssohn's wurzeln, zu wirklichen, aus ihrer Unbestimmtheit heraustretenden Bildern entschieden.

Namentlich hat der Meister jene Macht des Rhythmus in diesen Werken gewonnen, welche auch den ungleich grössern Reichthum von feinern Zügen, in welchem sich jetzt das orchestrale Kunstwerk darstellt, einheitlich zusammenfasst. Das fanden wir als den Mangel des Schubert'schen Orchesterstyls, dass ihm jene im Grossen anordnende Macht des Rhythmus fehlt, weshalb sich nicht selten früh schon eine, die andern wunderbaren Schönheiten beeinträchtigende Monotonie einstellt. Bei Schumann musste dieser Mangel noch empfindlicher werden, weil er noch feiner detailliert zeichnet als Schubert. Er verwendet daher grössere Sorgfalt auf die rhythmische Gestaltung, und namentlich in den genannten Instrumentalwerken erreicht er trotz der grossen Mannichfaltigkeit von Bildern, in welchen er seine Ideale verkörpert, eine durchaus übersichtliche Gruppierung zum geschlossenen Ganzen. Allein diese bedeutenden Erfolge verleiteten ihn auch hier zu Experimenten. Er legt die Themen schon so mannichfach rhythmisiert an, dass sie unser Interesse im hohen Grade erregen, aber eine Steigerung wenn nicht unmöglich machen, so doch erschweren, eben so wie die Gruppierung und rhythmische Anordnung im grossen Ganzen. Um sie herzustellen, wird Schumann dann auf äussere Hülfsmittel geführt. Die rhythmischen Verrückungen, die Synkopen werden bei ihm fast permanent, und jene vollständige Auflösung des Rhythmus, die namentlich bei Beethoven von so gewaltiger Wirkung ist, wie jener plötzliche Uebergang aus dem einen Rhythmus in den andern, der bei Beethoven immer nur innerlich motiviert ist, wird bei Schumann zur äussern Nothwendigkeit. Die ruhelose Hast der Rhythmen lässt es dann zu keinem wahren Genuss der, melodisch und harmonisch sonst meist so fest und sicher ausgebildeten und so schön und wahr empfundenen Tonbilder, wie in der Dmoll- und der Esdursymfonie, gelangen.

Entschiedener noch, wie jene bedeutenden grössern Instrumentalwerke den neuen Instrumentalstyl bestimmten, bezeichnet er den Weg, wie grössere Stoffe in epischer Weise nach der neuen Richtung zu behandeln sind. Den eigentlich dramatischen Styl vermochte er eben so wenig zu finden, wie Schubert. Wie dieser sollte auch er empfinden, dass die lyrische Selbstbeschaulichkeit nicht im Stande ist, die dramatischen Bedingungen ganz zu erfüllen. Die einzelnen lyrischen Stimmungen seiner Oper „Genovefa" sind noch feiner und tiefer gefasst, als bei Schubert, aber sie werden auch noch weniger zu einheitlichen, fest abgegrenzten Characteren zusammengefasst, und diese Oper wird in Bezug auf Feinheit der psychologischen Darlegung ewig mustergiltig bleiben, aber sie wird wol nimmer ein Theaterpublikum interessieren. Ungleich bedeutsamer erweist sich seine Wirksamkeit auf dem Gebiete der oratorischen Formen, wie in dem unstreitig grössten Werk der Neuzeit: „Das Paradies und die Peri". Eine wirkliche Personificierung der einzelnen Träger der Handlung ist hier weniger nöthig, da sich fast jede einzelne in meist auf sich bezogenen Gefühlsergüssen ergeht, und wie Schumann diesen recht wol epische Breite verleihen konnte, zeigte er uns schon in seinen Balladen. Für diese hatte, was wir bereits erwähnten, Carl Löwe die musikalische Form gefunden, und Schumann schloss sich ihr an. Seine Instrumentalcompositionen basieren meist auf bestimmten Vorgängen, und in seinen Liedern zieht er, so weit es nur die lyrische Stimmung zulässt, Situation und äussere Umgebung in die Darstellung hinein. Das aber ist der Standpunkt auch für die Schöpfung der Ballade. Es galt hier eben nur, jene epische Gesangsmelodie zu erfinden und sie dann vocal und instrumental zu verarbeiten. In der besondern Weise nun, in der sich Schumann zu den Vorgängen verhält, liegt einzig und allein die, von der Löwe'schen abweichende Gestaltung dieser Form bei ihm. Als er auf die Ballade geführt wird, haben für ihn jene äussern Vorgänge nur noch die Bedeutung der Anregung, und er arbeitet sie in seiner Fantasie so vollständig um, dass sie ihre Beziehungen zur Aussenwelt fast vollständig verlieren. Daher treten sie auch in seinen Balladen nirgends mit der Absichtlichkeit auf, wie bei Löwe. Daher auch seine Vorliebe mehr für den Romanzenstyl, in welchem Heine's Tragödie (in Op. 64), die „Loreley" (in Op. 53), „Der arme Peter" (Op. 53) gehalten sind. Breiter angelegt und wirkliche Balladen sind: „Die Löwenbraut" (in Op. 31), „Die beiden Grenadiere" (Op. 49), „Es zogen zwei rüstige Gesellen" (in Op. 45) und andere. An diesem Balladenstyl nun stählte er seine Kraft, weitete er seine Innerlichkeit aus, dass sie in ihrer ganzen Tiefe und ihrem Reichthum epische Breite gewinnt.

Jenes genannte Oratorium: „Paradies und Peri", behandelt eine indische Sage in mehr balladenmässiger, episch-lyrischer Weise und in grossen, mit den prachtvollsten Farben ausgemalten Bildern führt uns Schumann das ganze Ereigniss vor. Die mystische und doch so characteristische Färbung des Stoffes ist ja mit seiner Individualität so eng verwandt, dass wir keinen andern ausser ihm zu nennen wüssten, der gleich befähigt war, die Aufgabe so zu lösen, wie er es gethan.

Jenen andern Stoffen gegenüber, die er episch behandelte, verliess ihn wol seine fein und so scharfsinnige Kritik. Nur die Menge musikalischer Momente, welche ihm „Die Pilgerfahrt der Rose" allerdings darbot, konnte ihn übersehen lassen, dass dieser Stoff für keine Behandlung weniger geeignet ist, als gerade für eine epische. Eine in ihren Motiven und den Consequenzen so unwahre und in dem Verlaufe so äusserst gewöhnliche Allegorie ist kaum für eine rein lyrische Behandlung werthvoll genug, wie viel weniger für eine epische. Nicht minder bedenklich erscheint es, den gefesteten Bau der Uhland'schen Ballade aus ihren Fugen zu treiben und das episch-lyrische Gedicht zu einem episch-dramatischen Gedicht umzugestalten, wie das Schumann mit den Balladen: „Der Königsohn" (Op. 116), „Des Sängers Fluch" (Op. 139) und „Das Glück von Idenhall" (Op. 143) thut, und seine Bearbeitungen dürften kaum geeignet sein, diese Bedenken zu heben, trotzdem oder auch vielleicht weil sie so vortrefflich in einzelnen Partien sind.

Auch Löwe hat einzelne Balladen zur musikalischen Epopöe erweitert, allein wenn er, wie in „Gregor am Stein" den Chorgesang mit in die Darstellung hineinzieht, ist der Zusammenhang mit dem Liede immer noch erkennbar. Indem aber Schumann die einzelnen Charactere zu personificieren sucht und sie, und gewissermaassen die ganze Handlung dadurch sinnlich in die Erscheinung treten lässt, verliert die Ballade ihre ursprüngliche Bedeutung. Günstiger erweist sich einer solchen Behandlung noch Geibel's Balladencyclus: „Vom Pagen und der Königstochter", wenn gleich auch hier weder der Balladenton, noch das eigentlich dramatische Element sich geltend machen konnten. Auch jene melodramatische Behandlung der Ballade, die Schumann in Op. 122 versucht, scheint uns künstlerisch nicht gerechtfertigt. Die Musik zum Melodrama ist dem Gedicht immer mehr nur äusserlich angehängt und daher nur im Drama verwendbar, wo die Handlung äusserlich still steht, wo sich, wie in der Kerkerscene des „Fidelio" hinter einem ganz gleichgültigen Dialog mächtige Gefühlströmungen verbergen, die dann die Musik zu enthüllen übernimmt. Eine solche Veranlassung bietet die Ballade nie. Treffendere Anwendung findet die melodramatische Musik in jenem dramatischen Gedicht Byron's, welches unserm Meister Gelegenheit gab, seine ganze Individualität in ihrer berückenden und so unheimlichen Macht zu entfalten, im „Manfred". Der Dialog bietet hier vollauf Gelegenheit zu einer Fülle von Interpretationen in Schumann's Geist, und die wundervolle Weise, wie er dieselbe neben jenen spukhaften Bildern, die das Gedicht enthält, ausführt, hat dieser Musik schon einen grossen Kreis warmer Verehrer zugeführt, wenn auch sie nimmer ein Theaterpublikum interessieren wird, eben so wenig wie des Meisters „Faustmusik", die in ihrer wunderbaren Tiefe sich fast eigenwilliger noch dem allgemeinen Verständniss entzieht, als das

Gedicht. Nur jenem immer noch der ungeheuren Bedeutung des Meisters gegenüber kleinen Kreise derer, die sich eingelebt haben, in seine wunderbare Individualität, gilt auch dies Werk als eine der bedeutendsten monumentalen Schöpfungen für alle Zeiten.

Viertes Kapitel.

Die neue Richtung verliert sich in subjektiver Gefühlsschwelgerei.

Diese neue und eigenthümliche Phase der Musikentwickelung wurde namentlich durch die virtuose Ausbildung der Technik und ganz besonders dadurch befördert, dass das Pianoforte zum Lieblingsinstrument des Dilettantismus wird. Weder die Laute noch die verschiedenen Formen und Arten des Clavicimbel haben, so lange sie die Begleitungtinstrumente für die Hausmusik waren, einen tiefer greifenden Einfluss auf die Weiterentwickelung der Tonkunst auszuüben vermocht. Wie seit den frühesten Zeiten ist es noch die menschliche Stimme, zu welcher sich später die Orgel gesellte, um die sich das ganze Musikleben concentrierte. Bereits im vorigen Jahrhundert tritt ein wesentlicher Umschwung ein — das Pianoforte wird das verbreitetste Hausinstrument und beginnt allmälich die ganze Musikentwickelung zu beherrschen.

Der Ton der Menschenstimme hat neben seiner Klangschönheit zugleich die reinste und tiefste Beseelung. Das Vocale tritt selbst in seiner rohesten Erscheinung eigentlich schon nicht mehr nur sinnlich wirkend auf. Der Gesangton an sich schon ist, als das Ergebniss eines lebendigen innerlich bewegten Organismus, seelisch belebt, und selbst in seiner rohen Naturwüchsigkeit, entblöst von jenen höhern Mächten musikalischer Darstellung des Rhythmus und der Melodie, nicht so rein materiell wirkend, wie der den todten Werkzeugen entlockte Instrumentalton. Eben so leitet die Natur des Gesangorgans auf jene genannten idealern Mächte mit grösserer Nothwendigkeit hin, als die der Instrumente. Rhythmische und melodische Monotonie ist dem Gesangorgan unerträglich, und der Mangel an rhythmischer und melodischer

Belebung lässt hier nicht nur den Geist unbefriedigt, sondern widerstreitet dem Gefühl und Wesen des Organs. Dies schon führte daher früh die Vocalmusik auf die Ausbildung dieser Mächte, während der Instrumentalmusik beide von aussen her zugeführt wurden. Die melodische Gestaltung des Instrumentalen bildet sich, wie wir früher nachwiesen, nach Anleitung des Vocalen, und die rhythmische am Tanz. Von den Instrumenten ist es dann die Orgel, welche den entschiedensten Einfluss auf die Weiterentwickelung der Tonkunst ausübte, nicht, weil ihr Ton in der nächsten Verwandtschaft zum Gesangton steht, sondern weil er der Anschauungsweise jener Zeit am meisten entspricht, und wol auch, weil die Technik der Orgel sich der Gesangtechnik, die sich aus jener Anschauungsweise heraus entwickelt hatte, leicht fügte. Der Ton der Orgel ist starr und einer Modulation, wie die Singstimme und alle andern Instrumente, nicht fähig. Wol gelang es dem anhaltenden Fleiss, in fortwährend erneuerten Experimenten den Character der einzelnen Menschen- und Instrumentalstimmen auch auf der Orgel herauszubilden, aber immer nur als eine Gesammtheit, als sogenanntes Register, und diese waren wiederum nur durch verschieden angebrachte Manual- und Pedalclaviaturen zu vermischen, und auch jene Dach- oder Thür-, die Wind- und Jalousieschweller, durch welche man ein Ab- und Zunehmen des Tons ermöglichen wollte, erwiesen sich als unzulänglich und mussten, als dem Character des Instruments zuwider, aufgegeben werden. In jener Starrheit und Unwandelbarkeit des Tons liegt die Bedeutung der Orgel als Kircheninstrument. Indem sie damit sich dem Dienst des persönlichen, individuellen Lebens entzieht, gewinnt sie den rechten Ausdruck für die Kirche in dem Gegensatz zum weltlich-menschlichen Leben. In diesem Sinne fassten sie die grossen Meister und beherrschte sie den Gang der Musikentwickelung ganzer Jahrhunderte. Diese Starrheit des Tons giebt ihr eine Würde und Hohheit, eine feierliche Pracht, die noch erhöht wird durch den vorwiegend polyphonen Styl, der an ihr die höchste und wunderbarste Form gewinnt, dass sich eine rein sinnliche Wirkung noch weniger geltend macht, als bei der Singstimme. Unter diesen Einflüssen des Vocalen gestaltet sich jener grossartige Kirchenstyl von der niederländischen Schule bis zu der römischen Schule Palestrina's; und an der Grösse und Hoheit des Orgeltons erhebt sich der neue Styl, der sich bildet, als mit der Reformation auch die weltlichen Mächte des Lebens Eingang in die Tonkunst finden, auf die höchste Höhe. Dies Verhältniss wurde schon ein anderes, als die Instrumentalmusik ein Uebergewicht über das Vocale gewinnt. Das weit mannichfaltigere und in einem grössern Farbenreichthum prangende Klangcolorit wird der Hauptfactor instrumentaler Darstellung, und wir sahen, dass die Ausbildung des Orchesterstyls die vorwiegende Berücksichtigung des Orchesterklanges nothwendig machte. Doch die grossen Meister Gluck, Haydn, Mozart und Beethoven beseelten auch das Material der Instrumentalmusik und machten es ihren Ideen dienstbar, so dass es Träger derselben wurde. Mit jener lyrischen Selbstbeschaulichkeit, die dann das Musikleben und Musikempfinden ergreift, und die in Schubert, Mendelssohn und Schumann so unvergängliche Früchte treibt, gewinnt die blos sinnliche Wirkung schon ein gewisses Uebergewicht, dass es sich, unterstützt durch die eigenthümliche Natur des mittlerweile ganz zur Herrschaft gelangten Claviers, zunächst in eine objectlose Gefühlsschwelgerei und schliesslich in ein Spiel mit Klangeffecten verliert.

Das Clavier wirkt vorwiegend durch seine Klangschönheit und seine eigenthümliche Technik erfordert eine, von der allgemein künstlerischen Gestaltung des Tonmaterials abweichende Behandlung. Wir erkannten, dass jene polyphone Schreibart eine wesentliche Umgestaltung im Clavierstyl erfahren musste, und wie sehr schwierig die Uebertragung des allgemeinen Kunststyls auf dies Instrument wurde. Auch hier waren es wiederum die grossen Meister, in denen sich dieser Process echt künstlerisch vollzog, welche jener Klangschönheit die Idee aufprägten, während sich eine ganze Reihe kleinerer Meister dem Tonspiel willig hingab. Dadurch bildete sich zunächst jene neue Gattung der Musik, die Salonmusik heraus, die meist so hart an der Grenze der Kunst steht, dass sie nur noch in seltenen Fällen dazu gerechnet werden kann. Auf jene halböffentlichen Kreise berechnet, welche weder Sammlung noch Erhebung, sondern grösstentheils nur angenehme Zerstreuung oder nervöse Aufregung suchen, geht ihr meist schon das Bedürfniss künstlerischer Gestaltung verloren und sie lebt nur noch im Raffinement nervenkitzelnder Klangeffecte. Sie ist die Kehrseite jener sogenannten populären Musik. Eben so dürftig wie diese, hat sie vor ihr den Vorzug eines gewissen Anstandes und aristokratischer Noblesse voraus, während diese wiederum in der natürlicheren Construction einen mehr natürlichen reellen Inhalt darbietet.

Ihren frühesten Anfang hat diese ganze Richtung eigentlich schon in der Zeit des beginnenden Virtuosenthums. Dem Virtuosen gilt ja immer als Hauptbedingung, sich, seine Virtuosität und sein Instrument in das vortheilhafteste glänzendste Licht zu setzen, und dies wird er stets nur am sichersten erreichen durch Tonstücke, die kein anderes Ziel verfolgen, als dies, die nur in diesem Sinne erfunden sind. Melodien und Figuren werden nur erfunden, um eine Seite der Fertigkeit oder eine Charactereigenthümlichkeit des Virtuosen und des Instruments darzulegen, und jene Toccatenform erwies sich diesem Verfahren ganz günstig. In diesem Sinne einzig und allein sind schon die Violinsonaten von Heinrich Friedrich Biber (gest. 1705), eines der grössten Violinisten seiner Zeit, der seiner bedeutenden Fertigkeit wegen vom Kaiser geadelt wurde, erfunden. Wir theilen nachstehend eine Probe aus den 1681 veröffentlichten Sonaten mit.

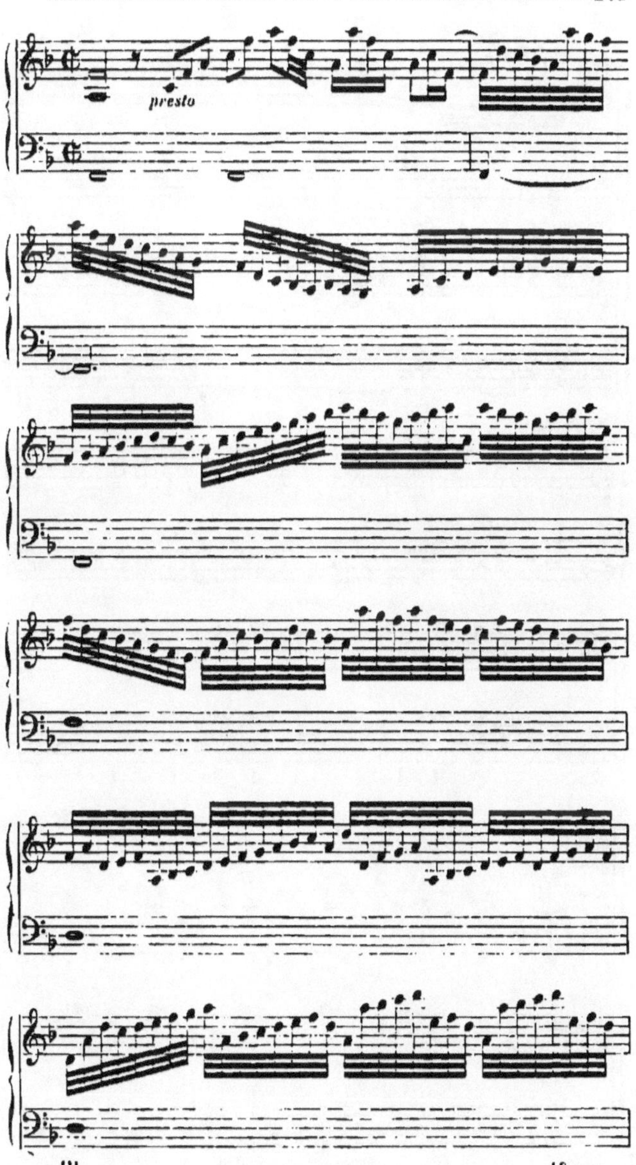
presto

tr
Adagio
p
presto forte
Adagio

Aria.
Variatio

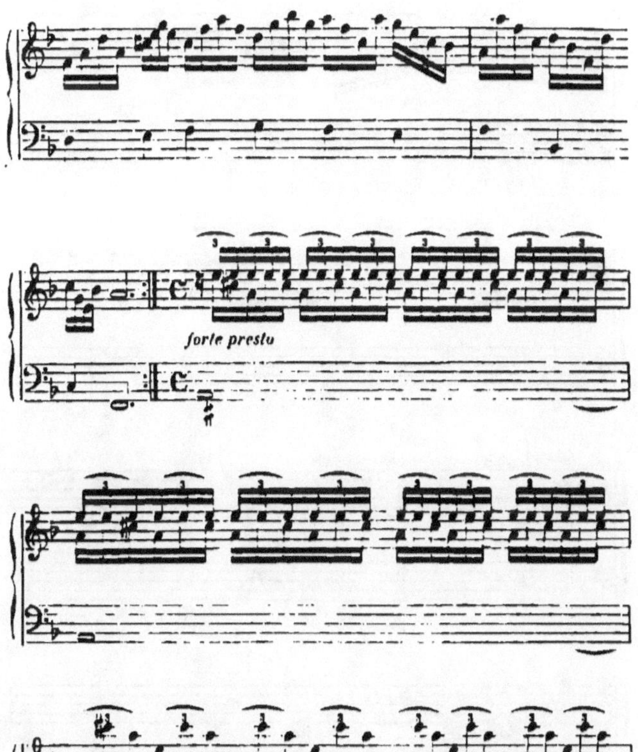
forte presto

In dieser Weise sind sämmtliche Sonaten von Biber gehalten. Auch in den für mehrere Streichinstrumente dominiert die erste Violine, und somit ist jene Richtung des Quartettstyls begründet, welcher in einer Reihe von Geigenvirtuosen sich ausbildete, und dem weniger die Idee des Quartetts, als vielmehr die virtuose oder doch die wirksame Behandlung der ersten Violine als Hauptzweck dient. Wir nennen Wanhall (1739—1813), Frederico Fiorillo (1753—1812), Franz Anton Hoffmeiser (1754—1812), Ignaz Pleyel (1757—1831), Franz Krommer (1759—

1831), Franz Neubauer (1760—1795), Anton Wranitzky (1761—1819), Adalbert Gyrowetz (1763—1850), Andreas Romberg (1767—1821), Bernhard Romberg (1770—1841), Ferdinand Fränzl (1770—1833), Georg Abraham Schneider (1770—1839), Joh. Wenzel Tomascheck (1774—1850), Sigismund Neukomm (1778), Friedrich Ernst Feska (1789—1826), Joseph Mayseder (1789), Ludwig Maurer (1789), Leopold Jansa (1797) u. A. Selbst formell können die Erzeugnisse dieser Richtung nicht interessieren, weil sie entweder nach einer immer gleichbleibenden Schablone gefertigt sind, oder, wo sie darüber hinauszukommen versuchen, sich ins formlose verlieren.

Ideell stehen sie fast noch tiefer als jene Volksoper; wenn auch manche sich zu höherm Glanz erheben, ist dieser doch nur Farbencolorit ohne lebendigen Hintergrund.

Ungleich höher stehen die Arbeiten jener wirklich bedeutendsten Geigenvirtuosen: Pierre Rode (1774—1830), Pierre Baillot (1771), Rudolph Kreutzer (1767—1832). Diese Meister liessen sich nicht nur von dem Glanz, sondern zugleich auch von dem Adel und der Seele des Geigentons leiten, so dass sich ihre Compositionen weit über virtuose Künstelei erheben. Die höchste Bedeutung in dieser Richtung gewann indess Ludwig Spohr. Wir konnten bereits erwähnen, dass Spohr's reiche Innerlichkeit ihn schon befähigt hätte, jenen knappen Liedstyl zu finden, der bei aller Prägnanz und Kürze grösste Tiefe und Mannichfaltigkeit der Characteristik zulässt, wenn er sich nicht von dem allgemeinen Zuge der Zeit verleiten liess, seine Innerlichkeit gewaltsam für grössere Formen auszuweiten. Wol mochte hierauf auch jener grosse und volle, wir möchten sagen hochadelige Geigenton, der das Characteristische der durch ihn begründeten Schule geworden ist, einflussreich geworden sein. Spohr hat eine Reihe von Instrumentalwerken, Opern und Oratorien geschrieben, und mit jenen, den Quartetten und Symfonien, konnte er selbst eine Zeit lang als Begründer einer Schule gelten — das Weiche und Zarte galt so lange für „spohrisch", bis Schubert und Mendelssohn dem eine ganz andere Bedeutung gaben. Seine „Jessonda", weniger sein „Faust", und noch weniger „Der Berggeist", „Pietro d'Albano" und „Die Kreuzfahrer" beherrschten lange Zeit die Bühne, und seine Oratorien, „Die letzten Dinge" und

„Der Fall Babylons", hatten einen grossen Kreis von Verehrern. Obwol er niemals der Mode des Tages gehuldigt, trotz seines edlen künstlerischen Strebens ereilte ihn doch das Geschick jener nur für ihre Zeit lebenden Künstler, weil er seine reiche Begabung verkannte. Nur als Begründer einer Violinschule dürfte sein Name für alle Zeiten erhalten bleiben. Seine weiche, so überaus zart besaitete Seele, die sich selig schwelgend gern in die Enharmonik und Chromatik verliert, brachte nur für das Lied und die verwandten Formen oder für jenes Genre, das Field und Chopin anbauten, den ausreichenden Stoff, nicht aber für jene gewaltigen Gebilde, die er darzustellen versuchte.

Die dem entsprechende Richtung, welche die Claviermusik einschlug, konnten wir bereits früher andeuten. Wir fanden die Technik der Streichinstrumente viel früher entwickelt, als die des Claviers. Erst in der letzten Hälfte des vorigen Jahrhunderts gewann diese eine bestimmte Basis, und erst nachdem auch alle die Versuche, den eigenthümlichen Ton des Claviers herauszubilden, zu einem bestimmten Abschluss gediehen waren, konnten beide, Ton und Technik dieses Instruments, Einfluss auf den Clavierstyl gewinnen. So blieb jener alte Fugen- und Toccatenstyl hier länger nachwirkend, als dort, und wir fanden ihn nicht nur bei den Orgelmeistern aus Bach's Schule: bei Johann Christian Kittel (1732—1809) und dem Abt Georg Joseph Vogler (1749—1814), sondern auch noch bei vielen jener Sonatencomponisten, die nach dem neuen Styl bereits suchten.

Phil. Em. Bach und Joseph Haydn hatten diesem eine sichere Basis gegeben, und in Clementi gewinnt die Clavierfigur entscheidenden Einfluss auf den Clavierstyl. Wie dieser dann von den nachfolgenden Meistern zum Träger der poetischen Idee herausgebildet wird, versuchten wir in den vorhergehenden Capiteln nachzuweisen.

Daneben finden wir eine ganze Reihe Künstler thätig, bei denen die Idee oder Empfindung nicht stark genug ist, um das Darstellungsmaterial zu beherrschen; dies gewinnt die Oberhand und das Kunstwerk gelangt nicht zu einem sich rückhaltlos entfaltenden Inhalt, sondern verliert sich zunächst in gegenstandslose Gefühlsschwelgerei und schliesslich in ein nur klingendes Tonspiel.

Mit **Joh. Nepomuk Hummel** tritt jene edlere Richtung zuerst entschiedener hervor. Er ist 1778 zu Pressburg geboren und erhielt seinen ersten Unterricht in der Musik von seinem Vater, der Musikmeister am Militärstift zu Wartberg geworden war. Als diese Anstalt aufgehoben wurde, kam der Vater nach Wien als Orchesterdirector an Schikaneder's Theater, und die ungewöhnlichen Anlagen des Sohnes erregten die Aufmerksamkeit und das Interesse Mozart's so, dass dieser ihn in sein Haus nahm und unterrichtete. Nachdem er zwei Jahre hier verweilt, machte er mit dem Vater eine Kunstreise durch Deutschland, Dänemark, Schottland, England, und erwarb überall grossen Beifall. 1795 nach Wien zurückgekehrt, machte er ernstliche contrapunctische Studien noch unter Albrechtsberger und Salièri und hatte dann bis 1811 eine Anstellung beim Fürsten Esterhazy inne. Von Wien aus, wohin er wieder gegangen war, machte er neue Kunstreisen und wurde dann 1816 nach Stuttgart und 1820 nach Weimar als Capellmeister berufen, und in dieser letzten Stellung blieb er bis an seinen 1837 erfolgten Tod.

Hummel war ziemlich auf allen Gebieten der Composition thätig. Neben zwei grossen Messen, zwei Cantaten, mehreren Opern und einzelnen Gesängen schrieb er eine ganze Reihe von Clavierwerken, die allein uns specieller interessieren.

Hummel ist weder ein erfinderisches, noch grossartig combinierendes Talent. Wie Zumsteeg lebte er in einer Zeit, in der Grosses und Wunderbares geboren, in der auch die Tonkunst einer Umgestaltung unterworfen wurde; und weniger noch wie jener war er im Stande, sich an dieser selbst zu betheiligen. Auch jene combinierende Hand, mit welcher Zumsteeg den Weg zur Ballade anbahnte, fehlte ihm. Dagegen brachte er ein ausserordentlich feines Ohr für Klangeffecte, namentlich für den Klang des Claviers, das er ja mit grosser Virtuosität spielte, mit. Wie Clementi entwickelt er seine Sonaten, Clavierconcerte, Fantasien und andere Clavierstücke aus Clavierfiguren und Passagen von durchaus nur allgemein musikalischer Bedeutung; aber diese sind doch nicht nur rein aus der Technik des Instruments hervorgetrieben, sondern sie sind zugleich voll von jenem eigenthümlichen Zauber des Klanges, der ihnen eine gewisse Innigkeit verleiht und in dem er diesen dann die weitere Verarbeitung beherrschen lässt, also weder wie Clementi sich der Herrschaft einer Form noch wie die grossen Meister einer Idee unterwirft, kommt er zu jenem Clavierstyl, der noch nicht inhaltslos ist, aber doch nur in ganz allgemeiner, oft sogar oberflächlicher Weise uns erregt, ohne einen bestimmten Gefühlszug zu erwecken. Harmonie, Melodie und Rhythmus, die Clavierfiguren und die ganze Construction der einzelnen Formen werden vielmehr im Sinne und Geist des Instruments, als einer höhern Idee ausgeführt. In diesem Sinne erleidet auch die Technik des Instruments eine wesentliche Umgestaltung. Während jene grossen Meister diesem einen characteristischen Ton, der als Träger der verschiedensten Stimmungen dienen kann, anzubilden trachten, und während Clementi die Spielfülle des Instruments zu erweitern und ihr jene breite und gewichtige Entfaltung zu geben versuchte, in welchem dann Beethoven seine grossen und herrlichen Ideen niederzulegen vermochte, ist Hummel's Streben auf die höchstmöglichste Klangschönheit des Tons gerichtet — sie bildet ganz folgerichtig die Grundlage seiner grossen Pianoforteschule und der Studienwerke, welche er veröffentlichte, und sie ist das Streben seiner unmittelbaren Jünger geblieben, die sie in einzelnen Vertretern bis auf die heutige Zeit verpflanzten. Seine Compositionen konnten natürlich nur für seine Zeit Bedeutung haben, und wenn einzelne derselben, wie sein Etüdenwerk (Op. 125), sein Amoll-, Hmoll- und Asdur-Concert, und selbst eine oder die andere Sonate sich bis auf unsere Zeit in der Gunst des Publikums, wie der Künstler erhalten haben, so ist das eben dadurch gerechtfertigt, dass in diesen Werken die neuere Richtung in ihren Grundzügen festgestellt und ganz bestimmt ausgeprägt ist. Das Instrument gewinnt einen so bestimmten Einfluss auf die Claviercomposition, dass der verschiedene Gebrauch verschieden construierter Instrumente sich in der besondern Weise der Composition ausspricht.

So unterschieden sich schon in jener Zeit die englischen Flügel von den Wienern ganz wesentlich. Der Klang der englischen Instrumente war voll und weitaustragend, fast dem Ton der Holzblasinstrumente ähnlich, so dass er das Ohr vollständig ausfüllte, und in Herz und Sinn süsse Regung weckte. Der Ton des Wiener Flügels war weit eleganter und glänzender, und forderte die Bravour förmlich heraus, weil er nicht so weit austragend und nachklingend war. Die grössere Spielfülle musste ersetzen helfen, was dem Ton an Nachhaltigkeit und innerer Sättigung fehlte, und diese konnte sich wiederum nicht so gewaltig und mächtig erheben, wie bei Clementi, sondern in grösserer Zierlichkeit und Bravour. So erscheint denn auch der neue Styl bei Johann Franz Xaver Sterkel (1750—1817), Daniel Steibelt (1755—1823) einem der grössten Virtuosen seiner Zeit und seinem als Virtuos nicht minder bedeutenden jüngern Zeitgenossen: Joseph Wölffl (1772—1814). Bei den beiden letztern namentlich überwiegt die Virtuosität alles übrige so vollständig, dass auch jener letzte Schimmer von ideellem Gehalt, den wir in der Hummel'schen Clavierfigur noch fanden, schwindet.

Bei Hummel ist meist noch eine ganz bestimmt ausgeprägte Stimmung vorhanden; seine Claviercompositionen durchzieht ein gewisser einheitlicher Gefühlszug und der Meister versäumt nur über dem Bestreben, ihn recht claviermässig klang- und reizvoll darzustellen, sich in denselben zu vertiefen. Bei jenen drei Genannten treten Eleganz und Bravour der Ausführung so in den Vordergrund, dass alles übrige nothwendig aufgegeben werden muss, und von hier aus war dann der letzte Schritt zum blossen Spiel mit seinen reizenden Klangeffecten leicht gethan. Jene drei Künstler thaten ihn noch nicht. Denn in dem Streben, ihr Instrument und ihre Virtuosität in das günstigste Licht zu setzen, wurden sie auf immer neue und nicht selten geistvolle Combinationen geführt, die ihren Styl nicht so fabrik- und handwerksmässig werden liessen, wie bei dem Abbé Joseph Gelineck (1757—1825), Franz Neubauer (1760—1795), und bei jenem Musikproletariat, das seit jener Zeit bis auf den heutigen Tag, bis auf Ferdinand Beyer, Burgmüller, Charles Voss und Brunner einen so einträglichen Handel mit der zur Herrschaft gelangten Clavierphrase betreibt. Jene ältere Richtung erzeugte doch noch vorwiegend Instrumentalwerke von einer gewissen formellen Selbständigkeit. Clavierfiguren wurden claviermässig erfunden und mit einer claviermässig erfundenen Cantilene auch claviermässig bearbeitet. Dieser Process ist den neuern Fabrikanten selbst zu umständlich. Bequemer erwiess sich schon die Variation. Man nahm irgend ein beliebtes Lied und löste dies dann in einer Reihe von Variationen in den klangvollsten und bequemsten Tonphrasen auf, am bequemsten aber war, Opern und andere Melodien beliebig zusammen zu würfeln, sie durch allerlei buntes Phrasenwerk aufzuputzen und nothdürftig zusammen zu leimen, und wie früh man auch gegen diese ganze schmachvolle Wirthschaft zu Felde zog[1], sie machte sich gar bald das ganze öffentliche und private Musiktreiben in Concert und Haus dienstbar, und wie sie selbst ihren verderblichen Einfluss auf weit höhere Bestrebungen ausübte, wird uns noch später klar werden. Ungleich bedeutender und zugleich auch noch erfreulicher in ihrem Ausgange wurde jene andere Richtung, die sich entschiedener an die grossen Meister der Idee anlehnten, ohne diese zu erreichen, weil auch sie dem Ton des Claviers, und zwar dem englischen Flügel, eine grössere Gewalt über ihr Empfinden und Fühlen und über ihre Phantasie zugestanden, als der Idee selber. Aus dem intimen Verkehr mit diesem Instrument bildet sich den Compositionen eine ganz bestimmte Manier an. Der eigenthümliche Ton des Claviers giebt der Phantasie und dem Gefühlsvermögen eine so bestimmte Richtung, dass sie unwillkürlich immer und immer wieder sich seiner im Moment des Schaffens bemächtigt. Das englische Pianoforte aber war in seinem eigenthümlichen Klang, mit seiner einseitig wirkenden Verschiebung (*una corda*) so recht das Instrument für eine zart innig schwärmende und schwelgende, zuweilen auch in ziellosen unmotivierten Kraftausbrüchen herausstürmende Sentimentalität, und dies ist der Grundzug des Clavierstyls, wie ihn die Meister ausbildeten, denen wir uns jetzt zuwenden.

Johann Ludwig Dussek (eigentlich **Dussik**) wurde um 1760 in Czaslau in Böhmen geboren und begann seine musikalische Laufbahn als Harmonikaspieler. 1786 gieng er nach Paris und errichtete dort mit Corri eine bedeutende Notenstecherei und Musikalienhandlung. 1800 kehrte er nach Deutschland zurück, zunächst nach Hamburg und dann nach Berlin, wo er an dem genialen Prinzen Louis Ferdinand von Preussen einen warmen Beschützer und Freund fand. Der Prinz, der Sprössling eines königlichen Hauses, dem mehrere selbstschaffende Förderer der Tonkunst angehören, wie jene sogar mit den strengern Formen des Contrapuncts vertraute Sophie Amalie oder Friedrich d. Gr. u. s. w., ist 1772 geboren. Im rastlosen Drange einer überreichen Natur von universeller Begabung warf er sich in seinen frühen Jünglingsjahren den verschiedensten Wissenschaften in die Arme, ohne Befriedigung und

1. Schon 1758 heisst es in einer Anzeige der „Geistlichen, moralischen und weltlichen Oden" im Verlage von G. A. Langens Buchdruckerei in der Bibliothek der schönen Wissenschaften und freien Künste (Leipzig, Joh. Fr. Dyk, Band III, pag. 190): „Es ist schlimm genug, dass sich die grössern Clavierstücke so oft durch Opernarien müssen verdrängen lassen, die man mit Gewalt auf den Flügel zwingt, ob sie gleich darauf mehrentheils so leer klingen müssen, als sie mit den dazu gehörigen Stimmen angenehm sind.

volles Genügen zu gewinnen. So finden wir ihn ruh- und rastlos im bunten Wechsel strenger wissenschaftlicher Thätigkeit und dem sinnlichen Genuss sich hingebend, bis er jener Kunst, die er früh mit Feuereifer erfasst hatte, sich mit ganzer Seele hingab, welche für die Wogen und Stürme, für die Sehnsucht und den Schmerz seiner Seele den Ausdruck und in ihm Beruhigung und Linderung darbot: der Tonkunst.

In dieser Zeit nun lernte er Dussek kennen und fand in ihm den Mann, der in seine Anschauungs- und Empfindungsweise sich zu versenken vermochte, der in seinen Compositionen so viel Verwandtes ihm entgegenbrachte, den er durch den Adel seines Geistes beeinflusste und durch dessen gestaltende Hand er sich wiederum gern leiten liess. Dussek hat treu an ihm gehalten bis zu des Prinzen unglückseligem Ende am 12. October 1806 in der Schlacht bei Saalfeld.

Dussek trat nach dem Tode des Prinzen in ein ähnliches Verhältniss, als Hof- oder Hausmusiker zu dem Fürsten Ysenburg und später zu dem Fürsten von Benevent zu Paris und starb dort 1812.

Das was den Prinzen in der Tonkunst volle Befriedigung finden liess, jener Adel der Empfindung, die in ihrer elegischen Weichheit und Süsse sich nirgend über die schwärmerische, schmerzlich-unbestimmte Sehnsucht erhebt, wird der Grundzug der Musik des Prinzen wie seines Geistesverwandten Dussek, und sie begründen damit zugleich eine Richtung, welche bis auf den heutigen Tag bedeutende Vertreter gefunden hat. Nicht die mächtigen und gewaltigen Ereignisse, die jene Zeit bewegten, oder die Ideen, welche überall in neuer, wunderbarer Gewalt und mit umgestaltender Macht hervorgebrochen, noch Bilder aus der Vergangenheit bewegten ihre Seele, sondern die Lust an einer süssen wehmüthigen Schwelgerei des Gefühls, die sich nur selten zu kühnerm Aufschwung erhebt, immer aber eine gewisse Grossheit und einen hohen Adel der Empfindung zeigt. Auch Schubert, fanden wir, schwelgte gern in solch objectlosen Empfindungen; allein er hatte am Liedstyl dieselben zu sicher und fest austönenden Stimmungen auszuprägen verstanden, so dass wir überall das Gefühl einer bestimmten Empfindung gewinnen. Aus jener allgemeinen Dämmerung erheben sich ganz bestimmte Gebilde, die dann bei Mendelssohn und Schumann Leben erhalten und ganz erkennbar Gestalt gewinnen. Bei Dussek und dem Prinzen ist es eben nur eine weiche Empfindung, die uns aus allen entgegenklingt, ohne irgend welche bestimmtere Physiognomie. Wir werden in selige, das Herz schwellende

Aufregung versetzt, welche die Seele nur sättigt und nicht auch erhebt und stärkt. Dem war natürlich jenes englische Flügelpianoforte ausserordentlich günstig, und der Prinz soll ihrer dreizehn besessen haben. Seinem innersten Organismus lauschten die beiden Künstler die Klänge ab, ohne Virtuosenkünstelei und Kunststücke, nur in dem Streben, jenen Grundzug ihres Innern in vollen und weichen Accorden auszutönen. Der gefestete harmonische Bau des Tonstücks, wie wir ihn bei allen grossen Meistern fanden, wird allmälich aufgelöst und an seine Stelle treten jene weichen meist chromatisch oder in anderer aussergewöhnlicher Weise vermittelten Modulationen nach den entferntern Tonarten, mit deren Hülfe Schubert und Schumann, seltener Mendelssohn, jenen festen harmonischen Bau nur reicher ausschmückten, um dadurch die Stimmung zu vertiefen. Wir mussten als characteristisch bei diesen Meistern anerkennen, dass sie an jenem natürlichen Formengerüst festhalten, aber innerhalb desselben einen grossen Reichthum von Harmonien entfalten und die weitesten und freiesten Modulationen mit hereinziehen, und dass sie nur dadurch bei aller Tiefe und bei allem Reichthum der Darstellung überall klar verständlich und überzeugend ausdrucksvoll werden. Der Mangel an Bestimmtheit eines sicher erkennbaren Gefühlsobjects bei jener mit Dussek und dem Prinzen Louis Ferdinand hervortretenden Richtung lässt natürlich zunächst jenes feste harmonische Formengerüst allmälich verschwinden, und an seine Stelle treten jene weichen Harmonien in chromatischen und enharmonischen Modulationen, die in ihrer, in sanften Durchgangstönen oder in voll- und wolklingenden Figuren und Passagen und in Durchgangsaccorden erfolgenden Auflösung, vollständig geeignet sind, jenes Dämmern der Phantasie, jenes sehnsüchtige Erzittern und Anschwellen der Seele darzustellen. Es ist aber ein edler Sinn, der sich in diesen Werken ausspricht, und dieser führt auf jene eigne Art von Polyphonie, welche das Instrument erfordert: die weite und wolklingende Lage der Accorde oder ihre Auflösung in leichtem, durchsichtig verwobenem Figurenwerk. So erscheint uns Dussek nicht nur in den Characterstücken: *La consolation* (Op. 62), *La chasse*, den Rondeaus: *Les adieux* oder *Mignon*, in den Variations: *O ma tendre musette*, *Chanson du nord*, *Chanson hymen* etc., sondern auch in den Concerten und Sonaten: *Élégie harmonique sur la mort du Prince*

Louis Ferdinand, *Le retour à Paris*, *L'invocation*, und der Prinz in seinen Variationen, den Trios, Quartetten, Quintetten u. s. w. Wenn bei jenem, bei **Dussek**, in den Sonaten und Rondeaus sich oft der Einfluss dieser Formen noch wolthätig geltend macht, so dass er sich mit ihrer Hülfe zu einer bestimmtern Darstellung erhebt, ist das beim Prinzen wol nie der Fall. Wie in dem wunderschönen Fmoll-Quartett lebt in allen nur die süsse Lust an der Schwelgerei in schmerzlichen Gefühlen, und nur selten tritt in bestimmtern Umrissen eine lichtere Gestalt hervor.

Wir müssen es nach alledem entschieden als eine Verkennung sowol der Formen, als auch des speciellen Inhalts, den beide, **Dusseck** und der Prinz, ihnen entgegenbrachten, ansehen, dass beide noch vorwiegend an der Sonatenform festzuhalten versuchten. Diese war für jenen Inhalt ein viel zu weiter Rahmen, und deshalb müssen wir es als einen Fortschritt innerhalb der ganzen Richtung bezeichnen, dass

John Field, gegen 1782 in England geboren, allmälich davon abgieng und die für jenen Inhalt entsprechenden Formen fand.

Wir konnten schon erwähnen, dass er der bedeutendste Schüler **Clementi's** ist und dass er lange Zeit als der grösste Claviervirtuose galt. Schon auf den Reisen, welche er mit seinem Meister unternahm, erwarb er neben diesem durch seine grosse Meisterschaft in Beherrschung des Instruments grossen Beifall und erregte bald auch durch seine Compositionen die Aufmerksamkeit der Kunstverständigen. Als Schüler **Clementi's** schrieb auch er Anfangs Sonaten (Op. 1 „Drei **Clementi** gewidmete Sonaten"), allein er fühlte seine geringe Begabung und Befähigung für diese Form sehr bald und so schlug er jene Richtung ein, in welcher er durch seine Variationen (*Variat. sur l'air russe pour piano à 4 mains*, *Air du bon Henri IV varié*, u. s. w.), durch seine Rondeau's, Walzer und Polonaisen, ganz besonders durch seine Nocturno's, einen bedeutenden Einfluss gewinnen sollte, indem er dieselbe zu einem wirklichen Genre auszubilden begann.

Seit dem Jahre 1822 hatte er **Moskau** zu seinem bleibenden Wohnsitz erwählt, nachdem er vorher mehrere Jahre in **Petersburg** gelebt hatte. Von **Moskau** aus machte er wiederholt weitere Kunstreisen. Er starb 1837.

Field hatte aus der Schule **Clementi's** keine so ausgebildete Compositionstechnik mitgebracht, als sie **Dusseck** besass, aber er hatte sich dort ein grösseres Formengeschick angeeignet, und das liess ihn die neue Form finden, in welcher dieser neue Gefühlsinhalt offenbar werden sollte: die aus der Rondoform entwickelte Form des Nocturne, die sich von jener allerdings mehr nur ideell als formell unterscheidet. Das Rondo wird zum Nocturne, sobald sich jene selige Gefühlsschwelgerei in ihm ausspricht. Wie Field sich gern der Variation zuwandte, so auch dem Rondo. Dort an der Variation lernte er das luftige und klangvolle Figurenwerk dem gefestigten Organismus eines Liedes einverleiben und in der Rondoform es dann diesem gegenüber setzen. Er pflegt diese Form ganz treu nach ihrer historischen Entwickelung. Ein bestimmter Liedsatz wird durch die wiederholte Entgegensetzung von andern in immer neue Beleuchtung gesetzt. Alle diese Werke sind mehr oder weniger immer noch Studien, wenn er auch hierbei schon auf ganz reizende melodische und harmonische Combinationen kommt, wie z. B. in den Variationen über *Air du bon roi Henry IV.* In den Nocturnen aber fasst er die ganze Weichseligkeit, gepaart mit dem Adel und der Feinheit der Empfindung, die wir bei Dussek und dem Prinzen Louis Ferdinand erkannten, zu einer Stimmung zusammen, so dass sie sich, wenn auch nicht so bestimmt, doch immer einheitlich zusammengehalten entwickelt. Um zu dieser formalen Festigung zu gelangen, musste er wiederum, wie wir das in solchen Fällen immer fanden, den ursprünglichen Ausdruck abschwächen; er konnte ihn weniger reich darlegen, als jene beiden, und hierin fand er namentlich an Chopin denjenigen Meister, der ihn nach dieser Seite wiederum weiter fortführte, und der der ganzen Richtung eine erhöhte Bedeutung noch dadurch gab, dass er sie entschiedener als Field in seinen Polonaisen und Walzern, in den Mazurken, den Polonaisen und Walzern, die er mit so unnachahmlicher Feinheit componierte, dem Leben näher zu bringen suchte.

Frédéric François Chopin ist zu Zelazowa-Wola bei Warschau 1810 geboren und bildete sich früh zu einem der grössten und originellsten Claviervirtuosen aus, so dass, als er 1831 auf seiner ersten Kunstreise durch Deutschland nach Frankreich öffentlich auftrat, er eine eben so energische Opposition wie enthusiastische Verehrung fand. Wir haben bereits erwähnt, dass Schumann zu seinen ersten wärmsten Verehrern zählte und dass er die rasche Anerkennung der Bedeutung Chopin's wie die jener jüngern Meister mit herbeiführen half. Chopin lebte seitdem in Paris bis an seinen 1849 erfolgten Tod in grosser körperlicher Abspannung.

Chopin war eine, dem Prinzen Louis Ferdinand geistig verwandte Natur. Diese erscheint bei ihm nur in dem specifischen Licht polnischer Nationalität, und nur dies begründet den Unterschied beider. Derselbe Adel der Empfindung, dieselbe Grazie und Eleganz des Ausdrucks hier wie dort; aber wie bei dem deutschen Prinzen dies alles universellere Formen anzunehmen trachtet, gewinnt es bei Chopin ganz specifisch polnischen Charakter, in der Mazurka und der Polonaise, und auch die echt deutsche Walzerform wird von ihm polonisiert. Der Seelenadel des deutschen Prinzen erscheint bei dem Polen mehr als nationaler Stolz, die Tiefe der Empfindung mehr als nur leidenschaftliche Aufwallung, und die Grazie und Eleganz des Ausdrucks, die dort das Resultat einer tief wissenschaftlichen allgemeinen Weltbildung ist, wird hier mehr zu feiner, aristokratischer Manier, die Aeusserung einer weltmännischen Salonbildung. So erscheint die Individualität Chopin's in seinen Mazurken, Walzern und Polonaisen. Der ganze poetische Zauber aristokratischen Wesens und feiner Manieren hat in ihnen künstlerischen Ausdruck gewonnen. Wenn die Tanzformen überhaupt die vorwiegende Berücksichtigung des Rhythmus erfordern, so natürlich dieser specielle Inhalt ganz besonders; aber dem eigenthümlichen Inhalt entsprechend wird er weniger im Sinne des Tanzes characteristisch, als vielmehr pikant und originell ausgebildet. Chopin schreibt nicht eigentlich Tänze für den Salon, sondern sie sind ihm würdige Gefässe und Träger der nationalen Begeisterung, die ihn bei der Erinnerung an sein unglückliches Vaterland erfasst und die characteristisch genug für polnisches Nationalbewusstsein in jenen Formen Entäusserung fand. Rein individuelles Empfinden lebt erst in seinen Nocturnen, deren er eine grosse Zahl schrieb, und dies wüssten wir nicht besser zu characterisieren, als mit den Worten jenes, für ein derartiges Empfinden wol feinsten Interpreten, Franz Liszt: „Chopin war eine comprimiert leidenschaftliche, überschwellend nervöse Natur, er mässigt sich, ohne sich zähmen zu können, und begann jeden Morgen von Neuem die schwierige Aufgabe, seinem aufwallenden Zorn, seinem glühenden Hass, seiner unendlichen Liebe, seinem zuckenden Schmerz, seiner fieberhaften Erregung Schweigen aufzuerlegen und sie durch eine Art geistigen Rausches hinzuhalten, in den er sich versenkte, um durch seine Träume eine zauberische, feenhafte Welt herauf zu beschwören, in ihr zu leben und ein schmerzliches Glück zu finden, indem er sie in seine Kunst bannte.“ Dieser ganze geistige Organismus des Meisters ist demnach ein so eigenthümlicher, sein Fühlen und Empfinden ist so vollständig aussergewöhnlicher Natur, dass der Organismus der Tonsprache nur in seinen weitesten und allgemeinsten Grundzügen noch ihm genügt, dass die speciellere Darstellung sich vollständig neu entsprechend gestalten musste. Der Begriff der Tonart hat für ihn nur noch in seiner weitesten Fassung Bedeutung, so dass selbst die Grundpfosten desselben, der tonische Dreiklang und der Dominantaccord erschüttert werden. Jener erscheint in der Regel in so weiter Lage und die Terz wird so vorherrschend von den andern Intervallen umschreibend eingehüllt, dass er seine Bedeutung als festen Grundaccord fast verliert, und der Dominantaccord nicht selten so herabgedrückt, dass er seinen energisch formbildenden Character einbüsst. Ein treffendes Beispiel liefert das Nocturne in Cismoll (Op. 27):

Die Enharmonik und Chromatik bestimmt dann weiterhin so vorwiegend den fernern Verlauf der harmonischen Construction, dass die ursprüngliche Tonart nicht selten nur den Ausgangs- und Endpunkt derselben bildet, zwischen denen dann eine reiche Fülle von Harmonien sich entwickelt, die ausserordentlich fein vermittelt wie improvisiert erscheint. Die Harmonik liefert unserm Meister nicht das Material, aus welchem er klingende Tonformen bildet, um seine reiche Innerlichkeit Gestalt werden zu lassen, sondern nur bedeutende Klänge, in denen er sein erregtes Gefühl aussingt. Nur vermitteln, wie es Liszt so schön ausdrückt, konnte der Meister die Gegensätze seines Innern, nicht aber sie zum abgeschlossenen Kunstwerk zu zähmen und zu bilden, und demgemäss gestaltet sich sein Kunst- oder als welcher er bei ihm erscheint, sein Clavierstyl. Keiner hat sich so in den Character seines Instruments hineingelebt, als er. Seine Phantasie ist so vollständig mit dem Klange desselben gesättigt und verwoben, dass sich kein anderer in ihr erzeugt. Keiner fügt sich auch dem schwelgerischen Traumleben der Phantasie unsers Meisters so willig, als er. Aus dieser, im eigensten Sinne gestaltlosen Construction der Harmonik entspringt auch eine eigenthümliche Melodiebildung und Rhythmik. Auch sie erlangen beide eine, von der gewöhnlichen Weise abweichende Gestaltung. Die Melodie erschien uns bisher als das, für den characteristischen und rasch treffenden Ausdruck geeignetste Mittel, und im Rhythmus erkannten wir die anordnende, gliedernde musikalische Macht. Als solcher bedarf sie beide unser Meister in nur geringem Grade. Nicht nach rasch zutreffendem Ausdruck und plastischer Tongestaltung ringt sein überfluthendes Innere, sondern nur nach treuestem Erguss, und dies Innere hat ja selbst keinen bestimmten einheitlichen Zug, keine sicher erkennbare Gestalt. So treibt seine Melodik ganz unmittelbar aus seiner Harmonik heraus, und wie diese bunt und formell betrachtet anscheinend willkürlich, erscheint auch seine Melodie. Wir begegnen nicht selten Anläufen zu einer breiten, von einer mächtig erregenden Harmonik getragenen Cantilene, aber diese wird dann in der Regel durch mehr recitativische Gebilde unterbrochen oder sie verläuft in ein wunderbar seltsam verschlungenes Figurenwerk. Der Anfang des Edur-Nocturne (Op. 62, II), giebt uns hierfür wie für seine noch sonderbarere Weise der Rhythmik einen Beleg:

dolce
cresc.
f
dim.
p
cresc.

Der ursprünglich gleichförmig dahinschreitende Rhythmus in der Begleitung erleidet fast von Tact zu Tact in der Oberstimme eine andere Darstellung, bis er sich im Mittelsatz allmälich in fast rhythmenloses, nur durch widerwillige Verzögerungen unterbrochenes Tongeflecht auflöst. Rhythmisches Ebenmaas erscheint Chopin's Individualität überhaupt als eine so lästige Schranke, dass er mit ganz besonderer Vorliebe Achtel- und Triolenbewegung gegeneinander bringt (Op. 48, 14. Nocturne):

und dafür jene Auflösung der Halben-, Viertel- und Achtelnoten in Quintolen, Septimolen, Novemolen u. s. w. bis zur Manier ausbildet. Zu alle dem kommt noch der ununterbrochene Gebrauch des Pedals, das den Dämpfer von den Saiten hebt und so das Ineinanderweben der Töne ausserordentlich befördert. Es bedarf nach alle dem wol kaum der Erwähnung, dass Chopin seine Eigenthümlichkeit vollständig verkannte, wenn er sich auch jenen objectiven Formen der Sonate und des Trios zuwandte. Sein Gmoll-Trio (Op. 8) und seine Sonaten (Op. 35 und 58), sind nach der ganzen Richtung hochbedeutsame Tonstücke, aber nur ihrer äussern Zusammenstellung nach entsprechen sie der Idee der Sonate. Ungleich bedeutsamer gestaltet sich die Form des Concerts auch in dieser Richtung, denn hier verstand es der Meister recht wol, im Emoll- und Fmoll-Concert, gegenüber einer mehr objectiven Fassung des Orchesters die ganze Pracht seiner Individualität durch den Flügel zu offenbaren. So hoch bedeutsam nun auch der Meister nach der angegebenen Richtung hin geworden ist, wie viel er auch die individuelle Ausdrucksfähigkeit des musikalischen Materials gesteigert hat, er konnte und durfte doch immer in seiner Ausnahmestellung als eine bewunderungswürdige Specialität nur anregend auf die Weiterentwickelung der Tonkunst wirken, nicht aber als Ausgangspunkt dienen, wozu ihn eine ganze Schule zu machen versuchte. Wir werden im nächsten Kapitel nachzuweisen haben, wie das Kunstwerk auf diesem Wege zu vollständiger Auflösung geführt werden musste.

Es ist in der Natur dieser ganzen Richtung begründet, dass sie vorwiegend instrumental werden musste, und dass, als sie auch das Vocale erfasste, ihr Einfluss noch ungünstiger wirkend wurde. Weil diesem die glänzenden Farben und die Fülle des Klangreichthums des Instrumentalen fehlt, und weil sein specifisches Darstellungsmaterial nicht dieser reichen Umgestaltung fähig ist, so wird dies schliesslich auf das dürftigste Maass beschränkt, um der Instrumentalbegleitung die Ausführung in jener Richtung zu überlassen, oder es verliert sich in jene überschwenglich sentimentale Phraseologie, die schon ausserhalb der Grenzen der Kunstgestaltung steht.

Dieser Einfluss vermittelt sich zunächst dem Liede dahin, dass man dies mehr sangbar und klangvoll, als tief eingehend construiert, und zwar namentlich im Männerchorgesange, der seit den Freiheitskriegen eine grosse Ausdehnung gewonnen hat. Das bei aller Gewalt doch eigenthümlich weiche Klanggepräge des Männerchors erweist sich natürlich jener Gefühlsschwelgerei ganz günstig, und in den bedeutendsten ersten Meistern des Männerchorliedes, in Bernhard Klein, Louis Berger und Carl Löwe, gewinnt es schon grosse Bedeutung, wenn auch hier immer noch die kunstgemässe Gestaltung Hauptziel bleibt. Mit Johann Christian Friedrich Schneider (1786—1853), Conradin Kreutzer (1782) wird das Verhältniss ein anderes. Die Harmonik gewinnt wie dort in der Salonsmusik die Oberhand, sie wird, wie

Rhythmik, sinn-

tritt diese Rich-
ınn (geb. 1805,
geschmackvoller
ıngliche Ausbil-
ung in den Bän-
ne musikalische
ich Reissiger
ich Proch
(1819) und
eigeführt.[2]
ommensten
Künstlern,
bedeutsam
yl anlehnt.
geborenen
ten. Dabei
nach dem
Nordländer
e in allen
lle Lieder
ern jenen
ganze hier

vier, dem
oren), der
ocal- und
ı Reiz der
Innigkeit
s Field'-
zeit abge-
Klängen
rt Franz
Richtung
täuschen

Das Denkmal für Friedr. Wilh. Kücken in Schwerin. (Siehe Seite 119.)

twickelung",

äussern Zusammenst
Sonate. Ungleich b
certs auch in dieser
recht wol, im Emoll
objectiven Fassung
dualität durch den
auch der Meister na
ist, wie viel er
musikalischen M
immer in seiner
Specialität nur
kunst wirken, n
eine ganze Schul
Kapitel nachzuwe
Wege zu vollstä

Es ist in der
vorwiegend inst
das Vocale erfas
Weil diesem di
reichthums des
Darstellungsma
so wird dies sch
der Instruments
überlassen, ode
mentale Phras
Kunstgestaltun

Dieser Einflu
man dies mehr
struiert, und z
Freiheitskriege
aller Gewalt d
nerchors erwei
günstig, und i
chorliedes, in
Löwe, gewinn
noch die kunst
Christian F
Kreutzer (17
gewinnt wie do… der Salonmusik die Oberhand, sie wird, wie

Früchte übrigens keine Bablah-Hülsen geben, ferner die in Queensland wachsende A. lasiophylla Willd. u. A. melanoxylon R. Br. in Tasmanien Gerberrinden liefern. Die A. Bambolah Roxb., welche nach den Angaben fast aller neueren Technologien die wichtigste (ostindische) Bablah-Sorte geben soll, scheint gar nicht zu existiren, sondern ist wahrscheinlich nur A. arabica Sindica Benth. Von großer Wichtigkeit ist in neuerer Zeit die ursprünglich an der Westküste von Amerika (von Chile bis Mexiko u. Texas) heimische, jetzt überall in den Tropen u. subtropischen Ländern angepflanzte A. Farnesiana Willd. geworden, ein etwa 6 m hoch werdender Baum mit schwarzer Rinde, zahlreichen Dornen, doppelt gefiederten Blättern u. lieblich duftenden, paarweise

Sie wissen gar nicht, wie Sie mich
ehr betrübt haben. Bis jetzt dachte
n, die Einfachheit, den Nächsten,
s das aus wahrer Herzensreinheit,
wäre das so schön, so erhebend,
r plötzlich zeigt es sich, daß sich

n sich mit großen Thränen. Der
ränen und fuhr fort:
Sie die Armen lieben und die
zehnjähriger Knabe Ihre Eitelkeit
so?"
ein!" rief Marie und die Thränen

ist, beweisen Sie es, indem Sie
einen, und — wenn es nöthig ist,
erden Sie zeigen, daß Sie nicht
nd nicht aus Eigenliebe Gott und
sondern aus einfältigem, gutem
werden Sie nur aus Pflicht er-
en Sie aufsuchen weil Ihr Herz
Sie selbst, wie sollen Sie sonst
Armen dienen wollen, nur weil es
hre Eitelkeit dabei von keiner Gewissen im Voraus, daß die Armen
aber in der Gesellschaft fürchten
d hassen daher die Welt. Ist es
Sie selbst!"
isten Gedanken. Offenbar hatte ihr
in einem ganz neuen Lichte gezeigt.
sprach sie endlich mit fester Stimme,
n, um zu beweisen, daß ich die Welt

ir. Der, welcher die Welt haßt
n sein Leben andern Zwecken zu
was er thut. Meiner Ansicht nach

Auch auf einem Balle kann man
dagegen kann man in der Kirche
und sich doch in einer Gott feind

„Das ist wahr!" rief Ma
Väterchen, für diese Worte, ich w

„Gott gebe Ihnen das, was
sagte Vater Joan. Er segnete
gleitete sie bis zur Thür. „Verg
Balle auch an mich zu denken."

Zur Zeit dieser Unterredung
Fürstin Mitischtschef und ihrem Bru
ein Gespräch statt.

Der Letztere trat in das Bo
fand sie damit beschäftigt, sich ein
toilette auszusuchen.

Er trat an sie heran, küßte
seine Mütze auf den Tisch und s
vor den brennenden Kamin. Da
fester Stimme: „Ich bin eben
wesen; es ist durchaus nicht no
Balle erscheint."

„Was?" sagte die Fürstin, .
worden!"

„Der Ball ist für sie eine F
nicht Deine Tochter foltern wolle

„Nun, das ist reizend! D
in's Zimmer kamst, Du werdest
Art sagen."

„Um so mehr," fuhr der F
Schwester überhörend, „als Sergei
A propos, Du bist eine merkwür
doch seine Ankunft melden können, i
zufällig davon erfahren. — Nun, g
auf dem Balle nicht erscheinen zu

„Sie wird auf dem Balle er
Antwort. Und wenn sie davon

die zerstückelte Melodie und die vernachlässigte Rhythmik, sinnlich wirksam construiert.[1]

Im einstimmigen Liede mit Clavierbegleitung tritt diese Richtung namentlich bei Carl Friedrich Curschmann (geb. 1805, gest. 1841) hervor. Curschmann war selbst ein geschmackvoller Sänger, und so gewinnt ganz natürlich die gesangliche Ausbildung bei ihm das Uebergewicht. Vor der Ausartung in den Bänkelsang, die hier nahe liegt, bewahrte ihn seine musikalische Bildung. Zum Theil schon durch Carl Gottlieb Reissiger (geb. 1798, gest. 1859), vollständig aber durch Heinrich Proch (1809), Friedrich Kücken (1810), Franz Abt (1819) und Ferdinand Gumpert (1818) wurde diese dann herbeigeführt.[2]

Tritt hier diese Richtung in der künstlerisch verkommensten Gestalt zu Tage, so erweist sie sich in einer Reihe von Künstlern, wenn auch nicht minder einseitig, doch immerhin noch bedeutsam wirkend, weil sie sich an jenen Schubert'schen Liedstyl anlehnt.

Die Lieder A. F. Lindblad's (geb. 1804), eines geborenen Schweden, treten den Schubert'schen noch am nächsten. Dabei tragen sie das nationale Gepräge: die stille Sehnsucht nach dem mildern, freundlichen Himmel des Südens, die den Nordländer so häufig von Alters her nach dem Süden trieb und die in allen schwedischen Volksliedern lebt, sie klingt auch durch alle Lieder Lindblad's hindurch und giebt auch seinen fröhlichern jenen Zug sentimentaler Unbefriedigung, welcher durch die ganze hier besprochene Richtung hindurchgeht.

Noch mehr gilt dies von jenem andern Scandinavier, dem Dänen Niels W. Gade (1817 in Kopenhagen geboren), der aus diesem nordischen Ton einzig und allein seine Vocal- und Instrumentalwerke herauszubilden sucht und durch den Reiz der Neuheit damit eine Zeit lang Erfolge erreichte. Die Innigkeit und die tief sinnliche Empfindung, welche noch jenes Field'-Chopin'sche Kunstwerk erfüllt, ist hier schon so weit abgeschwächt, dass fast nur noch ein Spiel mit Tönen und Klängen übrig bleibt. Eine lange Zeit vermochte auch Robert Franz (geb. 1815) dadurch, dass er den Liedstyl nach dieser Richtung pflegte, einen Theil des Publikums und der Kritik zu täuschen

---

1. Speciellern Nachweis: „Das deutsche Lied in seiner historischen Entwickelung", pag. 106 ff.

2. A. a. O., siebentes Kapitel: Der noble Bänkelsang, pag. 223 ff.

und in dem guten Glauben zu erhalten, dies sei eine Vollendung des Schubert-Schumann'schen Liedes. Eine solche ist wol kaum mehr möglich. Formell wie ideell ist die Entwickelung des deutschen Liedes durch die grossen Meister desselben: Schubert, Mendelssohn und Schumann, abgeschlossen, und wenn es nicht in subjectiver Willkür verloren gehen soll, wird es sich in den durch jene Meister gesetzten Schranken halten müssen. Aber innerhalb derselben ist dem Subject die weiteste und reichste Entfaltung möglich, und so wird das Lied sich immer wieder nach der Individualität des Tondichters neu gestalten; es wird dann aber ganz natürlich conciser in der Form und reicher im Inhalt werden, und nicht wie bei Franz formell verwildern und ideell dürftiger sich erweisen. Franz ist eben keine producierende, höchstens eine reproducierende Individualität. Er ist auf seinen Liedstyl, wenn man von einem solchen überhaupt reden darf, nicht durch innere Nothwendigkeit, sondern durch nach Anleitung der besten Muster unternommene Experimente geführt worden. Franz's Befähigung für das Lied beruht ausschliesslich auf einem überaus feinen Sinn für harmonisches Klangcolorit, und wenn sein Ohr auch nicht so fein entwickelt ist, wie das eines Chopin, so ist es doch immerhin noch fein genug, um jene Weichheit der Vermittelung auch der entferntesten Modulationen herzustellen, die wir bei jenem fanden. Allein das ist doch nur eine und zwar sehr äusserliche Bedingung für das Kunstlied, und sie verliert bei Franz noch dadurch an Bedeutung, dass er über dem Bestreben nach diesem harmonischen Klangcolorit die Form einbüsst. Wir sahen, dass Chopin in seinen Nocturnen die Grundpfeiler der Form untergräbt und umgeht, aus rein innerer subjectiver Nothwendigkeit. Diese Nothwendigkeit ist beim Liede nie vorhanden. Die Stimmung wird nur dadurch zur Liedstimmung, dass sie sich formell abschliesst. Das Lied verlangt daher formelle Festigung und diese gewinnt es bei Franz nur in sehr seltenen Fällen, namentlich auch deshalb, weil er die andern beiden Mächte musikalischer Darstellung, Melodie und Rhythmus, vollständig vernachlässigt. Beide kommen nur sehr selten über die dürftigste Notierung der Sprachaccente und trockenste Darstellung des Sprachmetrums hinaus.[1]

---

1. Wir können auch hier wieder auf den speciellern Nachweis in des Verfassers: „Das deutsche Lied", pag. 214—220, verweisen.

Hiernach gehörte Franz eigentlich schon in die Reihe, welche die sinnliche Klangwirkung in den Vordergrund drängen, so dass die Kunstgestaltung allmälich verloren geht. Allein aus der eingehenden Beschäftigung mit den grossen Meistern Seb. Bach, Schubert und Schumann hat er sich jene Technik angeeignet, welche das harmonische Material auflöst in ein feineres Gewebe und so die sinnliche Wirkung desselben mässigt. So bildet er nur den ganz natürlichen Uebergang.

Fünftes Kapitel.

Die sinnliche Klangwirkung tritt in den Vordergrund und das Bedürfniss der künstlerischen Gestaltung geht verloren.

Wenn diese ganze Richtung bisher immer noch mehr eine um- oder auch wol neugestaltende Thätigkeit entwickelte, so begegnen wir jetzt einer Reihe von Künstlern, in denen sie eine zersetzende Gewalt gewinnt. Diese rasch zündende sinnliche Wirkung des musikalischen Darstellungsmaterials, welche mit so grosser Sorgfalt gepflegt wurde, musste gar bald namentlich das Dramatische ergreifen, weil bei diesem die Wirkung am meisten Forderung ist. Aber indem sie sich desselben bemächtigt, wird der Standpunkt des Dramatischen ein ganz anderer, zur Musik ein geradezu entgegengesetzter. Gluck, Mozart und Beethoven fassten, wie wir sahen, die Musik zum Drama als eine ganz selbständige Macht, vermöge welcher sie Darstellung der ethischen Grundlage der Handlung versuchten. Sie erkannten die Musik als diejenige Kunst, in welcher die Welt der Innerlichkeit in ihrer ganzen Fülle und Unmittelbarkeit zur Erscheinung kommt, als die Kunst, die uns einen Einblick gewährt in die geheime Werkstätte, in welcher alle Fäden der Handlung zusammenlaufen, die unser ganzes Empfinden so allgewaltig mit hineinzieht in die Handlung, dass wir sie als gewissermaassen selbstthätig mit durchleben. Dieser Auffassung schliessen sich Schubert, Mendelssohn und Schumann an. Indem sie mit grosser Sorgfalt die kleinern Formen des Liedes und der liedmässigen Sätze cultivieren, um ihre erregte Innerlichkeit zu objectivieren, gelangen sie dann zu jenem natürlich entwickelten Kunststyl, der sie zur Bewältigung der grösseren Formen kräftigte, und wenn sie hier nicht gleich grosse Erfolge errangen, so liegt das wol nur in der Neuheit des Standpunkts. In dem Bestreben nach dem lyrisch fein zugespitztesten Ausdruck hatte sich ihr Gesichtskreis verengt, so dass es ihnen schwer wurde, jenen höhern Standpunkt zu gewinnen, von dem aus sie ihr eignes Empfinden in den weitesten Beziehungen anschauen und zu plastischen grössern Bildern zu verdichten und künstlerisch zu verkörpern im Stande sind. Wir fanden in ähnlicher Weise auch Spohr thätig, allein weil seine Thätigkeit eine weniger planvolle war, weil er versäumt hatte, seine reiche Innerlichkeit erst formell zu gestalten, errang er auf keinem Gebiete durchgreifende Erfolge, und bei ihm schon macht sich jener zersetzende Zug der ganzen Richtung geltend. Jenen veränderten Standpunkt dem Dramatischen gegenüber gewinnt indess erst, wol noch unbewusst: **Carl Maria von Weber**, und auch er wurde durch den Gang seines Lebens und seiner Bildung entschiedener dazu gedrängt, als durch sein Naturell darauf geführt.

Der Meister wurde am 18. December 1786 zu Eutin geboren. Ursprünglich für die wissenschaftliche Laufbahn bestimmt, erhielt er eine dem entsprechende Erziehung. Früh indess regte sich seine künstlerische Begabung und lange war er schwankend, ob er der Malerei oder der Tonkunst sich zuwenden sollte, denn auch zu jener zeigte sich Begabung. Die Liebe zur Musik gewann die Oberhand und er bildete sich zunächst zum Pianofortevirtuosen aus, componierte auch als Knabe schon Claviersonaten, Variationen, Violintrio's und Lieder, unter anderm auch eine Oper, die ein Raub der Flammen wurde. Doch schon im Jahre 1800 hatte er eine andere: „Das Waldmädchen", beendet, welche auch mehrmals mit Beifall aufgeführt wurde. 1801 folgte „Peter Schmoll und seine Nachbarn", die in Augsburg gegeben wurde. Auf seinen Wanderzügen kam er nach Wien und lernte hier den Abt Vogler kennen, unter dessen Leitung er ernstlichere Compositionsstudien trieb. Das Jahr 1804 führte ihn nach Breslau als Musikdirector an das Theater und hier schrieb er seine Oper „Rübezahl". Im Jahre 1806 folgte er einem Ruf des Prinzen Eugen von Würtemberg an dessen Hof nach Karlsruhe in Schlesien. Der Krieg trieb Theater und Capelle aus einander, und auch eine Kunstreise, die Weber unternahm, wurde durch die Kriegsunruhen unterbrochen, und so folgte er dem Prinzen nach Stuttgart. Hier schrieb er die Oper „Sylvana", die Cantate „Der erste Ton".

einige Ouvertüren, Symfonien und mehrere Claviersachen. Nach einer abermaligen Kunstreise, die er 1810 antrat, kehrte er nach Wien zurück und genoss abermals in Gemeinschaft mit Meierbeer und Günsbacher die Unterweisung des Abts Vogler und schrieb hier die Oper „Abu Hassan“. Vom Jahre 1813 bis 1816 leitete er die Oper in Prag und die Kriegsjahre begeisterten ihn zur Composition seiner berühmten Lieder aus Körner's „Leier und Schwert“. Nachdem er freiwillig seine Stellung aufgegeben, privatisierte er längere Zeit in Berlin und gieng dann als Capellmeister nach Dresden 1817, und in dieser Stellung wirkte er bis an seinen frühen Tod und schrieb jene Opern, die ihn zum Liebling der Nation machten, die seinen Ruf weit über die Grenzen des deutschen Vaterlandes hinaustrugen und ihm einen Ehrenplatz unter den dramatischen Tondichtern erwarben. Im Frühjahr 1820 kam die „Preziosa“ und am 18. Juni 1821 zur Einweihung des neuerbauten königlichen Opernhauses „Der Freischütz“ in Berlin zur Aufführung, und welch ungeheure Erfolge beide errangen, ist hinlänglich bekannt. Dann schrieb er für Wien „Euryanthe“, welche 1823 am 10. October dort mit rauschendem Beifall in Scene gieng, und für London seinen „Oberon“, der 1826 zur Aufführung kam. Der Meister brachte ihn selbst dort zur Aufführung mit der ehrenvollsten Auszeichnung; doch er sollte nicht wieder in sein Vaterland zurückkehren, er starb in der Nacht vom 4. zum 5. Juni 1826, und erst 1844 wurden seine irdischen Ueberreste nach Deutschland geführt und am 15. December 1844 auf dem katholischen Friedhofe in Dresden in der Familiengruft beigesetzt.

Die Stellung unsres Meisters innerhalb der Kunstgeschichte wird wesentlich durch seinen Bildungsgang bedingt. Wie Mozart wandte auch er sich früh der Composition und zwar der dramatischen zu. Allein er hatte noch weniger, wie einst der frühreife Knabe Mozart, genügende Einsicht in die Besonderheit der musikalisch-dramatischen Darstellungsmittel. Seine Technik war weit weniger durchbildet, als die des genialen Knaben, und während sich dieser noch überall von der unbestimmten naiven Lust am Schaffen leiten lässt, will der kaum fünfzehnjährige Knabe Weber schon Erfolge erreichen, und so ist er denn genöthigt, sich zunächst dasjenige des dramatischen Ausdrucks anzueignen, was wirkt. Unbewusst wird so jenes süsse, weiche Klangcolorit, das er, wie bereits erwähnt, dem Liede wieder aneignet, die Grundlage seines gesammten künstlerischen Wirkens. Seine ganze reiche Innerlichkeit ist damit getränkt, so dass alle Gebilde seiner Fantasie mit dem Zauber desselben erfüllt sind, und hierauf vor allem beruht seine Popularität. Er erreicht sie nicht wie jene kleinen Meister der Volksoper und des volksthümlichen Liedes dadurch, dass er die, bereits im Volke vorhandenen Gesangsphrasen zur Grundlage seines Schaffens macht, oder dass er wie die grossen Meister einem bisher unausgesprochenen Zug des Volksgemüths künstlerische und leicht fassbare Form giebt, sondern dadurch, dass er jenen eigenthümlichen Ton, der das Volksgemüth durchzieht, und aus dem es seine duftigsten Mährchen webt, selbst erfasst und ihn dann nicht nur, wie jene jüngern Meister der Romantik, zu phantastischen Gebilden verarbeitet, sondern in seiner Unmittelbarkeit zum Untergrunde seines ganzen künstlerischen Schaffens macht. Dadurch wird er der Sänger der Freiheitskriege und der im edelsten Sinne populärste Operncomponist der neuen Zeit. Die Oper tritt dadurch in eine neue Phase. Die Musik wird jetzt weniger psychologisch entwickelnd, als vielmehr äusserlich decorierend, und sie erfüllt dadurch, wenn auch nicht die höchste, doch immer noch eine dramatische Aufgabe. Das Drama muss uns zunächst über seinen Boden orientieren. Es versetzt uns in eine Welt bestimmter Voraussetzungen, Vorstellungen selbst gewisser Ideen. Die localen Voraussetzungen erledigen Decoration und Costüm, und auch die Tonkunst vermag sich an ihrer Darstellung zu betheiligen, natürlich nicht gegenständlich, sondern nach ihrer poetischen Wirkung auf das Gemüth. Sobald die Zeit, welche das Drama zu seiner Voraussetzung hat, eine bestimmte Physiognomie trägt, findet sie durch die Tonkunst einen viel bestimmtern Ausdruck, als in Costüm und Decoration. Weder die sporen- und schwertklirrenden Ritter, noch die blonden Edelfrauen und die hohen Hallen der Burgen vermögen uns den ganzen Zauber der Aventuire und mannhafter Ritterlichkeit so zum Bewusstsein zu bringen, als dies Weber in seiner Musik zum „Oberon" thut, und auch die raffinierteste Decorationskunst wird hinter der überzeugenden Darstellung der lichtvollen Geschäftigkeit der Elfen durch jene Musik zurückbleiben. Die Tonkunst lässt den Geist der Zeit nicht nur herüberklingen, indem sie Formen aufnimmt, in welchen er bereits sich krystallisierte, sondern sie erfasst ihn selbst in seinem innersten geheimsten Weben und ohne die kleinlichen Erscheinungsformen der endlichen Welt, so dass die Beziehungen zur Handlung und zu den einzelnen Personen nicht nur lebendiger und fassbarer sich gestalten, sondern auch stetiger unterhalten bleiben, als es die raffinierteste Decorationskunst vermag. Dass aber in solchem Streben eine eigentliche dramatische Entwickelung nicht erfolgt, ist klar. Der „Freischütz“ wie der „Oberon“ boten beide hierzu auch wenig Gelegenheit. Beide setzen sich aus einzelnen, oratorienhaft an einander gereihten Tableau's zusammen, und jedes einzelne erfordert jene mehr decorative Thätigkeit in vollstem Maasse. Das Dämonisch-Fantastische, was diese Stoffe belebt, der süsse Duft von Flur und Wald, der den „Freischütz“ namentlich durchzieht, die Wolfsschlucht mit ihrem Grausen und ihren Schrecken der Hölle, die Mondnacht mit dem fantastischen Leben, Jagdlust und ländliche Idylle, das sind alles rein decorative Aufgaben, und diese blauäugige mondscheinselige Agathe, sie hat ja viel mehr Blumen- als Mädchenseele; das Aennchen, gleicht sie nicht viel mehr einem neckischen, aber schützenden Kobold, als einer mitfühlenden Gespielin, und dieser weichherzig liebende Max, ist er nicht auch wie aus lauter Waldluft zusammengewoben? So fand auch hier der Meister viel weniger psychologisch zu zeichnen und zu entwickeln, als vielmehr zu colorieren. Dies Fantastisch-Dämonische, diese Romantik von Wald und Flur ist aber einer der wesentlichsten Grundzüge deutschen Geistes.

Mit der „Euryanthe“ betrat Weber nun ein ihm ursprünglich fremdes Gebiet. Neben dem historischen Colorit, das auch dieser Stoff erforderte und welches der Meister mit all der ihm eignen Feinheit ausführte, stellte sich hier die Nothwendigkeit einer präzisern Characterzeichnung heraus, und dafür war seine gesammte Eigenthümlichkeit wenig ausreichend; eine solche lag eben ausserhalb der ihm in seiner Individualität gesetzten Schranken. Die Charactere von Innen heraus zu gestalten und einheitlich zu entwickeln, das vermochte er nur in geringem Grade. Aus diesem Grunde werden auch seine Finale's wenig bedeutsam. Wir fanden, dass sie vorzugsweise die treffende Characteristik der einzelnen Träger der Handlung erfordern. Die Finale's eines Mozart und Beethoven sind deshalb so mächtig wirksam, weil diese Meister die einzelnen Personen mit den verschiedensten Interessen und Neigungen, die sich im Finale oder dem Ensemble zu einer gewissen Gemeinsamkeit der Empfindung und selbst der Handlung getrieben werden, nach ihrer Individualität scharf ausprägen. Die Weber'schen Ensemble's erheben sich bei dem

Mangel individueller Characteristik wenig über die Bedeutung mehrstimmiger Gesänge. Auch das Bestreben Aennchens im Duett und Terzett des „Freischütz", ihr lustig Naturell der sentimentalen Stimmung der beiden Liebenden entgegen zu setzen, ist mehr ein äusseres, weniger innerlich gegensätzliches.

Fast weniger noch, als für wirkliche dramatische Entwickelung, zeigte sich die Individualität Weber's den Anforderungen des Orchesterstyls entsprechend. Seine Ouvertüren sind die reizendsten Potpourri's, die zusammen zu stellen sind, aber nicht Orchesterprologe im Sinne Gluck's, Mozart's oder Beethoven's. Der Meister hängt die musikalischen Hauptmomente der Oper aneinander und verbindet sie wol zu einem Satze, nicht aber zu einem sich organisch entwickelnden Orchestersatze, und weder die reizvolle Süsse und Frische der einzelnen Partien, noch die ausserordentlich reiche und feine Instrumentation, vermögen diesen Mangel orchestraler Entwickelung zu verdecken. Die Instrumentation ist durchaus originell und treibt unmittelbar aus seiner Eigenthümlichkeit heraus. Bei Haydn, Mozart und Beethoven bildet das Streichquartett die Grundlage des Orchesters. Zwar findet sich schon bei Haydn eine mehr selbständige Behandlung der Blasinstrumente, allein mehr in Soli's, in denen das einzelne Instrument sich von den andern abhebt. Mozart's Individualität verlangte schon ein saftigeres Klangcolorit, und daher verwebt er viel häufiger Blas- und Streichklang, er sättigt und tränkt diesen mit jenem zu intensiverem Ausdruck. Beethoven endlich individualisiert sämmtliche Instrumente; er zieht jedes einzelne nach seinem eigensten Vermögen heran, und wenn auch immer der Streicherchor bei ihm noch als Grundlage gelten kann, so haben doch eigentlich alle Instrumente gleiche Bedeutung. Mit Weber beginnen die Blasinstrumente das Uebergewicht zu gewinnen; doch immer noch unter nothwendigen Voraussetzungen und mit künstlerischer Berechtigung. Für jenes mehr decorative Colorit, das Weber erstrebt, erweist sich der Streichklang weniger günstig, als der Klang der Blasinstrumente, und so stützt sich seine Instrumentation mehr auf diese, als auf jene.

Der luftige und durchsichtige Klang der Rohrinstrumente war ihm weit mehr geeignet für den Aufbau jener fantastischen Welt, in der er gern schafft; die tiefen Töne der Fagotte und Clarinetten boten ihm das rechte Darstellungsmaterial für die Schauer jener Welt, und während ihm Hörner- und Clarinettenklang die Mittel darbrachten, den süssen Duft von Flur und Wald auszuströmen, liess er im Trompeten- und Posaunenklang die ganze Pracht der verklungenen und versunkenen Romantik des Mittelalters heraufsteigen. Diesem Zuge folgt auch das Streichquartett und erlangt eine weniger selbständige, seiner innersten Wesenheit weniger entsprechende Fassung. Der Meister löst es zwar dem Blasorchester gegenüber in ein reiches Figurenwerk auf, aber mehr in dem Bestreben, jenes Colorit lebendiger und wirksamer zu machen, als schall- und klangreich zu individualisieren, dem poetischen Gefühlsinhalt eine bestimmtere und erweiterte Darstellung zu geben. Und diese Eigenthümlichkeit verschuldet zugleich auch die geringere Bedeutung seiner selbständigen Instrumentalwerke, jener Symfonien, Trio's, der Sonaten und Concerte.

So hochbedeutsam diese letztern immerhin sind, der Mangel eines wirklichen concreten Hindergrundes lässt sie nicht über ein wundersam erregendes, fein und geistvoll ausgeführtes, aber doch wenig gehaltvolles Spiel mit Klangeffecten hinauskommen. Jene eigenthümliche Fassung des Orchesters leitet ihn auch hier; und wenn er auch keinen eigenthümlichen Clavierstyl erzeugt, so beginnt mit ihm doch schon jene Reihe von Künstlern, welche die Darstellungsfähigkeit des Claviers erweiterten, ihm einen mehr orchestralen Character aneigneten.

Dass der Meister in diesem einseitigen Streben, in der, wenn auch unbewussten Speculation auf das Empfängnissvermögen der Menge, schon den ersten Schritt zum Verfall der dramatischen Musik machte, ist unzweifelhaft. Wenn es früher galt, dramatisch zu entwickeln und individuelle Charactere hinzustellen, um dadurch zu wirken, so gilt jetzt die dramatische Wirkung als Hauptsache. An Stelle des künstlerischen Gewissens tritt das Bedürfniss der schaulustigen und genusssüchtigen Menge. So weit auch Weber noch von dieser Veräusserung an die niederen Bedürfnisse der Zeit entfernt ist, so gewiss und wahrhaftig der künstlerische Geist seine gesammte Wirksamkeit noch durchdringt, dass es bei ihm noch nirgend zu einer rein sinnlichen Wirkung des Materials, des Klanges kommt, so gewiss und wahrhaftig hat doch seine einseitige Richtung der sogenannten französischen grossen Oper in Deutschland die Wege gebahnt, dass sie in der mit genialer Kraft und dem pfiffigsten Raffinement ausgeführten Umgestaltung Meyerbeer's mehrere Decennien hindurch die deutsche Bühne beherrschte.

In eine eigenthümliche Phase tritt diese neue Richtung noch vorher bei einem Meister, bei dem die entschiedene Absicht klar zu Tage tritt, dieselbe wieder zurückzuführen auf den ältern, mehr künstlerischen Standpunkt, bei **Heinrich Marschner.**

Er ist 1795 zu Zittau geboren. Obwol sein Bildungsgang ein jenem Weber's ziemlich entsprechender ist, auch er wandte sich der Production früher zu, ehe er sich alle Mittel musikalischer Darstellung angeeignet hatte, und wie fest er sich auch äusserlich an Weber anschliesst, er gelangt doch zu andern Resultaten. Ursprünglich für das Studium der Jurisprudenz bestimmt, trieb er Musik nur gelegentlich, und nachdem er den Entschluss gefasst hatte, sich ganz der Kunst zu widmen, beschäftigte er sich bald vorwiegend mit der Composition. Eine Oper, „Heinrich IV.“, die er an Weber nach Dresden sandte, wurde durch dessen Vermittelung dort mit Beifall aufgeführt. Dies veranlasste ihn 1822 nach Dresden zu gehen, und hier schrieb er unter jenes Meisters Anleitung die Musik zu Kleist's „Prinz von Homburg“, und seine Anstellung als Musikdirector (1823) hielt ihn noch länger in der Nähe Weber's fest. Dessen Einfluss tritt denn auch am meisten in der nächsten Oper „Vampyr“ hervor, die er in Leipzig schrieb, wohin er 1827 gegangen war, und sie machte ihn auch in weitern Kreisen bekannt. Den durchgreifendsten Erfolg errang indess „Der Templer und die Jüdin“, die er in seiner Stellung als Capellmeister in Hannover (seit 1830) schrieb. Die nachfolgenden Opern, wie: „Des Falkners Braut“, „Hans Heiling“, oder „Adolph von Nassau“, vermochten dagegen nur vorübergehend zu interessieren. Marschner starb 1861.

An Kraft und Originalität der Production ist natürlich Carl Maria von Weber dem jüngern Meister weit überlegen; während diesen wiederum ein regerer Sinn für eigentlich dramatische Entwickelung und Gestaltung auszeichnet. Auch Marschner eignet sich jenes reizende Klangcolorit Weber's an, aber da es ihm eben nur angeeignet, nicht ursprünglich ist, so beherrscht es ihn nicht so ausschliesslich, dass sich nicht noch Einflüsse Mozart's und Beethoven's daneben geltend machen könnten. Schon die Wahl der Stoffe bezeugt seine Hinneigung zu C. M. von Weber. Wie dieser liebt und sucht er vorzugsweise Stoffe aus dem Bereiche des Spukhaften und Wunderbaren und mit bestimmt nationaler Färbung. Das Dämonische und Fantastische erscheint bei ihm weit mehr vergröbert, als bei Weber. Selbst der Spuk der Wolfsschlucht, das handgreiflichste Tongemälde Weber's in dieser Richtung, erscheint immer als Episode einer fremden, nur in der Phantasie auferbauten Welt, nicht so derb realistisch wirklich, wie die entsprechenden Scenen im „Vampyr" und „Hans Heiling" bei Marschner.

Dieser lebendigere Sinn für äussere dramatische Wahrheit des Ausdrucks, welcher ihn hier verleitet, auch jener phantastischen Welt die Bedingungen der wirklichen aufzunöthigen, lässt ihn in ein weit näheres Verhältniss zur Welt der Wirklichkeit treten, als Weber. Wir fanden auch diese bei dem grössern Meister in dem Lichte romantischer Verklärung, denn auch die Volksscenen im „Freischütz" und der „Euryanthe" sind mit dem ganzen blendenden Zauber der Romantik übergossen, und Aennchen, Fatime und Scherasmin repräsentieren vielmehr die neckische Koboldslaune jener Mährchenwelt, als den, alle Verhältnisse verkehrenden Humor der wirklichen Welt. Hier nun finden wir bei Marschner ein entschiedeneres Anlehnen an Mozart. Wie dieser erfasst er das Leben in seiner ursprünglichen Gestalt; er vermochte nur nicht es zu verklären und in wirklich künstlerischen Gebilden darzustellen. Derselbe auf eine mehr äussere Darstellung gerichtete Sinn leitet ihn auch hier, nicht den poetischen Inhalt des Lebens zu erfassen und im Kunstwerk abzubilden, sondern dasselbe möglichst treu auch in der niedern Sphäre darzustellen. Alle seine Volksscenen und komischen Situationen sind daher mehr drastisch wahr, als fein entwickelnd gezeichnet, und nur zu sehr nicht nur im Geschmack der Zeit, sondern geradezu gewisser Kreise erfunden und ausgeführt. Dieser Grundton zieht sich auch durch die tragischen, oft mit grossem Geschick und einer gewissen Gewalt ausgeführten Scenen seiner Opern hindurch und drückt sie merklich herab. Neben einzelnen fein angelegten und ausgeführten Partien stehen andere, in welchen die dramatische Wirkung mit den brutalsten Mitteln versucht und erreicht wird. So erscheint uns Marschner, ob bewusst oder unbewusst, in dem Bestreben nach einer Verschmelzung jenes neuen Styls Carl M. v. Weber's mit jener ältern Weise, und er erreichte sie wol nur nicht, weil er nicht vollständig genug Herr über das ganze Material geworden war, sondern eben so gut unter der Herrschaft desselben stand, wie jener grössere Meister.

Von ähnlicher Bedeutung in dieser Richtung wurden Peter Jos. Lindpaintner (geb. 1791), Conradin Kreutzer (1782—1849), Carl Gottlieb Reissiger (1798—1859) und George Onslow (1784—1853). Von der grossen Anzahl der Werke dieser Tondichter sind nur wenige, und diese auch meist nur dem Namen nach bekannt geworden. Von Lindpaintner dürften ausser einzelnen Nummern seiner Opern: „Der Vampyr“ und „Die Genueserin“ kaum noch einige Lieder zu nennen sein, welche weitere Verbreitung fanden. Conradin Kreutzer erlangte eine gewisse Popularität durch sein „Nachtlager von Granada“ und einige Männerquartetten. Auch Georg Onslow hatte einst durch seine Kammermusik einen ausgebreiteten Kreis Verehrer sich errungen, und zwar aus jenen Reihen, welche die grössten Meister auf ihrem Programme hatten. Und Onslow verdiente diese Anerkennung vollkommen. Er hatte, ein geborner Engländer, sich in Wien und Paris nach den bedeutendsten Mustern gebildet, und einige seiner Quartetten und Trio's kommen dem bedeutendsten, was hier geleistet wurde, sehr nahe. Doch erfasste auch ihn zu stark der Zug der Zeit, er blieb im Stofflichen zu sehr haften, seine Empfindung war nicht stark genug, dies vollständig zu beseelen. Am ausgebreitetsten von den genannten war der Ruf Reissiger's. Seine Lieder wurden eine Zeit lang viel gesungen und einzelne Opern, wie „Die Felsenmühle“, erfreuten sich eines grössern Beifalls; vor allem aber war seine Cammermusik sehr beliebt und verbreitet in Dilettantenkreisen. Die Richtung Weber's erscheint hier überall schon so veräusserlicht, dass sie nur der noch immer ziemlich ehrenfeste Contrapunct und eine, wenn auch stereotype, doch immerhin anziehendere formelle Festigung vor dem vollständigen Verlieren im sinnlichen Material bewahrt. Namentlich bei Reissiger tritt an die Stelle der Weber'schen klanggesättigten Melodik schon wieder die italienische Cantilene, und so bereitet sich bei ihm schon jene Umgestaltung zur sogenannten grossen Oper in ihren Anfängen vor, die von Meyerbeer vollständig ausgeführt erscheint.

Jacob Meyer Beer, oder wie sein ruhmgekrönter Name in der Künstlerwelt sich einbürgerte, **Giacomo Meyerbeer**, ist 1791 zu Berlin geboren und stammt aus einer der reichsten Familien Berlins ab. Sein eminentes musikalisches Talent entfaltete sich gleichfalls sehr früh und bereits als Knabe besass er eine ausserordentliche Fertigkeit als Clavierspieler. In der Composition war Anfangs Zelter sein Lehrer. In den Jahren 1810 und 1811 studierte er mit C. M. v. Weber den Contrapunct unter Vogler's Leitung und schrieb hier auch seine Cantate: „Gott und die Natur" und später die Oper: „Jephtha". Die Cantate kam in Berlin zur Aufführung und fand vielen Beifall, während die Oper, wie eine komische: „Die beiden Kalifen", welche in Stuttgart und Wien zur Aufführung gelangte, nur geringen Erfolg hatte. Die Musikverständigen zollten dem Talent und Studium, das sich in diesen Werken aussprach, ihre Anerkennung. Allein das genügte dem jungen Künstler nicht. Auch ihn hatte der allgemeine Zug der Zeit erfasst. Er wollte auf die Massen wirken und wandte sich daher nach Italien, wo Rossini bereits wieder die italienische Oper in eine neue Phase geleitet hatte. Dessen sinnlich reizvolle Melodik eignete er sich jetzt an und in welchem grossen Grade ihm dies gelang, das beweisen die Erfolge, die er in Italien mit seinen Opern: *Romilda e Costanza,* welche 1817 in Padua, *Semiramide,* die 1819, *Emma di Riesburgo,* welche 1820, *Margheritta d'Anjou,* welche 1822, und *Esule di Granada*, welche 1823 aufgeführt wurde. In Frankreich gewann er erst mit „Robert der Teufel", welche er für Paris schrieb und die 1830 bald nach der Julirevolution zur Aufführung gelangte, festen Boden. In Deutschland wurde ihm dies noch schwieriger und erst die folgende Oper: „Die Hugenotten", welche 1836 in Scene gieng, liess ihn hier festen Fuss fassen. Die Academie der Künste in Berlin ernannte ihn zu ihrem Mitgliede und der König von Preussen 1852 zum General-Musikdirector. Von seinen übrigen Werken heben wir hervor die Musik zu dem patriotischen Festspiel, „Ein Feldlager in Schlesien", die er auf den Wunsch des Königs schrieb und später seinem „Nordstern" zu Grunde legte, ferner die Musik zu dem von seinem Bruder Michel Beer gedichteten Trauerspiel „Struensee", und die beiden Opern: „Der Prophet" und die „Wallfahrt von Ploërmel". Meyerbeer starb am 2. Mai 1864 zu Paris.

Die Oper Meyerbeer's wurzelt nach alle dem allerdings in der eigenthümlichen Musikanschauung der drei Länder, in welchen die dramatische Musik überhaupt noch eine nationale Fortbildung fand, Deutschland, Italien und Frankreich, und man ist deshalb vielfach versucht worden, diese Arbeit des Meisters für eine Verschmelzung der verschiedenen Style der genannten Länder zu halten. Sie ist es indess nicht. Eine solche war nur in der Weise möglich, wie sie einst Mozart erreichte, indem er die Melodik mit dem süssen Klange und dem klangvollen Tonreichthum Italiens und zugleich mit der rhythmischen Präzision und

Schlagfertigkeit Frankreichs ausstattete, und dann durch die Weite und Tiefe deutscher harmonischer Behandlung zu wirklich dramatisch wahrem Ausdruck steigerte. Auf diese Weise hätte aber Meyerbeer eine Oper in Gluck-Mozart'schem Style zu Stande gebracht, und damit war dem Publikum, das er nun vor Augen hatte, nicht gedient. Dies wollte auf die bequemste, angenehmste Weise erregt und enthusiasmiert werden, das aber war kaum leichter, als indem die Effecte aller Länder und Zeiten in Tableau's zusammengestellt vorgeführt wurden. Die italienische Oper hatte eine bestimmtere, von jener Rossini's wesentlich abweichende und noch mehr nationale Richtung in ziemlich gleichzeitig wirkenden Operncomponisten erhalten, in Bellini und Donizetti.

Gaetano Donizetti, 1797 zu Neapel geboren, hatte Anfangs ziemlich ernste Studien gemacht unter Symon Mayr und dem Pater Mattei in Rom. Er componierte eine Reihe von Tonwerken, Ouvertüren, Streichquartette und Kirchenmusiken, welche selbst das Studium der ältern Classiker verrathen. Die glänzenden Erfolge Rossini's lockten indess auch ihn, sich der dramatischen Musik zuzuwenden, und wenn auch im Sinne und Geist dieses Meisters, schrieb er doch in einem andern Styl, als dieser. Auch bei Rossini's Musik liegt der Schwerpunkt in der äussern Wirkung. Auch ihm gilt die dramatische Wirkung und nicht die dramatische Entwickelung als Hauptziel. Allein trotzdem erlangt seine Musik doch eine gewisse Innerlichkeit und ideale Bedeutung, weil er mit feinem Sinne und Ohr nur die glänzenden und farbenstrahlenden Mittel aufbietet und sie zugleich selten in ihrer roh materiellen Existenz, sondern meist in einer, wenn auch nicht künstlichen, doch immerhin genialen Weise aufgelöst und in einander verwoben einführt. Dieser eigenthümliche Vorzug der Rossini'schen Oper, der sie immerhin auf eine höhere Stufe künstlerischen Werths stellt, fehlt der Oper Donizetti's. In dieser ist jene populäre Melodik, die wir an verschiedenen Orten characterisierten, die Grundlage und alle übrigen Mittel der Darstellung, die er sonst noch einführt, fügen sich ihr.

Ganz in derselben Weise, in welcher sich seine Cantilene gegen die Rossini's vergröbert, vergröbern sich auch die Coloraturen und Fiorituren, mit denen er sie ausstattet. Jene Cantilene ist klangvoll und nicht selten auch breiter, als die Rossini's, aber nirgend so innerlich und edel, wie diese immer noch trotz ihrer sinnlichen Klangwirkung erscheint. Dies wird am fühlbarsten in der komischen Oper. Wir mussten anerkennen, dass, wenn auch die Musik Rossini's nicht die höchsten Bedingungen der komischen Oper im Sinne Mozart's ... üllen im Stande ist, sie uns

etzt, in welcher die ganze
hte erscheint. Das vermag
, noch die zur „Regiments-
erzend heiter, nicht selten
grosse Oper erlangt Doni-
er die Mittel für die drama-
rn französischen und italie-
rdi nicht hinausgiengen,
matismus ausbildeten, fest-
ilene im Wechsel mit dem
isserischen Abgänge, die
nd virtuosen Mitteln ausge-
die zeitweise unterbrochen
Aufwande der ganzen Kraft
g auf die Massen nie ver-
's verminderten Septimen-
und seiner Vieldeutigkeit
en Vertretern dieser Rich-
ntremolo's, wie alle die
chen Klang wirksam wer-
ossini auch schon, nicht
auch dann noch in jener
thümlichen Styls, nirgend
und seinen Nachfolgern.

Der junge Bellini lauscht dem Märchen der alten Rica.

Namentlich jenen Schlussfällen weiss Rossini durch sein bekanntes Crescendo eine höhere Bedeutung zu geben, und alle die erwähnten Mittel konnte er eben zu grösseren und breiteren und darum edler wirkenden Formen zusammenfassen, als Donizetti, der sie mehr lose an einander reiht und dem es nur selten gelungen ist, ein grösseres und breiter angelegtes dramatisches Tableau zu entwerfen, wie das bekannte Finale aus *Lucia di Lammermoor*.

Vincenzio Bellini, 1802 geboren, bekundete gleichfalls Anfangs ein ernsteres Streben. Er schrieb Symfonien, Ouvertüren und Kirchenstücke, und mit Tritto und Zingarelli Concertsätze, bis er seit 1824 sich fast ausschliesslich der Operncomposition zuwandte. Im Allgemeinen gilt auch von ihm, was wir von Donizetti erwähnten. *Montecchi e Capuletti*, *Norma*, *Beatrice di Tenda*, *La Somnambula* und alle andern seiner zahlreichen Werke sind als dramatische Kunstwerke nicht werthvoller, als die Donizetti's. Dadurch nur erlangt die Oper Bellini's eine höhere Bedeutung, dass er die gesanglichen Mittel der Darstellung mehr berücksichtigt, als Donizetti. Er componierte wieder für bestimmte Sänger: die Pasta und Lalande, für Rubini uud Tamburini, und seine Melodik wird eine edlere und auch innigere, für die sentimentalen Stimmungen selbst characteristische. In allem übrigen erhebt sich seine Musik nicht über die des gewöhnlichen Musikmachens der ganzen Richtung, und bei keinem andern steht wol die Musik so oft in schreiendem Missverhältniss zur Situation wie bei ihm beispielsweisse die Chöre und Märsche in *Norma* und die Musik zum Leichenzuge in *Montecchi e Capuletti*.

In Frankreich hatte diese Richtung eine erhöhte dramatische Bedeutung durch Daniel Franc. Esp. Auber gewonnen. Er ist zu Paris 1780 geboren und war Anfangs zum Kaufmann bestimmt. Erst der Verlust seines Vermögens, durch die Revolution herbeigeführt, trieb ihn auf die Künstlerlaufbahn. Boieldieu und Cherubini wurden seine Lehrer, und seine frühern Arbeiten, von denen „Das Concert bei Hofe" (1818) und „Der Schnee" (1823) auch in Deutschland Glück machten, sind noch im Styl dieser beiden Meister gehalten. Schon in „Maurer und Schlosser" wird der Einfluss der neu-italienischen Richtung mehr hervortretend, in einem grösseren Glanz des Instrumentalcolorits, dem gewählter figurierten Gesang und der spielenden Lebendigkeit der Rhythmen. Dabei zeichnen sich auch diese Opern vor denen der gleichzeitigen Italiener durch grössere dramatische Wahrheit aus. Wenn wir auch nirgend jene Treue psychologischer Entwickelung, die wir bei Mehul, Cherubini und selbst noch bei Boieldieu gewahrten, finden, wenn auch er nur auf dramatische Wirkung bedacht ist und diese meist nur auf die angegebene äussere Art erreicht, mit den Mitteln, die wir bereits characterisierten, so steht diese doch nirgend in solch schreiendem Widerspruch zur Situation, wie bei den Italienern. In Frankreich war der Sinn für eine, wenn auch nur äussere dramatische Wahrheit nie ganz erloschen, und wie grosse Erfolge auch jene italienischen Opern dort zeitweise errangen, jene edleren Bestrebungen der nationalen Oper fanden immer die wärmste Aufnahme, und so war es ganz natürlich, dass Auber, als er die vereinzelten Spuren französischen dramatischen Ausdrucks zu grossen Tableau's in seiner Oper „Die Stumme von Portici“ (1826) zusammenfasste, er die grössten Erfolge damit errang und der italienischen Oper die Herrschaft in Frankreich streitig machte. Die musikalischen Mittel sind ganz die der italienischen Oper, wie wir sie vorher näher bezeichneten; und sie finden nirgends eine andere Anwendung, als die äussern Vorgänge zu unterstützen. Die Musik verhält sich selbst in den Fällen decorativ, wo sie, wie in den Kundgebungen der Fenella, die Sprache ersetzen helfen soll. Während uns hier ein grösserer Meister als Auber instrumental die ganze Innerlichkeit der unglücklichen Stummen blos, und zu eignem Empfinden und Erleben nahe gelegt hätte, vermochte Auber nur die äussere Erscheinung, ihre Gebehrden und Bewegungen zu illustrieren; und in derselben Weise verhält sich die ganze übrige Musik zum Text, aber sie hält doch immer streng und in angemessener Weise an Situation und Stimmung fest, und, was sie namentlich vor allen übrigen auszeichnet, sie legt sich wieder in grössern und breiter angelegten Formen dar. Die italienische Oper hat in der Regel nur einige hervorragende Nummern, die breiter ausgeführt und in sich abgerundet sind. Alles übrige bildet nur die Ueberleitung und ist als Zwischen- oder Ueberleitungsmusik leichtfertig und sorglos gearbeitet. Das Publikum der italienischen Oper verlangt eben nur einige imposante und anziehende Nummern. Der dramatische Verlauf ist ihm gleichgültig, und dem fügt sich der italienische Operncomponist; er füllt die Lücken zwischen jenen Paradenummern nur aus, weil doch eben die ganze Oper ausgeführt werden soll, und behandelt diesen Theil eben so gleichgültig, wie sein Publikum. Die Franzosen haben, wie bereits erwähnt, von früh an höhere Anforderungen auch an die Oper gestellt und diesen kommt Auber denn auch in seiner „Stummen“ in selbstbewusster Weise entgegen. Die ganze Anlage des Scribe'schen Textes bietet der Musik wenig Gelegenheit zu einer dramatischen Entfaltung, dagegen die günstigste für eine decorative. In einzelnen, äusserlich an einander gereihten Tableau's wird uns die ganze Handlung vorgeführt, und die Musik schliesst sich dem in durchaus zweckentsprechender Weise an. Die Characteristik der einzelnen Personen erhebt sich wenig über die der Italiener. Die Elvira singt ihre Arien in demselben Styl, wie Alfons oder Masaniello; nur die geschickte Weise, mit welcher Auber alle die einzelnen Partien durch seine Musik scenisch zusammenfasst, erhebt sie über jene italienische. Keine der Personen tritt irgend musikalisch bedeutsam heraus, sie heben sich nur leicht von dem Hintergrund ab, auf dessen Darstellung unser französischer Meister die grösste Sorgfalt verwendet.

Nicht die eigentlichen Träger der Handlung, sondern die Scene wird uns durch die Musik näher gerückt, und für diese rein decorative Seite bekundet Auber ein bedeutendes Talent. Dass es aber nicht weiter reichte, beweisen die nachfolgenden Opern Auber's. Dort in der Stummen war diese Weise wirksam zu verwenden; an Stoffen, welche grössere Anforderungen machten, versagte ihm die Kraft, und er verfällt dann dem italienischen Schlendrian. Mit jener „Stummen von Portici" aber hatte er den Styl der grossen Oper bestimmt, den nun Meyerbeer mit genialer Kraft und dem feinsten Verständniss für Bühnenwirkung weiter bildete. Meyerbeer's beide bedeutendsten Werke stehen auf dem Boden der französischen grossen Oper Auber's, aber der deutsche Meister konnte beiden eine ungleich höhere Bedeutung geben, weil er nicht nur eine ungleich höhere Begabung, einen grössern Reichthum von Mitteln der Darstellung, sondern auch eine bei weitem tiefere Einsicht in die Natur derselben entgegenbrachte. Meyerbeer hatte nicht nur die Mittel der italienischen und französischen Oper sich angeeignet, er hatte früh energische contrapunctische Studien gemacht, und hatte die Bestrebungen Beethoven's und die von C. M. v. Weber erlebt; sie waren ihm nicht fremd geblieben und deshalb vermochte er jene grosse Oper auf einen höhern künstlerischen Standpunkt zu heben. Meyerbeer's Musik ist nicht minder decorativ, als die Auber's, aber sie ist viel feiner in der Zeichnung und in der Malerei, und seine Träger der Handlung treten entschieden lebendiger heraus, als bei dem Franzosen. Nach einer innern dramatischen Entwickelung im Sinne Gluck's, Mozart's oder Beethoven's darf man eben so wenig suchen, wie dort. Eine solche entbehren gleich die Texte von Scribe. Die erste dieser Opern, „Robert der Teufel“, behandelt jene Sage von der Menschwerdung des Teufels. Eine Vermittlung und Motivierung der einzelnen Scenen wird so wenig gegeben, dass man den Gang der Handlung kaum aus dem Textbuch begreift. Scribe beschränkt sich nur auf die spannenden, dramatisch wirkenden Situationen, die zu einzelnen, kaum äusserlich verbundenen Tableau's vereinigt werden. Natürlich werden nun auch wieder, um die äussere dramatische Wirkung zu erhöhen, Decoration und äussere scenische Einrichtung mit einer Sorgfalt und Bedeutsamkeit herbeigezogen, die kaum noch die höfische Luxusoper des siebzehnten Jahrhunderts kannte. Die glänzenden Ballets und die gesammte Maschinerie sind nicht mehr nur zur Unterstützung der Situation und der Handlung eingeführt, sie werden ganz berechtigte Factoren der dramatischen Wirkung. Und dieser, auf Wirkung berechneten, und darum an sich schon so wirksamen scenischen Darstellung, giebt nur Meyerbeer durch eine, mit genialer Kraft und der feinsinnigsten Erkenntniss der sinnlichen Wirkung erfundene Musik eine vielfach erhöhte Bedeutung, und steigert ihre Erfolge um das doppelte.

Namentlich die beiden Opern: „Robert der Teufel“ und die „Hugenotten“ zeigen eine so grosse Menge fein, und wenn auch in jenem angedeuteten, auf äussere Wirkung berechneten Sinne, doch durchaus originell erfundener Partien, dass sie allein ihn entschieden zu dem genialsten dramatischen Tondichter der Neuzeit stempeln. Dabei freilich finden wir auch eine Menge Mittelgut jener italienischen Oper, und zwar namentlich dort, wo der Meister uns eine Stimmung zeichnen will, in den Arien und einzelnen Ensemblesätzen, während die rein decorativen Tonsätze fast durchweg von echt künstlerischem Character sind. Hier namentlich zeigt sich, dass psychologisch zu entwickeln weder in seiner Absicht, noch auch eigentlich in seiner Macht liegt. Fast alle diese Sätze, die oft mit einer grossen Innigkeit anheben, endigen mit jenen coulissenreisserischen Abgängen der italienischen Oper. Wir erinnern, um nur ein schlagendes Beispiel zu nennen, an das Duo zwischen Marcel und Valentine im dritten Act der Hugenotten: „*Je t'attendrai*“ (Ich warte hier). Es ist dem Meister überall nur um die Wirkung zu thun, und er ist nur in so weit wählerisch in Anwendung der Mittel, als diese dadurch eine Steigerung erfährt, und diesem Bestreben erliegt auch die

Bedeutung jener wahrhaft genialen Momente seiner Opern. Er will und darf nicht hinter Decoration und Maschinerie zurückbleiben, er muss daher auch die innersten Vorgänge, die rein seelischen Momente, so weit er sie überhaupt in den Kreis seiner Darstellung zieht, decorieren und illustrieren, und kommt dadurch auf jene Coloraturgebilde, die in der dramatischen Musik ihre unbestreitbare Bedeutung haben, die aber bei ihm abenteuerlich grotesque werden. Der Bravourgesang ist durchaus künstlerisch gerechtfertigt wo es gilt, den Helden mit dem ganzen Tonreichthum, mit der ganzen Tonfülle auch musikalische Bedeutung zu geben, und wir fanden ihn selbst im Oratorium und zwar vom keuschesten aller Oratoriendichter, Johann Seb. Bach, berücksichtigt; wir finden ihn durch Mozart zu Glanz und Wahrheit der Darstellung erweitert und von Beethoven zu untrennbarer Einheit mit dem musikalischen Drama verflochten. Für Meyerbeer hat die Coloratur nur die Bedeutung der äusseren Wirkung. Er will weder seine Charactere damit decorieren, noch bedeutsamer heraustreten lassen; sondern er dient mit ihr nur der momentanen Stimmung, weniger der des Helden und der Situation, als vielmehr des Theaterpublikums. Dieses kennt er, wie ausser ihm keiner, und so weiss er denn, dass es sich am liebsten in schreienden Contrasten bewegt, dass, wo ihm solche geboten werden, es staunend und enthusiastisch bewundert. Wenn Isabella in „Robert der Teufel“ ihrem geängstigten Herzen in den verwunderlichsten und sonderbarsten Coloraturverschlingungen Luft macht, so könnte man dies noch bei der Eigenthümlichkeit ihres Characters entschuldigen, wie, dass sie ihr *Grâce! Grâce!* unter dem Klange des stark besetzten Orchesters mit dem Aufwande ihrer ganzen Stimme ihrem Robert entgegenruft; aber dass sie gerade diese in ihrer Anlage so ergreifende Arie mit so abenteuerlichen Figuren ausschmückt, dass Alice, Robert und Bertram in ihrem prächtigen Terzett *a capella* im dritten Act, und Valentine und Marcel in dem erwähnten Duett des dritten Acts der „Hugenotten“ sich zu so ausgesucht raffinierten Cadenzen vereinigen, das findet seinen Grund und einzige Rechtfertigung nur in dem bereits näher kennzeichneten Standpunkte des Meisters, wie in ihm auch die unkünstlerische Verwendung, welche der Choral in den „Hugenotten“ erfahren hat, begründet ist. Nicht dass, sondern wie er ihn einführt, ist eine Profanation. Wenn einmal die „Hugenotten“ zur Oper verwandt werden sollten, so war der Choral, das Schlacht- und Siegeslied der Hugenotten durch nichts Ebenbürtiges zu ersetzen; aber dass er nicht die Frivolität der ihn umgebenden Musik bändigt und zügelt, sondern dass diese sich in die Bearbeitung hineinzieht, das ist das Unsittliche seiner Einführung. Trotz alle dem darf nicht geleugnet werden, dass Meyerbeer der Meister geworden wäre, den Styl für die historische Oper zu finden, wenn er nicht dem Banne jener grossen Decorationsoper verfallen wäre. Seine Finale's sind unstreitig die bedeutendsten, die seit Mozart und Beethoven geschrieben wurden, und einzelne, wie die Verschwörung und Waffenweihe, erheben sich unendlich weit über die nur äussere, zu wirklich innerer dramatischer Wirkung, wenn auch nicht in jenem Mozart'schen Sinne. Bei dem Mangel einer wirklich von innen heraustreibenden Characteristik der einzelnen Personen, sind Ensemble's in Mozart's Geist nicht möglich. Meyerbeer ersetzt diese in jener Weise Auber's, indem er eben die ganze Scene in ihrer leiblichen Wesenheit auffasst und sie auch musikalisch zu lebendiger Gegenwart bringt, und er thut dies mit weit glänzendern und bestechendern Farben, als Auber. Dass durch alle diese Bestrebungen die sinnliche Klangwirkung immer entschiedener in den Vordergrund tritt, und das Bedürfniss, ihr durch feine Formen ideelle Bedeutung zu geben, allmälich verloren geht, ist natürlich; eben so wie dass das Instrumentalcolorit dadurch ein immer bedeutsamerer Factor dramatischer Wirkung wird. Bei Meyerbeer macht er sich schon, weniger noch auf Kosten der Form, als auf Kosten des poetischen Inhalts geltend. Er hat sich eine unbeschränkte Herrschaft über das Instrumentale angeeignet, dass er nicht nur wie Weber aus dem eigenthümlichen Klange des ganzen Orchesters oder einzelner Chöre desselben, sondern aus dem eines einzelnen Instruments heraus erfindet, und dass er ein gut Theil seiner Characteristik, wo er sie überhaupt versucht, durch ihn bestreitet. Wir erinnern an die Romanze Raouls: *Doux comme hermine*, die der Klang der Bratsche, oder die Trauungsscene des fünften Acts der „Hugenotten“, die durch den Klang der Bassclarinetten erst characteristisch gefärbt werden. So sind auch die Motive der Beschwörungsscenen in „Robert der Teufel“ ursprünglich wenig characteristisch erfunden; sie werden es erst durch die Instrumentation; die

Eingangsmotive durch den Klang der Fagotten und Posaunen, die wollüstige Balletcantilene durch den Celloklang. Hierin, in diesen Experimenten mit dem rein sinnlichen Klange, sollte er indess übertroffen werden von dem jüngern Meister, welcher das Drama nach dieser Seite wol bis an die Grenze führte.

Wilhelm Richard Wagner. Er ist am 22. Mai 1813 in Leipzig geboren, woselbst sein Vater Polizeiactuar war. Schon ein halbes Jahr nach seiner Geburt starb sein Vater, und die Mutter verheirathete sich später wieder mit dem Maler und Schauspieler Ludwig Geyer, was die Uebersiedelung nach Dresden zur Folge hatte. Nach dem Wunsche des Stiefvaters sollte Wagner Maler werden, und obgleich er wenig Lust dazu verspürte und ihn schon die Erlernung der Technik des Zeichnens anwiderte, so würde doch die Realisierung dieses Plans begonnen worden sein, wenn es nicht der gleichfalls früh erfolgte Tod des Stiefvaters verhindert hätte. In seinem siebenten Jahre wiederum der alleinigen Obhut seiner Mutter anvertraut, verfolgte er dann den Plan zu studieren und besuchte die Kreuzschule in Dresden und bezog später die Universität Leipzig. Ein Hauslehrer, der ihm den Cornelius Nepos explicierte, ertheilte ihm früh auch Clavierunterricht, allein mit nicht eben bedeutendem Erfolge, so dass er bald sein Ende erreichte und Wagner sich allein durchhalf. Wie alle jungen Leute von aufstrebendem Geist beschäftigten auch ihn früh schon dramatische Versuche. Die Musik zu „Egmont" von Beethoven begeisterte ihn so, dass er beschloss, sein inzwischen fertig gewordenes Trauerspiel gleichfalls mit Musik zu versehen, und die dadurch hervorgerufene ernstere Beschäftigung mit der Theorie des Tonsatzes liess in ihm den Entschluss reifen, sich ganz der Tonkunst zu widmen. So hörte er denn in Leipzig auf der Universität nur Philosophie und Aesthetik und unterwarf sich ernsteren contrapunctischen Studien unter Leitung des Cantors an der Thomasschule, Theodor Weinlig.

Mehr als alles dies beschäftigte ihn die Composition und schon 1833 wurde eine Symfonie von ihm im Gewandhause aufgeführt, während er bereits früher mit einer Ouvertüre debütiert hatte. Eine dreiactige Oper nach Gozzi's „Die Frau als Schlange", schrieb er in Würzburg während eines Aufenthalts bei seinem Bruder, dem bekannten Sänger, und eine zweite: „Das Liebesverbot", zu welcher er sich den Text nach Shakespeare's „Maass für Maass" gearbeitet hatte, in Magdeburg, woselbst er seit dem Jahre 1834 die Musikdirectorstelle am Theater inne hatte. Später finden wir ihn in ähnlicher Stellung in Königsberg, dann in Riga, wo er seinen „Rienzi" begann, den er in Paris, wohin er 1839 gieng, vollendete. Die Reise dahin über London ist in sofern bedeutungsvoll, als die Durchfahrt durch die Scheeren der Anstoss zur Bearbeitung der Sage vom „Fliegenden Holländer" wurde. Wie grosse

...nne führt. Ver-
Sorgen und Tante Elisabeth bleiben,"
...richtsdirektor und Stimme und
früheren Trotz.
... Gesicht huschte eine dunkle Röthe, als
Blick auf sie warf und zu seiner Tochter sagte:
Tante bitten, daß sie uns Beide hier behält."
das thut sie," jubelte Thea. „Es ist viel Raum
Elisabeth ist gegen ganz fremde Menschen gast-
e hat sie so lieb, wir sind ihr die Nächsten auf
Nicht wahr, Tante?"
chst die erste Probe dieser gerühmten Gastfreund-
te Elisabeth, ihre Bewegung unter einem Scherze
Vater kommt von der Reise, führen wir ihn
en wir für ihn."
Arm des Freundes und schritt mit ihm dem
rze Weg wurde schweigend zurückgelegt.
gen Dir zuerst Deine Zimmer!" rief Thea beim
us und schlug den Weg dahin ein. Alfred und
hr, Beide waren so sehr mit ihren Gedanken
sich willenlos führen ließen.
e Thür eines schön eingerichteten Wohnzimmers,
nzen geschmückt war. Blühende Topfgewächse
tern, auf den Tischen befanden sich Blumen in

ung ließ Alfred die Blicke durch das Gemach
ut, wie heimisch!" sagte er. „Hier kann der
gut rasten, so wohl ist es ihm lange nicht

Wohnzimmer, dicht daneben liegt das Ankleide-
fzimmer," erzählte Thea mit Wichtigkeit, „die
Alles für Dich eingerichtet, aber die Blumen
llein besorgt."
uß?" fragte Alfred, auf eine Vase deutend,
n und Reseda befanden.
te die Kleine wichtig. „Tante Elisabeth hat
en und auch an rothen Astern fehlt es nicht.
Sträußchen davon pflückte, fiel mir ein, daß
oft zusammen auf dem Schreibtisch stehen
chnell noch einen Strauß davon und dachte,
"
mehr als Du ahnen konntest, mein Kind,"
it bebender Stimme, aber Thea hörte ihn
dem Ausrufe: „Wenn man auch Alles be-
etwas ist doch vergessen!" flog sie wie ein
r hinaus.
folgen, aber Alfred ergriff sie bei der Hand

blühen in Ihrem Garten," sagte er.
s Lied nicht vergessen."
haben?" entgegnete sie. „Es
Zeit."

gezeichnet, ...
gegangen, als an dem von ihn
abgespannten Zügen, in gebeu...
Gestalt stand. Der Unterschied ...
glichen.
„Wer ist jünger, Elisabeth, Sie oder ich
„Sie, Alfred, das Aeußere ist nur
nünftig, mein Freund."
Er trat beinahe hart mit dem Fuße
„Vernünftig, wieder vernünftig! Das ur
trennt, hat Sie und mich und noch ein
macht. Es soll nicht abermals zwischen ur
„Alfred, dieser Vorwurf!"
„Es ist keiner, soll keiner sein, sonder
Elisabeth, ich bitte, ich beschwöre Dich, sei e
nicht vernünftig zu sein. Den Tag habe
uns den Abend!"
Er hatte ihre beiden Hände ergriffen un
angstvollen Miene in die Augen, als erwar
spruche Leben oder Tod.
„Lassen Sie mir Zeit," flehte sie.
„Zeit," wiederholte er mit einem Anflu
längere Zeit soll ich warten?"
„Wir dürfen in der Aufregung des Wi
scheidung treffen."
„Ist sie nicht lange vorbereitet durch unser
fuhr er leise und leidenschaftlich fort, „ich bin
Vorsatze, in der ersten Stunde unseres Beisa
scheidung herbeizuführen. Nicht einen Tag wi
leben, ohne von Dir die Erlaubniß erhalten
bleiben für immer. Weise den armen, müden ...
von der Schwelle, er hat endlich eine Heimath
„Sie würden nicht allein gehen, Thea wü
versetzte sie zögernd, „einsam bliebe nur ich zur
„Du sollst nicht allein bleiben," bat er, „d
eben so viel, nein noch mehr als mir; Alles w
werth an Thea ist, hast Du ihr gegeben. Ich
nehmen, Du sollst sie behalten, aber mich dazu.
„Auch das, mein Freund," gab sie lächelnd
bei mir, Sie wohnen in der Nähe, wir sehen ...
„Nein," unterbrach sie Alfred, „Alles oder ...
lasse ich mich nicht abspeisen; damit bin ich nicht
Du nicht, Elisabeth."
Sie sah ihn betroffen und vorwurfsvoll an.
„Nein, auch Du nicht," wiederholte er. „
uns wieder in unklare und unhaltbare Verhältni
ein, mein Weib zu sein, willige ein, daß me
Namen nennt, der Dir gebührt, denn ...
rechte Mutter. Auf meinen Knieen bi...
schon, Du erläßt mir nichts, Du ...
sehen," fügte er im Scherz und ...
sank vor ihr nieder.

Ein

Bem.

Richard Wagner.

Sorgen und Nöthen Wagner in Paris zu bestehen hatte, aus denen ihn erst die erfolgte Annahme des „Rienzi" im Dresdener und die durch Meyerbeer's Vermittlung erfolgte des „Fliegenden Holländers" im Berliner Hoftheater errettete, hat er uns selbst im Vorwort zu seinen „Drei Operndichtungen" (Leipzig, Breitkopf und Härtel) beschrieben. 1842 gieng er von Paris nach Dresden, um die Aufführung des „Rienzi" selbst zu leiten und zu dirigieren, und die Aufführung hatte für ihn den entscheidenden Erfolg, dass er königlich sächsischer Capellmeister wurde. In dieser Stellung blieb er, bis ihn die Stürme der Jahre 1848 und 1849 daraus vertrieben und landesflüchtig machten. Dem „Fliegenden Hollän-
Dresden, und der „Lohen-
imar aufgeführt wurde, und
h ganz Deutschland gemacht,
Versuch, die Oper auch in
ch fehlschlug, indem dort die

ristan und Isolde", eine
or, wartet aber noch der
hren in Aussicht gestellte
" noch ihrer Vollendung

entwickelte auch Wag-
nstprincipien durch Wort
en versuchte. Seine erste
zig, 1849), versucht sei-
rentwickelung gegenüber
erk der Zukunft" (Leip-
theorie, und die dritte:
sucht das Verhältniss der
ngsweise zur Dichtkunst
schrift: „Drei Operndich-
ine Freunde" (Leipzig,
n Holländers", des „Tannhäuser" und „Lohengrin", und in der Vorrede seine äussere und innere Entwickelungsgeschichte. Wir werden hier nicht nöthig haben, auf die Theorie Wagner's specieller einzugehen, nachdem seine entschiedensten Anhänger bereits längst zugestehen mussten, dass diese vielfach aus einer ganz verkehrten und schiefen Stellung zur Kunstentwickelung hervorgegangen ist, dass sie viel zu sehr das Ergebniss nur subjectiv wahrer einseitiger

Speculation ist, und dass endlich Wagner's eigne Kunstwerke dem Maassstabe seiner Theorie sich selbst noch entziehen. Wir werden diese daher nur so weit berücksichtigen, als uns sein künstlerisches Schaffen daraus klarer, seine sogenannte „Reform" verständlicher wird. Hier ist nun vor allem jener Satz bedeutsam, den er an die Spitze seines Werkes: „Oper und Drama" stellt, und in welchem die Basis seines gesammten künstlerischen Schaffens ganz bestimmt ausgesprochen ist:

> „Die Oper ist ein Irrthum, denn in diesem Kunstgenre ist ein Mittel des Ausdrucks (die Musik) zum Zweck, der Zweck des Ausdrucks (das Drama) aber zum Mittel gemacht."

Der ganze weiter erfolgende, übrigens sehr unhistorische Beweis dieses Satzes, überzeugt uns, dass er nur jener Opernfabrikation gilt, welche den Dramendichter derartig zum Diener des Tondichters macht, dass jener nur das Gerippe zu schaffen hatte, welches dieser dann zu einem lebendigen Organismus umschuf. Niemand wird leugnen wollen, dass dies Verhältniss ein beider Künste unwürdiges ist, und zu welch unkünstlerischen Ungeheuerlichkeiten es führt, ersehen wir an den Erzeugnissen der grossen französischen Oper. Aber deshalb das Verhältniss ohne weiteres umkehren zu wollen, die Dichtkunst zur herrschenden zu machen, und der Musik nur eine relative Bedeutung zuzugestehen, ist ein eben so grosser Irrthum und schliesslich nicht weniger unsittlich. Denn dort ist der Dichtkunst, trotz ihrer sonderbaren Stellung zur Musik, durchaus die Möglichkeit nicht genommen, sich echt künstlerisch zu entfalten, was jetzt der Musik in ihrer Abhängigkeit vom Text, ja vom einzelnen Wort, in welche sie Wagner setzt, vollständig unmöglich ist. Wir haben uns nie durch die in Aussicht gestellte „Allkunst", die Verbindung aller Künste in einem Kunstwerke, imponieren lassen, bestreiten auch nicht die Möglichkeit und Vortrefflichkeit eines Kunstwerks, in welchem alle Künste zu gemeinsamer Wirkung vereinigt sind. Aber eine Theorie darauf zu gründen, scheint uns denn doch sehr bedenklich; und die Theorie und die Praxis Wagner's dürfte wol am wenigsten im Stande sein, zu dieser Allkunst zu führen. Diese Vereinigung kann doch nur derartig sein, dass jede einzelne Kunst nach ihrem eigensten Vermögen, das Kunstwerk darzustellen, bemüht ist, dass die Musik nicht, wie bei Wagner, nur die Recitation der Dichtung unterstützt, dem Worte eine erhöhte Bedeutung giebt oder das, was die eine Kunst bereits darstellt, also wie in der Oper die äussern Vorgänge, die Mienen und Gebehrden, in ihrer Weise ausdrückt. Die Dichtkunst bringt eben einen absolut musikalischen Gehalt der Tonkunst entgegen, der sich der begrifflichen Darstellung im Wort entzieht, und dieser verlangt natürlich absolut-musikalische Gestaltung. Das Wort ist nimmer im Stande, das Leben und die Strömungen des erregten Innern in ihrer Ursprünglichkeit zu fassen und erschöpfend darzustellen. Indem die Poesie jenes Leben der Seele an die Begriffswelt veräussert, bleibt ein gut Theil unausgesprochen zurück, und das ist das rechte und einzige Object für Musik. Daher spricht der künstlerische Geist sich erst in grösster und rückhaltloser Bestimmtheit aus, in der Vocalmusik, die Verbindung von Wort und Ton zu einheitlicher Wirkung im Gesange vereinigt mit der Instrumentalmusik, und wir sahen, wie es mehrerer Jahrhunderte bedurfte, um das Verhältniss festzustellen, wie dieser absolut-musikalische Gehalt sich in absolut-musikalischen Formen Anfangs am Bande der Dichtung und dann ganz losgelöst von ihm in höchster Erschöpfung darstellt.

So viel nun auch innerhalb dieser ganzen Entwickelung bis auf den heutigen Tag gegen Text und Situation gesündigt worden ist, so darf man doch deswegen das Verhältniss nicht umkehren und die Musik bis zur Sprachmelodie herabdrücken wollen.

Den schlagendsten Beweis für das Vorhandensein jenes absolut-musikalischen Inhalts bot uns das Volkslied, bei dem die musikalische Darstellung die sprachliche bei weitem überragt, und wir fanden den Unterschied des Kunstliedes vom Volksliede hauptsächlich darin, dass der Künstler jene Sprachmelodie mit aufnimmt, und hierin, wenn die Sprachaccente in der absolut-musikalischen Melodie vollständig zu ihrem Recht gelangen, die höchste Verbindung von Poesie und Musik. Allen grossen Meistern seit Bach war diese Anschauung Grundprincip für ihr gesammtes Kunstschaffen. Indem nun Wagner davon abweicht und sich nur darauf beschränkt, die Sprachaccente in Recitativen zu notieren und höchstens einige vereinzelte Gefühlsausbrüche in kurzen Cantilenen darzustellen, oder einzelne Worte oder Andeutungen zu illustrieren, hebt er eigentlich jede Nothwendigkeit der Musik zum Drama vollständig auf. Diese ist dem Drama eben so nur äusserlich angehängt, wie dem Melodrama. Sie unterstützt nur, was ohne sie immerhin noch verständlich genug zur Erscheinung kommen würde, das Wort und die Gebehrde. Das Wort erfährt allerdings in vielen Fällen eine Steigerung, die es durch die blosse Rede nicht erhält, aber diese Wirkung steht doch wol kaum annähernd in einem entsprechenden Verhältniss zu dem Aufwande von Mitteln. In vielen Fällen dürfte aber auch diese Wirkung kein rechtes Aequivalent für die rasche Entwickelung der Handlung sein, welche diese melodramatisch angehängte Musik entschieden hindert. Wir zweifeln nicht, dass der „Sängerkrieg" im „Tannhäuser" oder die Scenen zwischen König Heinrich und den Edlen weit weniger langweilig wären, wenn sie ohne Musik recitiert würden, als sie es in der That sind. Vollständig übrig erscheint die Musik überall da, wo sie uns einzelne Momente der Handlung, die wir leibhaftig zu sehen bekommen, darstellt. Die begeisterten Interpreten Wagner's haben namentlich jene im „Lohengrin" principiell durchgeführte Weise, durch eine sogenannte Orchestermelodie den Gang der Handlung auch im Orchester auszudrücken, mit grossem Jubel aufgenommen. In vereinzelten Fällen ist dies Verfahren durchaus nothwendig und lange vor Wagner angewandt worden. Die Musik hat die Pflicht, überall ergänzend einzugreifen, und so können im Drama Fälle eintreten, in welchen die Musik auf frühere Momente der Handlung hinzuweisen hat, weil dies im Text nicht geschehen kann und doch das Verständniss wesentlich zu befördern im Stande ist. Aber in der Weise, wie Wagner die Orchestermelodie einführt, ist sie doch nur ein rein äusserliches Hülfsmittel für Gedächtniss und Fantasie des Hörers. Wenn Wagner das Auftreten der einzelnen Personen durch bestimmte Orchestermelodien annonciert, so ist das vollständig bedeutungslos, und weil diese Personen ja doch selbst erscheinen, überflüssig. Die besondere Weise aber, in der es geschieht, ist entschieden undramatisch. Wenn er die Handlung in der angegebenen Weise in das Orchester verlegt, so musste er doch dort auch ihrer Entwickelung folgen, und so wie die Personen von Scene zu Scene innerlich und äusserlich sich verändern, so mussten natürlich auch die Melodien sich verändern, durch welche sie characterisiert werden, dem aber widerstrebte der ursprüngliche Zweck — die äussere Handlung zu unterstützen. So erscheint Wagner immer nur von dem Streben, das musikalische Theaterdrama, das musikalische Drama für die äussere Schaustellung zu schaffen, und das ist gewiss ein hohes Streben, aber es ist doch auch nur ein ganz einseitiges und schon nicht mehr rein künstlerisches. Nicht alle dramatischen Stoffe sind für eine theatralische Aufführung geeignet. Wir konnten bereits früher eine Menge namhaft machen, die ihrer grossen weltgeschichtlichen Bedeutung wegen sich der theatralischen Schaustellung entziehen, oder in denen, wie in den meisten dramatischen Stoffen des alten Testaments, die Kämpfe ganzer Völker sich concentrieren, so dass die imposanteste äussere Schaustellung sie nur carrikiert zur Erscheinung bringen würde. Solche Stoffe fallen dann der Form des Oratoriums und des dramatischen Gedichts anheim, welche der äussern Schaustellung entbehren, den ganzen Vorgang nur innerlich bewegt und belebt darstellen. Aber auch selbst da, wo die Besonderheit des Stoffes eine Vermittelung des Kunstwerks dem Kunstgenuss-Suchenden durch die theatralische Vorstellung nothwendig macht, darf diese doch nur in zweiter Reihe bestimmend auf das künstlerische Schaffen wirken. Der Künstler darf auch hier nur von dem Bewusstsein sich leiten lassen, die künstlerische Idee seines Stoffes musikalisch Gestalt werden zu lassen. Wenn er hierbei die Möglichkeit der theatralischen Aufführung unberücksichtigt lässt, so ist dadurch nur die Möglichkeit der Vermittelung an den Kunstgenuss-Suchenden auf dem Wege dieser Aufführung genommen, aber das ganze Werk kann trotzdem immer noch Kunstwerk sein. Diese Möglichkeit der öffentlichen Bühnendarstellung ist an sich kein nothwendiges Moment für das Drama als Kunstwerk; indem Wagner es zum Hauptziel seiner Bestrebungen macht, ist er gezwungen, das ursprüngliche Verhältniss der Musik zum Drama zu verändern, und hieraus entspringen auch alle jene Eigenthümlichkeiten seines Styls, die seine Opern, als reines Kunstwerk betrachtet, vielfach als unkünstlerisch erscheinen lassen. Wagner musste damit dem Banne der französischen Oper verfallen, gegen welche allein seine Polemik gerichtet war, und nur innerhalb derselben konnte er reformatorische Bedeutung gewinnen. Meyerbeer überragt Wagner an Reichthum der musikalischen Darstellungsmittel und der Grossartigkeit ihrer Verwendung unzweifelhaft, und es dürfte schwer sein, zu entscheiden, ob dieser Mangel der Darstellung mehr in der

Individualität oder den Principien des jüngern Meisters begründet ist. Der Luxus in dem Aufwande musikalischer Darstellungsmittel der Oper Meyerbeer's verleitet Wagner weit über jenen Gluck'schen Rigorismus, fast bis zu jener edlen Verachtung des Gesanges zurückzugehen, die dem ersten musikalischen Drama Form und Leben gab. Er verwendet vorwiegend nur jene Mittel der grossen französischen Oper und erhöht ihre äussere Wirkung nur dadurch, dass er sie noch knapper zusammenfasst und mit der ganzen Ursprünglichkeit ihres sinnlichen Klanges einführt. Während noch Auber, namentlich aber Meyerbeer, ihre harmonischen Massen auflösen in eine sinnlich reizvolle Melodik und in belebtes Figurenwerk, treten diese bei Wagner vorwiegend in ihrer ursprünglichen Gewalt mehr accordisch ausgeprägt auf. Seine harmonischen Wendungen bewegen sich dabei in einem äusserst engen Kreise. Wirksame Accordfolgen, wie:

mögen wol dem Laien gegenüber ihre Wirkung nicht verlieren, aber bei dem Musiker, der das Mechanische eines solchen Verfahrens kennt, führen sie früh eine Ermüdung herbei, selbst wenn er, alle andern Anforderungen bei Seite setzend, sich rückhaltslos der Wirkung der Musik überlässt. Dabei ist nicht zu übersehen, dass wir einzelnen in den verschiedensten Situationen begegnen, im Gesange der Pilger nicht weniger, als in dem der Elsa oder dem Einzuge in die Sängerhalle, und es ist dies doch eine bedenkliche Seite der gerühmten dramatischen Wahrheit Wagner's. Mit denselben Mitteln die verschiedensten Situationen dramatisch wahr zu zeichnen, dürfte wol in das Gebiet des Unmöglichen gehören.

Wenn die Musik eine bestimmte Ausdrucksfähigkeit besitzt, und Wagner und seine Partei haben ja doch diese ausschliesslich zum Endpunkt ihrer Bestrebungen gemacht, so hat sie dieselbe doch nur in der grossen Verschiedenheit ihrer Ausdrucksmittel; je beschränkter der Kreis derselben ist, desto beschränkter muss natürlich auch der erzielte Ausdruck sein; je mehr sich jener aber erweitert, so viel reicher steigert sich auch die Fülle des Ausdrucks. Auch wir fanden, dass in dem grossen Jahrhunderte andauernden Entwickelungsprocess des harmonischen Materials sich gewisse feststehende harmonische Formeln ablösten; anfangs als ganz characteristische Typen der harmonischen Construction der sogenannten Kirchentonarten, die dann später, mit der wachsenden Gewalt des Ausdrucks, auf eine einzige Grundformel — Tonika und Dominant — reduciert wurden. Allein alle diese Formeln bilden nur die Angelpunkte der Tonarten und der grösseren Formen. Selbst jene Kirchentonarten liessen, wie wir sahen, eine so mannichfaltige Construction zu, dass innerhalb derselben eine grosse Mannichfaltigkeit des Ausdrucks möglich war; die Formel des modernen Systems aber ist ohne jeden bestimmten Character, erst die specielle Darstellung der Tonart, die durchaus der Erfindung jedes einzelnen Meisters anheimfällt, giebt ihr einen solchen. Indem Wagner auf diese Construction verzichtet, verliert sein Material eigentlich jede bestimmte Ausdrucksfähigkeit; die Accordfolgen wirken eben nur sinnlich reizend, wie die Decoration auf das Auge, und weil er allerdings mit dem feinsten Verständniss das harmonische Klangcolorit der Situation und Stimmung anzupassen versteht, so weiss er die Massen zu täuschen, die das für erschöpfenden Ausdruck halten. Dazu kommt noch, dass Wagner in dieser Richtung alle übrigen Mittel musikalischer Darstellung principiell vernachlässigt. Wir fanden, wie die Melodie und der Rhythmus als ganz gleichberechtigte Factoren neben der Harmonik sich ganz selbständig entwickelten; wie die in sich abgeschlossene Melodie bis auf Schubert und Schumann zu rasch zündendem und fein zugespitztem Ausdruck herausgebildet wurde, und wie namentlich Beethoven die Rhythmik zu einem so gewaltigen Ausdrucksmittel erhob. Das alles opfert Wagner seinem einseitigen Princip und damit die vorzüglichsten

Bedingungen musikalischen Ausdrucks. Zwar haben uns einige dilettantische Verehrer versichern wollen, seine Melodik sei eben keine „absolute“, sondern eine ganz neue, und sie haben damit nur bewiesen, dass sie vom Wesen der Melodik so wenig begriffen, als von der Kunst im allgemeinen und der Wagner'schen Reform im besondern. Endlich ist nicht zu übersehen, dass auch die Darstellung des harmonischen Materials sich bei Wagner sehr gleich bleibt. Wir fanden auch hierin ein besonderes Ausdrucksmittel und zwar so bestimmt ausgeprägt, dass wir in der besonderen Anwendung ganze Schulen und hervorragende Individualitäten unterschieden fanden. Unsere grossen Meister bis auf Meyerbeer waren immer bemüht, die harmonischen Massen in characteristische Motive aufzulösen, um so auch dadurch den, durch Harmonie, Melodie und Rhythmus erreichten Ausdruck noch schärfer zu fassen. Auch das ist bei Wagner so vernachlässigt, wie kaum noch bei einem andern. Vorwiegend reiht er einen Accord an den andern oder er löst einzelne in Arpeggien und Geigentremolo's auf, die ja auch nicht die Stimmen individualisieren, sondern die sinnliche Klangwirkung nur erhöhen, ebenso wie die chromatische und diatonische Tonleiter in ihrer häufigen Anwendung. Eine einigermaassen unbefangene Kritik begreift leicht, dass mit einer solchen Beschränktheit der Mittel eine individuelle Characteristik unmöglich ist, und der flüchtigste Blick in die Partituren Wagner's überzeugt denn auch, dass er für den Spuck und die Schauer des Venusberges, für das Grauen, das Elsa und die Ritter erfasst bei der schweren Anklage Friedrichs von Telramund, für die Racheausbrüche der Ortrud, für die Wuthäusserungen Friedrichs, für den Waffenlärm u. s. w. schliesslich immer dieselben Mittel anwendet.

Es liefert ein wenig erquickliches Bild Wagner'scher Characteristik, wenn man seine Opern einer derartigen Kritik unterzieht, und es ist dies doch der einzige Weg, die wirkliche Bedeutung eines Kunstwerks zu erkennen. Dass die erwähnten Mittel der Darstellung sich so verschiedenen Situationen und Stimmungen fügen, giebt schon den Beweis, dass sie für eine individuelle Characteristik unzulänglich sind, und eine solche darf man auch bei Wagner nicht suchen. Jene Darstellungsmittel sind so vieldeutig, dass sie mit all den erwähnten Situationen und Stimmungen nicht direct im Widerspruche stehen, dass sie vielmehr, unterstützt durch Decoration und Action, weniger fein organisierte Gemüther wol vorübergehend annähernd in die, der Situation entsprechende Stimmung zu setzen vermögen; das ist aber auch alles, und die Kunst des Sängers muss auch hierzu fast noch mehr beitragen, als der Componist. Die Verwendung jener Mittel erfolgt dabei in der, durch den Anschluss an das Wort bedingten rhapsodischen Weise, so dass selbst nach dieser Seite Wagner seine Personen zu individuell empfindenden Characteren nicht herauszubilden vermochte. Er bringt es höchstens zu vereinzelten Gefühlsausbrüchen, die ein geschickter Sänger dann, so viel als möglich, zusammen zu fassen sich gedrungen fühlt. So schreibt Wagner eben nur Characterrollen, die dem Schauspieler und Sänger allen möglichen Raum lassen, seine eigene Individualität zur Geltung zu bringen, die ihm Gelegenheit geben, „etwas aus ihnen zu machen", alles treu seinem Princip, die Oper ausschliesslich für die äussere Schaustellung zu construieren. Die Dynamik gelangt dadurch zu einer Bedeutung, die nimmermehr in der Idee des Kunstwerks begründet ist. Diesem Princip endlich verdanken wir auch das einzig positiv Neue des gesammten Wagner'schen Kunstschaffens — seine Instrumentation. Wir sahen, dass Meyerbeer schon das Orchestercolorit in der feinsinnigsten Weise zu verwenden wusste. Aber er färbte eben seine Melodien nur zu mehr characteristischem Ausdruck. Wagner vermeidet principiell alles, was einer melodischen und rhythmisch geordneten Zeichnung ähnlich sieht, und der Klang wird deshalb durch nichts in seiner rein sinnlichen Wirkung gehindert. Während Weber und Meyerbeer ihr Orchester und die einzelnen Instrumente immer noch zu individualisieren versuchen, indem sie einzelne Instrumente nach ihrer Eigenthümlichkeit mehr selbständig behandeln, versucht und erreicht Wagner seine Wirkung mehr chorisch, und durch die eigenthümliche Zusammensetzung des ganzen Orchesters erhält er eine ungleich grössere Anzahl solcher Chöre, als jene. Indem er fast jedes einzelne Instrument, die Flöten, Oboen, Clarinetten, Fagotte u. s. w., mindestens in dreifacher Anzahl verwendet, erwachsen ihm eben so viel Chöre, als nach der alten Instrumentation Instrumente vorhanden sind; er geht somit auch hier wieder auf jene Zeit zurück, in welcher das Instrumentale begann, sich aus seiner roh elementarischen Existenz heraus zu bilden. Wir sahen, wie die grossen Meister die Instrumente zu individualisieren versuchten und zu grossen Chören zusammenfassten. Schon um einen Dreiklang darzustellen, musste die alte Instrumentation verschiedene Instrumente zusammenstellen. Indem Wagner sein Orchester so zusammensetzt, dass er jeden Dreiklang durch eine einzige Instrumentenart darstellen kann, wird eben der Klang desselben zu einer in sich gesättigten Farbe ausgeprägt, und so erwächst ihm natürlich ein grösserer Farbenreichthum und er weiss ihn zugleich mit einer grossen Feinheit zu verwenden, so dass er jene grossen und tiefgreifenden Mängel seiner Opern dem blöderen Auge zu verdecken vermag. In seiner Instrumentation wirkt nur das Elementarische, das rein Sinnliche des Tons, und die Wirkung der Materie ist nun und nimmermehr künstlerisch.

Und so dürfte denn Wagner's Bedeutung für das dramatische Kunstwerk eben nur darin zu suchen sein, dass er diese ganze Richtung bis an ihr Endziel verfolgte, dass er die vor Weber von den deutschen Meistern noch wenig berücksichtigte Seite des musikalischen Drama's, die Wirkung auf die Masse, vollständig ausgebildet hat. Wie wenig aber hierdurch den Anforderungen an das Kunstwerk schon genügt ist, bedarf keines weitern Nachweises. Jetzt ist es erst die Aufgabe, unter treuester Berücksichtigung all der durch jene Bestrebungen gewonnenen neuen Momente der Darstellung das musikalische Drama wieder zurückzuführen auf den Gluck-Mozart-Beethoven'schen Standpunkt, und das wird nur der Meister vollbringen, der wieder absolute Musik macht, der Melodie, Harmonie und Rhythmus für drei ganz gleichberechtigte Factoren des musikalischen Ausdrucks hält und keinen auf Kosten der andern bevorzugt oder zu Gunsten der andern vernachlässigt; der die Formen des Recitativs, der Arie, der Scene und der Ensemblesätze als im Organismus des musikalischen Drama's bedingt erachtet und sie nach Situation und dem speciellen Inhalt herausbildet, und geht er dann an den Bestrebungen Meyerbeer's und Wagner's nicht vorüber, dann wird er jenen im Grossen gestaltenden Styl für die historische Oper finden, den Wagner suchte, aber bei der gänzlichen Verachtung aller Formen und des eigensten Vermögens der Musik nicht finden konnte. Ein wenn auch wahrscheinlich völlig unklares und unbewusstes Gefühl von der Nothwendigkeit dieser Neugestaltung leitet entschieden zwei Künstler, welche dieser Richtung vollständig angehören, die aber doch in ihren Bestrebungen wesentlich von denen Wagner's unterschieden sind: Hector Berlioz und Franz Liszt.

Hector Berlioz, geb. am 11. December 1803, ist unstreitig eine der bedeutendsten Erscheinungen innerhalb der Entwickelung der französischen Musik. Franzose von Geburt hat er sich an den grössten deutschen Meistern gebildet, und er übertrifft an Ernst und Hoheit des Strebens vielleicht alle seine Vorgänger, ganz gewiss aber alle lebenden französischen Tondichter. Mit einer ungewöhnlichen Bildung ausgestattet und mit einer reichen Phantasie begabt, nahm er besonders Beethoven zu seinem leuchtenden Vorbilde und verliess damit vollständig den Boden der nationalen französischen Musik. Sein leicht entzündbares französisches Naturell aber hinderte ihn, zugleich auf den Gebieten der deutschen Musik festen Fuss zu fassen, und so musste er denn eine Specialität bleiben, die unser Interesse in vollem Maasse beansprucht, die aber innerhalb der Entwickelungsgeschichte unserer Kunst von keiner grösseren Bedeutung ist. Berlioz machte, wol der einzige Franzose, das Dogma vom ideellen Inhalt der Musik zu seinem ausschliesslichen Glaubensbekenntniss und wurde dadurch in die bereits näher bezeichnete Richtung getrieben, überall da mit dem rein sinnlichen Klange zu operieren und zu experimentieren, wo die grossen Meister ihr Ideal in Tönen zu formen versuchten. Die vollgültigsten Zeugnisse für diese seine eigenthümliche Stellung, dem Kunstwerk gegenüber, bieten uns schon eine Menge Stellen seines gehaltreichen *Cours d'instrumentation: „Une magnifique application de cette espèce de tremolo a été faite dans la scène de l'oracle, au premier acte de l'Alceste de Gluck. L'effet du tremblement des seconds violons et altos est là encore redoublé par la progression grandiose et menaçante des basses*“, etc. Wir würden umgekehrt sagen, dass die dramatische Wirkung des Recitativs erhöht wird durch die grossartige und drohende Fortschreitung der Bässe, durch das Tremolo, durch den von Zeit zu Zeit eingreifenden Schlag der ersten Geige, das allmäliche Eintreten der Blasinstrumente etc. Das eigentlich wesentliche des musikalischen Ausdrucks ist doch immer nur die absolut musikalische Gestaltung; die besondere Erscheinungsweise desselben im Klange ist nur das zweite untergeordnete Moment, und indem Berlioz das letztere zum Hauptziel seines künstlerischen Schaffens macht, verfällt auch er dem Banne dieser ganzen Richtung, welche das Kunstwerk der Verwilderung entgegenführt. Wie er bei der Analyse der Meisterwerke überall nur auf die besondere Erscheinungsweise derselben im Klange Acht hat, so ist er bei seinen eigenen Schöpfungen bemüht, die besondere Musikgestaltung durch eigenthümliche Mischung von Instrumentalfarben zu ersetzen. Während unsere grossen Meister die Ausdrucksfähigkeit nur im Tonmaterial und seiner besondern Formation fanden und das Klangcolorit nur als Steigerungsmittel verwendeten, sucht und findet Berlioz nur Effecte durch ungewöhnliche Mischung von einzelnen Instrumenten zu neuen Klangfarben (4 Contrabässe in „*Le 5 mai*", die Verbindung des Piano *à 4 mains* in der Fantasie „*Sur la tempête*", die eigenthümliche Verwendung von Harfen, Clarinetten, des englischen Horns u. s. w.). Daraus entspringt ferner die peinliche, mitunter barocke Vortragsbezeichnung einzelner Töne und Phrasen, wie: *C'est dans le but d'exprimer un lugubre silence*, oder: *Cette note doit être soupirée plutôt que chantée et plus doux possible.* Dass Berlioz in dieser Richtung nicht so vollständig sich verlor, wie Richard Wagner, verdankt er seinem hohen Vorbilde Beethoven. Seine grosse Begeisterung für diesen Meister führte ihn auf das Gebiet der Instrumental- oder Programmmusik. Seinen Ouvertüren: *de Waverley*, *König Lear*, *Carnaval romain*, wie seinen symfonischen Dichtungen: *Épisode de la vie d'un artiste*, *Symfonie funèbre et triomphale*, *Harold en Italie*, *Roméo et Juliette*, *La damnation de Faust*, liegen ganz bestimmte ethische oder historische Vorgänge zu Grunde, und ihre Darstellung war auf jene bezeichnete Weise nicht möglich; sie erforderte eine grössere formelle Festigung. Diese versucht nun auch Berlioz, erreicht sie indess nur selten, weil auch hier seine Fantasie vollständig in dem Zauberbann des Klangs gefangen ist. Jede Situation und Stimmung verkörpert sich ihm sofort nicht zu Tongebilden, sondern sie setzt sich bei ihm in die entsprechenden Klangfarben um, und sie beherrschen die Erfindung der einzelnen Motive so vollständig, dass diese eine Verarbeitung im Sinne der Instrumentalformen erschweren, nicht selten ganz unmöglich machen. Das Bestreben, jenes Klangcolorit möglichst wirksam zu machen, lässt ihn meist nur character- und farblose Motive erfinden, die sich nur schwer und selbst widerwillig an einander fügen, nicht aber organisch in einander verweben. Daraus entspringt dann jene Zerrissenheit und aphoristische Fassung seines Orchesterstyls, die man ihm und mit vollem Recht zum Vorwurf macht. Nur in einzelnen Fällen vermochte daher Berlioz selbst in der angegebenen Richtung hervorragendes zu leisten, wie in den Chören der Sylphen und Gnomen der Faustmusik oder dem Scherzo: *Fée Maab* der Symfonie *Roméo et Juliette*, weil die eigenste Natur dieser einzelnen Episoden seinem Kunstschaffen am meisten entspricht. Diese Eigenthümlichkeit seiner Production verschuldet endlich auch die geringe Bedeutung der Erfolge, die er bisher errang. Wagner hatte von vorn herein kein anderes Streben, als auf die Massen zu wirken, und indem er alles principiell vermied und aus seinem Kunstwerk ausschied, was diesem Streben hinderlich wurde, konnten die glänzendsten Erfolge nicht ausbleiben. Indem er aus der Oper alles herauswarf, was die Naturgewalt des Tons und des Klangs hemmt und zügelt, gelangt er zu jenem glänzenden Orchesterstyl, der die Sinne berückend, urgewaltig berauschend die Massen gefangen nimmt. Berlioz verfolgte ein entschieden höheres Ziel. Er wollte auch plastisch gestalten, und da, wo Wagner überall nur die Ohren und Nerven kitzelt, auch Verstand und Gemüth beschäftigen. Aber weil dies Streben nur in untergeordneter Weise zur Erscheinung kommt, mussten auch hier die Erfolge ausbleiben. Dies hindert nur die Erreichung des Hauptziels, durch den Klang zu wirken, ohne dass in der Schönheit der plastischen Form ein Ersatz für die zündende Gewalt des Klanges geboten wurde.

In anderer Weise kommt endlich diese Richtung in **Franz Liszt** zur Erscheinung.

Liszt ist am 22. October 1811 zu Raiding in der Gespannschaft Oedenburg in Ungarn geboren, als einziger Sohn des auch in der Musik eifrig thätigen rechnungsführenden Beamten des Fürsten Esterhazy. Im elterlichen Hause wurde fleissig musiziert, und wir erfahren, dass Joseph Haydn, Hummel und Cherubini mit ihm befreundet waren. Unter solchen Umständen entwickelte sich denn auch das immense Talent des Knaben sehr früh zu staunenerregender Höhe, so dass er die Aufmerksamkeit der Nation auf sich zog und in den Stand gesetzt wurde, zu seiner weitern Ausbildung nach Wien zu gehen (1821). Hier genoss er den Unterricht Czerny's auf dem Clavier und den Salieri's in der Composition. 1823 gieng er dann mit seinem Vater nach Paris und wurde hier bald seiner grossen Virtuosität wegen der bewundertste Gegenstand des Tages. Von Paris aus machte er ferner Reisen nach England und nach den Départements in Frankreich und erregte überall dasselbe Aufsehen. Daneben war er schon fleissig mit Composition beschäftigt und eine kleine Oper: „Don Sancho“, wurde in der Académie royale mehrmals mit Beifall aufgeführt. Der Tod seines Vaters (1827) brachte ihn zu einer grösseren Selbständigkeit, aber die ersten Schritte auf der neuen Bahn trugen ihm auch gleich tiefe und schmerzende Wunden ein. Einer innigen Liebe musste er entsagen, weil Standesvorrechte und Vorurtheile ihr entgegenstanden, und dies brachte einen schon früher vorhandenen Hang zu religiöser Schwärmerei zu offnem Ausbruch. Doch raffte er sich noch früh genug empor und schon die Julirevolution erfüllte ihn mit aufwallender Begeisterung. In Paris verweilte er bis 1834 und seit der Zeit gehört sein ferneres Leben fast ganz der Oeffentlichkeit an, bis er (1848) sich zurückzog und in Weimar eine practische Thätigkeit als Dirigent entwickelte. Daneben war er durch Wort und Schrift unablässig bemüht, der neuen bisher besprochenen Richtung Anerkennung zu verschaffen und sie zugleich, wie wir bereits aussprachen, nach anderer Seite weiter fortzuführen. Gegenwärtig verweilt er seit Jahren in Rom.

Die grosse und tiefgreifende Bedeutung, welche Liszt als Virtuose gewann, wird uns erst im nächsten Kapitel etwas specieller beschäftigen; hier gedenken wir nur seiner productiven Thätigkeit als Componist. Diese ist eine doppelte, eine aneignende und eine selbstschöpferische, und da die letztere tief in der erstern wurzelt, so werden wir uns, um von jener eine klare Anschauung zu gewinnen, zuerst eingehend mit dieser beschäftigen müssen.

Liszt's gesammte productive Thätigkeit wird durch seine aussergewöhnliche Bedeutung als Virtuose bedingt. Seine grosse geistige Regsamkeit führte ihm eine Menge anderweitiger Bildungselemente zu, die wir bei den Virtuosen meist vermissen. Dabei fielen die Anfänge seiner selbstbewussten Thätigkeit in jene Zeit, in welcher Beethoven's Geist immer gewaltiger sich ausbreitete und Staunen und Bewunderung auch in weitern Kreisen fand, und Liszt warf sich sofort in die neue Richtung. An diesem neuen Geiste entzündete er seinen eignen und ihm zumeist verdankt er schon seine Sonderstellung als Virtuose. Während die Virtuosen bisher, vielleicht nur Paganini ausgenommen, bemüht waren, sich in das fremde Kunstwerk hineinzuleben, um es mit ihren rein technischen Mitteln zu äusserer Darstellung zu bringen, suchte Liszt die fremde Individualität mit seiner eignen zu verschmelzen, um dieser selbst in der Reproduction des fremden

Kunstwerks äussere Form zu geben. Auf seinem Programm fanden alle Schulen und Meister von Scarlatti und Seb. Bach bis auf Thalberg und Henselt ihren Platz, aber keine nur in eigenster Gestalt; jeder einzelne Meister weckt in seinem reichfluthenden Innern irgend einen besondern Gefühlszug, den er mit jenem verwoben zur Erscheinung bringt. Dieser Eigenthümlichkeit nun entspricht zunächst vollständig die Weise seines Schaffens während der Virtuosenlaufbahn. Wie in der Reproduction des fremden Kunstwerks schon das Pianoforte zugleich der Träger seiner eignen Individualität wird, so noch weit entschiedener in seinen Werken, und hier verhält er sich in ganz gleicher Weise reproducierend. Diese Werke sind alle der treue Abdruck seiner gewaltigen Reproduction des fremden Kunstwerks. Liszt hatte erkannt, dass das Kunstwerk nur gültigen Werth behält, wenn in ihm ein wirklich poetischer Inhalt sich ausspricht. Diesen entlehnt er zunächst wiederum den fremden Meistern, er transcribiert und paraphrasiert ihre bedeutendsten Vocal- und Instrumentalwerke. Die Lieder Beethoven's, Schubert's und später Mendelssohn's und Schumann's, die Arien Mozart's und der neuern Italiener überträgt er dem Pianoforte, aber nicht mehr nur in der bisher üblichen Weise. Sie wecken in seinem Innern eine Fülle selbständigen Lebens, das er in immer neu erfundenem Figurenwerk mit darzulegen und auszubreiten bemüht ist. In diesen Uebertragungen steht Liszt unübertroffen da. Möchten wir auch nicht alle als Muster für diese ganze Gattung hinstellen, da in manchen die Technik eine zu grosse Herrschaft gewinnt, dass sie nur mit den Klangeffecten der neuen Richtung ausgestattet sind, so haben wir doch allen Grund, auch sie als Kundgebungen eines reichen Geistes dankbar hinzunehmen.

Die Uebertragungen einzelner Clavierwerke, wie der Märsche, Walzer und der ungarischen Melodien von Schubert, die Instrumentierungen von Schubert's grosser Fantasie und der Polonaisen von C. M. v. Weber fallen unter dieselben Gesichtspunkte. Nicht minder endlich die selbständigen Compositionen dieser ganzen Periode seines Schaffens. Sein Claviерstyl ist an jenen Transcriptionen und Bearbeitungen vorwiegend entwickelt, und er beherrscht seine Phantasie so vollständig, dass diese sich ihm überall fügt. Einem eigentlich musikalischen Gedanken, in welchem die Stimmung plastisch Gestalt gewonnen, begegnen wir

Schule gebildeten Musiker. Von da an wandte er sich der grossen Oper zu. Meyerbeer wurde sein Vorbild und seine grosse Oper: „Die Jüdin“, welche 1835 in Scene gieng, ist nach allen Seiten nur ein schwächerer Abdruck der grossen Oper Meyerbeer's. Die Schwächen und Ungeheuerlichkeiten derselben treten bei Halévy nicht so augenfällig heraus, aber eben so wenig die immensen Vorzüge, und so konnte die Oper Halévy's eben nur im Gefolge jener grössern Erfolg erringen. Eben so natürlich ist es auch, dass seinen spätern Werken geringere Beachtung zu Theil wurde.

Dürftiger und zum Theil widerwärtig gestaltet sich die grosse Oper bei Gounod. Die Grundlage derselben sind vorwiegend die abgesungensten Melodiephrasen und verbrauchtesten harmonischen Wendungen, die eben nur mit dem Prunk und Flitter und den Ungeheuerlichkeiten der grossen französischen Oper aufgeputzt und der gedankenlosen Masse zugerichtet sind. Wir würden kein Wort des Eifers über diese neue Phase der grossen Oper verlieren, wenn die momentanen Erfolge Gounod's auch in Deutschland nicht gerade sich an eine Oper knüpften, die jeden Deutschen mit Ekel erfüllen müsste. Der Franzose hat es gewagt, eines der herrlichsten Werke deutscher Kunst, Göthe's „Faust“, unter oft wörtlicher Benutzung des Originals, mit einer Musik zu verunglimpfen, der gegenüber wir gern Flotow's Marthamusik für bedeutend erklären würden. Die hohe ideale Dichtung ist herabgezogen in einen Sumpf von ordinärer Musik, dass es schwer wird, ihre Umrisse auch in der Besudelung noch zu erkennen und das deutsche Publikum ergötzt sich an ihr und deutsche Federn versuchten sie bei uns einzubürgern, ein characteristisches Merkmal für die unendliche Begriffsverwirrung, die auf dem Gebiete der sogenannten Kunstkritik herrscht, wie für die Corruption des Geschmacks, die beide allerdings zumeist durch jene Richtung, in welche die Oper seit Weber gerathen und durch den verderblichen Einfluss des Virtuosenthums, zu dessen Betrachtung wir uns nun wenden, verschuldet ist. Seitdem die Oper nur auf die äussere Schaustellung, auf äussern Effect und Erfolg hinarbeitet, und seitdem die Virtuosität, sich diesem Zuge anschliessend, nur sich selbst auf dem offenen Markte des Lebens zur Erscheinung zu bringen sucht, musste das künstlerische Gewissen auch im Publikum immer mehr einschläfern und verstummen.

Sechstes Kapitel.

Das Virtuosenthum und der Dilettantismus.

Von wie tiefgreifender Bedeutung die Virtuosität in früheren Jahrhunderten für die Fortentwickelung der Tonkunst geworden ist, vermochten wir bereits nachzuweisen. Wir sahen, wie namentlich die Ausbildung des Instrumentalstyls durch sie ganz wesentlich gefördert wurde. Nur indem die Leistungsfähigkeit der einzelnen Instrumente fortwährend erweitert wurde, gewinnt das Instrumentale die unendlich reicheren Mittel, die es zur erschöpfenden Darlegung und Darstellung des durch sie zu offenbarenden Inhalts bedarf. Wir erkannten, dass die selbständige Ausbildung des Clavierstyls, wie der sogenannten Cammermusik und des Orchesterstyls, als erste und hauptsächlichste Voraussetzung eine bedeutende technische Behandlung der betreffenden Instrumente hat, wie sie eben nur die Virtuosität gewährt. Wir erfuhren aber auch, wie bereits im siebzehnten Jahrhundert schon die Virtuosität einen selbständigen, von dem organisch sich entwickelnden Kunststyl ganz bedeutsam abweichenden Styl auszubilden beginnt. Wie viel nur äusserlich wirkendes Raffinement indess auch in jenen Bestrebungen von den Violinsonaten Biber's bis zu den Walzern und Mazurken Chopin's sich geltend macht, sie wurzeln immer noch auf künstlerischem Boden und verloren diesen erst im neunzehnten Jahrhundert, bei dem wandernden Virtuosenthum.

Seit jener Zeit, als mit den ersten Versuchen der dramatischen Musik die sinnlich reizvollere Seite des Klanges mehr berücksichtigt in den Vordergrund tritt, beginnt auch die Stellung der grossen Masse der Kunstgenusssuchenden dem Kunstwerk gegenüber sich wesentlich zu verändern. Dies tritt allmälich zurück gegen den ausführenden Künstler, der immer entschiedener in den Vordergrund sich drängt. Zum Theil mag diese Erscheinung in dem Umstande seinen natürlichen Grund haben, dass zwischen dem ausführenden Künstler und dem Publikum ein ganz directer, fast persönlicher und sich fortwährend erneuernder Verkehr stattfindet, durch welchen ein intimeres Verhältniss bedingt wird. Von ungleich grösserem Einfluss wurde indess unstreitig jenes specielle Bedürfniss der grossen Masse, das wir bereits erkannten und das weit mehr Genuss als künstlerische Erhebung vom Kunstwerk fordert. Die grosse Masse begeistert sich gern und liebt es zu bewundern und anzustaunen; die Virtuosität, die sich seit dem siebzehnten Jahrhundert auszubilden beginnt, bot hierzu die bequemste Gelegenheit, und sie selbst gab sich diesem Zuge bald so ausschliesslich hin, dass sie, namentlich in unserm Jahrhundert, kaum noch ein anderes Ziel kennt, als Staunen und Bewunderung zu erregen. Kaum waren jene Mächte sinnlicher Klangwirkung in den Opernanfängen frei geworden, als auch ein Geschlecht von Kunstenthusiasten emporschoss, das mit der schwunghaftesten Phraseologie hervorragende Künstler und Künstlerinnen begrüsst und begleitet. Schon 1640 geräth Pietro della Valle, ein römischer Edler (geb. zu Rom 1586) ausser sich, wenn er die Signora Leonora zur Laute singen hört, und der Gesang ihrer schönen Mutter Adriana überzeugt ihn, dass auch heute Sirenen leben, aber nicht alte und mörderische wie einst, sondern geziert mit Schönheit und Tugend. Noch überschwenglicher ist das Lob, welches Erythraeus (eigentlich Gio. Vit. de Rossi, 1577—1647) dem Ritter Vittoria Loreto, einem Castraten, der 1622 in die päpstliche Capelle aufgenommen wurde, ertheilt[1]. Aehnliche Kundgebungen mehren sich dann in steigenden Progressionen, und schon am Ausgange des Jahrhunderts gehörte der Enthusiasmus für Sänger und Sängerinnen zu den noblen Passionen. Doch wurde er, wenn auch nicht selten schon lächerlich und in seinen Entäusserungen unwürdig, doch nicht gradezu von verderblichem Einflusse für die Kunst. Wir konnten im Gegentheil nachweisen, wie gerade die erhöhte Gesangsvirtuosität und die Erweiterung der Stimmmittel den vocalen Ausdruck erst für das musikalische Drama ermöglichte — wie aus der italienischen Oper, die grösstentheils auf jener Virtuosität basierte, die deutsche Oper die vorzüglichsten Elemente ihrer herrlichen Gestaltung erhielt, und wie die grossen Meister Gluck, Mozart und Beethoven sich diese ganze Gesangstechnik dienstbar machten und so ihre herrlichen Kunstwerke schufen. Von einzelnen Sängern und Sängerinnen konnten wir bereits anführen, welch directen

---

1. Neuerdings veröffentlicht in: E. O. Lindner, „Abhandlungen zur Tonkunst“, Berlin, 1864, pag. 43 ff.

Einfluss sie auf die specielle Gestaltung des Kunstwerks nahmen, indem einzelne Partien für sie vom Componisten geschrieben wurden. Nicht geringer mag der indirecte Einfluss zu schätzen sein, den die Sänger und Sängerinnen der nachfolgenden Jahrhunderte: die Catalani, Mara, Pasta, Malibran, Grisi, Sonntag, Milder-Hauptmann bis zur Köster oder Rubini, Tamburini, Lablache, Wild, bis Niemann — auf die Tondichter und die besondere Gestaltung des dramatischen Ausdrucks gewonnen haben, wenn gleich er schwerlich nachzuweisen sein dürfte. Der Ton der Menschenstimme ist nie so weit zu veräusserlichen, dass er sich ganz in nur sinn- und nervenreizenden Klangeffecten verliert.

Ganz anders verhält es sich mit der Instrumentalmusik, namentlich mit einzelnen Instrumenten.

Auch hier konnten wir bereits erwähnen: dass einzelne Instrumentisten der älteren italienischen Oper sich mit den Sängern in Wettstreit einlassen konnten. Es waren dies meist Kraft- oder Lungenproben, wie die des Trompeter, der mit Farinelli einen Wettkampf eingieng.

Wie ferner die Heerpauker ihre Fertigkeit im Paukenschlagen staunenerregend darzustellen versuchten, indem sie allerlei equilibristische Kunststücke damit verbanden, ist gleichfalls bekannt. Hiermit schon beginnt allerdings der verderbliche Einfluss, den das Virtuosenthum nothwendiger Weise gewinnen musste, sobald es sich eben selbst als Zweck setzt, wenn auch diese bescheidenen Anfänge viel zu vereinzelt dastanden und verhältnissmässig zu wenig Beachtung fanden, um wirklich schon einflussreich zu werden. Erst als das wandernde Virtuosenthum sich in einer bestimmten Kaste darstellte und als einzelne glänzende Erscheinungen innerhalb derselben diesem einen ganz eigenthümlichen Nimbus verliehen, wurde es wirklich nachtheilig für die ganze Kunstentwickelung. Das Virtuosenthum als solches kennt kein anderes Ziel als Gold und Ehren, und um beides zu erreichen, musste es nothwendigerweise auf jene bereits erwähnten niedern Bedürfnisse des Publikums speculieren.

Wol namentlich durch das leuchtende Vorbild des Knaben Mozart kamen zunächst im vorigen Jahrhundert schon die Wunderkinder in die Mode. In den achtziger Jahren des vorigen Jahrhunderts waren unter der Menge Virtuosen, welche sich während des Carnevals in Italien hatten hören lassen, über die Hälfte weniger als vierzehn Jahre alt. Eine Miss Hoffmann, welche sich 1788 in London auf dem Pianoforte hören liess, war nicht älter als 2½ Jahr. Dort spielte auch 1799 eine junge hübsche Dame, jedoch mehr in Gesellschaft als öffentlich, mit den Zehen eines hübschen Fusses Pianoforte, und sie erregte so grosses Aufsehen wie jeder Virtuos und wie 10 Jahre vorher ein Venetianer mit seinen singenden Katzen. Mit der steigenden Concurrenz wurden natürlich auch die Anforderungen an die concertierenden Künstler immer grösser. Sie mussten immer Neues ersinnen, immer ungewöhnlichere Schwierigkeiten zu überwinden trachten, um die Aufmerksamkeit des Publikums auf sich zu lenken.

Einen eigenthümlichen, wenn auch, wie bereits dargethan, nicht neuen Weg schlug der Abt Vogler ein. Als Theoretiker von einer seltenen Beschränktheit der Anschauung, hatte er sich dennoch einen Ruf zu erwerben gewusst, der ihm Schüler aus weiter Ferne zuführte, unter ihnen Meyerbeer und Carl Maria von Weber. Seine Orgelconcerte aber suchte er dadurch anziehend zu machen, dass er Programmmusik der verwegensten Art cultivierte. Er trug in seinen Orgelconcerten nur Tongemälde vor. „Der Tod des Herzogs Leopold", „Das jüngste Gericht", „Eine Spazierfahrt auf dem Rhein" oder eine Seeschlacht u. dergl. sind seine Darstellungsobjecte, und Wind und Wasser in ihrem Kampf mit den Unglücklichen, Heulen, Schreien, Weinen und Klagen werden nicht minder treu dargestellt, als „der Herzog Leopold wie er zur Rettung anfeuert, gegen die Ermahnung der Offiziere taub einen Kahn besteigt und seinen Tod findet", oder wie die Posaunen des Gerichts ertönen und die Gräber sich öffnen, der erzürnte Richter das schreckliche Urtheil über die Verworfnen spricht; wie diese unter Heulen und Knirschen in den Abgrund stürzen und wie Gott die Gerechten zur ewigen Seligkeit aufnimmt u. s. w. Es ist hinlänglich bekannt, wie Vogler mit diesem unkünstlerischen Treiben hauptsächlich seinen europäischen Ruf begründete, so dass er in Wien mit Beethoven concurrieren und dass seine längstvergessene Oper „Samori" über den „Fidelio" den Sieg davontrug. Von den zahlreichen ähnlichen Tonmalereien dieses Jahrhunderts erwähnen wir nur eine der possierlichsten: Gossec lässt in seinem, jener

Zeit oft und viel gerühmten *Requiem* bei den Texteswörten: *Quantus tremor est futurus, quando judex est venturus* (wie werden wir zittern, wenn der Richter erscheint), durch den Sängerchor das Zittern und Beben in folgender Weise darstellen:

Es kann hier nicht unsre Absicht sein, dies Treiben in seinem weitern Verlauf zu verfolgen, um so mehr, als es durch eine gewaltigere Erscheinung, durch Nicolo Paganini, in andere mehr künstlerische Bahnen geleitet wurde. Die Concertmanie ergriff fast jedes Instrument, nicht nur solche, die eigentlich nur

Orchesterinstrumente sind, wie das Violoncell (Gebrüder Romberg), die Flöte (Fürstenau) oder das Horn (die Gebrüder Schunke), die Clarinette (Bärmann, Helmstädt, Iwan Müller), die Posaune (Queisser, Belcke), sondern auch solche, die überhaupt keine künstlerische Bedeutung haben, wie die Maultrommel, die Strohfidel oder Glasharmonica; auch sie wurden in den ersten Decennien unsers Jahrhunderts concertfähig. Der Dilettantismus begann bereits sinnliche Klangwirkung für poetischen Inhalt, Nervenreiz für seelische Empfindung zu halten. Neue Instrumente wurden erfunden, welche diesem Zuge der Zeit ganz direct entsprachen, wie das Panmelodion, auf welchem Conradin Kreutzer 1817 in Berlin unter Waldhornbegleitung concertierte. Es war dies Instrument von Riffelsen in Kopenhagen erfunden und von Leppich in Altona verbessert. Der Ton wurde durch messingene Tonstäbe hervorgebracht, die gegen eine leicht bewegte Walze schlugen, und das Instrument fand grössern Beifall, als die gleichfalls in jener Zeit beliebte Aeolsharfe, das Euphon, Terpodion, die Harmonica, oder das von Vollmer erfundene Melodicon. Diesem Zuge der Zeit schloss sich auch Paganini an, aber er erhob ihn zugleich in eine höhere künstlerische Sphäre und bestimmte dadurch auf lange Zeit hinaus den Gang der virtuosen Entwickelung nicht nur seines Instruments, sondern der Instrumentalmusik überhaupt. Er beherrschte die Technik seines Instruments, der Violine, in einem Grade, wie vor ihm kein anderer — auf der tiefsten, der G-Saite, führte er ein Concertstück aus, das selbst nach der normalen Applicatur ausgeführt Schwierigkeiten genug bietet; dabei war er von jener excentrischen Genialität, die in ihrer unmittelbaren Acusserung von so wunderbarer Wirkung ist, die Herz und Verstand gleichmässig gefangen nimmt. Paganini opferte dem Moloch „Publikum" nicht weniger als jeder andere Virtuos; die Sonate auf der G-Saite, das Concert mit Glöckchenbegleitung, die Capriccen, der Hexentanz u. s. w., sie waren alle im Bewusstsein alles dessen intentioniert, was die grosse Masse verlangte, um zu staunen und zu bewundern; aber ihre Auffassung und Ausführung war eine so geniale und technisch unübertreffliche, dass auch diejenigen mit fortgerissen wurden, welche dieser Art virtuoser Leistungen nicht das Wort reden mochten; dass aber auch, was ungleich wichtiger ist, zugleich jenem erwähnten rein materialistischen, nur auf den niedern Effect gerichteten Treiben im öffentlichen Musikleben zunächst wenigstens ein Ziel gesetzt wurde. Paganini hat diesem die höchste Stufe angewiesen; wer neben und nach ihm noch sich bemerkbar machen wollte, konnte es nur, wenn er nicht wieder darunterstieg. Die Geiger wandten sich zunächst wieder jener solidern Richtung zu, die nicht auf extravagante Künsteleien oder gar Charlatanerien ausgeht; sondern die nach einer allgemeinen Virtuosität trachtet und nur dem Publikum zu Liebe bildeten sie einzelne Formen aus, der eine das Staccato mit springendem Bogen, der andere das Legato-Staccato, der eine die Cantilene, der andere die Passage zu nie gekannter Meisterschaft (Beriot, Vieuxtemps, Prüme, Ernst, Bazzini u. s. w.), wenn sie es nicht wie Ferdinand David (geb. 1812) vorzogen, ein ganzer vortrefflicher Geiger, oder wie Joseph Joachim ein ganzer und unübertroffener Meister zu werden.

Von der Virtuosität Paganini's gilt der Ausspruch Hegels in vollstem Maasse: „Solche Virtuosität beweist, wo sie zu ihrem Gipfelpunkt gelangt, nicht nur die erstaunenswürdige Herrschaft über das Acussere, sondern kehrt nun auch die innere, ungebundene Freiheit heraus, indem sie sich in scheinbar unausführbaren Schwierigkeiten spielend überbietet, in Künstlichkeiten ausschweift, mit Unterbrechungen, Einfällen in witziger Laune überraschend scherzt und in originellen Erfindungen selbst das Barocke geniessbar macht. Denn ein dürftiger Kopf kann keine originelle Kunststücke hervorbringen; bei genialen Künstlern aber beweisen dieselben die unglaubliche Meisterschaft in ihrem und über ihr Instrument, dessen Beschränktheit die Virtuosität zu überwinden weiss und hin und wieder zu dem verwegenen Beleg dieses Sieges ganz andere Klangarten fremder Instrumente durchlaufen kann. In dieser Art der Ausübung geniessen wir die höchste Spitze musikalischer Lebendigkeit, das wundervolle Geheimniss, dass ein äusseres Werkzeug zum vollkommen beseelten Organ wird, und haben zugleich das innerliche Concipieren wie die Ausführung der genialen Phantasie in augenblicklichster Durchdringung und verschiedensten Leben blitzähnlich vor uns!" Wir haben die ganze Stelle unverkürzt gegeben, weil sie zugleich vortrefflich die Stellung characterisiert, welche der Dilettantismus der Virtuosität gegenüber einnimmt, und wir werden sehen, von welch verderblichem Einfluss es werden musste, als dieser auch gar bald dem Kunstwerk gegenüber keinen andern mehr zu gewinnen vermochte.

Die ganze glänzende Erscheinung Paganini's war indess doch auch innerhalb des beschränkteren Kreises der Virtuosität immer noch einseitig. Seine virtuose Thätigkeit erstreckte sich zumeist auf seine eigenen Compositionen; so war es natürlich, dass ein anderer, grösserer und glänzenderer Meister erstand, welcher das Gesammtgebiet der Tonkunst virtuos erfasste. Franz Liszt erschien mit seiner alles überwältigenden Technik und seiner beispiellosen Regsamkeit des Geistes. Er hatte sich das Pianoforte gewählt, das Instrument, welches allein im Stande war, der Virtuosität das weite Feld zu eröffnen. Von jenem Meister gebildet, der eine Reihe von bedeutenden Virtuosen erzog, Carl Czerny (1791—1857), sollte er der gesammten Virtuosität eine neue Richtung geben. Wir wissen nicht, wie weit jene Erzählung, dass Liszt durch das Auftreten Paganini's in Paris (1831) angeregt worden sei, „der Paganini des Claviers zu werden", auf Wahrheit beruht, aber dass er es wurde, und wie erwähnt, mehr als das, dass er die Virtuosität wiederum vollständig zurückführte in den Dienst der Kunst, ist unzweifelhaft.

Das was ihn zunächst vor allen andern Claviervirtuosen auszeichnete, war eine grosse Mannichfaltigkeit des Tons. Wir mussten früher schon gewahren, wie die Claviervirtuosen früherer Zeit so unter der Herrschaft des Instruments standen, dass sie sich sogar in ihren Werken von dem Klange desselben beeinflussen lassen. Liszt unternahm die eingehendsten Tonstudien, er schuf sich eine eigene Handhaltung und eigene Applicatur, um einen Ton zu gewinnen, der alle Grade der Klangschattierungen vom leisesten Piano bis zum donnerähnlichen Forte, von der berückendsten Weiche und Süsse, bis zur erschütterndsten Herbheit und Härte umfasste. Alles was überhaupt nur dies Instrument an musikalischen Darstellungsmitteln besitzt, hatte er sich zu eigen gemacht, und er offenbarte diese vollständige Herrschaft nicht nur wie meistens Paganini an eigens für diesen Zweck geschriebenen Tonstücken, sondern an den Kunstwerken aller Meister und aller Jahrhunderte. Scarlatti, Bach, Mozart, Beethoven, Schubert, Mendelssohn, Schumann und Chopin fanden ebenso auf seinem Programme Platz, wie die Stücke, die er selbst zur Darlegung seiner gewaltigen Virtuosität sich schrieb, und in der Auffassung wich er wiederum wesentlich von seinen Vorgängern ab. Sie hatten immer mehr versucht, nur die objective Schönheit des Kunstwerks darzustellen. Liszt geht weiter; er lässt die fremde Individualität, die im Kunstwerk ihm entgegenklingt, auf sich wirken, und sucht sie mit seiner eigenen zu verschmelzen, um beide dann in seiner Production darzulegen. Dieser Standpunkt ist entschieden berechtigt, bei jenem Kunstwerk, das aus einem individuell empfindenden Geiste heraustreibt, wie die meisten Werke Beethoven's und noch mehr die eines Schubert oder Schumann, aber vollständig verwerflich bei jenen, an welchen die Individualität ihrer Schöpfer selbst wenig Antheil hat, wie bei Bach und selbst noch bei Haydn und Mozart. Hiergegen hat freilich der Meister viel weniger gesündigt als die, von seinem Geist geblendeten Nachahmer, wie Hans von Bülow u. A., welche Bach ganz in der capriciösen, mit den schärfsten Accenten wunderlich zugestutzten Weise spielen, wie Chopin's Mazurken und Nocturnen. Die Claviervirtuosität gewann in diesem Streben natürlich eine ganz neue Basis. Das Clavier wurde der beredteste Verkünder des bewegten Innern. Dem Meister schlossen sich, in dem Bestreben, den poetischen Inhalt zu erfassen, eine Reihe anderer an, die je nach der grössern oder geringern Ausgeprägtheit ihrer einzelnen Individualität auch diese mit hindurchklingen liessen, wie Clara Schumann, Ad. Henselt, H. Litolff, Mortier de Fontaine, H. Ehrlich, Th. Kullak und Andere, während wiederum andere nach wie vor mehr die sinnliche Klangschönheit des Tons cultivierten, wie S. Thalberg, Dreischock, Willmers, Döhler, Schulhoff u. A.

Von grösserer und leider nicht segensreicher Bedeutung wurde diese ganze Richtung endlich dadurch, dass man allmälich verlernte, sich an der reinen, objectiven Schönheit des Kunstwerks zu erfreuen; dass man sich gewöhnte, ganz von ihr abzusehen und nur „Interpretation" eines tiefsinnigen Inhalts verlangte, und auch nichts weiter als interpretieren wollte, so dass unserer Zeit schon factisch der Begriff Kunstwerk fast ganz verloren gegangen ist. Man vergass, dass jegliche Kunst nicht einen bestimmten poetischen Gehalt darlegen, sondern dass sie ihn gestalten soll. Namentlich für die Tonkunst ist die ebenmässig herausgebildete und gegliederte Form von so wesentlicher Bedeutung, dass ohne sie ein Inhalt gar nicht denkbar ist. Der einzelne Ton tritt erst in der Verbindung mehrerer zum Accord oder zur melodischen und rhythmischen Phrase aus der Unbestimmtheit seines Ausdrucks heraus; nur in seinem Verhältniss und in Beziehung gebracht zu andern erlangt er eine gewisse ausdrucksvolle Bestimmtheit. Diese einzelnen Phrasen erlangen aber wiederum nur dadurch eine gewisse specifische Bestimmtheit, dass sie sich zu bestimmten Motiven abschliessen und dass ihnen andere eben so fest abgeschlossene entgegengesetzt werden, die dann wiederum in engste Beziehung und Wechselwirkung zu einander treten. Je fester und künstlicher diese einzelnen Glieder in einander gefügt werden, desto bestimmter muss demnach der Ausdruck des Ganzen werden. Das ist die Bedeutung der Form. Sie ist daher eben so von der Eigenthümlichkeit des Materials abhängig, wie vom Inhalt. Dieser schafft sich seine Form selbst, aber nur indem er die eigensten Gesetze des Darstellungsmaterials sich dienstbar macht. Die Form wird nur dadurch, dass alle Theile, auch die kleinsten, auf einander bezogen werden und in Wechselwirkung treten. Das aber ist nur durch engsten Anschluss an die natürlichen Gesetze des Darstellungsmaterials zu erreichen. Auch die Musikformen gewinnt man nicht, dass man das Darstellungsmaterial in beliebigen Massen willkürlich oder nach ausserhalb desselben liegenden Bedingungen zusammenstellt, hie und da auch wol durch Schlussformeln abrundet, sondern nur dadurch, dass man es seinem innersten Organismus, den Gesetzen seiner Wahlverwandtschaft gemäss zusammenstellt; dass man auch die kleinsten Einheiten wolgebildet abrundet, und dass durch die grössere und geringere Wechselbeziehung, in welche sie treten, neue Einheiten sich bilden, die wiederum durch Neben- und Unterordnung zum harmonischen Ganzen sich gestalten. Nur so wird die Musik zur **Kunst**; indem sie das Dogma vom Inhalt zum allein seelig machenden erhebt, wird sie **dilettantisch**.

Das Virtuosenthum brachte diese dilettantische Richtung namentlich zur Geltung; theoretisch begründet, so weit das überhaupt möglich, erscheint sie indess schon früher durch die Kritik.

Wir sahen bereits, wie früh schon sich der Widerspruch zwischen Theorie und Kritik geltend macht. Schon in jener Zeit, als die Theorie beginnt, die Praxis in ihrem Bilden zu begleiten, um gewisse Gesetze aus den Kunsterzeugnissen zu abstrahieren, versucht sie zugleich einen gewissen Maassstab festzusetzen, um damit die Erzeugnisse zu messen. Wir sahen, wie Glarean über die Freiheiten, die sich Josquin des Prés in seinen Arbeiten erlaubt, klagte, und fanden in jedem Jahrhundert die Klage über die Ausschreitungen des Genies wiederholt. Alle bedeutenden Meister der Tonkunst mussten sich von der Kritik schulmeistern lassen. Aber es war doch immer nur ein Schulmeistern. Die Theoretiker von Glarean bis auf die Kritiker Gluck's in der „Allgemeinen deutschen Bibliothek" hatten sich aus den vorhandenen Kunstwerken gewisse Principien und eine Theorie construiert, die vollständig auf jene Kunstwerke passte; aber sie hatten nicht jene allgemeinen Gesetze erkannt, unter welchen auch die verschiedensten Kunstwerke zusammentreffen, und ihr eigner Gesichtskreis hatte sich dabei so verengt, dass sie nicht zu erkennen vermochten, wie auch das neue Kunstwerk hineinpasste; wie es ganz auf demselben Boden gewachsen und wie sie nur die Grenzen zu eng gezogen. Sie begriffen nicht, wie der jüngere Meister jene ursprünglichen Gesetze nicht verletzt, sondern nur tiefer gefasst hatte. Sie verwarfen daher auch nicht das neue Kunstwerk, sondern nur die vermeintlichen Ausschreitungen, und wir vermochten früher schon nachzuweisen, wie die Anhänger Gluck's die ganze Opposition, die sich gegen diesen Meister erhob, besiegen konnten, wenn sie die hauptsächlichsten Grundsätze der Gegner einfach anerkannten und dann den Nachweis lieferten, dass das Gluck'sche Kunstwerk ihnen weit mehr entspricht, als das der Italiener. Diese ganze Theorie eines Mattheson, Marpurg, Paoluzzi, Martini, Fux, Kirnberger, Türk u. A. nicht minder, wie die Kritik eines Agricola, Reichardt, Kramer, Spatzier u. s. w., stützte sich auf eine technische Analyse des Kunstwerks, und wenn sie auch vorwiegend kaum den Schematismus erkannte, viel weniger den Organismus, so zügelte sie doch immer das Ungestüm des Genius und half verhindern, dass das Kunstwerk verwilderte.

Das neunzehnte Jahrhundert brachte eine wesentliche Aenderung auch hierin hervor. An Stelle jener technischen Analyse des Kunstwerkes trat die „psychologische Analyse", wie sie einer der Hauptschwätzer der neuen Richtung, Franz Brendel, nennt. Fr. Rochlitz (1750—1832), der Gründer der „Leipziger

Allgemeinen Zeitung (1798), war einer der ersten Vertreter der neuen kritischen Richtung, die das Kunstwerk nur nach seiner Wirkung auf Herz, Gemüth und Ohr beurtheilte, die jede technische Erörterung gar bald für eine Versündigung an der Kunst erklärte, und nur den vermeintlichen poetischen Inhalt in einige tönende Phrasen zu bringen versuchte. Jene dilettantischen Aesthetiker, Jean Paul, E. T. A. Hoffmann, Hegel, Schopenhauer u. s. w., schlossen sich ihr eifrigst an; als aber selbst so bedeutende Meister, wie Robert Schumann, sich zum Dogma vom Inhalt bekannten, hatte die neue Richtung ihre Sanction erhalten, so dass es bald Ketzerei war, vom Kunstwerk etwas anderes als Inhalt zu fordern. Wol hatte Schumann, um das neue Kunstwerk einer unzulänglichen Kritik gegenüber zu vertheidigen, ganz besonders auf die Bedeutsamkeit des Inhalts hinweisen müssen; allein bei ihm war eben die Form als erste Bedingung ganz selbstverständlich; das beweist er nicht nur durch sein gesammtes künstlerisches Schaffen, sondern er spricht es wiederholt in seinen kritischen wie ästhetischen Abhandlungen aus. Keiner der Nachgeborenen rang so energisch nach Formvollendung wie er, wenn gleich bei ihm wie überhaupt bei jedem Meister der Inhalt das Nächste und Treibende war.

Das musste sich allerdings wesentlich anders gestalten, bei den Nachfolgern auf dem Gebiet der ästhetischen Kritik, bei den Herren Brendel und Genossen, die weder von einem treibenden Inhalt noch von seiner formellen Gestaltung eine Ahnung hatten. Es ist von unendlichem Vortheil für die Kunst, wenn sich ihr so hochgebildete Dilettanten zuwenden, wie Winterfeld, Kiesewetter, Jahn, Lindner, Ambros, sie sind ja doch nur ihrer Lebensstellung nach Dilettanten und durch sie werden Elemente mit herübergeführt, welche die Kunstentwickelung mächtig zu fördern im Stande sind. Dass aber die „Zukunftsmusik" jenen dilettantischen Schwätzern, die nicht die mindeste oder doch nur eine dürftige Einsicht in die technische Gestaltung haben, Terrain auf dem Felde der Kunstkritik bereitwillig überlieferte, war wol das Schlimmste, was der Kunst unserer Tage begegnen konnte. Ohne die geringste Kenntniss der natürlichsten Gesetze der musikalischen Darstellung predigt Herr Franz Brendel ein „Ueberspringen derselben", ohne jegliche Ahnung von dem Wesen der Musikformen verkündet er die Negation derselben. Er analisiert symfonische Dichtungen und construiert das Kunstwerk der Zukunft, ohne auch nur zwei Accorde „ausdrucksvoll“ verbinden zu können. Dass ein solches Aesthetisieren ohne die schwächste factische Grundlage zu einer endlosen Begriffsverwirrung führen musste, ist klar, und diese wurde noch gefährlicher durch die besondere Tactik, welche die Partei, der Brendel dient, anwandte. Sie stellte alsbald die Lehre vom „beschränkten Musikantenverstande“ auf, und erklärte den für befangen in Vorurtheilen und nicht auf der Höhe der Zeit stehend, der sich nicht zu ihrer Doctrin bekannte, der nicht in Wagner und Liszt die beiden Meister erkannte, auf welche Bach und Beethoven in prophetischem Geiste hingedeutet haben sollten.

So absurd die Behauptung auch war, dass Musiker, die ihr ganzes Leben daran gesetzt hatten, die complicierteston Kunstwerke aller Jahrhunderte verstehen zu lernen, einem Kunstwerk und seiner Theorie urtheilslos gegenüberstehen sollten, die doch beide Herr Brendel begriff, dem für das Verständniss des einfachsten Walzer alle factischen Voraussetzungen fehlen, sie fand doch ihre Gläubigen. Die Partei setzte eine alte Eulenspiegelei mit dem glücklichsten Erfolge in Scene. Eulenspiegel wollte ein vortreffliches Wandgemälde ausgeführt haben, das indess nur von denen, die ehrlich geboren, als solches erkannt werden sollte, und von sämmtlichen Beschauern, die alle nur eine weisse Wand sahen, wollte keiner unehrlich geboren sein; jeder war daher voll Lobes über das herrliche Bild. Auch der neuen Inscenierung dieses Schwanks gegenüber hatten nur wenige Musiker von unzweifelhaft „ehrlicher Geburt“ den Muth, die weisse Wand als solche zu erkennen; die aber, welche ihre „unehrliche Geburt“ drückte, d. h. die Unverständigen, stimmten enthusiastisch ein in das Lob des zukünftigen Kunstwerks; es war so leicht gemacht, ehrlich — musikverständig zu werden.

Auch diese Partei fühlte zuletzt das Bedürfniss einer mehr wissenschaftlichen Begründung, und so wurde ein Preis ausgesetzt für: eine musikalisch-theoretische Begründung der, durch die neuesten Kunstschöpfungen bewirkten Umgestaltung und Weiterbildung der Harmonik.

Schon die Aufgabe ist äusserst characteristisch. Nur die „neue“ Harmonik muss begründet werden. Die Melodik, die doch im Kunstwerk eben so berechtigt ist, wurde durch die

Phrase von der ewigen Melodie begründet, und der Rhythmus scheint im Kunstwerk der Zukunft ganz beseitigt zu werden.

Characteristisch wie die Fragestellung war auch die Lösung, welche die Aufgabe durch die Herren Gr. Laurencin und C. F. Weitzmann fand.

Die alte Lehre von der Harmonik, wie sie namentlich durch Moritz Hauptmann in neuerer Zeit wissenschaftlich begründet worden ist, basiert auf dem eigenthümlichen, in der Natur gesetzten Verhältniss der Tonica und Dominante zu einander. Durch die Dominantwirkung und die dadurch bedingten verschiedenen Grade der Verwandtschaft, welche die alte Lehre als factisch bestehend annimmt, wird die Form harmonisch bedingt, und wir versuchten im Verlaufe unserer Untersuchung nachzuweisen, wie alle Vocalformen auf der Dominantwirkung beruhen und die Instrumentalformen recht eigentlich aus ihr hervortreiben. Die sogenannte „Neudeutsche Schule" geht davon ab und gelangt zu einer im alten Sinne formlosen Anhäufung der Accorde. Die Berechtigung dieses Verfahrens nachzuweisen wäre nun die einzige Aufgabe einer theoretischen Begründung der „neuen" Harmonik gewesen; dass „einem consonierenden Accorde jeder consonierende Accord folgen kann", das Endresultat der Weitzmann'schen Untersuchung ist wahrlich nicht der Mühe werth, so weitläufig nachzuweisen.

Wer wird beim vollendeten Kunstwerk jeden Accord nach Pass und Heimathschein fragen? Das hat die alte Schule wenigstens nirgends gethan. Wir finden bei den grossen Meistern der alten Schule harmonische Verbindungen, von denen sich die neue Schule nichts träumen lässt und die auch der pfiffigste Theoretiker neuen und alten Styls nimmer aus den Satzungen der Tabulatur construieren kann. Auch in Bezug auf die Dissonanz vermochte der preisgekrönte Theoretiker nichts Neues aufzustellen, weil seine Meister auch hier nichts Neues bringen. Das einzig „Neue" der „neuen" Harmonik ist eben nur: dass die neue deutsche Schule das Gesetz der Dominantwirkung negiert, dass sie nicht, wie alle grossen Meister bis auf Schumann, Tonica und Dominant als die Angelpunkte betrachtet, auf welche sich die auch noch so reiche Harmonik immer wieder bezieht, sondern dass sie hier die subjectivste Willkür gestattet. Das ist das wesentlichste Unterscheidungszeichen alter und „neuer" Harmonik, und der Beweis, dass das Verfahren gerechtfertigt ist, wäre einzige Aufgabe für die Beantwortung jener Preisfrage geworden. Die Preisbewerber unterliessen es ihn zu führen, weil es ihnen so wenig gelungen wäre, wie zu beweisen, dass die menschlichen Gliedmaassen ihre Stelle verrücken können, ohne das höchste Bildwerk der Natur, den menschlichen Körper zu karrikieren.

Diese „musikalisch theoretische Begründung der neuen Harmonik" ist demnach als entschieden missglückt zu betrachten und die Partei selbst hat sie eigentlich nicht weiter versucht. Sie hat seitdem ihre „Neuerungen" nur durch den Grundsatz gerechtfertigt, „dass es auch in der Kunst einen Fortschritt geben muss", zu dem auch wir uns mit allen seinen Consequenzen bekennen. Nur können wir nicht alles „Neue" für einen Fortschritt halten. Der Maler oder Bildhauer, welcher die Stellung der einzelnen Gliedmaassen, die Arme mit den Beinen, den Mund mit der Nase vertauschen wollte, würde ein höchst originelles Bildwerk zu Stande bringen, dem nur nichts weiter als die untersten Bedingungen zum Kunstwerk fehlen. Kaum anders verhält es sich mit dem gepriesenen Kunstwerk der Zukunft. Wir haben im Verlauf unserer Darstellung die Grundprincipien erkannt, nach denen die gesammte Entwickelung erfolgt und von denen sich kein Meister entfernt. Wie himmelweit verschieden auch die Formen der verschiedenen Jahrhunderte unter einander sind, es lebt in allen derselbe Organismus, dieselbe Gesetzmässigkeit. Es giebt gewisse Gesetze der Kunstgestaltung, die viel mehr im Material, als in der Idee des Kunstwerks begründet sind und die nicht verletzt werden dürfen, wenn der Begriff Kunstwerk nicht ganz verloren gehen soll. Innerhalb derselben aber ist dem schaffenden Genius eine solche unbeschränkte Freiheit gestattet, dass er immer wieder neue Formen hervorzubringen vermag, ganz wie in der Natur, die immer nach denselben ewigen Gesetzen bildet und seit Jahrtausenden noch nie zwei ganz gleiche Formen hervorgebracht hat.

Nicht minder gefährlich, als diese Begriffsverwirrung, wurde weiterhin das Cliquen- und Claquenwesen, das sich ganz nothwendig in der abschreckendsten Weise auf diesem Wege erzeugen musste. Eine so vollständige Unkenntniss der untersten Elemente musikalischer Kunstgestaltung, wie sie Brendel bei jeder Gelegenheit darthut, macht ein selbständiges Urtheil von vornherein unmöglich. Als er die „Neue Zeitschrift für Musik" übernahm, konnte er nicht anders als Partei ergreifen, und gerade dieser Mangel an Einsicht macht ihn zu einem vortrefflichen Parteimann, der neben persönlichen Interessen nur noch Parteiinteressen kennt. Von einer künstlerischen Parteikritik selbst konnte bei ihm schon nicht mehr die Rede sein; die „Neue Zeitschrift für Musik" wurde ein Parteiblatt der niedersten Sorte.

Alles was aus der Partei selbst hervorgeht wird mit maasslosem Enthusiasmus begrüsst; was dem entgegenstand, eben so maasslos beschimpft und heruntergezogen. Für Herrn Brendel und seine Genossen giebt es nur eine rein persönliche Fassung des Begriffs Partei; selbst zu einer tendenziösen Kritik fehlt ihnen meist das Verständniss. Die niedersten Interessen der Selbstsucht werden fort und fort rege erhalten, um der Partei Boden zu gewinnen, und der deutsche Musikant sieht ruhig zu. Brendel überkam sogar einen der wichtigsten Zweige musikalischer Disciplin am Leipziger Conservatoir, und Künstler von Ruf und Stellung beugen sich unter sein Protectorat und Patronat, um ihren Platz auf dem Leipziger Parnass nicht zu verlieren, und liefern den Beweis, dass der deutsche Musikant eine bessere Behandlung noch nicht zu verdienen gelernt hat! — —

Bedauerlicher aber als alles dies ist endlich, dass durch diese ganze unsaubere Strömung eine nur dilettantische Musikbildung unter den Künstlern selbst sich auszubreiten beginnt; dass sie auf dem Niveau derselben sich ganz wol befinden.

Jene einseitige Richtung auf nervenkitzelnde Klangeffecte hat die Aufmerksamkeit der Kunstjünger einseitig auf die Harmonik gerichtet. Die andern beiden Mächte musikalischer Darstellung, welche das Kunstwerk erst auf die Höhe zu heben vermögen, dass es das Stoffliche seiner Existenz verliert, Melodie und Rhythmus, werden so vollständig vernachlässigt, dass wir diese Richtung mit Recht als eine roh materielle, als eine dilettantische bezeichnen müssen. Nur der ist ein wirklicher Künstler, der das gesammte Material, die rhythmischen und melodischen Mittel zum mindesten mit derselben Meisterschaft behandelt, wie die harmonischen. Jedes einseitige Vordrängen des einen auf Kosten des andern ist der Kunst zuwider und stempelt die ganze Richtung zur dilettantischen. Wie diese namentlich durch die sogenannten Romantiker begründet wurde, indem sie die Lehre vom Inhalt zum Glaubenssatz erheben, ist schon erwähnt, eben so dass der Dilettantismus, der so gern in Sachen der Kunst seinen Spruch abgiebt, sich sofort anschloss. Jetzt war das musikalische Richteramt ausserordentlich erleichtert. Früher gehörte immer doch noch eine gewisse Einsicht in die musikalische Technik dazu, um als wirklicher Kunstrichter gelten zu können. Das ist nun nicht mehr nöthig. Jetzt genügen zwei Ohren. Es gilt ja nur einen Inhalt herauszuhören und das ist, bei der Vieldeutigkeit des Materials nicht gar so schwer, und je geistvoller dieser Inhalt nachher dargelegt wird, desto grösser ist natürlich der Ruf des Kunstrichters. Nachdem aber die Componisten die Programme zu ihren Schöpfungen veröffentlichten, ist das Kunstrichterthum reine Spielerei. Man hat jetzt nur zu controllieren, ob die Geiger rechtlich und ehrlich zupfen: „Er liebt mich! — Liebt mich nicht!“ — „ob Cäsar seine Dolchstiche kunstgerecht erhält“ — „ob die Pferde zu rechter Zeit scheuen“, und was der nothwendigen Dinge mehr sind, welche die Musik darzustellen hat. Die ganze Richtung fand natürlich am schöngeistigen Dilettantismus die festeste Stütze, übte aber auch den verderblichsten Einfluss auf die Kunst, namentlich als noch die famose Lehre „vom absoluten Musiker“ in dem Katechismus der neu-deutschen Schule aufgenommen wurde. Ihr erschien der absolute Musiker natürlich verfehmt; um auf der Höhe der Zeit zu stehen, musste man nichts eiliger vermeiden, als ein absoluter Musiker zu sein.

Der junge Künstler hatte jetzt nur nöthig, sich einige Vocabeln des musikalischen Ausdrucks auswendig zu lernen, um dann seine Empfindungen oder besser seine Intentionen ausstammeln zu können, und hierzu erwies sich ihm der reiche Schatz harmonischer Züge aus Schubert, Chopin und Schumann äusserst günstig.

Hatte ihm diese Lectüre noch nicht so viel technisches Geschick zugeführt, dass er wirkliche Variationen schreiben konnte, nun so schreibt er Phantasie-Variationen; die Phantasie herrscht mit unumschränkter Willkür und übersteigt alle zopfigen Formen, und dann fand sich auch bald ein ähnlicher Dilettant, der die neue Form als die einzig künstlerische, auf der Höhe der Zeit stehende darstellte. Vermag der junge „Meister“ seine wenigen Vocabeln nicht zu einem gefesteten Instrumentalsatze zusammen zu stellen, so schreibt er „Phantasiestücke“ mit derselben Leichtigkeit und

Freiheit, wie seine Variationen, und er darf desselben Erfolges sicher sein. Drängt es ihn aber gar, seine paar Vocabeln zu Liedern zusammen zu stellen, dann ist ihm die grösste Freiheit gegeben. Er braucht die Lieder nur „Gesänge“ zu nennen, und kein Mensch hat nach etwas anderm zu fragen, als höchstens nach dem Inhalt, und die gevatter- oder kameradschaftliche Kritik hilft dann ohne weiteres zur Anerkennung und registriert sein Streben in den Annalen der Kunstgeschichte, als eines auf der Höhe der Zeit stehenden.

Es ist dies Bild durchaus nicht übertrieben — ein Rückblick auf die vorigen Kapitel wird die Treue desselben mit zum Theil gefeierten Namen belegen; und wir entwerfen es auch nicht, um mit hämischer Schadenfreude auf die klaffenden Wunden hinzuweisen, sondern nur, um die bessernde Hand anlegen zu helfen, weil wir der Meinung sind, dass gerade darin die grosse Oede in der Production unserer Zeit begründet ist, und nicht darin, dass die Kunst sich auszuleben beginnt. Unsere Zeit ist durchaus nicht so arm an musikalischen Talenten, wie wir im nächsten Kapitel nachweisen wollen, dass die Zerfahrenheit der musikalischen Production sich rechtfertigen liesse. Auch die unproductivste Zeit trug früher doch eine bestimmte Physiognomie — die selbst fehlt der unsrigen, wenn man nicht das Dilettantische als solche bezeichnen will. Wir haben nur einen Grund dafür: die dilettantische Musikbildung der sogenannten Künstler, die immer einseitiger wird, je mehr die Instrumentaltechnik, die zu erreichende Virtuosität grössern Fleiss erfordert.

Wir haben unsere Anschauung von Form und Inhalt hinlänglich dargelegt und bewiesen, dass wir der Form als solcher durchaus keine grössere Bedeutung zugestehen, nur so weit, als sich in ihr ein specifischer Inhalt darlegt, und wenn wir auch in den künstlichen Formen des doppelten Contrapuncts die höchsten Kunstgebilde sahen, so erkannten wir doch unumwunden an, dass sie eben nur durch bestimmten Inhalt zu erfüllen und dass in der Idee nicht minder andere Formen künstlerisch begründet sind. Aber trotzdem halten wir die Schulmeisterfuge Klengel's und den dürrsten Capellmeistercanon immer noch für künstlerisch bedeutsamer, als die meisten Phantasievariationen und Phantasiestücke der Neuzeit, die im Grunde genommen hinter ihren Klangeffecten nicht mehr reellen Inhalt offenbaren, als jene. Dass aber die künstlichen Formen der Neuzeit schon zum Spott und Hohn geworden sind, ist das bedenklichste Zeichen. Selbst in rein technischer Beziehung sind sie von unschätzbarem Werthe, weil sie eine Herrschaft über das gesammte Material gewähren, ohne welche Erfindung schon factisch unmöglich ist. An Vorbildern, und wären es die höchsten, Bach und Beethoven, wird sich der junge Künstler erst dann bilden können, wenn er durch jene rein beziehungslosen Studien, die er mit dem Material unternimmt, die eigenste Natur desselben sich zu eigen gemacht hat.

Um hier wieder Plan und Ziel in die Studien zu bringen, müssen wir der Virtuosität Zügel anlegen und vor allem „die dilettantische Kritik" zu ertödten suchen, die allerdings bis zu einer seltenen Naivität gelangt ist, wie bei jenem Halle'schen Kreisrichter (Friedrich Hinrich's), der, nachdem er das Buch des Verfassers : „Das deutsche Lied in seiner historischen Entwickelung", dilettantisch vornehm beurtheilt, alle sachlichen Untersuchungen und Forschungen nebst den gewonnenen Resultaten demselben entlehnt und dann ernsthaft glaubt, mit seinem dilettantischen Raisonnement etwas eigenes Besseres geliefert zu haben.[1]

Wir wenden uns im nächsten Kapitel zu der erfreulichern Thatsache, dass allenthalben schon sich die Anfänge einer gesunden Reaction gegen dies ganze Treiben zeigen, um unser Werk mit einer freudigen Ausschau in die Zukunft zu beschliessen.

Siebentes Kapitel.

Die Reaction hiergegen.

Wir beginnen die Darstellung dieser Richtung mit einer Reihe von Meistern, die von den Wogen und Strömungen der Zeit, wie wir sie im Vorhergehenden schilderten, unbeirrt ihren Weg ruhig weiter giengen, ihr Kunstideal energisch verfolgten. Wir finden darunter einzelne, die auch dem neuen Jahrhundert mit seinen Ideen und Bedürfnissen sich widersetzten, weder zu ihrem

1. Vergl.: „Neue Berliner Musikzeitung", 1863, Nr. 38, pag. 304, ff.

eignen, noch zu der Kunst besonderm Vortheil; andere wieder, die in energischem Bestreben bemüht waren, auch die Ideen der Neuzeit auf sich wirken zu lassen, um sie künstlerisch zu gestalten.

Wunderbarer Weise begegnen uns darunter auch mehrere Virtuosen, die in dem Zeitalter der Virtuosität Selbstverleugnung genug hatten, selbst auf dem offnen Markte des Lebens nie den Künstler zu verleugnen. Einige, wie Clara Schumann (geb. 1819), die nie zu Concessionen an die Masse sich herabliess, konnten wir schon früher namhaft machen.

Wir nennen zunächst noch den Nestor der älteren Clavierschule, Ignaz Moscheles (geb. 1794), der seine grosse Virtuosität vorwiegend im Dienste der Kunst bewährte, unter dessen zahlreichen Werken für die ernsthaft strebenden Künstler reiche Schätze enthalten sind, und der namentlich in seiner Stellung als Professor am Conservatorium in Leipzig eine ganze Reihe von Schülern im angeführten Sinne bildete. Neben ihm nennen wir Stephen Heller (geb. 1815), Wilhelm Taubert (geb. 1811), Ferdinand Hiller (geb. 1812), Ernst Pauer (geb. 1828), die sich dieser Richtung anschlossen, und auch Anton Rubinstein (geb. 1829) vergass meist über dem Virtuosen nicht den Künstler.

Die leuchtendste Erscheinung nach dieser Seite ist ohnstreitig Joseph Joachim. Obgleich von einer so eminenten Technik, dass es wol für ihn keine unüberwindliche Schwierigkeit giebt, hat er doch nie mit dieser seiner Virtuosität „Schau gestanden oder gar Schacher getrieben“. Auf seinen Programmen erhält nur das Kunstwerk einen Platz, und wer von ihm Bach's Sonaten, oder Beethoven's Violinconcert, oder im Verein mit Clara Schumann die Kreutzer-Sonate oder Schumann's Quintett, unterstützt von ebenbürtigen Künstlern gehört, der vermag die wahre Bedeutung der Virtuosität zu begreifen; der wird sie nimmer unterschätzen, sie aber noch viel weniger für sich allein gelten lassen. Nach dieser Seite ist Joseph Joachim der directe Gegensatz von Hans von Bülow und den andern Schülern Liszt's, die nur sich und ihre staunenswerthe Technik zu glänzender Erscheinung zu bringen suchen. Würdig reihen sich Joseph Joachim Lipinsky, Laub und Singer an, wenn auch der letztere namentlich gern noch den Virtuosen stark hervorkehrt, wie Cossmann, der Violoncellist, so sind doch beide auch in ihrer

Virtuosenleistung immer noch Vertreter ernster klassischer Richtung.

Die Orgel als Concertinstrument wird dagegen bemerkenswerth vernachlässigt. Seit dem Tode Joh. Schneider's und Adolph Hesse's dürften von bedeutenden Orgelvirtuosen nur noch Haupt in Berlin und Ritter in Magdeburg zu nennen sein.

Ganz besonders aber vernachlässigt erscheint der dramatische Gesang, während der Liedergesang in Julius Stockhausen eine seltene Vollendung gewonnen hat. Seitdem die Schröder-Devrient, ebenso genial als dramatische, wie als Liedersängerin, und die ihr nacheifernde Köster-Schlegel von der Bühne abgetreten, macht sich jetzt mit wenigen Ausnahmen ein Naturalismus unter den Bühnensängern und Sängerinnen geltend, der sie factisch nur noch für gewisse Partien befähigt erscheinen lässt. Viele der vortrefflichsten Opern, die eine wirkliche Schule voraussetzen, finden thatsächlich schon nirgend mehr genügende Darsteller, und wenn hier nicht bald eine energische Reaction eintritt, so werden die Bühnen bald auf ein Repertoir angewiesen sein, das nur noch wenige Opern umfasst.

Um so erhebender ist der entschiedene Fortschritt, der dagegen in der Pflege des Oratoriums und der verwandten Formen in unserm Jahrhundert erreicht worden ist. Aus jenen vereinzelten Vereinen, die sich in den Häusern begüterter Kunstfreunde zur Pflege des Chorgesanges versammelten und die im vorigen Jahrhundert, nachdem die Cantoreien meistens schon in Verfall gerathen waren, fast ausschliesslich den Chorgesang cultivierten, sind grosse fest dotierte Vereine geworden, die in vielen Städten das öffentliche Musikleben allein leiten. Während noch im Anfange des gegenwärtigen Jahrhunderts die von J. A. Hiller in Leipzig und die von Fasch in Berlin gegründeten Singacademien die einzigen nennenswerthen Privatinstitute der Art waren, dürfte heute kaum eine Stadt Deutschlands von einiger Bedeutung sein, in der nicht eine Academie die Pflege des Chorgesangs übernommen hätte. Die Singacademien in Berlin, Wien, Leipzig, Dresden u. a., wie der Stern'sche Gesangverein in Berlin oder der Riedel'sche Gesangverein in Leipzig haben fast europäischen, der Berliner Domchor sogar Weltruf erworben, und selbst einige Männergesangvereine, wie der Kölner, dürfen sich bedeutender Erfolge rühmen.

Diese Academien aber bilden eins der bedeutendsten Momente innerhalb der gesammten Kunstentwickelung unserer Tage. Hier hat die Kunst meist eine viel reinere Stätte gefunden, als irgend wo anders, und die wachsende Ausbreitung derselben ist das sicherste Zeichen, dass der echt künstlerische Sinn im Wachsen und nicht im Abnehmen ist. Die echt monumentalen Werke vergangener Jahrhunderte, von Händel und Bach, wie die der alten Italiener und die der neuern Meister, Haydn, Mozart, Beethoven, Mendelssohn und Schumann, finden hier ihre treuste Pflege, und je mehr der Kreis derer wächst, die hier Erhebung und Genuss finden, um so schneller werden wir über jene im vorigen Kapitel erörterten Missstände hinauskommen. Wol ahnte Mendelssohn nicht, als er vor nun etwa fünfundzwanzig Jahren Bach's Matthäuspassion aus dem Staube hervorholte, dass nicht nur dies Werk so früh populär, dass selbst die Messen und Cantaten dieses wunderwürdigsten aller Meister so lebendigen Anklang und Wiederhall bei der Nation finden würden. Wenn wir aber erst wieder lernen an der schmucklosen Schönheit, die des berückenden Sinnenreizes entbehrt, und an dem Kunstwerk, das nur durch diese beziehungslose Schönheit wirkt, uns zu erheben und zu ergötzen; wenn wir vom Kunstwerk erst wieder Kunst und nicht Sinnenreiz begehren, dann wird jene Afterkunst, die nur auf das Empfängnissvermögen der niedern Massen speculiert, in sich zerfallen, und ihre Apostel werden spurlos verschwinden. Das ist die hohe Mission der Gesangvereine; möchten sie dieselbe nie aus dem Auge verlieren und sich nie zu Concessionen an die unkünstlerischen Strömungen der Zeit verleiten lassen, wie sie die meisten übrigen Institute, Oper und Orchestervereine machen müssen.

Auch die Orchestervereine haben in unserer Zeit eine Ausdehnung gewonnen, die selbst jene Zeit der freien Standesherren, die sich Capellen hielten, nicht kannte, und wenn sie auch, wie bemerkt, zu Concessionen gezwungen sind, so bildet doch auch bei ihnen meist das monumentale Kunstwerk, wie es Haydn, Mozart, Beethoven, Schubert, Mendelssohn und Schumann schufen, die Grundlage des Programms.

Dieser ganzen Richtung kommt nun noch jene Thätigkeit rechtzeitig zur Hülfe, die in dem Maasse keine frühere Zeit kannte, die der historischen Erforschung und Sichtung der Kunstwerke.

Erst unserer Zeit war es vorbehalten, nicht nur Bach und Händel in correcten und vollständigen Ausgaben, sondern auch die Meisterwerke der früheren Jahrhunderte, alles was der instinctive Drang des Volkes oder was fromme Begeisterung in den Meistern der alten und neuen Kirche hervortrieb, wiederum allgemein zugänglich zu machen. Die letzten Jahrzehnte haben uns nicht nur die vollständigen Motetten und Messen und andere Cultusgesänge Palestrina's und seiner Zeitgenossen (in Sammlungen von de Witt und Proske), die Cultusgesänge der Niederländer (herausgegeben von Franz Commer), sondern auch die bedeutendsten Kunstwerke der evangelischen Kirche während und nach der Reformation (in Sammlungen von Teschner, Neidthardt, Hoffmann, Rebling u. A.) und Volksliedersammlungen von Erk, Jul. Meyer und E. Richter gebracht. Die 1850 errichtete Bachgesellschaft aber überliefert der deutschen Nation Schätze von unnennbarem Werth, wie sie kostbarer keine andere Zeit und kein Volk aufzuweisen hat. Hier nun wollen wir nicht des unstreitig verdientesten der Herausgeber, W. Rust, zu erwähnen unterlassen, der mit einer Liebe und Hingebung sich der äusserst schwierigen Arbeit: aus den vorhandenen oft von dritter Hand gefälschten Manuscripten und widersprechenden Abschriften die richtige Lesart zu finden, unterzieht, die, weil sie kaum wiedergefunden werden dürfte, unsere bewundernde Anerkennung verdient. Ihm allein verdanken wir die correcte Herstellung der meisten Jahrgänge der Bachausgabe.

Wenige Jahre später (1859) begann die Händelgesellschaft mit einer correcten Gesammtausgabe der Werke Händel's, unter der Redaction Chrysander's, des verdienten Biographen dieses Meisters. Nicht minder verdienstlich sind jene Ausgaben älterer Instrumentalwerke, wie die der Sonaten Ph. E. Bach's durch E. Baumgart mit dem trefflichen Vorbericht des Herausgebers, oder älterer Geigenconcerte und Etuden durch den verdienten Meister Ferdinand David. Nicht gering wollen wir ferner das Verdienst jener Männer veranschlagen, die durch fleissig gearbeitete Clavierauszüge auch die grössern Vocal- und Instrumentalwerke den weitesten Kreisen zugänglich machen, wie H. Ulrich, R. Franz, J. Stern, F. E. Wilsing u. A.

Alle diese Bestrebungen müssen sich nothwendig in einer neuen historisch-kritischen Schule gipfeln, die anschliessend an C. von Winterfeld, Otto Jahn, Mosewius und Ernst Otto Lindner, an Stelle jener eleganten Phraseologie, die in Joh. Fr. Reichardt, Fr. Rochlitz, E. T. A. Hoffmann ihre ersten geistvollen Vertreter fand, und die dann von F. Lenz, L. Rellstab, Oulibicheff, Hanslick fleissig angebaut wurde, bis sie bei Ludwig Nohl zur bombastischen Tirade, bei Franz Brendel und seinen Genossen zur ziel- und grundlosen Wortmacherei sich vergröberte, die sach- und fachgemässe Analyse des Kunstwerks setzen, durch die dasselbe allein zu begreifen und nach seiner kunsthistorischen Bedeutung zu würdigen ist. Seitdem wieder Musiker wie H. Bellermann, A. von Dommer, A. Dörffel, O. Kade, Schletterer, van Bruyck u. A. auch diesem Zweige sich zuwenden, dürfte wol jenem dilettantischen Unwesen bald ein Ziel gesetzt werden. Schon ist ja auch bereits in den öffentlichen Musikzeitungen eine glückliche Wandlung eingetreten. Die „Rheinische Musikzeitung" (L. Bischoff) wie die „Allgemeine Leipziger Musikzeitung" (S. Bagge) und die „Wiener Recensionen" haben sich dieser Bewegung angeschlossen, sie zum Theil mit herbeiführen helfen. Als ein characteristisches Zeichen dieser ganzen Richtung wollen wir ferner nicht unerwähnt lassen, dass der Sinn für historische Studien selbst in weitern Kreisen Terrain gewinnt. Nicht nur die öffentlichen Bibliotheken werden in einem ungleich grössern Maasse benützt, sondern Herr Dörffel, der geist- und geschmackvolle Uebersetzer von Berlioz's „Instrumentationslehre" in Leipzig, konnte eine äusserst reichhaltige, mit den bedeutendsten theoretischen Werken fast aller Jahrhunderte versehene Bibliothek der öffentlichen Benutzung übergeben, und erfreut sich eines reichen Zuspruchs.

Wie endlich aus allen diesen Bestrebungen eine wirklich neue Theorie, die nicht auf ausserhalb des Darstellungsmaterials liegenden, sondern auf aus der eigensten Natur desselben gezogenen Gesetze sich stützt, sich entwickeln muss, ist selbstverständlich, und diese wird dann wiederum einen wesentlichen Einfluss auf die Gestaltung des Kunstwerks gewinnen, den in den letzten fünfzig Jahren nur jene in den vorigen Kapiteln characterisierte Aftertheorie gewann.

Es ist dies eine, für die Characteristik unserer Zeit gleichfalls eigenthümliche Erscheinung, dass die Theoretiker unserer Tage auf die Gestaltung des Kunstwerks, wenn überhaupt, so doch einen äusserst geringen Einfluss gewannen. Das war früher ganz bedeutend anders. Wir konnten im Verlauf unserer Darstellung nachweisen oder doch andeuten, wie die Theorien eines Franco von Cöln, Tinctoris, de Muris, Zarlino, Glarean bis auf Praetorius, Marpurg und Mattheson das neue Kunstwerk fördern halfen; wie Zarlino, Rameau, Werckmeister, Scheibe oder Ph. Em. Bach u. A. namentlich auch die neue Musikpraxis theoretisch begründen halfen; wir vermögen selbst in Jos. Haydn noch den Einfluss von Fux's: Gradus ad Parnassum, oder in Beethoven die Generalbasslehre Albrechtsberger's wirksam zu erkennen, und dass die Theorien Kirnberger's (1721—1783) oder Türk's (1751—1831) auf ihre Zeitgenossen J. A. P. Schulz, Anselm Weber u. A. einwirkten, ist unverkennbar, während es schon schwieriger sein dürfte, aus den Werken C. M. v. Weber's oder Meyerbeer's die Theorie des Abt Vogler zu erkennen. Noch weniger aber vermögen wir irgend welchen nennenswerthen Einfluss, den die in ihrer Art vortrefflichen Lehrbücher von Logier, Joh. Ant. André (1775—1834), Gottfried Weber (1779—1824), Adolph Bernhard Marx (geb. 1797) und J. F. Lobe gewinnen konnten, und wir möchten den Hauptgrund hierfür darin sehen, dass sie zu wenig den Anforderungen der Zeit entsprechen. Jene Lehrbücher von Logier, André und Weber behandeln fast ausschliesslich die harmonische Gestaltung, die rhythmische und melodische, nur nebenher gehend, und namentlich das Werk André's ist nach dieser Seite eine reiche Fundgrube; dabei erfahren die Formen des alten künstlichen Contrapuncts eine so eingehende Erörterung, wie sonst kaum in dem Werk des Italieners Paolucci oder in dem Werke Marpurg's über die Fuge. Aber die eigentliche Formenlehre, die Unterweisung in der Gestaltung der Formen, wie sie die neue Zeit schon in so herrlicher Vollendung bildete, wurde von jenen Lehrbüchern ganz ausgeschlossen. Sie verliessen den Schüler also gerade dort, wo er ihrer eigentlich am meisten bedurfte. Hierin erweist sich nun das Lehrbuch von Marx als ein bedeutender Fortschritt. Es unterwirft nicht nur die Lehre von der Harmonik einer Revision, sondern verknüpft diese auch, wenn auch immer noch nicht principiell eingehend, mit der Lehre von der Melodik und Rhythmik, und knüpft daran eine ausführliche Formenlehre, die sich freilich nur zu oft als unbegründet erweist, weil sie meist den Schematismus für den Organismus nimmt. Marx construiert die Formen nicht eigentlich aus ihrer Idee und abstrahiert die Gesetze ihrer Gestaltung nicht aus ihrer historischen Entwickelung, sondern nach und aus bestimmten Mustern, so dass sie immer nur für diese Geltung haben. Die Lehre von der formellen Gestaltung des Liedes musste beispielsweise an das strophische Versgefüge anknüpfend, darthun, wie dies musikalisch nachzubilden ist[1], die Gesetze dieser Formation durch den historischen Verlauf derselben begründen und dann zeigen, wie der jeweilige Inhalt die Form erweitert, reicher und eigenthümlicher gestaltet. Marx gründet seine Lehre vom Liede vorwiegend auf das Reichardt'sche Lied, das doch nur eine eigenthümliche Phase innerhalb der Liedgestaltung bezeichnet; die eigenthümlichen, der Theorie Marx's oft direct widersprechenden Gestaltungen des Volksliedes, des Liedes der Reformationszeit oder der Lieder Beethoven's, Schubert's, Mendelssohn's und Schumann's bleiben ganz unberücksichtigt, sie passen eben nicht mehr in jenes System. Lobe in seinem Lehrbuch der Composition geht insofern einen bedeutsamen Schritt weiter, als er seine Muster bis auf die neuere und neueste Zeit erweitert und sie nicht nur wie Marx einem bestimmten engern Kreise entnimmt; doch auch er hat noch nicht den letzten Schritt gethan, eine Theorie aufzustellen, wie die oben characterisierte, die das ganze Gebiet der Kunstentwicklung umfasst und aus der Summe der einzelnen Erscheinungen das allen Gemeinsame herausnimmt, um so die Fundamentalgesetze für die gesammte Kunstgestaltung zu bestimmen. Moritz Hauptmann (geb. 1780) hat bis jetzt in seiner Harmonik und Metrik (Leipzig, 1853) den ersten Schritt gethan, indem er das Darstellungsmaterial an sich aus diesem Gesichtspunkt betrachtet und die allgemeinsten Gesetze für seine beziehungslose Formation aufstellt. Die Gesetze der Kunstgestaltung der einzelnen Formen nachzuweisen wurde in dem vorliegenden und dem früher erschienenen Werke des Verfassers: „Das deutsche Lied in seiner historischen Entwickelung" zuerst versucht; eingehender noch in seiner: „Allgemeinen Musiklehre", p. 133 ff.

1. Vergl.: Reissmann, „Allgemeine Musiklehre", Berlin, 1864, pag. 77. 79. 156 ff

Es bedarf wol kaum eines nähern Nachweises, von welch förderndem Einfluss eine solche Theorie werden muss. Sie wird wesentlich unterstützt werden durch die akustischen Untersuchungen, welche in der Neuzeit wiederum mit Fleiss aufgenommen worden sind.

Seit Chladni (Ernst. Fl. Fr., 1756—1826) waren es namentlich die beiden Weber (H. und W.), welche den Klang zum Gegenstande eingehender Untersuchungen machten, deren Resultate sich übrigens mehr auf Anatomie, auf Instrumentenbau und den Gesang bezogen. In neuerer Zeit hat nun namentlich der berühmte Physiologe Helmholtz in seinem Werke: „Die Lehre von den Tonempfindungen als physiologische Grundlage für die Theorie der Musik", die Resultate einer Reihe von Untersuchungen niedergelegt, die recht wol geeignet sind, wenn auch nicht eine neue Theorie, doch einzelne Lehrsätze zu begründen. Von noch grösserem Erfolge werden natürlich diese Untersuchungen in ihrer Anwendung auf den Instrumentenbau sein, der in unserm Jahrhundert in einzelnen Zweigen zu seltener Höhe geführt worden ist.

Dass keine so vorzüglichen Orgeln mehr gebaut werden, wie die der Silbermann's (Gottfried, 1684—1756 und Joh. Andreas, 1712—1783), ist erklärlich, eben so wie, dass die Pianofortefabrication einen so bedeutenden Aufschwung genommen hat. Aus der grossen Menge vortrefflicher Fabriken nennen wir: Scheel in Cassel, Bechstein und Stöcker in Berlin, Erard in Paris u. s. w. Einer ähnlichen Sorgfalt erfreut sich die Fabrication der Bogeninstrumente, und wenn auch vielleicht keine Amati und Stradivari mehr gebaut werden, so ist doch die Menge der vortrefflichen Instrumente eine verhältnissmässig grössere als früher.

So sehen wir überall neben jenem wüsten Treiben, das nur darauf gerichtet ist, die Kunst den niedersten persönlichen Zwecken dienstbar zu machen und das Kunstwerk der Verwilderung entgegen zu führen, eine Reihe begabter und begeisterter Männer unablässig thätig, die Kunst auf ihrer Höhe zu erhalten und fördern zu helfen: dass sie immer herrlicher emporblühe und das Kunstwerk der Zukunft nicht eine Karrikatur, sondern eine herrlichere Neugestaltung des alten werden.

Um dies erhebende Bild zu vollenden, wenden wir uns endlich

noch dem Kreise verdienter Männer zu, die bereits selbstschaffend in diesem Sinne thätig wirken.

Es sind dies zunächst, wie wir bereits angeführt, eine Reihe solcher Meister, welche der neuen Zeit mit ihrem veränderten Wünschen und Sehnen, mit ihren andern Bedürfnissen, welche dem umgestalteten Volksempfinden möglichst wenig Concessionen machen; deren Kunstideal nicht eigentlich die Summe der, ihre Zeit bewegenden Ideen ist, sondern mehr jenes allgemeine, das ohne eine bestimmte Physiognomie zu tragen allen Künstlern und Zeiten gemeinsam ist, und das nur durch die jeweilige Technik bedingt eine andere Darstellung erleidet. Wir vermögen diesen Standpunkt nicht zu theilen, weil wir es für eine der herrlichsten Aufgaben der Kunst halten, die Ideale der Zeit in ihrem wunderbarsten Wirken und Weben zu erfassen, plastisch zu gestalten, um sie so für ewige Zeiten festzuhalten, wenn diese selbst längst sich ausgelebt, wenn sie durch neue verdrängt sind. Aber der Künstler, der diese Aufgabe ungelöst lässt, verliert dadurch nur die eigentlich monumentale Bedeutung, nicht die künstlerische an sich. Wer überhaupt ein Ideal, und sei es auch das vergangener Zeiten, künstlerisch zu gestalten vermag, ist ein Künstler, und am Ende kann sich keiner seiner Zeit so entschlagen, dass er ganz unbeeinflusst von ihr bliebe. Unbestreitbar wird auch jenes Ideal von den Strömungen der Zeit so viel beeinflusst, dass in seine Darstellung Elemente eindringen, die sie wesentlich verschieden erscheinen lassen, als jene früherer Jahrhunderte. Dann aber hat auch die neue Darstellung ihre grosse Bedeutung zum mindesten, indem jenes ältere Kunstwerk, als dessen Copie das neue erscheint, dem modernen Zeitbewusstsein näher geführt wird, als durch das Original selbst. Es gleicht dies unbewusste Aufnehmen jenem bewussten Mendelssohn's, durch welches dieser Meister seine ungeheure culturgeschichtliche Bedeutung gewann.

Einer der vorzüglichsten dieser Hüter alter contrapunctischer Tüchtigkeit ist Ed. Grell, der hochverdiente Leiter der Berliner Singacademie; gleich ausgezeichnet durch ein grosses contrapunctisches Geschick, wie durch eine herzberückende Keuschheit und Innigkeit der Empfindung, welche seine Vocalwerke durchzieht. So viel uns bekannt, erstreckt sich die Thätigkeit des verehrten Meisters nur über das Vocale; aber dies beherrscht er mit einer Meisterschaft, die wir nur an den alten italienischen Meistern gewöhnt sind. Seine sechzehnstimmige Messe ist daher ein Werk von monumentaler Bedeutung in dem oben angegebenen Sinne. In jenem imposanten und doch so reich belebten Style der ältern Neapolitaner gehalten, der so recht dem Messcultus entspricht, zeigt das Werk eine Mannichfaltigkeit der Erfindung und zugleich der Behandlung der doch immer gleichen Chormassen, die in Erstaunen setzt. Entblösst von all den reizvollen Mitteln der modernen Musik, wirkt unser Meister nur durch Chorklang; diesen aber weiss er so feinsinnig zu verwenden, dass er durch immer neue Combinationen neue Farbentöne gewinnt und unser Interesse fortwährend in Spannung erhalten wird. Im verwandten Bestreben erscheinen dann einige seiner Schüler, von denen Heinrich Bellermann die Grundsätze seines Lehrers in seinem Werke: „Der Contrapunct", in ein System fasste.

Eine ähnliche Stellung, wenn auch auf anderm Gebiete, nimmt Franz Lachner, wie sein Bruder, der bekannte Leiter der Mannheimer Oper, einer der vortrefflichsten Dirigenten des Jahrhunderts, ein. Mit derselben staunenswerthen contrapunctischen Gewandtheit, demselben feinen Sinn für Klangwirkung beherrscht er die ganze instrumentale Darstellung mit derselben Meisterschaft, wie Grell die vocalen, und so sind namentlich seine beiden Orchestersuiten (in Dmoll und in Emoll) so bedeutsam instrumental, wie Grell's Messe vocal.

Ihm am nächsten verwandt erscheinen Kalliwoda, J. F. Kittl, die indess wie Riess (1784—1838) oder Maurer sich mehr dem freieren Styl anschlossen, ohne durch einen besonders bedeutenden Inhalt dazu gedrängt zu werden, ihn neu zu gestalten.

Eine besonders lebhafte Thätigkeit entwickelten die Genannten und eine Reihe anderer auf dem Gebiete der Oper, wenn auch sämmtlich mit geringem Erfolge. Eine kleine Anzahl von Dilettantenopern haben die meisten der ungleich gediegenern und ernster gemeinten von dem Repertoir verdrängt, auf dem sie sich erhielten.

Gegen Lortzing's (1803—1852) „Czar und Zimmermann" und „Waffenschmied", Flotow's „Martha" und „Stradella" vermochten sich nur noch Gläser's „Adlers Horst" und etwa Gustav Schmidt's „Prinz Eugen", nicht aber die Opern von

Rietz, David, Mangold, Esser, Gade u. A. zu halten; und selbst die Opern so vortrefflicher und verdienter Meister der Töne, wie die von Ferd. Hiller, Wilh. Taubert oder H. Dorn, erwarben sich wol die volle Anerkennung der Kunstverständigen, nicht aber die Gunst des Publikums; wol nur weil sie verschmähten, auf das niedere Empfängnissvermögen desselben zu speculieren, wie jene Dilettanten, und doch auch andererseits ihre Stoffe nicht so vollständig beherrschten oder ihnen nicht die Seiten abzugewinnen vermochten, die eine imponierende, allseitig fesselnde Darstellung überhaupt möglich macht. Grössere Bedeutung gewann Taubert auf dem Gebiet des Liedes, indem er den Liedstyl Mendelssohn's namentlich in einzelnen Kinderliedern weiter baute, Hiller auf dem des Oratoriums, indem er sich mehr an Schumann anlehnte.

Das ist die Hauptaufgabe der Kunstbestrebungen unserer Tage, jene durch Schubert, Schumann und Mendelssohn gewonnenen Mächte des Ausdrucks den grössern und künstlicheren Formen zu vermitteln. Nicht nur die alten Formen des künstlichen Contrapuncts, sondern auch die freien Instrumental- und Vocalformen müssen durch den neuen poetischen Inhalt erneuert und ausgebaut werden, wie das jene Meister zum Theil selbst schon mit so grossem Erfolge versuchten. Es kann durchaus nicht Aufgabe unserer Zeit sein, den individuellen Ausdruck bis ins Unendliche zu erweitern, oder aber die alten Formen nur frisch aufzuputzen; der neue Inhalt muss vielmehr sich mit der alten Technik verschmelzen, und das Kunstwerk der Zukunft, das dramatische wie das rein instrumentale oder vocale, wird aus dieser Vereinigung hervorgehen, schöner und herrlicher, als es je geträumt worden ist.

In diesem Streben sehen wir eine Reihe jüngerer Künstler thätig, bei denen bald der Einfluss des einen, bald der des andern dieser zu verbindenden Elemente sich stärker geltend macht.

Die Macht des ältern Contrapuncts und der ältern Technik erweist sich noch lebendiger, als die des neuen Geistes in Friedrich Kiel (geb. 1820), der sein grosses contrapunctisches Geschick fast in allen seinen Werken von den Canons im Cammerstyl, seinen Fugen und Variationen bis zum Requiem darthut, und der, wenn es ihm gelänge, seine Thematik namentlich am Geiste Schumann's zu vertiefen und weicher und poesievoller zu gestalten, für die neue Entwickelung von grosser Bedeutung werden muss. Mit mehr Bewusstsein als Geschick verfolgt dies Ziel Joachim Raff (geb, 1822), dessen contrapunctische Fertigkeit wol nicht der von Kiel gleichkommt, immerhin aber höchst bedeutsam ist. Dabei erweist er sich ungleich mehr von Schumann und Mendelssohn beeinflusst, als Kiel, doch mehr von ihren Aeusserlichkeiten geblendet, als innerlich erregt, und weil er sich selbst dem Einfluss der Salonmusik eigentlich nirgend verschliesst, so ist jene Erneuerung alter Formen durch den neuen Geist noch weniger zu finden, als bei Kiel.

Der durch Beethoven fest bestimmten ältern Instrumentaltechnik schloss sich mit grossen Erfolgen bisher Hugo Ulrich an, der in seinen beiden Symfonien namentlich sich auch vom neuen Geiste Schumann's durchdrungen zeigt, wenn auch die alte Technik sich noch stärker erweist, als der neue Inhalt. Eine ähnliche Stellung nimmt Georg Vierling ein, einer der geistvollsten Musiker der Gegenwart, bei dem sich indess auch noch Einflüsse einer ältern Richtung geltend machen.

Eine andere Reihe jüngerer Künstler erscheint wieder stärker von den Einflüssen jener Meister berührt wie vom ältern Contrapunct; die Vermittelung wird natürlich auf diesem Wege eine schwierigere und namentlich bei denen, die unter dem Einfluss Schumann'scher Weise stehen. Wir fanden, dass Mendelssohn's Denken und Empfinden sich leichter technisch gestalten liess, als Schumann's, und daher haben auch bis jetzt die Jünger Mendelssohn's eine erfolgreichere Thätigkeit entwickelt, als die Schumann's.

Wir nennen von jenen zunächst Richard Wüerst, dessen reiches Formentalent sich in einer Reihe von Werken aller Art fort und fort bewährt, und der in seiner Thätigkeit auf dem Gebiete der Oper die bedeutsamsten Erfolge erreichen dürfte, während Jean Vogt (geb. 1823) auf dem Gebiete des Oratoriums wie auf dem der Cammer- und selbst der Salonmusik grössere Erfolge erringt, weil er seine bedeutende Fertigkeit in den Formen des künstlichen Contrapuncts, wie in der Behandlung der Instrumentalformen, mit einer tiefen Innigkeit und Reinheit der Empfindung verbindet. Ihnen reiht sich Reinthaler an, dessen instrumentale wie vocale Technik ihn befähigte, auf dem Gebiete des Oratoriums wie der Symfonie erfolgreich zu wirken, während Verhulst (geb. 1816), wie Sterndale, Bennet (geb. 1816), Carl Lührss (geb. 1824), Carl Reinecke (geb. 1824), Robert Radecke, oder S. Jaddassohn mehr auch die Technik Mendelssohn's adoptierten.

Unter dem directen Einfluss Schumann's stehen Robert Volkmann, der in seinen zahlreichen Instrumentalwerken eine Reihe wunderbarer, ganz in Schumann's Geist erfundener und empfundener einzelner Züge niedergelegt hat, dass wir nur lebhaft wünschen können, es möge ihm noch gelingen, sich bis zur plastischen Darstellung und Gruppierung solcher Einzelzüge zum gefesteten Ganzen durchzuringen. Waldemar Bargiel, Johannes Brahms, Theodor Kirchner, Grädener u. A. stehen noch zu sehr auch unter der Herrschaft ihres Meisters, um jetzt schon erkennen zu lassen, welchen Antheil sie noch am Bau jenes neuen Kunstwerks nehmen dürften.

Jenes Wort, welches wir früher einmal aussprachen, „wenn es einem Kunstjünger gelänge, sein eigenes Gemüth und seine eigene Fantasie an den gesammten Werken des Meisters (Robert Schumann) zu erregen, dass sie in gleich heiligen Strömen daherbrauste, und er fände die Zauberformel, sie zu bändigen, so würde er als ein neues Gestirn am musikalischen Horizonte erglänzen und seinen Namen würde man verzeichnen in den Reihen der Künstler von Gottes Gnaden", scheint nach alle dem noch nicht erfüllt, aber wir halten es noch für gültig und harren seiner Erfüllung.

ENDE.

Johann Strauß.

NOTEN-BEILAGEN

ZUR

ALLGEMEINEN GESCHICHTE DER MUSIK

VON

A. REISSMANN.

DRITTER BAND.

Nº 1. J. B. Lully. (Aus: *Alceste.*)

Nº 2. Marin Marais.

Alcione.
A - mour,
cru-el A-mour, sois touché de mes pei - nes,
Es-coute, es - cou - te mes sou-pirs,
Et vois cou-ler mes pleurs,

Et vois cou-ler
mes pleurs.
Depuis que je suis dans tes chais - nes, Tu m'as fait éprou-
ver les plus affreux malheurs; Le départ d'un a-

maut a com-blé mes douleurs, Mais mal-gré tant de
maux, si tu me le ra-mè-nes, Je te pardon-ne, je te pardon-ne tes rigueurs. A-mour, cruel A-
mour, sois touché de mes pei-nes! Es-

coute, es - cou - te mes sou - pirs et vois cou-
ler ——— mes pleurs,
et vois cou-ler ——— mes
pleurs.

Nº 3. Jean-Baptiste Rameau.

Arie aus: *Les Indes galantes.*

Fine.
toi - - - - - - - - - - - - - re, Plus il tra-
hit de ten-dres feux, Plus il se croit com-blé de
gloi - - - - - - - - - - - - - - re, Plus il se
Da capo.
croit com-blé de gloi - - - - re.

Nº 4. Quatuor. — (Aus : *Les Indes galantes.*)

chai - - - - - - - - - - - - - ne
mais, à ja - mais. Que ta chaî - ne
dure à ja - mais. Que ta chai - ne
nous ta chai - - - - - - - - - - ne
dure à jamais. Tendre A - mour, que pour
dure à jamais. Tendre A - mour,
dure à ja-mais, que pour nous ta chai - ne
dure à ja-mais, que pour nous ta
nous ta chai - ne dure à ja-mais, à jamais, à ja-
que ta chai - ne dure à ja-
dure à ja - mais, à jamais, à ja-
chai - ne dure à ja - mais, à ja - mais, à ja-

mais, que pour nous ta chaî - ne dure à ja - mais.
mais, que pour nous ta chaî - ne dure à ja - mais.
mais. Tendre A-
mais.
Tendre Amour, tendre amour, tendre A-
Tendre Amour, que ta chaî - ne du - re à ja-
mour, que ta chaî - - - - - - - - - - - -
que ta chaî - - - - - - - - - - - -
mour, que ta chaî-ne dure à ja-mais, à ja-mais, que pour
mais, que ta chaî-ne dure à ja-mais, à ja - mais,
- - - - - - ne dure à ja-mais, à ja - mais,
- - - - - - ne dure à ja-mais, à ja-mais, que pour

nous ta chai - ne dure à ja - mais.
que pour nous, que pour nous ta chaî - ne
que pour nous ta chaî - ne
nous ta chai - ne dure à ja - mais,
à ja - mais, à ja - mais,
dure à ja - mais,
dure à ja - mais,
à ja - mais,
à ja - mais, à ja - mais!
à ja - mais, à ja - mais!
à ja - mais, à ja - mais!
à ja - mais, à ja - mais!

Nº 5. Alessandro Scarlatti.

Cantate a due voci.

te.

te. Orche il mes-to mio

Orche il mes-te mio co - - re vo-i a voi sen vie ne a

co-re a voi a voi sen vie ——— ne a voi

voi sen vien e di quest al - ma pe-nan - -

— sen vie ne di quest al - ma pe-nan-

te u di - te per pie-ta u di-te per pie-ta le
u di-te per pie-ta, u di - te per pie-ta le du-
du - re pe - - - - - ne
re pe - - - - -
le du-re, du - re pe - - - -
ne le du - re pe - - - -
ne.

N° 5. Agostini Steffani.
Duett.
Lu-ci bel-la non tan-ta fret-ta, Lu-ci bel-la non
tan-ta fret-ta se vo-le-te fe-rir-mi il cor fe-
rirmi il cor Se vo-le-te
Lu-ci bel-la non tan - ta fret-ta, Lu-ci
Se vo-le-te, se vo-le-te fe-rir-mi il
bel-la non tan - ta fret-ta se vo-le-te fe-rir - mi il

cor se vo - le - - te, Lu - ci bel - la non tan - ta
cor se vo - le - te, se vo - le - te, se vo-
fret - ta Lu - ci bel - la non tan - ta fret - ta, se vo-
le - te, se vo - le - te, se vo-
le - te fe - rir - mi il cor se vo-
le - te fe - rir - mi il cor
le - te fe - rirmi il cor
fe - rirmi il cor se vo -

fe - rirmi il cor. Già non cer - co far ven-
le - te fe - rirmi il cor.
det - ta vin - to ce - - - do al vostro fu - ror
vin - to ce - do al vos - tro - fu-
ror, già non cer - co far ven - det - ta ce - do
Già non cer - co far ven - det - ta ce - do vin - -

vin - - - to.
- to ce - do vin - - - to al vos - tro fu-

ror —— vin - to ce - do al

Già non cer - co far ven - det - ta vin - to
vos - tro fu - ror già non cer - co far ven - det - ta

ce - - do al vos-tro al vos-tro fu - ror ——
vin - to ce - - - - do al vos-tro fu - ror ——

Nº 7. Reinhard Keiser.

Aria à 2 Soprani. (Aus: *Der zum Tode verurtheilte und gekreuzigte Jesus.*)

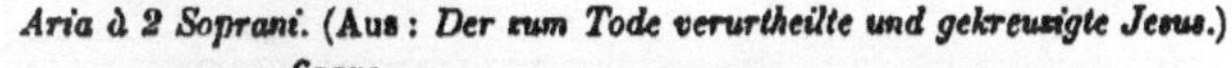

ner Thrä - nen mei - ner Thrä - - -
mei - - - ner Thrä - - nen mei - - - ner
- - - - - nen, steht still, mein
Thrä - - nen, steht still
Her - ze wei - net Blut, steht still,
mein Her - ze
mein Her - ze wei - net Blut.
wei-net Blut, mein Her - ze wei - net Blut.

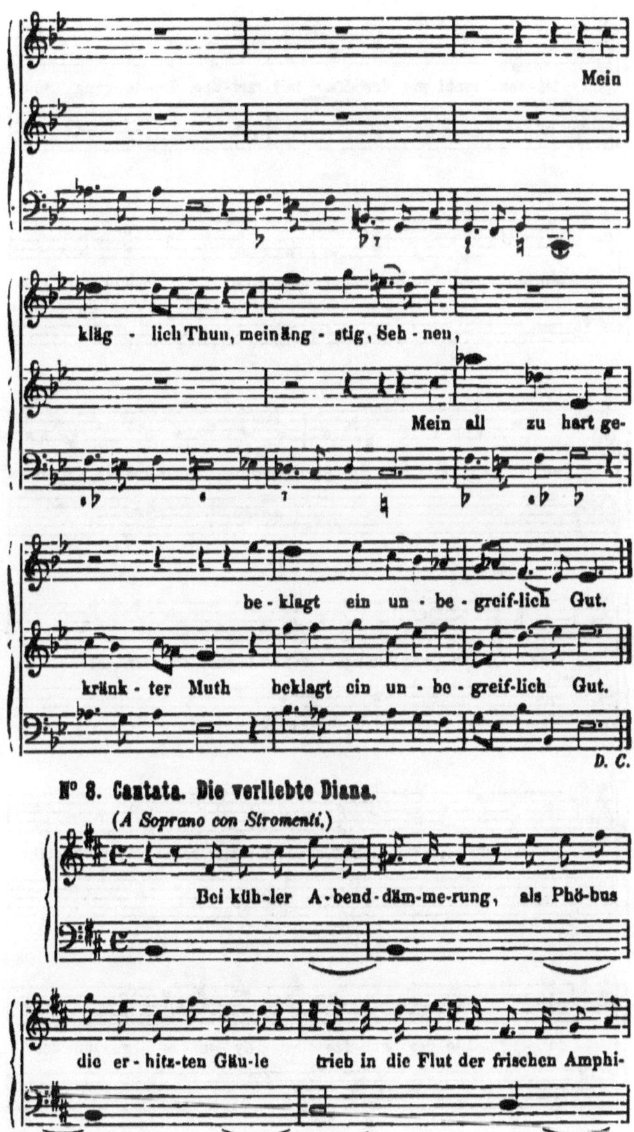
Mein
kläg - lich Thun, mein äng - stig, Seh - nen,
Mein all zu hart ge-
be - klagt ein un - be - greif - lich Gut.
kränk - ter Muth beklagt ein un - be - greif - lich Gut.
D. C.
No 8. Cantata. Die verliebte Diana.
(A Soprano con Stromenti.)
Bei küh - ler A - bend - däm - me - rung, als Phö - bus
die er - hitz - ten Gäu - le trieb in die Flut der frischen Amphi-

tri - ten, recht wie der Tag mit sei - nem To - de rang und
Morpheus sanf - te Schlummer-schaa-ren schon fin - gen
an der Er - de zu ge - bie - ten, ver-liess Di - a - nens
Fuss O - lym-pens Zimmer und schlug in stil - ler Ei - le
wo sie beim dunklen Sternenschimmer schon oft zum Trost für
ih - re Lie - bes - wun-den En - dy - mi - on ge - fun - den;

Wie a - ber sie den Schä-fer nir-gend sah, rief
sie: Was ist der Lohn für mei - ne Treu - e?
Ein Wie - der - hall, der die - ser Ge - gend nah, gab
Echo.
ihr zur Ant-wort: Reu - e! Die Göt - tin sprach: Soll
Echo.
Reu - e mich ver - zeh-ren? Der Schall klang wie - der: Zäh-ren!
Kein Wei - nen, rief der Göt - tin hol - der

Mund, weil A-mors Gluthen mich ver-brannt! Drauf E-cho
Echo.
seuf - - - - - zet: ich ver-brannt! Di-a-na sprach:
weil Jagd und Hund Narzis-sus mehr ge-lie-bet hat, als
Echo.
schö-ne Nymphenkleider; hier-auf rief E-cho: lei-der,
lei-der. Die Göt-tin liess drauf die-ses sich ver-neh-men:
Du hast ver-ach-tet gu-ten Rath und musst dich e-wig

schä - men, drum mag ich dich nicht fer - ner hö - ren. En-
dy-mi-on. En - dy-mi-on, zu dir will ich mich kehren.
Aria con Violini e Flauti dolci.
Affettuoso. Tous.
Violini e Flauti.
Singstimme.
Bass continuo.
Komm
Violini Solo.
ei-le, komm ei-le!
Komm eile, komm eile, mein

Flauti.
tr
tr
tr
Leben, mein Licht!
Komm,

Violini.
Flauti.
Violini.
Flauti.
Violini.
kom-me,
komm ei - le,
komm, komme, komm, komme mein

Flauti.
Le-ben, mein Licht.
komm. kom

Violini.
me. komm ei - le, mein Leben, mein Licht, komm

Flauti.
Violini.
komme, komm ei - le; komm ei - le, komm ei - le, mein
Flauti.
Le - ben, mein Licht, komm, kom . . . .
Violini.
Tous.
. . . . . me, komm, komme, mein Leben, mein Licht.

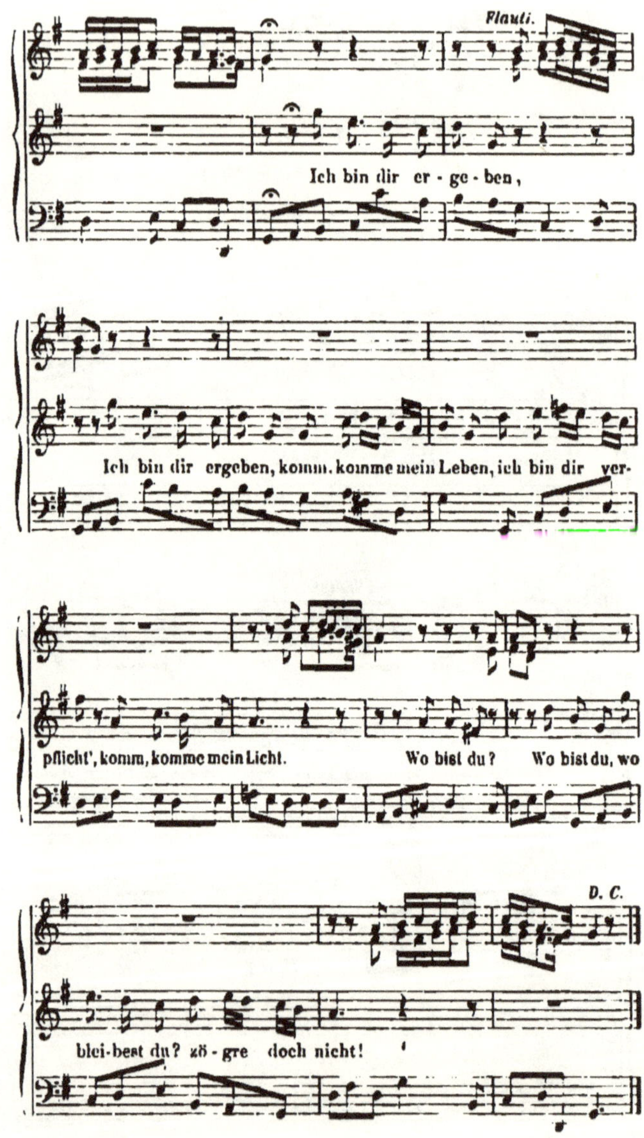
Flauti.
Ich bin dir er - ge - ben,
Ich bin dir ergeben, komm, komme mein Leben, ich bin dir ver-
pflicht', komm, komme mein Licht. Wo bist du? Wo bist du, wo
blei-best du? zö - gre doch nicht!
D. C.

Sie hat-te kaum ent-decket ihr Ver-lan-gen als
na he- bei aus ei-nem Myrtenstrauch ihr Ohren zum Aufmerken
bracht die Sän-gerin der Nacht. Ein wunder-süsser Nachtigall er-
fül-le-te nach seinem Frühlingsbrauch, durch bunt-gekräu-selt
Pran - - - - - - - - - - gen der hol den
Sin-gekunst, das stil-le Thal bis dass des-sel-ben Lust-ge-
sang Di-a-nen auch dies Lied erklang.

Aria spirituoso.

tr
me - le, dei - nen Wil - len zu er-
p p
fül - len, zu er - fül - len, Hat der
Him - mel dich er - hört. Phi - lo-

me - le, dei - nen Wil - len zu er-
fül - len, Hat der Him - - mel dich er-
hört. der Him - mel dich er-hört, hat der

Him - - mel dich er - hört.

A - ber

ach! A - ber ach! was sind die
Stun - den, Da zu mei - ner See - le
Wun - den A - mor Trost und Bal - sam

kehrt.
A - ber

ach! wo sind die Stun - den, Da zu

mei - ner See - le Wun - den, da zu

tr
mei - ner See - le Wun - den, A - mor
Trost und Bal - sam kehrt, A - mor
D. C.
Trost und Bal - sam kehrt.

Nº 9. Johann Adolf Hasse.

Arie aus „*Leucippo*“.

tr
p
Ab-ba stan-za io ti par-
la-i co-gli sguar-di e coi so-spi-ri
uni*s.*
e se in vol-to an-cor mi mi-ri

te-co par-la in vol-to il cor te - co
tr tr tr tr tr
par - - - - - - - - - - - - -
unis.
- la in volto il cor in volto il

cor.
p
Ab - ba stan - za io ti par-
lai cog - li sguardi e coi sos - pi - ri

e se in vol - to an - cor mi - - mi - ri
te - co par - - - - - - - - - - -
- - - - - - - - - - - -

unis.
poco f
la in volto il cor
p
f
p
te io par - la to - co
p
f p f p
an - cor te - co par - la in

volto il cor in volto il cor
Pien d'af -
fa - no e - gli - ti di - ce che le pe - ne
tr

su - e non sa - i che gli è mi - se - ro in
Violini I.
fe - li - ce per do - ver - ne gra - tia -
mor che glie mi - se - ro in fe-
tenuto.

No 10. Heinrich Carl Graun.

Arie aus: „*Armida*“.

f
p
nò non so - no son Fu - ria son Mo - stro
son Fu - ria son Mo-stro di-
ria cru - del tà -

f
p
a

dan - ni dell' im - pio mi spin - ge m'af - fret - ta la

sina

nia
il do - lor, il do - lor.
Re-

f
p
gi-na non so - no no no non so - no son

fu - ri - a, son fu - ria son Mostro di' - ri - a cru - del

f
tà son fu - ria son

Mo-stro a dan-ni dell' em-pio mi spin - ge mi
spin-ge m'af-fret-ta la sua - - - - - - - -
- - - - - - - - - - - nia il do -

lor son Fu-ria son Mostro a
dan-ni dell' em-pio mi spin-ge m'af-fret-ta la sma - - - - - - nia il do-lor.

p
ff
il do - lor
p
vo a ver - ne ven-
tr
det - ta vo far-ne rio scem - pio vo

tr
p
p
far - ne rio scem - pio
strap-par - gli vo il
p
ff
f
p
cor
strappar - gli vo il cor
vo a-
f
ver-ne ven-det-ta vo
far - ne rio scempio strap-par - - -
f

gli strap-pargli vo il
cor strap - par - gli vo il cor!
D. C.
Re-

Nº 11. Georg Friedrich Hændel.

Ductt aus: *Scipio.* — (*Sung by Sg^r Senesino et Sg^a Cuzzoni.*)

Si
ten-ti di bel-la fe-del-ta, di bel-la fe-del-ta
fugga-noi tor-men-ti si venga-noi con-ten-ti di bel-la fedel-
si conten-ti
ta si venga-noi conten-ti di bella fe-del-
di bella fedelta si venga-noi conten-ti di bella fe-del-

unisono.
ta di bel - la di bella fe-del-ta si
ta di bella fedel-ta, -- di bella fe-delta si fugga-noi tor-
contenti si venganoi di bella fedel-
men-ti si venganoi con-ten-ti di bella fedelta
ta - - di bel-la fe-del-ta si fugga-noi tor-
di bel - - la fe-del-ta si fugga-noi tor-

men - ti si venga-noi con - ten - ti di bella fedel - ta, di bella
men - ti si venga-noi con - ten - ti di bella fedel - ta, di bella fe -

fe - - - del - ta
- - delta

si si
si
6 6

si fugga-noi tor-men-ti si venga-noi con-ten - ti di
si si fugga-noi tor-men-ti si venga-noi con-ten - ti di
Adagio.
bella fe-del-ta di bel - la fe - del -
bella fe-del -
ta

no più crudel ti - mo-re il dol-ce del a - mo-re a
no più crudel ti - mo-re il dol-ce del a - mo-re a
mareggiar po-tra a mareggiar
mareggiar po-tra a mareggiar

po - tra non
po - tra non
più cru-del ti - mo-re il dol-ce del a - mo-re a ma - reg-
più cru-del ti - mo-re il dol-ce del a - mo-re a mareg-
D. C.
giar potra, a ma-reggiar po-tra.
- giar potra, a ma-reggiar po-tra.

www.ingramcontent.com/pod-product-compliance
Lightning Source LLC
Chambersburg PA
CBHW022142300426
44115CB00006B/311

* 9 7 8 3 7 4 3 6 6 0 0 9 0 *